Hans Peter Treichler

Märchen und Sagen der Schweiz

Orell Füssli

© Orell Füssli Verlag Zürich und Wiesbaden 1989
Grafik: Heinz von Arx/Claudia Dirr, Zürich
Satz: Jung SatzCentrum, Lahnau
Lithos: Horisberger AG, Niederglatt
Druck: B & K Offsetdruck, Ottersweier
Einband: Buchbinderei Burkhardt AG, Mönchaltorf
Printed in Germany
ISBN 3 280 01777 7

«Da hast du einen grossen Schatz gewonnen», sagte der Zwerg.
«Das Wasser des Lebens», Seite 58

INHALT

- 8 Der meisterdieb
- 10 Die drei raben
- 12 Der starke hans
- 14 Der sack voller feigen
- 17 Die zauberbohne
- 18 Der drächengrudel
- 21 Die drei wünsche
- 22 Der schneider und der riese
- 25 Der glasbrunnen
- 26 Feen und verzauberte jungfrauen
- 36 Doktor faust und andere zauberer
- 40 Von drachen und lintwürmern
- 52 Die stieftochter
- 58 Das wasser des lebens
- 62 Von bergmännchen und gotzwärgi
- 72 Tredeschin
- 76 Daumesdick
- 78 Warnende und schützende glocken
- 84 Vom greiss und anderen mächten
- 90 Von geistern und plaggeistern
- 94 Von büssenden frauen
- 96 Die drei sprachen
- 98 Goldig bethli und harzebabi
- 100 Hühnchen und hähnchen
- 101 Die drei spinnerinnen
- 102 Von riesenbirnen und riesenkühen
- 103 Vogel greif
- 106 Ungeheuer im jura
- 110 Jean der dummkopf
- 112 Vom dummkopf und der ziege
- 114 Jean der dumme und jean der gescheite
- 117 Giovanni der furchtlose
- 118 Schatzsucher und schatzhüter
- 120 Menschliche und göttliche richter
- 124 Das verlorene tal
- 125 Der hirte ohne hemd

126 DAS ESELSEI
129 VOM MANN, DER EIN KALB ZUR WELT BRACHTE
130 AUS DER GESCHICHTE UNSERES LANDES
138 EIN LAND WIRD GEGRÜNDET
142 DIE LETZTEN RITTER RÄTIENS
146 DER EULENMANN
147 DER SOLDAT MIT DEM RABEN
148 VOM VOGEL, DER DIE WAHRHEIT SAGT
150 DIE ZWILLINGSFEEN
151 JEAN OCHSENKOPF
152 DER SOLDAT IN DER HÖLLE
155 DER TEUFEL UND DIE HUNDERT RABEN
156 DIE DREI HUNDE
158 BÄRENHANS
160 DIE SCHWARZE SPUR DER PEST
166 DER RABE
167 DER SCHLAUE SCHMIED
168 DAS ADLERMÄDCHEN
170 DIE VIER LUSTIGEN GESELLEN
172 HANS DER GEISSHIRT
175 MÜLLERSOHN UND TEUFEL
176 VON HEXEN UND HEXENKÜNSTEN
188 VOM STICHLING UND DER SCHWALE
190 DIE DREI WINDE
192 VOM MUTIGEN SOLDATEN LA RAMÉE
194 VOM TEUFEL UND VOM WUNDERVOGEL
195 DIE SCHÖNE FAULENZERIN
196 DIE BEIDEN BRÜDER
198 DIE PRINZESSIN, DIE NICHT LACHEN KONNTE
200 DIE DREI SOLDATEN

202 NACHWORT
205 QUELLEN
206 TEXTNACHWEISE
208 BILDNACHWEISE

DER MEISTERDIEB

Und wenn ihr brav weiternäht und -strickt, dann erzählt euch die Nähgotte eine schöne lange Geschichte. Also passt auf, ihr Mädchen:

Da wohnte auf dem Lande ein Elternpaar, das hatte einen einzigen Sohn, nur dass der lieber dumme Streiche verübte als dass er arbeitete, und eines Tages kam er überhaupt nicht mehr nach Hause und blieb verschwunden. Viele Jahre vergingen, da fuhr ein vornehmer Wagen vor dem Landgütchen vor. Der Herr, der ausstieg, plauderte dies und das mit dem Vater, der gerade die Bäume putzte, und wollte allerlei über die Familie wissen. «Ja», sagte der Vater, «ich wohne allein mit meiner Frau. Wir hatten einst einen Sohn, aber der ist fort, Gott weiss wohin!» Da fragte der Fremde höflich an, ob er mit den Bauersleuten essen dürfe. Das wurde ihm erlaubt, und die Bauersfrau stellte das Beste auf den Tisch, das sich im Haus fand, und schliesslich fragte der Fremde: «Würden Sie denn Ihren Sohn erkennen, wenn er jetzt wiederkäme?» «Ja gewiss», sagten die beiden, «denn unser Sohn trägt ein Muttermal auf der Brust!» Da entblösste der Fremde seine Brust, und sie erkannten ihren Sohn. Sie freuten sich sehr, dass aus dem Lump ein so feiner Herr mit Kutsche geworden war und fragten ihn, was er denn in der Fremde gelernt habe. «Ich bin ein Meisterdieb geworden und kriege alles, was ich will.» Das freute sie nun schon weniger.

Nach einigen Tagen bei den Eltern verkündete der Dieb, er wolle den Grafen im Schloss besuchen, denn das war sein Taufpate. Das geschah, und der Graf wollte wissen, wie es ihm denn gelungen sei, sich zu so einem geachteten Mann aufzuschwingen. Der Besucher gestand offen, er sei ein Meisterdieb geworden. Da erwiderte der Graf: «Wenn du ein Meisterdieb bist, so zeig mir heute abend doch mal, was du kannst. Du sollst mir mein liebstes Pferd aus dem Stall stehlen – aber wehe dir, wenn du erwischt wirst!» So liess denn der Graf den Stall mit Soldaten umstellen. Im Stall drin setzte sich einer der Soldaten auf das Pferd, ein zweiter hielt es am Zügel und der dritte am Schwanz.

Der Meisterdieb verkleidete sich als altes Hutzelweibchen, lud sich ein Fässchen Wein auf den Buckel und schlich sich als Hausiererin in den Schlosshof. Den Soldaten rund um den Stall gab er so viel zu trinken, bis sie alle besoffen waren, ebenso den dreien drinnen beim Pferd. Und weil er dem Wein ein Schlafmittel beigegeben hatte, schliefen sie alle auf der Stelle ein. Da band er den Soldaten auf dem Pferd an der Stalldecke fest, demjenigen am Schwanz gab er ein Büschel Stroh in die Hand, die Zügel schnitt er ab, setzte sich auf das Pferd und ritt davon.

Da dachte sich der Graf eine zweite Aufgabe aus: Der Dieb sollte ihm in der Nacht das Bettlaken unter dem Leib weg stehlen, der Gräfin aber den Ehering abluchsen: «Und wenn du dich erwischen lässt, kostet es dich den Kopf!» Als die Nacht herangekommen war, schlich sich der Dieb zu einem Galgen, wo ein Toter hing. Den schnitt er herunter, lud ihn sich auf die Schultern und stellte eine Leiter vor das Schlafzimmer des Grafenpaares. Mit dem Toten auf der Schulter kletterte er herauf. Der Graf, der mit seiner Gemahlin wach geblieben war, sah die Gestalt vor dem Fenster, glaubte den Meisterdieb zu sehen und schoss ihn herunter. «Ich will ihn doch schnell im Garten begraben», sagte er dann zu seiner Frau. «Wenn die Sache auskommt, gibt es vielleicht Ärger.» Während der Graf die Leiche wegschleppte und in einer Gartenecke ein Loch schaufelte, stieg der Dieb nochmals die Leiter hoch und flüsterte mit verstellter Stimme durchs Fenster: «Liebe Frau, ich war ja doch sein Taufpate und habe wenig getan für ihn, und so wie einen Hund verscharren kann ich ihn nicht. Reich mir doch das Leintuch und deinen Ehering durchs Fenster, dann kann ich ihm etwas ins Grab mitgeben!» Die Gräfin gehorchte, und am anderen Morgen konnte der Meisterdieb beides vorweisen.

«Jetzt stelle ich dir die dritte und schwerste Aufgabe», sagte der Graf zu ihm. «Du holst mir noch heute den Pfarrer und den Sigrist der Nachbargemeinde und sperrst sie beide in mein Hühnerhaus; aber wohlverstanden ohne jede Gewalt!»

Der Meisterdieb zog sofort los, sammelte den ganzen Tag Krebse, und als die Nacht hereinkam, ging er auf den Friedhof des Nachbardorfes, und dort steckte er jedem Krebs eine brennende Kerze zwischen die Scheren und liess ihn laufen. Dann ging er in die Kirche, stellte sich auf die Kanzel und fing mit lauter Stimme an zu predigen: Die Zeit sei erfüllt, der jüngste Tag gekommen, und wer einen Beweis brauche, der solle nur auf den Gottesacker gehen und sehen, wie sich dort die Gebeine der Toten rührten. Dann fuhr er fort: «Wer einen Platz im Himmelreich will, der soll hierher zu mir kommen, hier habe ich einen Sack, der ist nur klein und fasst nicht viele!»

All dies hörten der Pfarrer und der Sigrist, die gleich nebenan wohnten. Und als sie in den Friedhof blickten, sahen sie viele Dutzende geisterhafter Lichter, die sich nach allen Richtungen bewegten. Kein Zweifel: Die armen Seelen machten sich bereit zur letzten Reise! Der Sigrist sagte: «Herr Pfarrer, macht schnell, damit wir die ersten im Sack sind, sonst kommen uns die anderen zuvor!» Der Pfarrer hatte sich die Sache schon ähnlich überlegt, und so stiegen sie beide hastig auf die Kanzel, schlüpften in den Sack, und der Meisterdieb band schnell oben zu. Da ihm der Sack viel zu schwer war, schleifte er ihn die Treppe hinunter, und im Sack drin flüsterte der Sigrist dem Pfarrer zu: «Es ist doch wahr, was Ihr gepredigt habt: Der Weg zum Himmel ist rauh!» Und als der Dieb sie durch die Strassenpfützen schleifte, meinte der Sigrist: «Jetzt fahren wir durch die nassen Wolken des Himmels!» Schliesslich liess der Dieb den Sack im Hühnerstall liegen, und als sie die Hühner mit ihren Flügeln schlagen hörten, frohlockte der Sigrist: «Das sind Gottes Engel rund um uns, die wir hören!»

Am nächsten Morgen befreite der Graf die schmutzigen Gefangenen, dann gab er dem Meisterdieb einen Sack Geld und befahl: «So, du packst dich am besten in ein anderes Land; hier bist du mir zu gefährlich!»

Und wer noch mehr hören will, spitzt die Ohren und hält das Mäulchen.

DIE DREI RABEN

Ein Mädchen hatte seinen Vater immer nur traurig gesehen, so lange es zurückdenken konnte. Schliesslich konnte es nicht mehr anders und fragte ihn, woher seine Traurigkeit komme. Da erfuhr es, es habe einst drei Brüder gehabt, aber der Vater habe diese in einem Ausbruch von bösem Zorn in Raben verwandelt; jetzt könne er die Verwünschung nicht mehr rückgängig machen.

Von diesem Augenblick an hatte das Mädchen keine Ruhe mehr. So bald es sich unbemerkt wegschleichen konnte, machte es sich auf den Weg, um seine Brüder zu suchen. Am Abend des ersten Tages kam es in einen Wald. Da wohnte eine Fee, die es schon lange gut mit dem Mädchen meinte. Sie behielt es über Nacht in ihrer Laubhütte, und am nächsten Morgen führte sie es an den Waldrand und sagte:

*Gradaus über Feld und mitten im Feld,
Da stehn die drei schönsten Linden der Welt.*

Das Mädchen ging allein weiter, und nach einem halben Tag sah es mitten auf einem weiten Feld drei alte Linden. Auf einer jeden sass ein Rabe. Als es näherkam, flogen die Raben auf es zu, setzten sich ihm auf Schulter und Hand und fingen an zu sprechen: «Ei sieh doch, unser herzliebes Schwesterchen kommt und will uns erlösen.»

«Was für ein Glück», sagte das Mädchen, «dass ich euch gefunden habe. Aber was muss ich tun, damit ihr erlöst werdet?» «Das ist eine schwere Aufgabe», antworteten die Raben. «Denn du darfst drei Jahre lang kein Sterbenswörtchen reden. Wenn du dich nur ein einziges Mal verfehlst, so müssen wir unser Leben lang Raben bleiben. Und hierherkommen darfst du auch nie mehr.»

«Das will ich euch schon zu liebe tun», sagte das Mädchen und machte sich sogleich auf den Rückweg. Aber als es in den Wald kam, wo die Fee gewohnt hatte, stand da statt der Laubhütte ein prächtiges Schloss, aus dem kam gerade ein Zug von Jägern galoppiert, zum Klingen der Jagdhörner. Zuvorderst ritt der Graf, dem das Schloss und der Wald und das ganze Land ringsum gehörten. Er ritt zu dem einsamen Mädchen heran und wollte wissen, woher es käme und was es hier suche. Aber das Mädchen gab keine Antwort, sondern verbeugte sich bloss voller Anmut, und der Graf wurde nicht satt, seine liebliche Gestalt zu betrachten. «Nun, wenn dir der Herrgott das Reden versagt hat», sprach er, «so hat er dir doch Anmut und Freundlichkeit gegeben. Wenn du mit mir aufs Schloss kommen willst, sollst du es nicht bereuen.»

Das Mädchen zeigte, dass es einverstanden war, und der Graf brachte es sofort zu seiner Mutter ins Schloss; vor dieser verneigte es sich wieder, sprach aber kein Wort dabei. «Wo hast du denn diese Stumme her?» wollte die alte Gräfin wissen, «und was soll sie hier im Schloss?» «Sie soll meine Frau werden», sagte der Graf. «Wenn sie auch nicht sprechen kann – seht doch, wie anmutig sie ist!»

Die alte Gräfin schwieg dazu, aber im Herzen grollte sie dem jungen Mädchen. Schon am anderen Tage wurde die Hochzeit gefeiert. Aber kaum war die vorüber, traf ein Bote ein und rief alle Untertanen des Kaisers zu einem grossen Kriegszug auf. Auch der junge Graf musste sich ohne Aufschub von seiner geliebten Frau trennen. Aber vorher nahm er noch einen seiner Diener auf die Seite und trug ihm auf, er solle zu der Stummen Sorge tragen wie zu seinem Augapfel. Aber kaum war der junge Herr weg, zeigte die alte Gräfin ihre verborgene Tücke. Sie bestach den Diener, und als die junge Frau nach dreiviertel Jahren ein wunderschönes Büblein gebar, befahl sie ihm, den Säugling in den Wald hinauszutragen und ihn den wilden Tieren zum Frass vorzuwerfen. Das Mädchen fand händeringend die leere Wiege vor, aber trotz aller Verzweiflung hielt es sein Versprechen und blieb stumm. Als der Graf auf Urlaub nachhause kam, behauptete die Alte: «Dein stummes Weib ist ein Zauberweib; sie hat dir ein totes Kind geboren», und auch der vermeintlich treue Diener bestätigte: «Ja, Herr Graf, da draussen im Wald liegt's, ich hab es selbst begraben.» Wieder verging ein Jahr, und als der Graf ein zweites Mal auf Urlaub kam, hatte die Frau ein zweites Knäblein geboren, und wieder hatte der Diener den Säugling in den Wald gebracht. «Dein stummes Weib ist mit dem Teufel im Bund», sagte die Alte, «das zweite Kind sah aus wie ein behaartes Tier», und der falsche Diener sagte: «Ja, Herr Graf, es war wie ein schwarzer Hund, ich habe ihn selbst begraben draussen im Wald.»

Nun wurde der Graf zornig und befahl, seine Frau müsse die niedrigsten Dienste verrichten im Schloss. Als nach einem Jahr der Kriegszug endlich beendigt war und der Graf zurückkehrte, hatte die junge Frau zum drittenmal ein Söhnlein geboren, mit dem ging es gleich wie mit den beiden anderen. «Sie hat den Tod verdient», behauptete die Alte, «das dritte Kind war ein garstiges Ungetüm.» Auch der Diener bestätigte: «Ja, Herr Graf, es ist gleich nach der Geburt durchs Fenster in den Wald geflogen.» Nun liess der Graf seine Gattin in den Turm werfen, denn er wollte sie am folgenden Tag bei lebendigem Leib als Hexe verbrennen lassen. Als der Holzstoss im Schlosshof bereit war, wurde die junge Gräfin hergeführt, und das ganze Gericht musste sich drumherum stellen. Nun trat der Herold vor, verkündete das Todesurteil über die vermeintliche Hexe und fragte das Gericht, ob jemand bereit sei, die Angeklagte zu verteidigen. Aber alles schwieg. Nur die arme Gräfin seufzte leise, sprach aber auch jetzt kein Wort. Da hörte man plötzlich aus der Ferne ein Horn blasen, und wie ein Sturmwind jagten auch schon drei Reiter in silberglänzender Rüstung in den Schlosshof. Alle drei trugen sie ein Schild mit einem daraufgemalten Raben, und jeder hielt einen wunderschönen Knaben im Arm. Und noch bevor der falsche Diener, der mit einer brennenden Fackel bereitstand, den Holzstoss entzünden konnte, hatte ihn einer mit seiner Lanze durchbohrt. Nun riefen alle drei: «Heute, liebe Schwester, sind die drei Jahre um! Da hast du auch deine Kinder wieder, die hat dir die Waldfee aufgezogen!»

Da war eine Freude und ein Jubel im Schloss, ihr könnt auch denken wie! Die alte Gräfin schlich sich unbemerkt weg und wurde nie mehr gesehen, und der Graf lebte mit seiner Gattin in lauter Liebe bis ans Ende.

Der starke Hans

Da war einmal eine grosse, kräftige Frau, die hiess nur die grosse Beth, und ihren Buben hiess man den starken Hans, obwohl er erst sieben Jahre alt war. «Du musst schon früh lernen zu arbeiten und fremdes Brot zu essen», sagte sie zu ihm, «wir sind arme Leute. Aber die Bauern nehmen nur starke Burschen in Dienst. Geh doch in den Wald und bring mir ein rechtes Bündel Holz nachhause, dann kann ich dir sagen, ob du schon stark genug bist zum Knecht.»

Hans war traurig, wenn er nur schon ans Abschiednehmen dachte, und so brachte er denn ein mageres Bündel Holz nachhause. Da war die Mutter froh, denn das zeigte, dass er noch zu schwach war, um in die weite Welt zu ziehen. Nach sieben Jahren schickte sie Hans ein zweites Mal zum Holzen. Jetzt aber ging es anders zu und her. Die Tannen riss er aus, als wären es Margeriten, und brachte sie nach Hause wie einen Strauss Feldblumen. Jetzt hatte die Mutter Brennholz für ein ganzes Jahr.

Hans packte also seine Sachen zusammen und wanderte dem nächsten Bauernhof zu. Nur dass hier schon zwei Knechte arbeiteten; für einen dritten war kein Platz. Trotzdem stellte der Bauer den Hans ein, denn er wollte keinen Lohn und verlangte nur, dass er jedes Jahr eine Ohrfeige austeilen dürfe. Am ersten Tag wurde er im Wald eingesetzt und sollte helfen, den schweren Wagen mit Holz heimzufahren. Mittendrin blieb der Wagen stecken, und die Pferde brachten ihn nicht vom Fleck. Da packte Hans die Pferde zu den Baumstämmen auf den Wagen, packte selbst die Deichsel und brachte das Fuder im Hui nachhause. Der Bauer kratzte sich am Kopf und dachte mit Schaudern an die jährliche Ohrfeige. Als man sich zu Tisch setzte und Hans kräftig zulangte, kratzte er sich ein zweitesmal. Dieser Vielfrass würde ihn in wenigen Monaten um Haus und Hof bringen.

Dann hatte er einen Einfall, wie er Hans loswerden könnte. «Meine Frau», sagte er, «hat vor kurzem den Ehering in den Ziehbrunnen fallen lassen. Steig doch hinunter und hol ihn ihr wieder.» Das tat Hans. Kaum war er drunten, schüttete der Bauer mit seinen Knechten eine Ladung Steine hinunter.

«Jagt doch die Hühner weg da oben!» rief eine Stimme aus dem Brunnen. «Sie scharren Sand hinunter!» Der Bauer musste sich etwas Gewichtigeres ausdenken. Schnell liess er die Glocke aus der Kapelle holen und in den Brunnen werfen. Die würde den Hans zu Brei quetschen. Wieder dröhnte die Stimme aus dem Schacht: «Was ist das für eine hübsche Kappe!» Da gab es für den Bauern nur noch eines: Er rollte den Mühlstein hinunter. «Halt!» schrie Hans im Brunnen. «Ich hab den Ring ja gefunden, geht mir aus dem Weg da droben!» Und herauf kam er gestiegen, die Glocke auf dem Kopf und den Mühlstein am Ringfinger. Da liess sich der Bauer etwas anderes einfallen: Er schenkte dem unheimlichen Knecht so viel Geld, als der brauchte, um weiter in die Welt hinaus zu ziehen.

Unterwegs traf Hans auf zwei Wanderer, die wie er ohne Dienst waren: einen Jäger und einen Fischer. Nachdem sie einen Tag lang gewandert waren, suchten sie eine Unterkunft, aber statt Dörfer mit Gasthäusern trafen sie nur ein wunderliches kleines Haus an, in dem niemand wohnte, und hier übernachteten sie. Am nächsten Morgen wachten sie vor Hunger früh auf. Im Haus gab es einen alten Kochkessel, und sie hatten noch ein winziges Stück Fleisch zum Teilen, das längst nicht für alle reichte. Also blieb der Fischer zuhause und kochte das Fleisch, während Hans und der Jäger im Wald nach grösserer Beute suchten. Der Fischer rührt also friedlich im Kochtopf, da schleicht sich ein kleines hässliches Weib ins Haus, mit einer Haube auf dem Kopf und einem roten Zottelrock. Die Alte bettelt flehentlich um ein Stück Fleisch, und wie sich der Fischer bückt, um ihr ein Stück abzuschneiden, da springt sie ihm auf den Rücken, zerkratzt ihm das ganze Gesicht und würgt und schlägt ihn, bis er sich unter dem Herd verkriecht. Die Alte verschwindet mit dem Fleisch, das Feuer geht aus.

Abends kamen die beiden Kameraden heim. Sie hatten einen Bären erlegt, und so konnten sie diesmal mit vollem Magen einschlafen. Der Fischer schwieg schön still über die Blamage mit dem alten Weib. Am nächsten Tag ging er mit Hans auf die Jagd, und der Jäger hütete das Haus. Aber dem begegnete das gleiche wie dem Fischer: Die Alte mit dem Zottelrock würgte und drückte ihn und warf ihn am Schluss eigenhändig unter den Herd.

Da lag er noch immer, als die beiden anderen abends zurückkehrten und nach dem Essen fragten. Aber auch er verriet kein Sterbenswörtchen, verbiss seine Schmerzen und freute sich insgeheim darüber, dass nun der Nächste an der Reihe war. Und das war diesmal Hans, denn am dritten Tag gingen Jäger und Fischer hinaus. Sobald er am Kochen war, klopfte das hässliche Weib an und bettelte um ein Stück Fleisch. Er schnitt ihr eines ab. Aber wie sie ihm auf den Rücken springen will, packt sie der Hans mit einer Hand und schwingt sie durch die Luft, bis ihr der Schnauf ausgeht. Dann bindet er ihr Hände und Füsse und schiebt sie unter den Herd, wo die beiden anderen gelegen haben.

Diese kamen frühzeitig nachhaus und lachten schon lange vorher, dass auch der Dritte Prügel beziehen würde. Da staunten sie nicht schlecht, als sie das schief geschnürte Bündel unter dem Herd sahen. Aber Hans wollte aus der Sache doch auch seinen Vorteil ziehen. Die Alte, so fand er heraus, war eine Hexe, und er liess sie nicht eher los, bis sie ihm ihr Geheimnis verraten hatte. Im Felsen, auf dem das Häuschen stand, gäbe es ein tiefes Loch, das führe hinunter zu einem wunderbaren Schlosse. Und hier wohne eine Prinzessin, bewacht von Drachen, und wer diese besiege, der bekomme das Mädchen zur Frau und die ganzen Schätze obendrein.

Die drei fanden richtig das Loch und bestimmten durch das Los, wer zuerst in die Höhle heruntergelassen würde. Hans machte den Anfang. Drunten fand er richtig ein Schloss, ganz aus Gold und Edelstein gebaut, und dann die Prinzessin selbst. Sie stellte ihm Wein und Brot hin, und die machten ihn noch dreimal stärker, als er ohnehin gewesen war. Dann gab sie ihm das Schwert, mit dem er den Drachen schlagen sollte. Dieser fuhr auch bald mit furchtbarem Getöse aus seiner Höhle und spie Hans Feuer und Schwefel entgegen. Aber der schlug ihm mit einem Hieb den Kopf ab und sank dann, betäubt von Schwefel und Rauch, ohnmächtig zu Boden. Die Prinzessin eilte herbei, stärkte ihn wieder mit Brot und Wein, und Hans fühlte sich noch dreimal stärker als vorher. Das war auch bitter nötig, denn der Drache, der jetzt mit riesigem Getöse herangeschnaubt kam, war noch feuriger und noch grösser als der erste. Der Kampf dauerte über eine Stunde, aber endlich siegte Hans doch und trennte dem Ungetüm mit einem Schlag den Kopf vom Rumpf, und wieder sank er ohnmächtig neben dem Untier zu Boden. Und wiederum war die Prinzessin zur Stelle und stärkte ihn mit Brot und Wein und liess ihn durch die Dienerinnen in ein warmes, schönes Bett bringen, da konnte er sich ausschlafen bis am Morgen. Jetzt übergab ihm die Prinzessin das dritte Schwert, und Speise und Trank hatten ihn noch einmal dreimal so stark gemacht wie vorher. Sie sprach ihm für den dritten Drachen Mut zu und hielt ihm vor Augen, wie sie die Wahl hätten zwischen namenlosem Glück und Unglück, dann ging sie schluchzend weg. Nun kam der dritte Drache angebraust, Glut und Dampf speiend. Diesmal dauerte der Kampf volle drei Stunden, dann lag das Untier verblutend am Boden und Hans ohnmächtig daneben.

Als es still geworden war, kam die Prinzessin herbeigeeilt. Mit Worten und Küssen brachte sie ihn wieder ins Leben zurück, dann stimmten die Dienerinnen einen wunderbaren Gesang an. Eine liebliche Musik rauschte durch das Schloss, dass Hans sich vor Glück kaum fassen konnte. Dann machten sich alle bereit, am nächsten Morgen die Hochzeit zu halten.

Der sack voller Feigen

Ein König hatte eine einzige Tochter. Einst liess er im ganzen Land ausrufen, er wolle sie demjenigen zur Frau geben, der ihm zur Weihnachtszeit einen Sack frischer grüner Feigen bringe. Das liess manchem jungen Burschen keine Ruhe, denn so eine schöne reiche Prinzessin findet man nicht hinter jedem Grünhag. Da war auch ein gewitzter und anstelliger Bauernsohn, der sich gut genug dünkte, des Königs Schwiegersohn zu werden. Aber woher im Winter grüne Feigen nehmen? Nun, der Bruder unseres Burschen lebte als Einsiedler im Wald und wollte sich dort mit Beten den Himmel verdienen, aber er hatte auch einen grossen Pflanzgarten angelegt, auf dem er allerlei bekannte und unbekannte Kräuter zog. Also fragte er als erstes den Waldbruder um Rat, und der drückte ihm ohne weiteres ein Säcklein mit frischen Feigen in die Hand. Mit denen zog unser Bursche los, direkt dem Königsschloss zu. Der Weg führte durch einen dichten Wald, und mittendrin lief ihm ein Erdmännlein über den Weg und wollte wissen, was er da mit sich trage. Der Bursche wollte es besonders schlau machen und gab zur Antwort: «Rossmist!» «Also gut», sagte das Zwerglein, «Rossmist soll es sein.» Und verschwand so flink, wie es gekommen war.

Unser Spötter dachte nicht weiter über die Begegnung nach und kam endlich zum Königsschloss. Dort liess er melden, er komme mit einem Sack grüner Feigen und wolle die Königstochter heiraten. Endlich führte man ihn in den Thronsaal, und dort leerte er sein Säcklein vor den Augen des Königs aus. Aber potztausend, da war er an den Falschen geraten! Der König wurde puterrot im Gesicht und schnauzte unseren Brautwerber an, indem er sich die Nase mit Daumen und Zeigefinger zuhielt: «Was fällt dir Dreckskerl ein, mir Rossmist auf den Tisch zu schütten! Weg mit ihm!» Da führte die Wache den verdutzten Knaben ab und sperrte ihn ins düsterste Verlies.

Nach ein paar Tagen bekam der Einsiedler zu hören, man habe im Schloss einen jungen Brautwerber wegen Beleidigung des Königs eingelocht. Das konnte nur sein vorwitziger Bruder sein! Unser Eremit beschliesst also, im Schloss nachzuforschen, nimmt aber zur Vorsicht ein Säcklein Feigen mit auf den Weg. Vorher aber noch legt er seine braune Kutte weg und zieht sein bestes Gewand an, einen blauen Überrock mit golden glänzenden Knöpfen, und plötzlich zeigt sich, dass er ein verflixt schöner Bursche ist. Auch ihn führt der Weg durch den dichten Wald, auch ihm läuft das Männlein über den Weg, und auch von ihm will es wissen, was er da mit sich trage. «Grüne Feigen», sagt er freundlich. «Also gut», meint der Zwerg, «grüne Feigen sollen es sein. Und weil du mir aufrichtig Antwort gibst, kommst du auch nicht in den Turm wie dein Bruder. Ich will dir sogar noch dieses Pfeifchen schenken. Trag ihm gut Sorge, wer weiss, ob du es nicht einmal gut brauchen kannst.» Und weg ist der Zwerg, im nächsten Busch verschwunden.

Der Einsiedler wird vorgelassen, leert die grünen Feigen auf den Tisch und meint, jetzt möchte er aber auch das schöne Töchterchen sehen. «Das lässt sich schon machen», meint der König gelassen, «aber bevor du sie kriegst, musst du mir noch so ein Meisterstück zeigen. Unten im Schlosshof halten wir hundert Hasen, die führst du morgen in den Wald und lässt sie dort weiden. Und am Abend bringst du mir alle hundert wieder zurück – wenn ein einziger fehlt, lass ich dir den Kopf abhauen!» Aber unser Feigenmann lässt sich nicht einschüchtern. Die Prinzessin will er und keine andere, auch wenn er noch nicht den kleinsten Rockzipfel von ihr gesehen hat. «Morgen früh zieh ich los, und wenn es mich das Leben kostet!»

Also treibt er am nächsten Morgen seine hundert Hasen in den Wald, und dort geraten sie an einen grossen Ameisenhaufen. Der Hasenhirte befiehlt seinen Tieren, sie müssten einen Bogen drumherum machen, damit sie nicht auf die Ameisen treten. Das hört der Ameisenkönig und freut sich riesig: «Weil du meinem Völklein Sorge getragen hast, darfst du uns jederzeit zu Hilfe rufen, wenn du uns brauchst.» Unterdessen haben sich die Hasen im ganzen Wald verteilt, der eine hier, der andere dort. Aber der Waldbruder macht sich keine Sorgen; den lieben langen Tag liegt er unter den Bäumen und träumt von der schönen Prinzessin. Erst als er die Vesperglocke läuten hört und die Vögel in ihre Nester

schlüpfen, denkt er wieder an seine Hasen und erschrickt gewaltig. Aber da fällt ihm das Pfeifchen ein. «Schauen wir halt, was das Ding kann», sagt er zu sich selbst, setzt es an die Lippen und bläst einen lustigen Tanz. Da kommen die Hasen hinter den Bäumen hervorgehoppelt, setzen sich im Kreis um ihn herum und lauschen der Musik, als spiele die schönste Hofkapelle. Und so, das Pfeifchen an den Lippen, führt er sie alle hundert wieder in den Schlosshof zurück. Der König zählt vom Fenster aus seine Hasen und macht ein krummes Maul vor lauter Ärger und denkt sich schnell eine neue Aufgabe aus. «Morgen musst du sie nochmal austreiben; einmal ist keinmal.» Aber für die schöne Prinzessin wäre unser Hasenhirte durchs Feuer gekrochen; am nächsten Morgen treibt er ohne Murren seine hundert Hasen in den Wald. Der König hat sich etwas ganz Schlaues ausgedacht: Er schickt seine schönste Magd hinaus, dort soll sie ihm mit Geld und süssen Worten einen Hasen abschmeicheln. Die Magd bringt also ihre Bitte mit lieblichen Worten und süssem Lächeln vor, und der Bursche zeigt sich einverstanden: Für einen Kuss kann sie einen Hasen mitnehmen. Er kriegt den Kuss, sie den Hasen, packt ihn schnell in die Schürze und rennt dem Schloss zu. Aber wie sie unter dem Tor steht, bläst der Waldbruder in sein Pfeifchen, der Hase strampelt sich frei und ist mit zwei, drei Sätzen zurück bei seinen Kameraden. Abends treibt unser Hirte alle hundert Hasen durchs Schlosstor, und das Maul vom König hättet ihr sehen sollen: schief wie ein altes Scheunentor!

Aber er gibt nicht nach: «Hier bin ich der Meister! Morgen ziehst du ein drittes Mal los!» Am nächsten Tag schleicht sich der König persönlich in den Wald, verkleidet als armer Jäger mit Flinte und Waidtasche. Er macht sich an den Hirten heran, jammert ihm vor, so schlimm sei es ihm noch nie ergangen bei der Jagd. «Im Wald wimmelt es von Hasen, und ich hab keinen einzigen erwischt. So darf ich mich zu Hause nicht zeigen.» Der Hirt solle ihm doch um Himmelswillen einen verkaufen. «Also gut», sagt der Waldbruder, «aber du musst mir den Esel da den Berg hinaufstossen.» Und zeigt auf einen störrischen Esel, der am Fuss eines Hügels steht. Der König schluckt ein paarmal leer, aber was hilft's, er stellt sich hinten an und stösst und drückt den Graupelz den Hang hinauf, und von allen Seiten spotten und höhnen die Bauersleute, die gerade in Wald und Feld arbeiten und nicht begreifen, was der schwitzende Jäger mit seinem störrischen Esel im Sinn hat.

Kurz und gut, auch der König bekommt einen Hasen, schleppt ihn ab ins Schloss und in die Küche. Dort will er ihn abstechen, so schnell wie möglich, gibt ihn der Küchenmagd zum Halten und wetzt eigenhändig das Messer. Da pfeift es draussen im Wald; der Hase zappelt sich los, verschwindet durchs Schüttsteinloch und hoppelt in den Wald zurück.

Als der Einsiedler abends mit allen hundert Tieren zurückkam, hatte der König bereits eine neue Probe ausgeheckt. «Das ist ja alles gut und schön, aber morgen will ich ein richtiges Meisterstück von dir sehen. So schnell bekommt man meine Tochter nicht zur Frau. Oben auf meinem Estrich liegen um die zweihundert Säcke Korn, alles wild durcheinander: Weizen, Roggen, Gerste und Hafer. Bis morgen abend hast du mir alle Sorten auseinandergelesen, sonst verlierst du den Kopf!» Was tun? Unserem Hirten fiel plötzlich der Ameisenkönig und sein Versprechen ein, und noch am gleichen Abend suchte er ihn im Wald auf und klagte ihm vor: «Lieber Freund, ich bin in der Klemme, so und so steht die Sache! Kannst du mir dein Völklein einen Tag lang ins Schloss schicken?» Der Ameisenkönig sagte ihm das zu und zog am nächsten Tag selbst mit seinen Heerscharen ins Schloss, um die Arbeit zu leiten. Das wimmelte und gramselte den lieben Tag lang im Estrich, und die Kornhaufen bewegten sich, dass es eine wahre Freude war. Und als der König am Abend die Nase durch die Tür steckte, war alles Getreide säuberlich abgefüllt, kein Körnchen zuviel.

Jetzt dämmerte ihm doch langsam, dass er sich mit dem Blaurock als Schwiegersohn werde abfinden müssen; da half offenbar kein Kniff und keine Lüge mehr. Aber noch ein einziges Mal wollte er versuchen, den hartnäckigen Brautwerber loszuwerden. Und sagte da zu ihm: «Du kannst meine Tochter haben, wenn du mir einen Sack mit Wahrheiten füllst!»

«Also gut», sagte der Waldbruder, «aber dabei bleibt es dann hoffentlich», denn langsam ging sogar ihm die Geduld aus. Da befahl der König, man solle einen Sack zurüsten, und wie gross der war, könnt ihr selber abschätzen: Siebenundzwanzig Schneider hatten siebenundzwanzig Tage daran zu nähen, und keiner sah dabei den anderen. Und als der grösste unter den Wachsoldaten den Riesensack abholte und über die Schulter warf, fuhr die Luft heraus mit solcher Macht, dass die Schneider schleunigst ihre Nadeln in den Fussboden steckten und sich am Öhr festhielten, sonst wären sie glatt weggepustet worden.

Jetzt begann der Brautwerber also sein Meisterstück: Einen solchen Sack mit Wahrheiten füllen, das will schon etwas heissen! Er fing unverdrossen mit der ersten Wahrheit an: «Ein König hatte eine schöne Tochter. Ist das eine Wahrheit?» «Ja freilich.» «Also in den Sack damit!»

Der Bursche zählte weiter auf: «Wer die Tochter will, so hat der König verkündet, muss grüne Feigen bringen. Da kam einer mit Rossmist, und ein zweiter mit Feigen. Sind das Wahrheiten oder nicht?» «Ja, sicher!» «Also in den Sack damit! Und der mit dem Rossmist wurde ins Gefängnis gesperrt, und der andere musste hundert Hasen hüten. Und für einen der Hasen gab ein Mädchen einen Kuss her, und ein Jäger hat einen Esel den Berg hinaufgestossen. Sind das keine Wahrheiten?» «Doch, doch!» «Also los, in den Sack damit. Und dann hat...»

«Es reicht», sagte da der König. «Ich glaube dir, dass du den Sack mit Wahrheiten füllen könntest. Noch heute bekommst du meine Tochter zur Frau. Du wirst Freude an ihr haben, da bin ich sicher.»

Und so geschah es. Der einzige, dem es schlecht ging bei der ganzen Geschichte, das war der arme Schelm, der das Erdmännlein angeschwindelt hatte. Der König liess ihn zwar aus dem düsteren Verlies frei und machte einen reichen Prinzen aus ihm, aber wie viele hundert Male musste er sich in seinem Leben noch sagen, wenn er seinen Bruder regieren sah:

«Hätte ich doch damals die Feigen nicht verleugnet!»

DIE ZAUBERBOHNE

Ein armes Elternpaar hatte drei Söhne, und als die Armut allzu gross wurde, beschlossen die drei, sich ihr Brot in der Fremde zu verdienen, und zogen miteinander von zu Hause fort. Sie kamen an eine Kreuzung in einem Wald. Von hier aus führten drei Strassen in verschiedene Richtungen, und die älteren zwei nahmen den Weg nach Norden, aber der jüngste zog nach Osten. Vorher aber schnitten sie drei Kreuze in eine Eiche und versprachen einander, sich nach einem Jahr wieder am gleichen Ort zu treffen.

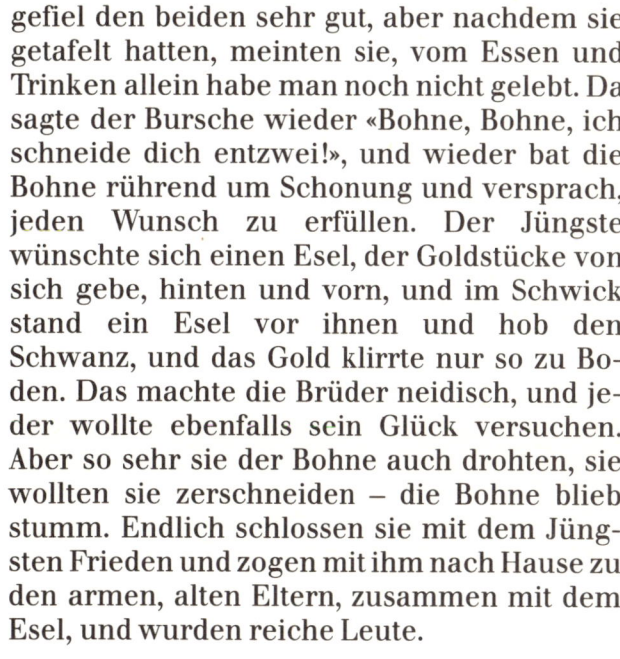

Der Jüngste gelangte immer tiefer in den Wald und stiess schliesslich auf eine Hütte, in der eine alte Frau wohnte. Er fragte nach Arbeit, und die Alte hiess ihn bei ihr bleiben. Er hatte nichts zu tun, als zwei graue Katzen und zwei weisse Enten zu füttern. Als das Jahr herum war, erinnerte sich der Bursche an das Treffen mit den Brüdern und verlangte von der Alten seinen Lohn. Sie gab ihm eine Bohne und wünschte ihm gute Reise. Dem Burschen schien der Lohn zwar ziemlich knausrig, aber er murrte nicht und machte sich vergnügt auf den Weg. Unterwegs verspürte er plötzlich Lust, die Bohne zu essen, und mit den Worten «Bohne, Bohne, ich schneide dich entzwei!» zückte er sein Messer. Da fing die Bohne mit feiner, rührender Stimme an zu sprechen: «Bitte, bitte zerschneide mich nicht; ich will alles tun, was du verlangst.» Das liess sich der Bursche nicht zweimal sagen. Er wünschte sich einen Tisch, gedeckt mit den besten Speisen. Und kaum hatte er fertig gesprochen, stand auch schon ein Tischchen vor ihm, darüber ein feines Tischtuch, und darauf die feinsten Speisen: Schinken und gedörrtes Fleisch, Rahm, Reis und Kastanien, und roter Veltlinerwein in geschliffenen Karaffen.

Zufrieden kam der Jüngste zur Wegkreuzung, wo auch schon die Brüder auf ihn warteten. Die beiden hatten in der Fremde ein schönes Stück Geld verdient und wollten wissen, was der Jüngste vorzuweisen habe. Der zeigte seine Bohne, und die Brüder lachten ihn höhnisch aus: Ob das der Verdienst von einem ganzen Jahr sei? Der Jüngste blieb ganz ruhig und zauberte vor ihren Augen einen Tisch herbei, so voll von Speis und Trank, dass die Bretter krachten. Das gefiel den beiden sehr gut, aber nachdem sie getafelt hatten, meinten sie, vom Essen und Trinken allein habe man noch nicht gelebt. Da sagte der Bursche wieder «Bohne, Bohne, ich schneide dich entzwei!», und wieder bat die Bohne rührend um Schonung und versprach, jeden Wunsch zu erfüllen. Der Jüngste wünschte sich einen Esel, der Goldstücke von sich gebe, hinten und vorn, und im Schwick stand ein Esel vor ihnen und hob den Schwanz, und das Gold klirrte nur so zu Boden. Das machte die Brüder neidisch, und jeder wollte ebenfalls sein Glück versuchen. Aber so sehr sie der Bohne auch drohten, sie wollten sie zerschneiden – die Bohne blieb stumm. Endlich schlossen sie mit dem Jüngsten Frieden und zogen mit ihm nach Hause zu den armen, alten Eltern, zusammen mit dem Esel, und wurden reiche Leute.

DER DRÄCHENGRUDEL

in reiches Ehepaar hatte eine einzige Tochter, die war ihre grösste Freude. Da erkrankte die Frau und fühlte, dass sie sterben werde. Sie bat ihren Mann, keine andere zu heiraten, wenn sie gestorben sei, ausser er finde eine Frau mit ebenso goldgelben Haaren wie sie. Das versprach der Mann, und als seine Gattin gestorben war, trauerte er lange um sie. In diesen Jahren wuchs seine Tochter zu einer schönen Jungfrau heran.

Nach einigen Jahren verspürte der Mann Lust, wieder zu heiraten, aber so weit er sich auch umschaute, er fand keine mit so feinen goldenen Haaren, wie sie seine Frau besessen hatte. Aber es gab eine ganz in seiner Nähe, und das war seine eigene Tochter. Er hatte sie lieb und spürte je länger je mehr, dass sie ihrer Mutter glich, die er vor zwanzig Jahren geheiratet hatte. So beschloss er, sie zu heiraten. Aber als er sich seiner Tochter erklärte, lachte sie ihn nur tüchtig aus. Erst als sie sah, dass es ihm ernst war, wurde sie traurig und lief von zuhause weg. Wohl liebte sie ihren Vater, aber nur als Vater und nicht als Bräutigam.

Nach einigen Tagen kam sie zurück und hoffte, der Vater habe sein eigenartiges Vorhaben aufgegeben. Aber der bestürmte sie heftiger denn vorher, und sie musste zu allerhand Ausflüchten greifen. So sagte sie eines Morgens, sie wolle seine Gattin werden, wenn er ihr drei Kleider kaufe. Das eine müsse glänzen wie die Sonne, das zweite schimmern wie der Mond und das dritte blinken wie die Sterne am Himmel. Das freute den Vater. Er machte sich sofort auf die Suche und kam schon nach kurzer Zeit zurück. Als er die drei Kleider vor der Tochter ausbreitete, glänzte das eine wie die Mittagssonne, das zweite schimmerte wie Mondlicht, und das dritte funkelte wie die Sterne über den Bergen. Die Tochter konnte die Augen fast nicht abwenden von den schönen Kleidern, aber als der Vater wieder mit seinen Heiratswünschen herausrückte, erschrak sie. Um Zeit zu gewinnen, sagte sie: «Wenn du mir einen Wagen kaufst, der von selbst fährt, so will ich deine Frau werden.» Denn sie dachte, einen solchen Wagen finde man in der ganzen Welt nicht.

Der Vater brachte aber auch diesmal das Gewünschte zurück: einen Wagen, der ohne Pferde fuhr. Jetzt konnte sie die Hochzeit nicht länger aufschieben. Ein Tag wurde festgesetzt, und das Mädchen fügte sich scheinbar in ihr Schicksal, aber insgeheim hatte sie ihre Flucht vorbereitet. Mitten in der Nacht bestieg sie den Zauberwagen, fuhr die ganze Nacht und den ganzen nächsten Tag hindurch, bis sie am Abend vor einer grossen Stadt ankam. Beim Stadttor stand ein Bettelmädchen in schlechten Kleidern, mit dem tauschte sie die Kleider, dazu überliess sie ihm den Wagen zur Obhut. So erkannte sie niemand in der ganzen Stadt.

Nun wanderte sie auf der Suche nach einer Stelle von Haus zu Haus. Bald stand sie vor einem prächtigen Palast, und als ein Mann sie nach ihrem Begehren fragte, antwortete sie, sie nehme jede Arbeit an, auch wenn es eine schlechte sei und sie dabei nur wenig verdiene. So kam sie in das schöne Haus und erhielt eine Stelle in der Küche. Dort musste sie die niedrigsten Dienste tun und den ganzen Tag neben dem Drächen oder Herd stehen, so dass man sie ganz einfach den Drächengrudel nannte. Was sie nicht wusste: Dies war der Königspalast, und im Hause wohnten der Kronprinz und seine Mutter.

Als die erste Woche um war, fragte das Mädchen am Sonntag seine Vorgesetzten, ob es zur Kirche gehen dürfe. Man betrachtete den schmutzigen Drächengrudel von oben bis unten und gab ihm schliesslich die Erlaubnis – aber nur, wenn sie sich in den hintersten Winkel der Kirche setze, wo niemand sie sehe. Das versprach sie, rannte in ihre Kammer und zog eilig die schönen Kleider hervor, die ihr der Vater geschenkt hatte und die sie auf der Flucht mitgeschleppt hatte. Sie legte die

schmutzigen Küchenkleider weg, zog das Sonnenkleid an und schlich sich durch ein Hintertürchen weg.

Nach dem Gottesdienst kam der Prinz ganz verstört zu seiner Mutter zurück und sagte: «Ich habe in der Kirche eine Jungfrau gesehen so schön wie die Sonne, die möchte ich zur Frau!» Die Mutter hatte nichts dagegen einzuwenden, ermutigte ihn sogar: «Bring sie das nächste Mal her, damit ich sie kennenlernen kann!» Aber der Drächengrudel war längst wieder in der Küche und sah so schmutzig drein wie zuvor.

Am nächsten Sonntag bat sie wieder um Erlaubnis, den Gottesdienst besuchen zu dürfen, und diesmal zog sie im Kämmerlein ihr Mondkleid an und schlich sich wieder durch ein Hintertürchen weg zur Kirche. Nach der Predigt stellte sich der Prinz an das Kirchenportal, und als die schöne Jungfrau heraustrat, eilte er auf sie zu und steckte ihr ein Ringlein an den Finger und sprach beschwörend auf sie ein. Aber sie schlüpfte weg, eilte auf weiten Umwegen ins Schloss zurück und schlich durch ein Hintertürchen in ihr Stübchen zurück. Dort zog sie das schöne Kleid aus und schlüpfte wieder in ihre Lumpen.

Am dritten Sonntag spielte sich alles genau gleich ab, nur dass die Jungfrau diesmal das Sternkleid aussuchte, in dem sie noch schöner aussah als je zuvor. Nach dem Gottesdienst wartete der Prinz wieder vor der Kirche, aber sie wich ihm aus und sprang davon, als er ihr folgen wollte. Er lief ihr nach, aber sie lief so schnell wie eine Gemse. Dabei flog ihr ein Schuh vom Fuss, und den hob der Prinz auf und steckte ihn in die Tasche.

Als er zuhause ankam, erzählte er seiner Mutter, wie es ihm ergangen war und zeigte ihr den Schuh. Da war der Drächengrudel bereits in der Küche in seinen alten zerlumpten Kleidern und hantierte mit Pfannen und Tellern. Der Prinz war ausser sich, dass ihm das Mädchen wieder entwischt war. «Nur die werde ich heiraten», beteuerte er, «der dieser Schuh gehört!» Die Mutter versprach, ihm helfen zu wollen: «Wir laden auf morgen alle vornehmen Töchter zu einem grossen Festmahl ein und lassen den Schuh von jeder anprobieren!» So wurden denn die Boten im Lande herumgeschickt, und auf allen Burgen und Schlössern luden sie zum Hoffest ein. Am nächsten Tag erschienen die vornehmen Töchter auf dem Schloss, jede in ihrem schönsten Kleid, denn alle hofften, der Prinz würde sie zur Frau nehmen. Die einen hatten sich schneeweiss gekleidet wie Schlehdorn, die anderen rot wie Heckenrosen, wieder andere grün wie Hasenklee.

Als alle im Saal Platz genommen hatten, brachte man den Schuh herein und verkündete, der Prinz werde diejenige zur Frau begehren, deren Fuss in diesen Schuh passe. Jede wollte zuerst hineinschlüpfen, aber den meisten war er zu klein. Doch gab es mehrere, denen der Schuh passte, aber dem Prinzen schien, keine sei die Richtige, und das Mädchen, das er dreimal in der Kirche gesehen habe, sei nicht dabei.

Der Drächengrudel war in der Küche und half das Essen zubereiten. Der Koch hatte die herrlichsten Gerichte vorbereitet, und zum Schluss gab es kleine Kuchen. Der Grudel fragte den Koch, ob er auch ein Küchlein bakken dürfe. Zwar machte der ein brummiges Gesicht, aber der Grudel beteuerte: «Wenn es nicht gerät, so esse ich es selbst!» «Meinetwegen», brummte der Koch schliesslich, «es ist besser, du frisst dein eigenes Backwerk als meine feinen Kuchen!»

Da machte sich der Grudel an die Arbeit, und als man die Kuchen aus dem Ofen nahm, duftete sein Küchlein am feinsten und war das schönste von allen. Sogar der Koch fand, man solle es zuoberst auf die Platte legen und in den Speisesaal tragen. Das Mädchen hatte aber den Ring des Prinzen vom Finger gezogen und in das Küchlein gesteckt. So machten denn die Diener mit den Kuchen die Runde, und das schöne Küchlein wurde dem Prinzen vorgelegt, der heute gar nicht lustig sein mochte. Als er darin stocherte, fiel das Ringlein heraus. Da war die Trauer wie weggewischt, und seine Augen leuchteten. Er liess den Koch kommen und wollte wissen, wer das schöne Küchlein gebacken habe. «Wenn es der Drächengrudel ist», sagte der Prinz, «so sage ihm, er solle die schönen Kleider anziehen, die er sonntags in der Kirche getragen hat!» Der Koch verstand zwar von allem nichts, aber er eilte zurück in die Küche und sagte zu seiner Gehilfin: «Du sollst deine Sonntagskleider anziehen und vor dem Prinzen und der ganzen vornehmen Gesellschaft im Schlossaal erscheinen!»

Der Grudel hüpfte in sein Kämmerchen, wusch und kämmte sich und liess wie jeweils am Sonntag das Haar über die Schultern hinunterfallen. Dann zog sie alle drei Kleider an, das Sonnenkleid zuerst, dann das Mondkleid, und zuoberst das Sternkleid. Sie besass nur einen Schuh, der zu den Kleidern passte, aber das machte nichts. Sie trat in den Saal, schlüpfte vor der ganzen Tafelrunde schnell in den Schuh, der noch auf dem Boden lag und ihr sass wie angegossen, und da wurde es ganz still, alle starrten sie an. Der Prinz eilte zu dem Mädchen hin, führte sie zum Platz, den er neben dem seinen leergelassen hatte, und nannte sie vor allen Anwesenden seine Braut.

Die drei Wünsche

Eine arme Bäuerin hatte einen einzigen Sohn, der zog jeden Tag mit den Ziegen los. Und weil er sie oft weit weg trieb, nahm er jeweils sein Mittagessen mit. Aber ob er gut oder schlecht gehütet hatte, die Mutter schlug ihn jeden Abend mit der Rute.

Einmal, wie der gutmütige Bursche die Ziegen zum Dorf hinaustrieb, stand da ein Bettler und fragte, ob er ihm etwas von seinem Essen abgebe. Sprach der Bursche: «Die Mutter gab mir heute nicht grad viel, aber nehmt nur!» Der Bettler griff zu, dankte und ging weg.

Kurz später stand da wieder ein Bettler am Wegrand und bat um Speise. Wieder sagte der Bursche: «Die Mutter gab mir heute nicht grad viel, aber nehmt nur!» Auch dieser Mann griff zu, dankte und ging weg.

Das Bündel war schon halb leer, aber als da noch ein dritter Bettler um Essen anhielt, sagte der Bursche bloss: «Die Mutter gab mir heute nicht grad viel, aber teilen wir den Rest!» Der Bettler nahm, dankte und ging weg. Und abends, als der Bursche nach Hause kam, schlug ihn die Mutter wieder mit der Rute.

Am anderen Tag, wie er seine Herde durch ein einsames Tal trieb, wartete da ein Mann auf ihn. «Du darfst dir etwas von mir wünschen!» sagte er zu dem Hirten, «weil du mir gestern von deinem Essen abgegeben hast.» Der Knabe zögerte nicht lange: «Jedesmal, wenn mich die Mutter am Abend mit der Rute schlägt, soll es mit ihr durch den Kamin hinauf!» Das sagte der ihm zu und verschwand.

Und nur wenig später, da stand richtig wieder einer da und stellte dem Hirten einen Wunsch frei, weil er ihm von seinem Essen abgegeben habe. Der Knabe fackelt nicht lange: «Ich möchte eine Geige, und wenn ich darauf spiele, so müssen alle tanzen.» Und wie der Mann ihm das zusagt, verschwindet er, und so geht es gleich noch einmal, und diesmal wünscht er sich eine Flöte: «Wenn ich darauf spiele, müssen alle einschlafen!» Und richtig, wie unser Ziegenhirt abends nachhause kommt, gibt ihm die Mutter wieder die Rute, aber dann zieht es sie mit Gewalt den Kamin hinauf. Sie erschrickt heftig und rennt zum Pfarrer. Der tröstet sie und verspricht, er wolle ihrem Buben am nächsten Tag hinterherspüren und herausfinden, was da vor sich gehe. Und richtig, am nächsten Tag schleicht er dem Hirten hinterher, und wie der Bub mit den Ziegen haltmacht, versteckt er sich hinter einem Dornbusch. Aber der Hirte hat ihn aus dem Augenwinkel verfolgt, zieht sein Pfeifchen heraus, und der Pfarrer schläft mitten in den Dornen ein und wacht ganz zerkratzt auf. Jetzt weiss er, dass der Knabe einen Zauber besitzt. Er eilt ins Dorf, meldet alles den Richtern, und wie der Bursche heimkommt, packt man ihn und beschliesst, ihn hinzurichten.

Am nächsten Tag versammelte sich die ganze Gemeinde. Vor der Hinrichtung stellte man dem Hirten drei Wünsche frei. Der verlangte, er wolle noch einmal ausgiebig essen und trinken. Das gefiel den Leuten. «Der will nicht nüchtern sterben!» sagten sie zueinander. «Hinterher will ich geigen und pfeifen», wünschte er sich weiter. Auch das gefiel den Leuten. «Der ist noch lustig!» sagten sie zueinander. «Der macht sich keine Sorgen!» Nur der Pfarrer schöpfte Verdacht und verlangte, seine Leute möchten ihn mit einem Strick an einen Baum binden und dort belassen, bis der Knabe fertiggespielt hätte, und so geschah es.

Der Knabe begann also zu geigen, und nach dem ersten Bogenstrich tanzten die Leute wie wild. Sogar der Pfarrer konnte nicht stillhalten und zerrte wie wild an seinem Strick. Und als alle getanzt hatten, zog er sein Flötchen hervor, und jedermann schlief ein, auch der Pfarrer. Da war der Hirtenbub plötzlich allein und dachte: «Wenn die alle schlafen, kann ich jetzt auch gehen!» Und das tat er.

Der schneider und der Riese

Zur Zeit, als es Zwerge gab, gab es auch noch Riesen. Zwei solch grosse Burschen trafen sich einmal auf der Strasse. Gemeinsam wanderten sie weiter, rasteten im Wald, klommen auf die höchsten Berge. Wenn sie noch einen Dritten ihrer Art fänden, so sagten sie, wollten sie für immer beieinander bleiben. Lange brauchten sie nicht zu warten: Als sie eines Tages auf den Schrattenberg im Entlebuch stiegen, schleuderte einer aus lauter Übermut einen gewaltigen Felsbrocken in die Tiefe. Gleich darauf begann da unten jemand greulich zu fluchen, und aus den Tannen hob sich ein mächtiger Kopf: Da hatte in der Waldeskühle ein weiterer Riese eben ein Mittagsschläfchen abgehalten und war durch den fallenden Brocken unsanft geweckt worden. Die beiden Gesellen freuten sich herzlich, dass sie nun den Dritten gefunden hatten. Zu dritt wanderten sie weiter und wurden bald gute Freunde und vertrieben sich die Zeit mit allerhand Spässen und Sprüngen.

So gerieten sie eines Tages an eine mächtige Nagelfluhwand und verabredeten sogleich, der sei der stärkste, der mit dem Kopf das tiefste Loch eindrücken könne. Der erste nimmt Anlauf und putscht ein mächtiges Loch in die Wand, so gross wie ein Käskessi. Der zweite macht's noch besser und bringt ein Loch zustande, in dem er den halben Kopf verbergen kann. Der dritte donnert mit solcher Gewalt gegen die Wand, dass er bis zu den Schultern drin steckenbleibt und um ein Haar auf der anderen Seite wieder herausgefahren wäre und so den ringeren Weg ins Nachbartal gefunden hätte. Aber eben nur beinahe, und zu allem Überfluss löst sich in der Wand drin ein ordentlich grosser Stein und klemmt ihn zwischen Hals und Schultern fest, so dass er nicht mehr vor und nicht mehr zurück kann. Und als die beiden anderen sich vom Ärger über ihre Niederlage erholt haben und ihrem Gesellen heraushelfen wollen, ist er in der Wand drin schon elendig erstickt.

Kurz später kam noch einer der Riesen, ich weiss nicht durch welchen Unfall, ums Leben. Der letzte Überlebende geriet darüber in solchen Zorn, dass er schwor, er wolle den Tod seiner Freunde am ersten besten Menschen rächen. Und der erste, der ihm in die Hände lief, war ausgerechnet ein armer, schwacher Schneider. Kaum erblickte der Riese das Männchen, so drohte er ihm auch schon mit der Faust und stiess die grässlichsten Morddrohungen aus.

Natürlich fürchtete sich der Schneider gewaltig, aber er liess sich davon nichts anmerken und kehrte das heraus, was ihm am besten lag: den Prahlhans und Aufschneider.

«So komm doch her, dich fürchte ich nicht im geringsten», rief er so gelassen, dass der Riese denn doch etwas stutzig wurde und beschloss, erst eine kleine Probe anzustellen. Er hob einen zentnerschweren Stein vom Boden und forderte den Kleinen auf, es ihm doch gleichzutun.

«Das ist doch nichts», prahlte das Schneiderlein. «Ich kann den härtesten Kieselstein zwischen den Fingern zerreiben!» Damit bückte er sich nach einem Stein, vertauschte ihn aber geschwind mit einem Käse, den er in der Tasche trug. Dem Riesen, der den Tausch nicht bemerkt hatte, stand das Maul offen, als er sah, wie der Kleine den vermeintlichen Stein zwischen den Fingern zerdrückte, dass das Wasser nur so herausfloss. Er bekam ordentlich Respekt vor dem Winzling und dachte für sich: «Mit einem solchen Gesellen zusammen kann ich noch mein Glück machen.» Also schlossen sich die beiden zusammen und kamen nach langer Wanderung in eine grosse, herrliche Stadt, wo der König seinen Palast hatte.

Aber statt Freude und Fröhlichkeit fanden sie in der Stadt nichts als Leid und Trauer. Denn gerade an diesem Tag sollte die einzige, geliebte Tochter des Königs dem Drachen zum Opfer gebracht werden, der die Stadt seit Jahr und Tag heimsuchte. Viele hatten versucht, die Stadt von ihrem grässlichen Nachbarn zu befreien, aber alle waren dabei ums Leben gekommen. Jeden Tag forderte der

Drache einen Menschen zur Speise, und lieferte man ihn nicht freiwillig, so fiel er selbst über die Stadt her und richtete so viel Schaden an, dass die Bürger am Ende noch froh waren, nur ein einziges Opfer bringen zu müssen. Jeden Tag wurde frisch ausgelost, und selbst wenn es die Mächtigsten traf, mussten sich diese dem Los fügen – so war es bei Ehr und Eid ausgemacht.

Der König liess ausrufen, wer den Drachen töte, solle die Prinzessin zur Frau erhalten und das ganze Reich dazu. Sofort waren sich Riese und Schneider einig, die Tat zu versuchen. «Ich habe die List, und er die Kraft», sagte sich der Schneider, «zusammen werden wir den Drachen wohl packen.» Also meldeten sie sich beim König und wurden dort bald über die Waffen einig, mit denen sie sich rüsten wollten. Der Riese trug einen Hammer, der viele Zentner wog, und das Schneiderlein sollte mit einer ebenso schweren Zange ausziehen. Dem Schneider fiel aber ein, er habe noch ein dringendes Geschäft zu verrichten; der Riese möge doch bitte mit beiden Geräten vorangehen, er komme im Augenblick hintennach. Der Riese lud sich gutmütig Hammer und Zange auf und zog los. Erst auf halbem Wege holte ihn der Schneider ein und begann sofort, von süssem Reisbrei zu erzählen. Das war die Speise, die der Riese am allerliebsten ass, und wenn ihm jemand davon redete, ver-

gass er alles andere. So trug er willig Hammer und Zange bis vor die Drachenhöhle, während der Schneider eine Reisbreigeschichte nach der anderen auftischte.

Vor der Höhle verabredeten sie die folgende Kriegslist: Der Riese würde den Drachen mit dem Hammer aus der Höhle jagen; davor aber sollte der Schneider mit der schweren Zange lauern und das vorbeirasende Ungetüm packen. Der Schneider wusste natürlich, dass er die schwere Zange keinen Zentimeter bewegen konnte und hoffte bloss, im allgemeinen Aufruhr würde ihn der Drache gar nicht beachten. Da hatte er sich aber gewaltig getäuscht, denn der fliehende Drache schnappte ihn sich so nebenbei und verschluckte ihn. Dahinterher aber donnerte der Riese und schlug dem Ungetüm mit seinem Hammer den hornigen Schädel ein, dass es nur so krachte, und der Schneider wurde unverletzt aus dem Drachenbauch herausgeschnitten. Der Riese aber schimpfte gewaltig: Beinahe hätte der Schneider alles verdorben, und deshalb gehörten Königstochter und Königreich ihm ganz allein.

«Was machst du dich so wichtig?» schimpfte der Schneider seinerseits. «Hättest du mich doch machen lassen! Ich bin absichtlich in das Drachenmaul geschlüpft, weil ich den Kerl von innen heraus umstülpen wollte wie einen Handschuh, und so hätten wir ihn noch lebendig zum Königsschloss gebracht.»

Der Riese war so dumm, dass er diese Aufschneiderei ernstnahm; er war einverstanden, dass sich der Schneider mit ihm zusammen beim König als Mitbesieger des Drachen vorstellte. Aber wem sollten jetzt Braut und Königreich gehören? Wieder wusste der schlaue Schneider Rat. «Wer von uns beiden mehr Reisbrei essen kann, soll der Glückliche sein», schlug er vor. Natürlich war der Riese einverstanden und konnte kaum erwarten, bis der König einen Topf Reisbrei bringen liess, so gross wie ein Berg. Nun begann das Wettessen. Aber der Grosse hatte sich gewaltig getäuscht: Der Kleine wurde gar nicht satt und ass immer weiter, als er selbst schon lange zum Zerplatzen voll war. Schliesslich musste der Riese seine Niederlage zugeben. Dabei machte ihm der Verlust von Prinzessin und Reich viel weniger zu schaffen als der Umstand, dass er nicht so viel Reisbrei herunterbrachte wie der Schneider, der sofort lustige Hochzeit hielt. Dauernd plagte er den Kleinen, ihm doch zu verraten, wie das zugegangen sei. In Tat und Wahrheit hatte der Schneider beim Wettessen einen Sack unter der Weste versteckt und den süssen Brei nicht in den Mund, sondern in den Sack gelöffelt, wenn niemand hinschaute. Das verriet er dem Riesen natürlich nicht. Statt dessen log er, er habe sich beim Essen den Bauch aufgeschlitzt. So sei der süsse Brei eben immer wieder unten herausgelaufen.

Der Riese war ausser sich vor Freude: In Zukunft sollte ihm niemand mehr beim Breiessen den Meister zeigen! Er beschloss, sogleich eine Probe zu machen, liess einen gewaltigen Topf Reisbrei kochen, schluckte einen riesigen Löffel voll und griff dann zum Messer... So wurde der Schneider seinen gefährlichen Gegner los und lebte darnach so glücklich, ich kann gar nicht sagen wie.

DER GLASBRUNNEN

Auf einem Schloss, da wohnte einst eine Jungfrau, die war so schön, man fand auf der Welt nichts Schöneres. Sie hatte seidene, dunkelbraune Haare, und ihre Augen strahlten so hell, dass man so wenig dareinblicken konnte wie ins liebe Sonnenlicht. Aber die Jungfrau hatte ein hochmütiges Herz; kam einer aufs Schloss und begehrte sie zur Frau, so wies sie ihn höhnisch ab. Selbst die reichsten Grafensöhne hatten kein Glück; sie hielt sie eine Zeitlang zum Narren und schickte sie schliesslich spöttisch nach Hause wie alle anderen.

Das ging nun so, so lang es ging. Eines Tages aber kam ein junger Mann, der gefiel dem Mädchen über alles, auch wenn sie um kein Deut freundlicher mit ihm umging als mit den anderen: So stolz war ihr Herz, dass sie ihm ihre Liebe um keinen Preis gezeigt hätte. Der Bursche liess ein Geschenk nach dem anderen aufs Schloss bringen, aber so oft er sie bat, sie möchte seine Braut werden, wies sie ihn mit gezierten Worten ab. Immerhin begleitete sie ihn hie und da auf einen Spaziergang, und als die beiden eines Abends im Walde bei einer Quelle sassen, die aus einem moosigen Felsen sprudelte, sagte das stolze Mädchen: «Ich weiss, Ihr könnt mir keinen Fürstenthron schenken zur Hochzeit. Aber ich will Eure Braut sein, wenn Ihr mir bei dieser Quelle ein Wasserbecken aus lauter Edelsteinen hinstellt, die so rein sind wie Glas und so klar wie das Wasser, das aus dem Berg fliesst.»

Nun war aber die Mutter des Jünglings eine zaubermächtige Fee. Und als er ihr noch am gleichen Tag erzählte, was von ihm verlangt wurde, da zauberte sie über Nacht ein Brunnenbecken an den Ort der Quelle, das leuchtete mit lauter Edelsteinen, schöner als alle Blumen. Am nächsten Morgen sagte die stolze Jungfrau zu ihrem Anbeter: «Das ist schon etwas, aber noch nicht alles. Zu dem Brunnenbecken gehört ein Garten. Wenn Ihr mir aus dem düsteren Wald hier einen Garten macht, so will ich Eure Braut sein.» Wieder rief der Bursche seine Mutter zu Hilfe, und als die beiden am nächsten Abend bei der Quelle sassen, spross es rings um sie veilchenblau und rosenrot aus dem Boden, und in einem Augenblick hatte sich der wilde Wald in einen Garten verwandelt. Der Boden war mit Millionen Blumen übersät, und in den Büschen sangen und hüpften wilde und zahme Vögel, dass es eine Freude war. Der Jungfrau lachte das Herz, und beinahe wäre sie dem Jüngling um den Hals gefallen und seine Braut geworden, aber da fiel ihr Blick plötzlich auf ihr Schloss, das neben dem herrlichen Garten und dem funkelnden Glasbrunnen plötzlich alt und bröcklig aussah. Da sagte sie: «Der Garten gefällt mir, aber das reicht noch nicht ganz. Wo das alte Schloss steht, müsst Ihr mir eins von Rubinen und Perlen erbauen, sonst kann ich Euch nicht heiraten.» Als der Bursche seiner Mutter diesen neuen Wunsch mitteilte, wurde die Fee zornig; von einem Augenblick auf den anderen verschwand der schöne Garten und wurde wieder zum düsteren, struppigen Wald. Nur der schimmernde Glasbrunnen blieb, und neben ihm sass jetzt jeden Abend die schöne Jungfrau und wartete sehnsüchtig auf den jungen Mann. Aber der kam nicht mehr zurück. Seine Mutter hatte ihm das stolze Herz der Jungfrau deutlich gezeigt, und wenn sie nicht gestorben ist, so sitzt sie heute noch dort.

Feen und verzauberte Jungfrauen

Vor allem im Welschland wissen viele alte Geschichten von zauberkundigen weiblichen Wesen zu erzählen, die sich in schwer zugänglichen Höhlen verstecken, aber auch ganze Paläste unter der Erde oder gar unter dem Wasser bewohnen. In vielen Fällen sind diese schönen und zarten Frauen den Menschen wohlgesinnt. Dann und wann verliebt sich eine von ihnen in einen Menschensohn, was freilich nie gut ausgeht.

MICHEL UND NÉRINE

Gute Feen wohnten einst im Tour d'Aï, einem gewaltigen Felsturm an den Ufern des kleinen Lac d'Aï, unweit von Ormont gelegen. Sie halfen den Hirten beim Hüten und bewahrten manches Haupt Vieh vor dem Absturz. Dafür stellte ihnen der Meistersenn täglich einen Napf mit Rahm vor die Hütte. Nun verliebte sich aber Nérine, die jüngste der Feen, in einen blonden, kräftigen Hirten. Michel war nicht nur ein hübscher Bursche, der schön sang und beim Arbeiten immer der erste war. Er hatte auch ein gutes Herz und war bei den Alten wie bei den Jungen gern gesehen.

Eines Tages, als er von der Fasanenjagd zurückkam, stellte sich ihm die verliebte Fee in einem einsamen Tälchen in den Weg. Michel stand wie verzückt vor der reizenden Gestalt mit ihrem wehenden schwarzen Haar, aber bald plauderten die beiden ganz ungeniert miteinander. Nérine wollte wissen, was für den jungen Hirten das Glück bedeute. «Schöne Weiden und eine schöne Herde», sagte Michel nach einigem Nachdenken, «und die Gunst von euch Feen. Und gute Gesundheit.» «Sonst nichts mehr?» wollte Nérine wissen. «Also gut», sagte Michel. «Gute Freunde, und eine liebende Frau.»

Nérine hob ihren Zauberstock und sagte: «Das alles kannst du haben, Michel.» Und vor seinen Augen verwandelte sich die Rose, die Nérine berührte, in eine geflügelte Kutsche. Hunderte von Schwalben kamen gesegelt und liessen sich an goldenen Schnüren vorspannen, und dann hub eine wundersame Reise durch die Lüfte an. Es war unterdessen Nacht geworden, unter den beiden lagen Wälder und Wiesen im Mondlicht, Flüsse und Seen glitzerten, Abgründe drohten. Der zauberhafte Anblick entzückte Michel so sehr, dass er laut zu singen begann. Schliesslich zügelte Nérine die Schwalben, und die geflügelte Kutsche setzte ganz sanft auf dem Felsenturm auf.

Von nun an trafen sich die beiden regelmässig zu ihren nächtlichen Fahrten durch die Lüfte. Nérine zeigte ihrem Geliebten auch die glitzernde Kristallhöhle, in der sie wohnen würden, die Schätze von Gold und Silber, aber dem jungen Hirten wurde das Herz schwer, wenn er daran dachte, dass er sein geliebtes Tal verlassen sollte, nie mehr die Sonne sehen würde. Aber auch die anderen Hirten begannen über die nächtlichen Streifzüge zu munkeln, und schliesslich kam die Sache auch Judith zu Gehör, einer stolzen Bauerntochter in Leysin, die ebenfalls unsterblich in Michel verliebt war. Voller enttäuschter Leidenschaft überredete die Tochter einen kleinen Zuhirten, er solle den Napf, der nächtlich für die Feen bereitgestellt wurde, mit Enzian einreiben – dass die zauberkundigen Frauen den Geruch dieser Blume mehr als alles andere verabscheuten, war bekannt. Der Bube führte seinen Auftrag aus, und in der gleichen Nacht widerhallte ein spitzer, unheimlicher Schrei durch das Tal. Am Morgen fanden die Hirten den Napf umgestürzt und den Rahm verschüttet.

Von diesem Tag an liess sich keine der Feen mehr blicken, auch Nérine nicht. Das Leben der Sennen wurde um vieles beschwerlicher: Kühe verirrten sich, stürzten ab über die steilen Felsen, Hagel und Gewitter setzten den Sennen zu. Manche erzählten, die enttäuschten Feen hätten sich in einem Wald am Fuss der Diablerets niedergelassen. Viele Male noch blickten Michel und seine Kameraden seufzend auf den Tour d'Aï, der jetzt leer stand, und dachten für sich: «Ob die Feen wohl je wieder zurückkommen?»

DER WEINENDE FELS

Dann und wann setzte sich eine gute Fee auch als Beschützerin eines Liebespaares ein. Davon zeugt der *Scex que plliau* – der «Felsen, der weint» – unweit von Clarens. Ein Hirtenmädchen hatte sich heimlich mit dem Sohn eines reichen Grundbesitzers verlobt. Aber Albert de Chaulin – so hiess der junge Mann – fürchtete den Zorn seines Vaters. So trafen sich die beiden in einem abgelegenen Tal, wo die Fee über das Liebespaar wachte. Aber eines Tages wurden sie dort vom wütenden Baron de Chaulin und seinem Gefolge aufgespürt. Der Alte befahl seinen Knechten, die Geliebten zu trennen, da sang die Fee aus ihrem Versteck im Wald ein liebliches Lied, in dem sie den Baron zu beschwichtigen suchte. Aber der Alte liess sich auch hierdurch nicht erweichen. Mit der Stiefelspitze stiess er gegen einen Fels und rief: «Niemals heiratet mein Sohn diese Bettlerin! Darauf kann er warten bis zum Tag, an dem dieser Fels weint!» Plötzlich sperrten die Umstehenden Mäuler und Augen auf: Überall drangen große Tropfen aus dem Stein, in wenigen Sekunden war die Felswand nass von seltsamen Tränen. Aus dem Wald aber hörte man das silberne Lachen der Fee. Der Baron, der noch nie sein Wort gebrochen hatte, willigte in die Heirat ein; schon nach wenigen Wochen wurden Joliette und Albert in einem rauschenden Fest getraut.

DIE SPINNENDE FEE

Mitunter nahmen sich die Feen auch armer oder leidender Mädchen an – so wiederum in den Waadtländer Alpen. Dort lebte ein Bauernmädchen, dessen Eltern es streng und unnachgiebig behandelten. Jeden Morgen, wenn es die Kühe auf die Weide trieb, gaben sie ihm eine Spindel mit, so lang wie ein Arm, die sollte es bis am Abend zu Garn versponnen haben. So sehr sich die Tochter auch Mühe gab, schaffte sie ihr Tagespensum kein einziges Mal, und jeden Abend wurde sie zu Hause mit Schimpfworten empfangen.

Eines Tages zeigte sich eine gute Fee vor der kleinen Hütte oberhalb von Chésières, wo die Kleine ihre Kühe hütete. Das Mädchen bewirtete die Frau, so gut es konnte, und zum Dank für die Gastfreundschaft beschloss die Fee, ihr zu helfen: Flink befestigte sie die Spindel am Horn einer weidenden Kuh, schwang sich auf den Rücken des Tieres und begann zu spinnen. Im Handumdrehen hatte sie einen schönen Garnstrang fertig, den das Mädchen freudestrahlend zu Hause ablieferte. Das ging nun Tag für Tag so weiter, und fortan hatte das arme Mädchen daheim seinen Frieden.

DAS INSELFRÄULEIN FENETTA

Wo die Rhone in den Léman mündet, herrschten in einem Dickicht von Schilfinseln, Sumpf und Sandbänken einst die Inselfräulein, kleine Feen oder Nymphen, die mit den Libellen spielten und seltsame Gesänge zum Sausen des Windes sangen. Ihre Körper hatten die Farbe des Schilfs, ihre Augen waren grün und ihre Haare lang. Wehe dem Fischer oder Mäher, der eines dieser Wesen zu Gesicht bekam: Er musste innerhalb eines Jahres sterben!

Ein mutiger Bursche aus Noville wollte einst seiner Verlobten eine besondere Freude bereiten und wagte sich an einem Sonntag in das Inselgewirr vor, um für sie Wasserrosen zu pflücken. Er hatte schon einen prächtigen Strauss beieinander, als er plötzlich ganz nahe ein unmutiges Zischen hörte. Als er aufsah, blickte er gerade in die Augen einer *Fenetta* oder Wasserfrau, die ihn mit ihrem grünen, wässrigen Blick festzubannen schien. Schon fühlte er, wie ihn eine unerklärliche Macht ins Wasser zu ziehen schien, der schönen Nymphe zu. Mit einem Ruck befreite er sich von dem Zauber, rappelte sich auf und rannte in wilder Panik nach Noville zurück. Schon hatte er die ersten Häuser des Dorfes hinter sich und taumelte auf das Haus seiner Braut zu. Aber als er den Fuss auf die Schwelle setzte, sank er röchelnd zusammen. Das Mädchen, das ihm entsetzt die Türe öffnete, hörte nur noch sein dumpfes Röcheln: «*Lei fénetta! Lei fénetta!*» Dann verschied der tapfere Bursche.

DIE FEEN VON LES COMBASSES

Vergessen wir also nicht: Oft zeigten sich die zauberkundigen Frauen von ihrer tückischen und missgünstigen Seite. Oberhalb von Salvan, nicht weit vom Rhoneknie bei Martigny, trieben einst die Feen von Les Combasses ihr Unwesen. Die Bevölkerung wusste genau, mit wem sie es zu tun hatte: Da war die tückische *Martzcrotta,* die sich damit vergnügte, die Kinder zu erschrecken, die sie nach Einbruch der Nacht im Freien antraf. Die Fee *Follaton* stellte in unbewachten Augenblicken alles im Haushalt auf den Kopf, und ihre Genossinnen ängstigten das Vieh auf der Weide und trieben es auf die abgelegensten Pfade.

Mit der Zeit litten fast alle Dörfer im Tal der Trient unter den mutwilligen Frauen, die sich regelmässig auf den höchsten Alpen und Berggipfeln trafen und dort beim wilden Feentanz ihre tückischen Pläne ausheckten. Einzig in der Nacht aber hatten sie über die Menschen und ihre Werke Macht; tagsüber war man vor ihnen sicher.

Eines Tages hatten die Bewohner von Salvan genug von diesem Umwesen. Man heckte an einer Versammlung eine List aus, die Zauberfrauen loszuwerden. Jede Haushaltung steuerte ein Pfund Hanf bei, und gemeinsam knüpfte man Seile, Hunderte von Metern. Die Seilrollen legte man den Feen hin und bat sie höflich, das Geschenk anzunehmen und damit an den Meeresstrand zu fliegen. Dort sollten sie mit den Seilen den Sand am Meer zu Packen schnüren. Die Feen nahmen das Geschenk dankbar an und verschwanden. Sie kehrten nie zurück – vielleicht sind sie noch heute mit dem Zusammenbinden des Sandes beschäftigt...

DIE GUTE FRAU ZÄLTI

Von einer hilfsbereiten Fee weiss man im Kanton Schwyz zu berichten. Die Frau Zälti, andernorts auch das Fronfasten-Müetterli genannt, nimmt sich vor allem der ungetauft gestorbenen Kinder und deren Mütter an. In den Fronfastentagen wurde sie oft zu Brunnen gesehen, wie sie auf der gedeckten Brücke über das Lehwasser fleissig ihre Fäden spann. An solchen Tagen duldete sie nicht, dass andere Töchter oder Mütter sich am Spinnrad zu schaffen machten. Es hiess auch, dass nur Menschen, die an diesen Tagen geboren waren, ihr Gespinst sahen.

DIE GOLDFEE VON ALP RUSSEIN

Im Bündnerland weiss man zwar nicht von ganzen Feenvölkern zu berichten, aber immer wieder sind den Sennen oder den ziegenhütenden Kindern holde Frauen mit Gaben erschienen. So erlebte einst ein Senn, der den Sommer auf Alp Russein zusammen mit seinen Gehilfen verbrachte, dass sich an einem schönen Morgen plötzlich die Tür zu seiner Sennhütte öffnete. Herein trat eine überirdisch schöne Frauengestalt. Ihre goldenen Zöpfe fielen in Wellen über die blendendweissen Schultern, und in ihren Händen trug sie ein Gefäss, darin funkelte flüssiges Gold. «Jeder von euch», sagte die Fee, «darf soviel davon nehmen, wie er will. Er darf aber keinen einzigen Tropfen verschütten.» Der Senn und der erste Gehilfe liessen sich ihr Gefäss vorsichtig füllen. Der dritte aber, ein habgieriger Mann, füllte seinen Becher bis zum Rand. Vor Aufregung stolperte er und verschüttete prompt ein paar Tropfen des Goldes – da verschwand mit einem Schlag die zarte Frau, und den Hirten blieb kein einziger Tropfen.

DIE FEEN: LIEBHABERINNEN VON RUHE, FRISCHER LUFT UND BLAUEM HIMMEL

Von zauberkundigen Feen erzählen vor allem die Sagen der Westschweiz. In den Waadtländer und Walliser Alpen, in Höhlen und hochgelegenen Wäldern, hausten einst ganze Scharen dieser braunhäutigen Mädchen. Sie trafen sich auf abgelegenen Lichtungen oder bei bestimmten Felsen, sie waren die Meisterinnen bestimmter Bäche oder Quellen. Die Romands nannten sie fées, faies oder fadhas und machten meist gute Erfahrungen mit ihnen: Die Feen hatten die Gabe, die Zukunft vorherzusehen, Glück und Unglück auszuteilen und einzelne Sterbliche von der Mühsal der Arbeit zu entheben. Ihre bräunliche Haut und ihr meist schwarzes Haar entsprachen zwar nicht dem Schönheitsideal der Hirten, die einen rosafarbenen Teint und Blondhaar über alles schätzten. Daneben aber war die Fee wundervoll gewachsen und schwebte auf winzigen, fersenlosen Füsschen über die Alpweiden. Es kam also nicht selten vor, dass sich ein sterblicher Hirte und eine Fee ineinander verliebten, sogar heirateten. Zwar wurde der Hirte durch seine Partnerin in die Geheimnisse der Natur eingeweiht und lernte geheime Höhlen und Gänge kennen, von denen sonst kein Bergler wusste, aber viele dieser Ehen endeten in Zank und Tod. Bald zeigte sich die Gattin übertrieben stolz oder empfindlich, bald war es der Gatte, der es an der nötigen Feinheit fehlen liess oder gar die Geheimnisse, die ihm anvertraut worden waren, missbrauchte.

DIE DREI GABEN DER WEISSEN FRAU

Bei der Ringgenberger Brücke, ebenfalls im Bündnerland, erschien den Kindern, die frühmorgens ihre Geissen auf die Weid trieben, an hohen Feiertagen mitunter ein Mädchen von überirdischer Schönheit, mit Augen so blau und so rein wie der klare Winterhimmel. Vor ihr lagen drei schneeweisse Tücher. Auf dem einen hatte sie eine Goldmünze, auf dem zweiten Kupfermünzen, und auf dem dritten Seile ausgebreitet. So gütig war der Blick der fremden Frau, dass sich die Kinder näher herantrauten. Dann durften sie unter den Gaben auswählen. Viele entschieden sich für die Seile – vielleicht, dass die Frauen der Gegend deswegen als gute Spinnerinnen und Haushälterinnen galten.

DIE WUNSCHHÖHLE BEI AROSA

Auswählen durfte auch das Sonntagskind, das weit hinten im Schanfiggertal hoch über Arosa den Weg in die wunderbarste Schatzhöhle fand. Dazu musste er von einer einsamen Arve einen goldenen Schlüssel nehmen und damit eine versteckte eiserne Türe aufschliessen. Drinnen leitete ein kleines Männchen den Ankömmling in einen riesigen Raum, der von Gold und Edelsteinen erleuchtet wurde. Hier konnte er wählen zwischen einem Haufen Gold und Edelsteinen, einer goldenen Kuhglocke und einer schönen verzauberten Jungfrau.

Wählte er das erstere, so wurde er unermesslich reich. Mit der Treichel war er sicher, das schönste Vieh im Tal zu erhalten. Nahm er aber das Mädchen, so erlöste er nicht nur eine verbannte Seele, sondern war sein Lebtag glücklich, und nichts fehlte ihm.

Der letzte, der den Weg in die Wunschhöhle fand, war ein junger Küher. Das liebe Vieh und das Sennenleben gingen ihm über alles, so wählte er denn die Treichel. Das aber nahm ihm die verzauberte Jungfrau übel. Zwar besass er kurz später das schönste Vieh im Tal, aber sie sorgte dafür, dass ihm eine Kuh nach der anderen oben am Erzhorn und im

Welschtobel zu Tode stürzte, und kurz später starb er selbst, noch jung und von niemandem geliebt.

DIE VERBANNTE JUNGFRAU VON GISWIL

Eine unerlöste Jungfrau wartet noch heute in einer Höhle hoch am Giswilerstock. Das kam so: Ein reicher Giswiler Bauer hatte eine schöne Tochter, mit der er Grosses im Sinn hatte. Das Mädchen verliebte sich aber in einen armen Teufel und weigerte sich, den reichen Lappi zu heiraten, den der Vater ihr aufdrängen wollte. Zur Strafe verbannte der Mann, der mehr konnte als Brot essen, seine eigene Tochter in eine Höhle am Giswilerstock. Seither sitzt sie trauernd dort, hinter einem schweren eisernen Tor, bewacht von einem Hund, dessen tellergrosse Augen Funken sprühen. Eine eiserne Truhe, angefüllt mit Goldstücken, dient ihr als Sitz. Erlöst kann sie werden, wenn ein Jüngling am Dreifaltigkeitssonntag einen Haselstock segnen lässt, sich in der Thomasnacht aufmacht, den Stock in der rechten Hand, und ohne Licht den Giswilerstock ersteigt. Der Haselstock führt ihn dann auf einem unbekannten Weg vor die Höhle. Hier klopft er dreimal an das Tor, und dieses öffnet sich. Die Jungfrau sitzt auf der Truhe, und neben ihr kauert der grausige, zähnefletschende Hund. Der Jüngling muss seine Schuhe aus- und den Hut abziehen und dann wortlos den Haselstock dreimal um die Truhe tragen und sich darauf ebenso wortlos mit allen seinen Effekten wieder auf den Heimweg machen. Drei Tage später kann er sich dann die Schöne mit ihrer Mitgift als Braut heimholen.

Einmal nur hat ein heiratslustiger und mutiger Bursche versucht, die Jungfrau zu erlösen. Alles hat er nach Vorschrift ausgeführt, obwohl ihn der grässliche Hund beim Gang um die Truhe greulich anknurrte. Aber beim Weggehen hat ihn die Schönheit der Tochter so bezaubert, dass er den Haselstock, den er in eine Ecke gestellt hat, mitzunehmen vergass. Da fiel hinter ihm ächzend das Tor zu, und aus dem Inneren der Höhle drang das herzzerreissende Weinen des unglücklichen verbannten Menschenkindes.

EIN GOLDSCHATZ FÜR EINE MUTIGE TAT

Sowohl in den Bergen wie im Mittelland erzählt man sich seit Jahrhunderten von verzauberten oder verbannten Jungfrauen, die in Höhlen oder Burgruinen ungeheure Schätze hüten. Diese Reichtümer werden demjenigen zuteil, der das Mädchen erlöst, indem er eine Reihe von Aufgaben löst oder die Verwunschene, die immer ekelerregendere Formen annimmt, dreimal hintereinander küsst. Die Vorgeschichte der Verbannung ist auffallend häufig die gleiche: Der Vater des Mädchens hat einen bestimmten Bräutigam im Auge, dieses aber liebt einen anderen und sträubt sich, worauf der zauberkundige Vater die eigene Tochter verflucht und verbannt.

In den Ruinen von Augst bei Basel schmachtete lange Zeit eine Jungfrau aus der Zeit der römischen Herrschaft, deren Körper angeblich in einem Schlangenschwanz endete. Von einem Erlösungsversuch berichtet eine Chronik des Jahres 1675: Ein stotternder Schneider aus Basel habe sich in die alten Gewölbe vorgewagt und sei dank eines geweihten Wachslichtes weiter vorgedrungen als irgendjemand vor ihm. Hier sei «ein herrlich wolgebautes Schloss oder Fürstenhof gestanden, in welchem ein gar schöne Jungfraw mit menschlichem Leib biss under den Nabel gewesen, welche auf ihrem Haupte eine Krone von Gold getragen und ihr Haare fliegen lassen. Under dem Nabel habe sie wie eine grewliche Schlang ausgesehen. Sie habe ihn bey der Hand genommen und zu einem eisernen Kasten geführt, auf welchem zween bellende schwartze Hunde gelegen.»

DAS GOLDENE TOR BEI KLOTEN

Zwischen Kloten und Bülach, dort wo heute Düsenjets zur Landung ansetzen, lag einst das Goldene Tor – ein kleiner Weiher, der nicht besonders tief war. Aber von seinem Grund aus führten zahlreiche Löcher tief ins Erdinnere, und daraus quoll unaufhörlich zarter Sand, gemischt mit feinem Goldflitter. Ein Knabe, der beim Teich Schafe hütete, legte sich einst am Ufer nieder. Plötzlich teilte sich das Wasser, und vor sich sah er eine wunderschöne Jungfrau, die ihm einen goldenen Ring hinstreckte. Als er danach griff, zog sie den Ring immer weiter zurück, bis der Knabe ins Wasser fiel. Darauf umschlang sie ihn und zog ihn in die Tiefe.

Ein Bauer hörte das ängstliche Geschrei des sich sträubenden Knaben. Aber als er beim Teich anlangte, lag der still da. Plötzlich aber schoss der Knabe wie ein Pfeil aus einer der Quellöffnungen. Der Bauer zog ihn aus dem Wasser, und als er wieder zu sich kam, erzählte er, die Wasserjungfrau sei mit ihm rasend schnell in unendliche Tiefen gefahren. Dort habe sich aber plötzlich eine schöne Gegend aufgetan. Man sei auf Grund gestossen und habe vor sich eine grosse, herrliche Stadt mit einem goldenen Tor gesehen. Aus dem Tor sei eine Wasserjungfrau getreten, da habe die Entführerin den Knaben losgelassen, um ihre Freundin zu begrüssen. Sogleich habe ihn ein heftiger Strudel ergriffen und ihn so schnell nach oben getragen, dass er darüber das Bewusstsein verlor.

Der Knabe soll immer und immer wieder zum Teich zurückgekehrt sein, aber es scheint, dass ihm die schöne Jungfrau nie mehr begegnet ist. Dank seiner Erzählung weiss man jetzt auch, woher die Goldblättchen im Wasser stammen: Sie sind vom goldenen Tor in der Tiefe abgespült und nach oben getragen worden.

DIE SCHLÜSSELJUNGFRAU VON TEGERFELDEN

Im ganzen Land, vor allem dort, wo einst Schlösser und Burgen standen, hüten heute noch verzauberte Jungfrauen ungeheure Schätze. Wer sie erlösen und damit den Schatz heben will, muss seine fünf Sinne beieinander halten und dazu unerschütterlichen Mut zeigen. Wenigen nur ist's geglückt, und von ihnen meldet die Sage nichts: Sie haben sich wohlweislich gehütet, ihr Glück in die Welt hinauszuposaunen.

Noch heute sieht man ab und zu das Burgfräulein von Tegerfelden, im Aargau gelegen – ein schönes Mädchen, das vor Trauer starb, weil man ihren Geliebten zutode folterte. Schon seit Jahrhunderten zieht sie ihre Kreise rund um die Burg, und wenn auch die Surb unterdessen begradigt und verbaut worden ist, so hält sie sich noch an die Ufer von einst, schreitet einen Fuss hoch über dem Wasser, dort wo früher ihr Weg durchführte. Das Fräulein bewacht einen Goldhaufen in unzugänglichen Burgkellern, der noch jedes Jahr wächst.

Von vielen wird berichtet, die ihre Chance auf die eine oder andere Weise verspielt haben: ein Fischer, den die Jungfrau mit einer goldenen Angel ausstattete, der aber das wöchentliche Vaterunser zu beten vergass; ein Bauer, der seinen Mund nicht hielt und sich an einem glühenden Schlüsselbund die Hand verbrannte. Ein Tegerfelder Familienvater traf das Fräulein abends spät an, als er vom Markt in Waldshut zurückkam. Die Jungfrau trug von Kopf bis Fuss wallende Gewänder, am Gürtel trug sie den Schlüsselbund. Sie spielte auf einem silbernen Flötchen, und der erstaunte Mann sah, dass dies ein verabredetes Zeichen war: durch die Surb kam ein schneeweisser Hirsch geschwommen, der vollkommen trocken aus dem Wasser stieg. Das Tier kniete vor der Schönen nieder, sie setzte sich auf seinen Rücken und liess sich neunzehnmal rund um die Burg tragen. Dann setzte sie sich wieder ans Ufer der Surb, holte einen goldenen Kamm hervor und fuhr damit durch ihr schimmerndes Haar. Bei jedem Mal streifte sie von den Zweigen der Erle den Erlenhonig und rieb ihn auf ihren Scheitel, dann wieder mass sie im Spiegel des Wassers nach, wie weit ihr Haar schon den Rücken hinunter reiche. Der versteckte Tegerfelder hörte sie auch ein Lied singen:

«O Erli, liebi Erli,
Es goht na hundert Johr,
Dänn stricht de Bode währli
Mis gäle Chruselhoor.»

Dann, wenn ihr Haar den Boden berührte, würde sie erlöst sein, meinte das Lied. Der Familienvater vergass ganz, die Jungfrau zu fragen, wie er ihr helfen könne, aber die alten Leute der Gegend sagen, die Jungfrau sei heute noch nicht erlöst. Denn die Erle, die ihr den Honig lieferte, stehe heute noch am Surbufer. Erst wenn diese im Ofen verheizt sei, sei das Leiden der Jungfrau vorbei.

DAS GOLDENE BODDEMEITSCHI

Nicht weit von Tegerfelden, wo das Boddebächli in die Surb mündet, zeigt sich ab und zu das Boddemeitschi. Wie das Fräulein von Tegerfelden hütet es einen vergrabenen Schatz, und wie diese kämmt sie mit einem goldenen Kamm ihr Haar. Manche sagen auch, an der Quelle des Boddebachs habe einst ein Schloss gestanden, und seither führe die Quelle goldhaltiges Wasser.

DIE HÖHLENFEE VON ULRICHEN

Dass eine verzauberte Jungfrau durchaus erlöst werden könnte, erweist sich an der Höhlenfee von Ulrichen im Wallis, die sich den Menschen alle zehn Jahre einmal zeigt. Auch sie bewacht einen Schatz – angeblich als Strafe dafür, dass sie an ihrem Geliebten festhielt, obwohl ihr Vater, ein zauberkundiger Ritter, einen anderen für sie ausgesucht hatte. Zwei Männer kamen auf ihrem Weg plaudernd und nichtsahnend an der Höhle vorbei, und da sass tatsächlich das Fräulein. Die Männer fragten, ob es möglich sei, sie zu erlösen, und sie gab zur Antwort: «Ja, aber besinnt euch gut, bevor ihr meine Bedingungen annehmt!» Sie müssten drei Gestalten küssen, die vor ihnen auftauchten: eine Kröte, eine Schlange und einen Löwen. Gelinge ihnen das, sei ihr Geschlecht bis in die siebte Generation glückselig.

Man verabredete sich auf einen bestimmten Tag, und das Fräulein erschien den beiden als Kröte, als Schlange und als Löwe. Die Tiere jagten den Männern aber einen solchen Schreck ein, dass von Küssen keine Rede sein konnte – vielmehr nahmen sie Reissaus. Das Fräulein schrie und fluchte hinter ihnen her und verwünschte sie bis in die siebte Generation. Die Leute der Gegend stellten fest, dass die Nachkommen der beiden immer noch arme Leute sind. Nichts gerate diesen Familien, nichts wolle ihnen gelingen.

DER SIEBENKÖPFIGE DRACHE

Die Schattdorfer behaupten, im Rynächtloch hause eine verwünschte Jungfrau, die müsse eine Kiste voll Geld hüten, und zwar verzaubert in einen Drachen mit sieben Köpfen. Wenn aber ein mutiger Bursche jedem dieser sieben Köpfe einen Kuss verabreiche, erlöse er die Jungfrau und erlange das Geld. Es scheint, das ist bis heute keinem gelungen.

DER AUSGELÜFTETE SCHATZ

Man erzählt sich im bündnerischen Obersaxen von der Burg Mooregg, dass hier eine Burgfee den Schatz nicht nur hüte, sondern ihn auch von Zeit zu Zeit kräftig auslüfte. Zu diesem Zweck breite sie das Gold und Silber auf grosse Tücher an der Sonne aus und schüttle es immer wieder kräftig durch. Einmal sei sie dabei von einem Mädchen überrascht worden, habe der Kleinen aber freundlich angeboten, sie solle von dem Geld nehmen und es nachhause bringen. Das Mädchen zögerte und wollte erst zuhause um Erlaubnis fragen. Als es zur Burg zurückkam, waren Schatz und Fee verschwunden.

FRAU VENUS – HALB FEE, HALB GÖTTIN

Die alte deutsche Sage von Frau Venus und dem Ritter Tannhäuser erzählte man sich auch in der Innerschweiz: Danhuser hatte lange Zeit im Berg der zauberischen Frau Venus verbracht und sich dadurch so sehr mit Sünde beladen, dass ihn kein Beichtvater lossprechen konnte. Selbst der Papst, zu dem der reuegeplagte Ritter pilgerte, entsetzte sich über die vielen Frevel und rief auf: «So wenig dieser Stab in meiner Hand je wieder grün wird, so wenig kannst du die Seligkeit erlangen!»

Danhuser machte sich niedergeschlagen auf den Rückweg, unterdessen aber trieb der päpstliche Stab wie ein Bäumchen im Frühling. Der Heilige Vater nahm das als Zeichen Gottes und liess das reuige Beichtkind überall suchen. Aber Danhuser hatte bereits wieder in den Venusberg – «Frau Vrenes Berg» in der Schweizer Version – zurückgefunden.

Wo aber lag der Berg dieser zauberkräftigen, dem Sinnlichen verschriebenen Fee, deren zweiter Name Vrene auch auf die germanische Göttin Freya hinweist? Manche Pilger erzählten von einem wundersamen Berg auf Zypern, in dem Venus mit ihren Gespielinnen in Saus und Braus lebe. Aber auch uns nähergelegene Höhlen und Berge werden genannt: ein Schinberg bei Freiburg i. Br., ein Berg beim schwäbischen Waldsee, ein weiterer Berg im vorarlbergischen Fallbach.

Noch in den 1870er Jahren faszinierte die Sage um Sühne und Sinnlichkeit den Dichterkomponisten Richard Wagner, der ja lange Jahre in der Schweiz zubrachte: Sein «Tannhäuser» gehört noch immer zum internationalen Opernrepertoire.

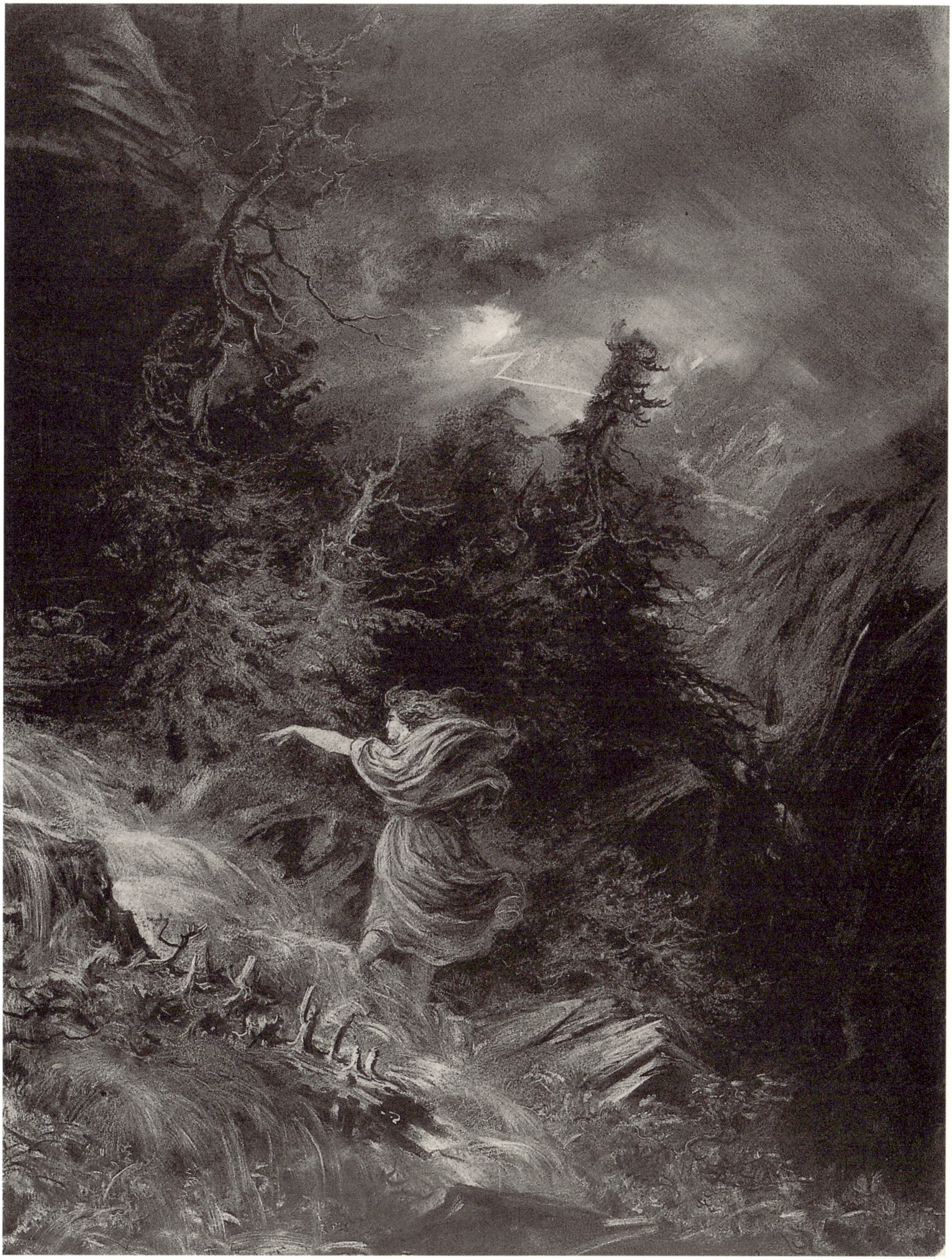

DOKTOR FAUST UND ANDERE ZAUBERER

Zauberkundige Männer gab es zu allen Zeiten und an allen Orten. Von vielen hiess es, sie hätten ihre Künste einem Pakt mit dem Teufel zu verdanken. Andere wieder hatten ihre Kenntnisse an der Schwarzen Schule zu Salamanca erworben und zogen als Fahrende Schüler durch Europa. In den Alpen nannte man sie meist «Venediger», da aus der Markusstadt am Meer besonders viele Zauberkundige stammten. Der gelehrteste von allen kam aber aus Deutschland: Doktor Johannes Faust, der sich auf die Alchemie, die Kunst des Goldmachens, verstand. Auch von ihm hiess es, er habe sein geheimes Wissen einem Bund mit dem Teufel zu verdanken und habe dem Schwarzen zum Lohn seine Seele verschreiben müssen. Der Satan habe seine Rechnung dann auch eingelöst und den Gelehrten in einer Wolke von Dampf und Schwefel entführt.

DOKTOR FAUST IN BASEL

Zur Zeit der Reformation zog die reiche Stadt Basel dank ihrer berühmten Universität Gelehrte aus allen Ländern an. Sogar Doktor Faust stattete der Rheinstadt einen Besuch ab. Hier traf ihn ein berühmter Gottesgelehrter seiner Zeit, der Theologe Johannes Gast. Einmal speisten die beiden zusammen im grossen Collegium. Da Faust mit dem Angebot der Küche nicht zufrieden war, brachte er dem Koch eigenhändig ein paar seltsame Vögel zur Zubereitung. Gast war sicher, dass der Hexenmeister die Tiere herbeigezaubert hatte: Dergleichen Geflügel sei nirgends in der Stadt verkauft worden, überhaupt in der ganzen Gegend noch nie gesehen worden.

«Faust führte einen Hund und ein Pferd mit sich», berichtete Gast weiter. «Ich glaube, die Tiere waren in Wahrheit Teufel, denn sie konnten alles verrichten. So sagte man mir, der Hund habe mitunter die Gestalt eines Dieners angenommen und seinem Meister die Speisen aufgetischt.»

DER WUNDERDOKTOR IM URNERLAND

Auch in Uri soll sich der grosse Hexenmeister eine Zeitlang aufgehalten haben. Andere wieder sagen, der Urner Zauberer habe Doktor Füster geheissen, sei aber dem deutschen Doktor in nichts nachgestanden. Auch Füster hatte dem Teufel seine Seele verschrieben, wenn dieser ihm dafür ein Leben lang diene und ihm Geld genug verschaffe. Und wirklich hatte er einen Knecht, der ihm das Geld gleich scheffelweise heranbrachte. Mit dem Reichtum aber half er den Armen.

Überhaupt stellte er seinem Diener immer wieder unmenschliche Aufgaben. So musste der, wenn der Meister zu Pferd ausritt, die Strasse vor ihm mit Fünflibern p'setzen und die Münzen vorweg hinter dem Pferd auflesen und nach vorne tragen, so dass die Strasse immer gerade auf Pferdeslänge gepflastert war. Der Teufel musste ihm auch ein Kräutlein gegen den Tod erfinden und bringen. Füster pflanzte es in seinem Garten, wo noch allerhand unbekannte Kräuter wuchsen. Er durfte das Kraut des Lebens aber nur für sich selbst brauchen und es keiner Menschenseele verraten.

Schliesslich wurde Doktor Füster trotz allem krank. Er war so schwach, dass er das rettende Kräutlein nicht selbst holen konnte; jemand anderen schicken war ihm verboten. Da besuchten ihn seine Freunde am Krankenbett und sprachen ihm zu, er solle sich bekehren. Auch ein Geistlicher erschien und wollte ihm die Beichte abnehmen. Aber Füster wollte nichts von diesen Dingen wissen, obwohl ihm der Tod immer näher zu Leibe rückte. Da sandte der Herrgott selbst einen Engel ans Krankenbett. Der trug ein brennendes Wachslicht in den Händen, das er sorgsam vor jedem Windhauch schützte, und sagte mit milder Stimme:

*Solange diese Kerze brinnt,
hat dir Gott die Gnad erzind't.*

Diese Gnade hatte Gott dem alten Sünder gewährt, weil er so viel Gutes für die Armen getan hatte. Aber Doktor Füster wies sogar den Engel zurück. Er raffte seine letzten Kräfte zusammen, richtete sich mühsam im Bett auf und blies das Gnadenlichtlein aus. Dann sank er tot in das Kissen zurück. Es heisst, er habe einst wegen des Lebenskrautes seinen eigenen Sohn umgebracht und darum nichts von Vergebung hören wollen.

VOM DOKTOR BÄRTSCHU

Auch das Wallis hatte seinen Wunderdoktor, der allgemein nur der Doktor Bärtschu hiess. Er war auf seltsame Weise zu seiner Kunst gekommen: Einst war er im Wald auf einen heidnischen Arzt getroffen, der viele geheime Bücher bei sich trug. Der wollte ihn alles lehren, was er wusste, wenn er beim Bärtschu unterkommen und dort bleiben dürfe. Also nahm ihn Bärtschu mit nach Turtmann, und dort erklärte ihm der Heide die Bücher und das Doktern und gab ihm auch zwei Fläschchen: das eine blau und rot, das andere weiss und grün. Damit konnte er alle Leute heilen, nur musste er die Fläschchen immer mit sich herumtragen. Die Leute kamen von weit her nach Turtmann, um sich von Bärtschu behandeln zu lassen.

Als der Heide gestorben war, nahm Bärtschu einen Lehrknaben auf, aber in das Geheimnis der Fläschchen weihte er ihn nicht ein. Als der Zauberdoktor schliesslich spürte, dass sein Ende nahe war, befahl er dem Burschen, er müsse die Flaschen in die Rhone werfen, damit kein Mensch das Geheimnis je erfahre. Dem Lehrling aber gefielen die schönen glänzenden Flaschen, und statt sie ins Wasser zu werfen, steckte er sie in die Tasche. Als er wieder ans Krankenbett trat, sagte Bärtschu: «Soll ich dir etwas antun, oder wirfst du die Flaschen dorthin, wo ich es dir befohlen habe?» Der Bursche behauptete, er habe den Befehl richtig ausgeführt und ver-

37

PARACELSUS: FAUST AUS DER SCHWEIZ

Man hat ihn schon den «schweizerischen Faust» genannt: den grossen Mediziner und Philosophen Paracelsus, der im Jahre 1493 bei Einsiedeln geboren wurde. Sein intuitiver Zugang zu den Heilmethoden und sein reiches Wissen, das er sich während Jahrzehnten des Herumreisens aneignete, trugen auch ihm den Ruf eines Teufelsbündlers ein. Dies um so mehr, als sich Paracelsus eingehend mit Alchemie und Astrologie auseinandersetzte und die Natur als gewaltiges Zusammenspiel von Mensch, Gestirn, Pflanze und Stein sah. Neben den kosmischen Kräften erkannte der leutselige und populäre Arzt aber auch die magischen Überlieferungen an, sprach von Wassergeistern und Kobolden, von Dämonen und Nachtweibchen...

Nur für kurze Zeit wurde er sesshaft: Als man ihm im Jahre 1527 einen Lehrstuhl an der Basler Universität anbot. Obwohl er einflussreiche Freunde in der Stadt besass, musste er schon nach zwei Jahren weiterziehen. Er hatte sich bei seinen Kollegen verhasst gemacht, weil er deutsche statt lateinische Vorlesungen hielt und die Bücher der anerkannten Lehrmeister öffentlich verbrannte. Trotzdem nahm Paracelsus' Ansehen in den folgenden Jahren noch zu. Fürsten und Könige sollen ihn an ihr Krankenbett gerufen haben, wenn die gelehrten Hofärzte nicht weiter wussten. Paracelsus starb im Jahre 1541 in Salzburg.

steckte die Medizinen unter einem Baum.

Als er wieder zu Bärtschus Bett zurückkam, wusste der schon alles. «Entweder du wirfst sie in die Rhone, oder dann sterben wir beide zusammen!» Das war deutlich genug; der Bursche nahm die Beine unter die Arme und warf die Fläschchen in den Fluss, worauf das Wasser allerlei Farben annahm, als habe man fassweise Farben dareingeleert. Als er zurückkam, sagte der Doktor: «So, jetzt hast du meinen Befehl ausgeführt. Dafür schenke ich dir meinen ganzen Schrank und alles Geld, das sich darin befindet.» Es heisst, die Familie des Lehrlings sei bis heute vermöglich geblieben, habe aber sonst wenig Glück gehabt.

MUTTERMILCH GEGEN DEN BÖSEN

Im bündnerischen Riein tauchte auch einst einer auf, der mehr konnte als nur Brot essen: ein Uhrmacher aus Disentis, der sich aufs Schatzheben verstand. Der kam einst zu einer Bauernfamilie, Mann und Frau und ein kleines Kind, um die Wanduhr zu reparieren. Nachdem er mit seiner Arbeit am Ende war und alle in der Stube sassen, sagte der Uhrmacher plötzlich: «In diesem Hause ist ein Schatz verborgen!» Der Bauer wollte es nicht glauben. Aber der Disentiser blieb bei seiner Meinung und behauptete, er wisse genau, wie der Schatz zu heben sei. Schliesslich gab der Bauer nach: «Wenn du ihn unbedingt herbeischaffen willst und kannst, so tu es doch!»

Der Disentiser sagte seine Sprüche und Beschwörungen her, da ging plötzlich die Tür auf, und es kam einer herein – eine leide Figur, vor der alle die Angst überkam. Der Schwarze ging auf den Tisch zu und klopfte auf die Tischdecke: «Also heraus damit! Was befehlt ihr?» Der Uhrmacher sagte seine Sprüche her, aber mittendrin verliess ihn die Kraft, und er wusste nicht weiter. Als letztes Mittel verlangte er von der Frau, die mit dem kleinen Kind daneben sass, die Brust. Erst als er Muttermilch getrunken hatte, besass er wieder genug Kraft, um den Schwarzen vor die Tür zu jagen. Vom Schatz aber fiel kein Wort mehr. Da sagte der Bauer zum Uhrmacher: «Wenn du noch einmal so etwas probierst, so jage ich dich aus dem Haus!»

DER SCHWARZSCHÜLER

Ein fahrender Bursche, der die schwarze Kunst gelernt hatte, kam einst auch ins bündnerische Ruis und fragte in einem Haus um ein Nachtlager. Erst wies man ihn ab, denn die Frau des Hauses erwartete ihre Niederkunft. Aber der Bursche insistierte: Wenn er nur in einem Winkel im Estrich schlafen dürfe, sei ihm das schon genug. Schliesslich überliess man ihm eine Bodenkammer, aber mitten in der Nacht, um halb zwölf, hörte man ihn plötzlich rufen: «Nicht zu dieser Stunde!» Genau um Mitternacht brachte die Frau einen Sohn auf die Welt.

Als man den Schwarzschüler am nächsten Morgen ausfragte, sagte er schliesslich: «Nicht wahr, heute Nacht um zwölf habt ihr einen Sohn bekommen? Wäre er eine halbe Stunde früher zur Welt gekommen, dann würde ihm im zwanzigsten Jahr ein entsetzliches Unglück zustossen.» Auch so solle man den Knaben so früh wie möglich lehren, bei jeder Handlung ein *«Jesus, gidi mei!»* vorauszuschicken.

Das taten die Leute, und als der Sohn zwanzigjährig geworden war, fand ihn sein Vater eines Nachts, aufgeschreckt durch ein Gepolter, in der gleichen Bodenkammer, in welcher der Schwarzschüler übernachtet hatte. Der Bub hielt einen Strick in der Hand. Er hatte sich erhängen wollen, aber vorher nach alter Gewohnheit «Jesus, hilf mir!» gerufen. Da war der Strick gerissen.

Von Drachen und Lintwürmern

Als die ersten Bewohner – so berichtet der Chronist Etterlin – in die wilden Gebirgstäler der Alpen vordrangen, fanden sie dort nur dichten Wald und zerklüftetes Felsland vor. In mühsamer Arbeit rodeten sie ein Stück Land nach dem anderen und bauten ihre Häuser. Dabei stellten sich ihnen ungeheure Tiere und grässliche Lintwürmer in den Weg, die in den wilden Klüften wohnten. Sie liessen sich aber nicht abschrecken und vertrieben die ungebetenen Nachbarn mit Gewalt. Noch lange Jahre aber hatten sie gegen die greulichen Tiere zu kämpfen.

WINKELRIED UND DER DRACHE VON OEDWIL

Manchmal behielten die greulichen Tiere aber auch die Oberhand, so wie im Unterwaldner Dörfchen Wil. Nach wenigen Jahren mussten die Bewohner ihre Häuser wieder räumen, denn hoch über dem Tal hauste in einer Höhle ein grosser Drache, der alles anfiel und auffrass, was ihm in den Weg kam. Und weil sich weder Mensch noch Vieh mehr in die verlassenen Häuser zurücktraute, bekam das verödete Dorf den Namen Oedwil. So oft die Unterwaldner auch tapfere Männer mit Speeren und Armbrüsten aussandten, liess sich das Ungeheuer doch nicht vertreiben. Denn wenn es merkte, dass die Uebermacht zu gross war, flüchtete es über die Felsen, wobei es wie eine Eidechse die steilsten Felsen hochkletterte.
Eines Tages meldete sich ein mutiger Mann mit Namen Struthan Winkelried. Er war wegen eines Totschlags aus dem Land verwiesen worden und schlug jetzt vor, den Kampf mit dem Drachen ganz allein zu wagen: Sollte er siegen, würde er dafür wieder in Gnade aufgenommen. Die Mitbürger stimmten dem Vorschlag zu, und Winkelried rüstete sich für den grossen Kampf.
Da bereits ein Spritzer Drachenblut tödlich wirkte, bedeckte er sich von Kopf bis Fuss mit festem Stoff und zog einen Brustharnisch darüber. Die Speerspitze umwickelte er mit Dornen und anderen stachligen Dingen, dazu schnallte er ein kräftiges Schwert um. Nachdem er Gott und die Heilige Jungfrau um ihren Segen gebeten hatte, machte er sich auf den Weg. Die Höhle des Drachen lag hoch in einer Felswand, und von hier aus konnte das Ungeheuer die ganze Umgebung überblicken. Schon von weitem sah es seinen Gegner kommen, hielt sich aber still und fuhr erst mit Schnauben und Gebrüll aus dem Fels, als Winkelried bereits vor seiner Höhle stand. Aber der tapfere Mann liess sich nicht schrecken, sondern bohrte den Speer samt Dornengestrüpp in den weitgeöffneten Rachen des Untiers. Dann setzte er mit dem Schwert nach und traf so glücklich, dass der Drache unter Gebrüll und Stöhnen verendete.
Die Mitbürger, die den Kampf aus der Ferne verfolgt hatten, jubelten laut vor Freude. Der überglückliche Winkelried warf im Triumph sein Schwert in die Luft, aber als er es auffing, rannen ein paar Tropfen Drachenblut über Klinge und Griff auf seine unbedeckte Hand. Als die Unterwaldner bei der Höhle anlangten, lag Winkelried tot neben dem Drachen: das starke Gift hatte ihn auf der Stelle getötet.

DER LINTWURM IM BETELBERGSEE

Auch in einem kleinen Bergsee oberhalb der Berner Gemeinde Lenk hauste einst ein Drache, den die Bewohner nicht zu vertreiben vermochten. Er hatte die Gestalt einer riesigen Schlange und stürzte sich auf Mensch oder Vieh, die sich in die Nähe des Ufers wagten. Aus dem See heraus getraute er sich freilich nicht. Einige sagen, er hätte sich vor dem Zorn der gutbewaffneten Bauern gefürchtet, andere wiederum meinen, ein frommer Spruch habe ihn in das Wasser gebannt.
Lange Zeit fürchtete man jedenfalls, der Lintwurm fresse sich unter Wasser in den Berg hinein und komme endlich auf der Talseite gegen das Pöschenried wieder ans Tageslicht. Dann, so hiess es, werde das Untier seiner Zerstörungswut freien Lauf lassen, das freundliche Bergtal verwüsten und Mensch wie Tier verschlingen. Niemand wisse, wann Tag und Stunde dieses Unheils komme...

DRACHEN NAGEN AM BERG

Vom Pilatus weiss man bestimmt, dass einst grausige Drachen den Fels zerfrassen, wovon noch heute die zerklüfteten Formen zeugen. Im Saastal waren einst gleich drei Drachen am Werk. Sie nagten zwischen Grund und Almagell am Berg, bis dieser einstürzte und dabei Wiesen und Wälder zudeckte. Nach dieser Untat flog eines der Monster zum Schilthorn, ein weiteres zum Mittaghorn, während das dritte ohne Spur verschwand. Noch heute sitzen die zwei Tiere mitten in den Felsen und fressen sich durchs Gestein, bis dereinst auch diese beiden Berge einstürzen müssen.

DER KÜFER IM DRACHENLOCH

Um das Jahr 1410 herum erlebte ein Küfer aus Luzern ein seltsames Abenteuer. Der Mann, der an der Eisengasse Werkstätte und Haus besass, machte sich an einem Herbsttag in Richtung Pilatus auf, um dort geeignetes Holz für Kufen und Dauben zu holen. Oberhalb des Hergiswaldes kam er aber vom Weg ab und fiel in eine tiefe Felsspalte. Zwar landete er ohne sich zu verletzen – aber wie gross war sein Schrecken, als er neben sich drei ungeheure geflügelte Drachen entdeckte! Er hielt sich so still wie möglich und begann leise zu beten. Und tatsächlich: Der Herrgott schickte ihm seine Hilfe. Das zeigte sich an dreierlei Dingen. Zum ersten stellte sich nämlich bald heraus, dass sich die drei Untiere

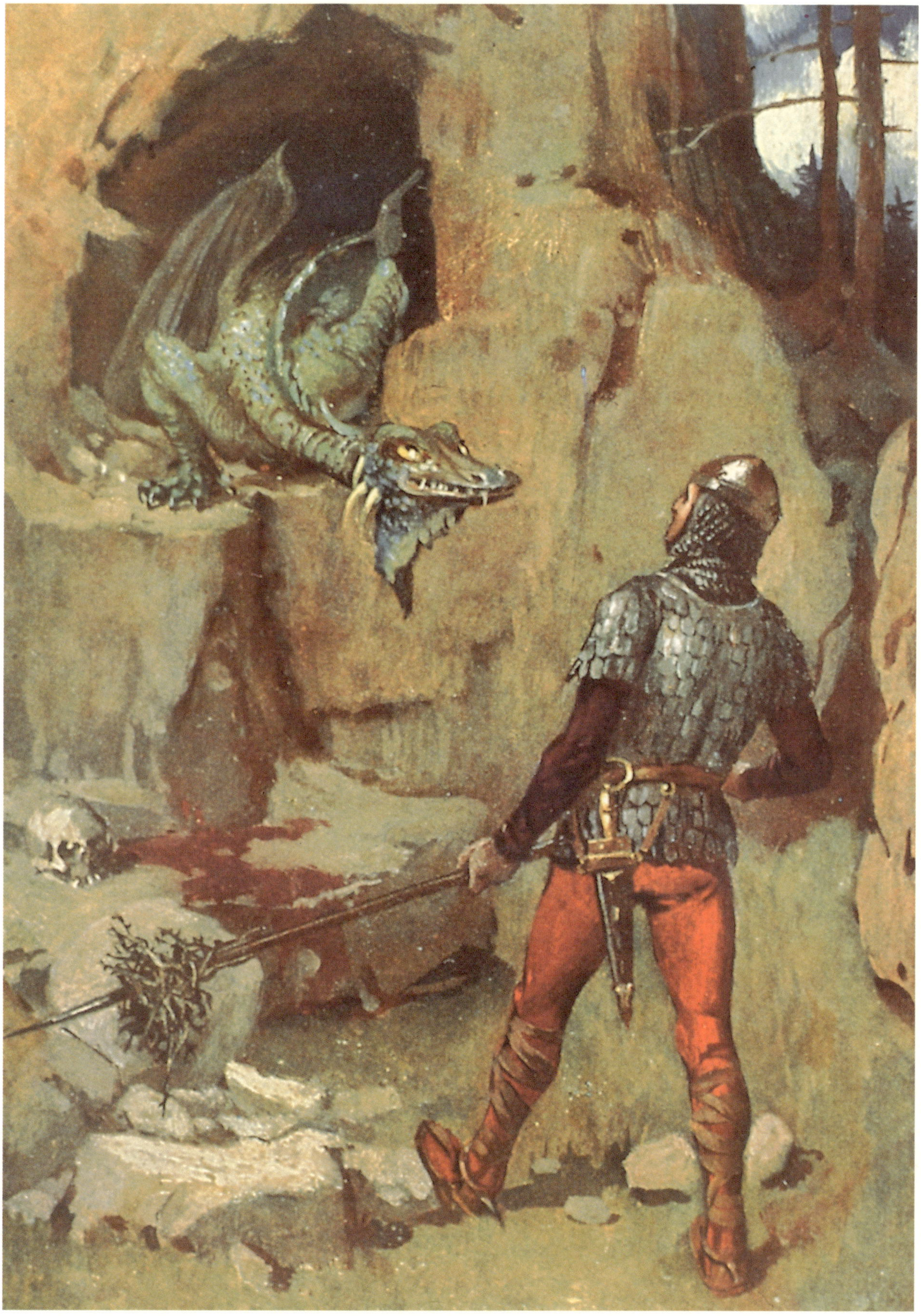

VOM RIGI ZUM PILATUS

Ganz gelassen berichtet der Luzerner Chronist Cysat, er selbst habe noch im Jahre 1566 einen Drachen gesehen – eine Art Feuerbalken, der aus der Rigi schoss und im Pilatus verschwand. «Grosse Würm und Tracken» habe man vor allem im Wald gefunden, der sich vom Pilatus in Richtung Kriens und Malters erstreckte. Die Holzfäller berichten dort immer wieder von feurigen Schweifen, die nach Sonnenuntergang durch die Lüfte zischen. Manche wissen gar zu berichten, dass auf den Untieren «farende Schuoler oder Schwarzkünstler» sitzen. Diese würden die Drachen als Reittiere benützen und nach Belieben an irgendeinen Punkt des Erdballs steuern.

Cysat, der auch die Geschichte vom Küfer im Drachenloch übermittelt, nimmt es mit der Angabe seiner Gewährsleute sehr genau. Die Küfergeschichte habe ihm Probst Ulrich Hermann im Jahre 1580 erzählt, beteuert er. Dieser habe sie von seiner 80jährigen Mutter, Agnes von Moos. Letztere habe eine als zuverlässig geschilderte Person gekannt, «welche bezeugt hat, dass ihre Mutter sich an diese Geschichte erinnerte und den Küfer vor und nach seinem Abenteuer gesehen hat».

zum Ueberwintern bereitmachten und keinerlei Gefrässigkeit zeigten. Sie beschnupperten ihren neuen Nachbarn bloss und fuhren dann fort, an den Felsen zu lecken. Und dies war der zweite Fingerzeig: Der Küfer, der in der kahlen Felsspalte zu verhungern glaubte, tat es ihnen nach und fand bald heraus, dass die etwas salzige Feuchtigkeit nicht nur seinen Durst stillte, sondern ihn auch ernährte.

So verbrachte der arme Mann den Winter also in der engen Felsschlucht. Der Frühling aber brachte das dritte Wunder. Die Drachen begannen sich zu regen, krochen in der Spalte hin und her, und an einem sonnigen Morgen schickten sie sich an, ihr Winterquartier zu verlassen. Einer nach dem andern kroch die senkrechte Felswand hoch und verschwand droben im Gestrüpp. Der Küfer sah ihnen traurig nach – nicht etwa, weil er die Gesellschaft der schreckenerregenden Tiere vermisste, sondern weil er selbst kein Spältchen und keinen Handgriff fand, um es den Drachen gleichzutun. Da drehte sich der Drache, der zuletzt die Felskante oben erreicht hatte, um und schaute zum Küfer herunter, als wolle er ihn ermuntern, nachzukommen. Schliesslich schien er zu begreifen, dass der Mann Hilfe brauchte. Er liess seinen langen, schuppigen Schwanz in die Spalte herunter. Der Küfer klammerte sich daran fest, und mit einem Ruck brachte ihn der Drache ans Tageslicht zurück. Der Küfer hatte sich noch kaum aufgerappelt, da schwirrte es auf allen Seiten: Wie Pfeile von der Armbrust flitzten die drei Drachen durch die Luft und verschwanden. Der Küfer dankte Gott, und als er nach Luzern zurückkam, liess er ein wunderschönes Messgewand mit dem Bild dreier Drachen besticken, das später noch lange jeweils am Sankt Moritztag in der Pfarrkirche zu sehen war.

DRACHEN BRINGEN GOLD UND GELD

Ein ganz ähnliches Abenteuer widerfuhr einem Küfer aus dem Walliser Dorf Jeizenen, nur dass er sein einsames Winterquartier mit einem einzigen Drachen teilte. Dieser leckte ebenfalls die Felswände ab, über die eine gelbrote Flüssigkeit sickerte. Der Küfer tat es ihm gleich, wurde schliesslich wie sein Luzerner Kollege am Schwanz des Drachen aus der Spalte getragen und eilte nach Hause zurück. Nur dass der Walliser Küfer beim Gehen und Stehen spürte, wie ihn etwas in der Magengrube drückte. Auch konnte er nichts mehr essen und starb bereits ein paar Tage nach der Rückkehr vor Hunger. In seinem Magen aber fand der Arzt einen riesigen Klumpen Gold. Jetzt machten sich die Söhne sofort zur Drachenschlucht auf, die ihnen der Vater geschildert hatte. Dort fanden sie überall Kegel, die der Drache über den Winter hinterlassen hatte, nur dass der Drachenkot aus... purem Gold bestand.

Dass Drachen den Menschen gar zu Geld verhelfen, erzählt man sich im Oberengadin. Dort komme nach Einbruch der Nacht der *Mandreiola* oder Gelddrachen durch die Luft geschossen und werfe über dem Haus gewisser Leute Gold- und Silbermünzen ab. Das Geld bringe aber kein Glück, denn der *Mandreiola* sei ein Bote des Teufels.

JAGD AUF ARME SEELEN

Von einem Drachen, der Jagd auf verlorene Seelen machte, erzählt man sich im Val d'Hérens. Irrte die zum Fegfeuer verdammte Seele eines Verstorbenen umher, so war es dieses Ungeheuer mit dem seltsamen Namen *Chenegauda*, das ohne

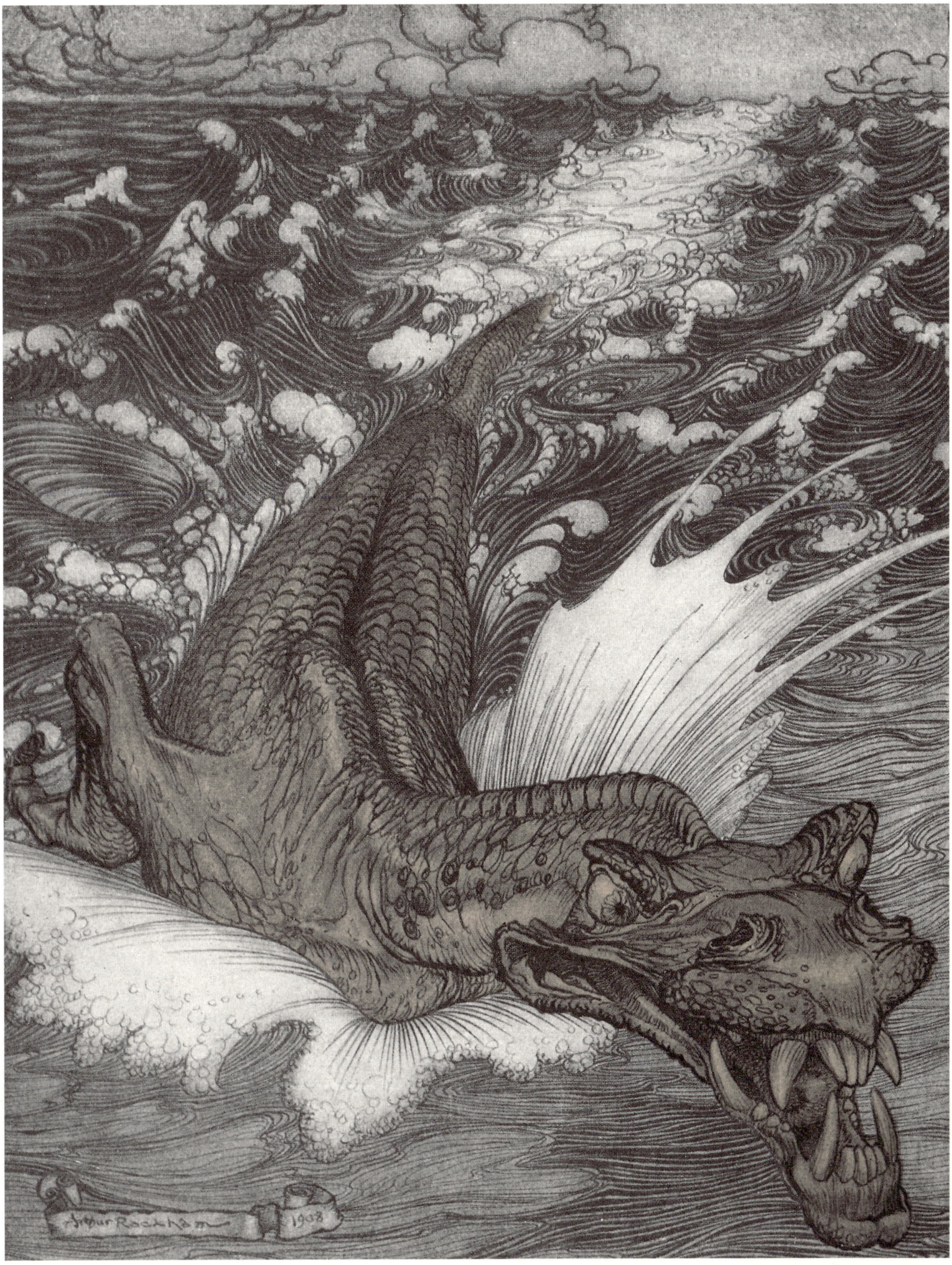
Arthur Rackham
1908

Gnade oder Erbarmen hinter ihr herspürte und dabei markerschütternde Schreie ausstiess, die mit dämonischem Heulen wechselten. Für die verfolgte arme Seele gab es nur eine einzige Art, sich zu schützen: Sie konnte die Gestalt eines Lammes, eines Zickleins oder einer Taube annehmen. Fand sie einen mitleidigen Menschen, der sie schützte oder auch nur vorgab, dies zu tun, so war der Drache hilflos und musste wieder abziehen.

Eines Abends war eine fromme Frau auf der Strasse nach Vex unterwegs, wo sie täglich bei einer Kapelle einen Rosenkranz betete. Plötzlich rannte ein Lämmchen auf sie zu und versteckte den Kopf unter ihrer Schürze. Und nur einen Augenblick später landete mit einem markerschütternden Heulen auch schon der Chenegauda vor den beiden: die Krallen gespreizt, den Rachen weit aufgerissen. Als er aber sah, dass die Frau die Hand schützend auf den Kopf des Tieres legte, stob er unter Geheul wieder davon. Als der Lärm verklungen war, verwandelte sich das Lamm mit einem Schlag in eine reichgekleidete Dame, die sich herzlich bei der frommen Frau bedankte. «Jetzt, da meine Seele dank deiner Hilfe gerettet ist, will ich dich für dein Mitleid belohnen. Du und deine Familie sollen Glück und Wohlstand haben bis ins vierte Glied.» Und in einer Staubwolke verschwand die erlöste Seele.

Das Umgekehrte hat sich freilich auch ereignet: Verweigerte jemand einer geplagten armen Seele das Mitleid, so wurden er und seine Nächsten bis auf fünf Generationen hinaus zu Unglück und Armut verdammt. Den Chenegauda, der übrigens auch Mensch und Vieh verschlang und Safran über alles liebte, ereilte schliesslich die gerechte Strafe: Der berühmte Riese Galifron, der Herkules des Val d'Hérens, verfolgte den Drachen mit einem von spitzigen Nägeln starrenden Knüppel. Dieser stürzte sich endlich selbst in die Borgne. «Safran, ade!» war sein letzter Schrei.

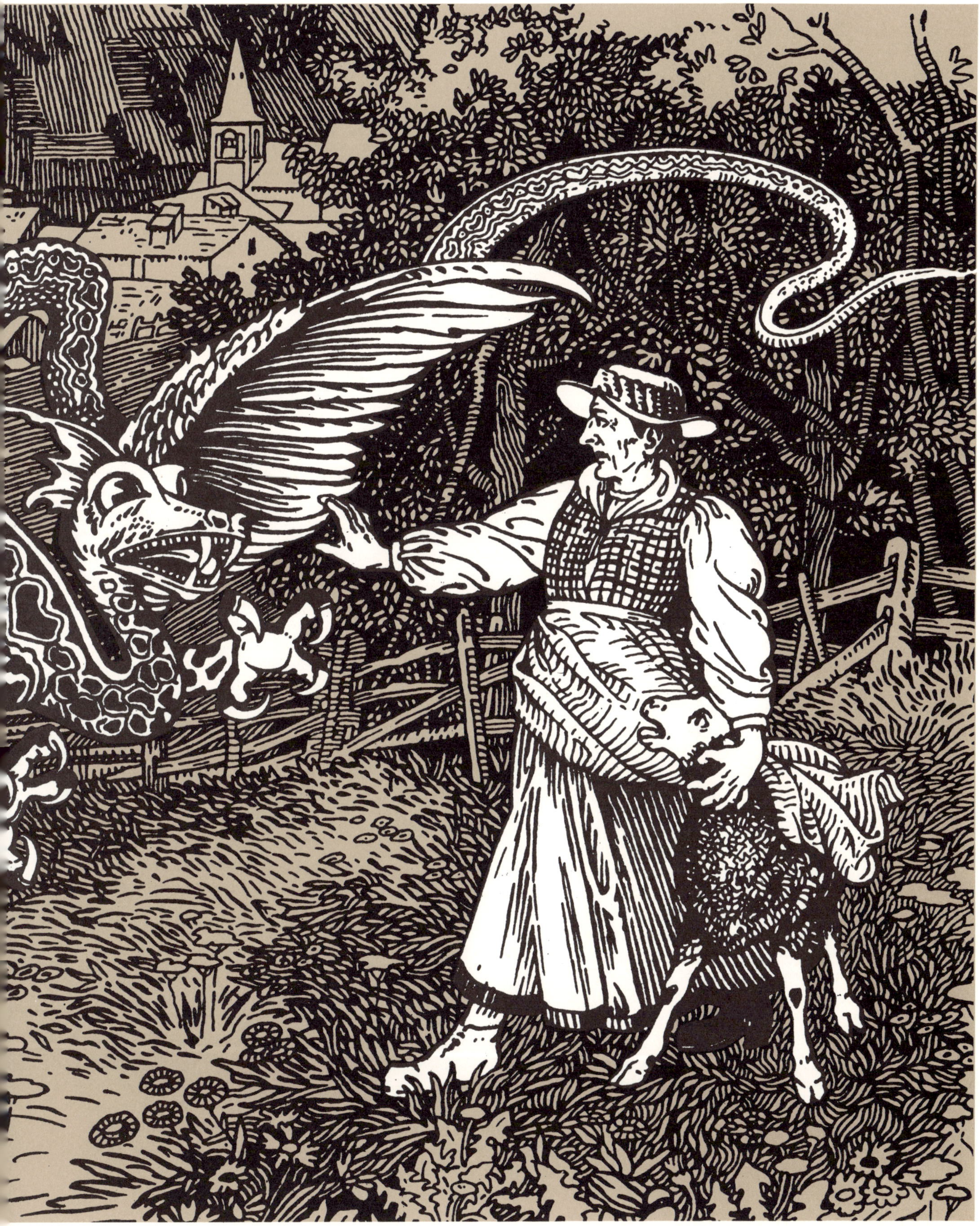

DER KWAKUA IM VAL DES DIX

Auch ein Nebental des Val d'Hérens, nämlich das Val des Dix, litt lange Zeit unter einem grässlichen Ungeheuer: einem fliegenden Drachen, den die Leute *Kwakua* nannten. Manche schildern ihn zwar als *vouivre* oder Guivre – also als flügelloses, schlangenähnliches Reptil. Wie auch immer: In der Mitte der Stirn trug der Kwakua einen ungeheuren Diamanten, der so hell glänzte, dass man ihn nicht direkt anschauen durfte. Das Ungeheuer fiel alles an, was ihm in den Weg kam: Schafe, Rinder, Ziegen, mitunter selbst Menschen. Hatte es sich den Bauch vollgeschlagen, so flog es zu einem seiner zwei Zufluchtsorte – einem Bergsee beim Dörfchen Exertse oder einem Seelein bei Nax. Dort blieb es unter Wasser verborgen, bis seine Fresslust es zu einem neuen verheerenden Ausflug trieb. Und so kam es denn auch, dass alle Alpen verödet dalagen und kaum ein Hirte sich je hochgetraute.

Eines Tages aber kam ein einheimischer Bursche ins Tal zurück, der als Söldner den Feldzug Barbarossas nach Syrien mitgemacht hatte und nichts in der Welt fürchtete. Als er von der Landplage erfuhr, erbot er sich, dem Untier den Garaus zu machen, aus dem Hinterhalt oder im offenen Kampf. Vor allem rechnete Prosper – so hiess der harte Bursche – mit einer seltsamen Gewohnheit Kwakuas. Bevor das Ungeheuer untertauchte, legte es nämlich immer den funkelnden Diamanten am Seeufer nieder. Und von alters her wusste man, dass dieser Stein Zauberkräfte verlieh.

Prosper liess aus schwerem Eichenholz ein Fass herrichten und die Reifen mit stählernen Stacheln bestükken. In die Seite bohrte er ein kleines Guckloch und rollte dann seine Kampfmaschine den Berg hoch, bis nahe ans Ufer des Bergsees von Exertse. Dann zog der Söldner seinen Harnisch über, versteckte sich im hohlen Stamm einer alten Weide und wartete. Sobald das Ungeheuer von einem Raubzug zurückkehrte und den Diamanten niederlegte, wollte er den Edelstein behändigen und sich damit in sein gepanzertes Fass flüchten. Nach mehreren Tagen war es so weit: Prosper hörte Schuppenklirren und Flügelschläge, und der Kwakua landete wenige Meter von ihm entfernt am Seeufer. Das Ungeheuer legte den Diamanten im Gras nieder und glitt dann in das grünlich spiegelnde Wasser. Mit wenigen Schritten war der Söldner am Ufer, packte den Diamanten und schlüpfte in sein Fass – keinen Augenblick zu früh. Denn der Drache hatte seine Nähe gespürt oder gerochen und schoss bereits wutschnaubend aus dem Wasser. Als er merkte, dass der Stein verschwunden war, richtete er sich drohend auf und stiess ein teuflisches Gebrüll aus, so dass die Bauern auf den Feldern sich bleich und ängstlich ansahen. Es ging nicht lange, bis Kwakua das Fass entdeckte und sich in blinder Wut daraufstürzte. Aber so kräftig er auch mit Schwanz und Krallen darauf einschlug – die Stahldorne drangen tief in sein Fleisch und rissen den Schuppenpanzer an vielen Stellen auf. Schwarzes, schleimiges Blut floss ins Gras, und schliesslich sank der Drache zusammen, aus hunderten von Wunden blutend. In diesem Augenblick stürzte Prosper aus seinem Fass, das Schwert in der Hand. Mit einem einzigen Streich trennte er den Drachenkopf vom Hals und hob seine Trophäe mit beiden Händen in die Höhe.

Als er mit dem greulichen Beweis seines Sieges ins Dorf zurückkam, brach ein Jubel aus, wie man ihn nie gehört hatte. Die Bauern feierten den Soldaten Barbarossas als ihren Helden und Retter; vom Diamanten aber erzählt man sich, ein Graf von Savoyen habe ihn gekauft, und schliesslich habe er sogar die Krone der französischen Könige geschmückt.

DAS DORF MIT DEM DRACHENNAMEN

Auch im Gebiet des Léman hat man den Guivre da und dort gesehen. Ja, die geflügelte Schlange mit dem Krönchen und dem blitzenden Diamanten, das ihr als Auge dient, soll sogar einem Dorf den Namen gegeben haben: Manche leiten den Namen der Gemeinde Vouvry von *la vouivre* ab. Jedenfalls sollen die Bürger während Jahrzehnten regelmässig Prozessionen abgehalten haben, mit denen sie um Schutz vor der gefrässigen Schlange baten.

Im Waadtland heisst es vom einäugigen Drachen, der Karfunkelstein diene ihm als Laterne und erleuchte ihm nachts den Weg. Wenn er in der Dunkelheit von Berg zu Berg fliege, strömen aus seinem Rachen Flammen und Funken, so dass man die Schuppen glitzern sehe. Ein Hirte aus Fontannay bei Aigle habe einst gegen das Untier gekämpft und sei mit verbrannten Kleidern nach Hause gekommen. Aber es sei ihm gelungen, den grossen Diamanten zu rauben, und mit diesem habe er die Grundlage zum Wohlstand seiner heute mächtigen Familie geschaffen.

EIN GALANTER DRACHE

Gottseidank zeigten sich nicht alle dieser schuppigen Untiere gleich mordlustig. Im Lac des Chavonnes bei Ormont hauste einst ein schneeweisser Drache. Wenn sich das Tier mit ausgebreiteten Flügeln auf dem Wasser vergnügte, bot es einen prächtigen Anblick. Freilich war auch dieser Bursche kein Unschuldslamm. Er holte alle Vögel, die sich über den See verirrten, aus der Luft und vertrieb selbst Sperber, Enten und mächtige Krähen, so dass rund um den prächtigen See kaum je ein Zwitschern zu hören war.

Spazierten aber hübsche Mädchen aus Ormont zum Bergsee hinauf, so zeigte sich der weisse Drache als wahrer Schwerenöter. Er schlängelte sich vor ihren Füssen durchs Wasser, und wenn sie ihm einen Happen Futter zuwarfen, so bedankte er sich mit eleganten Sprüngen und Kapriolen. Dann freilich tauchte er wieder mit einem gewaltigen Sprung unter und liess sich nicht mehr blicken.

DRACHENGIFT LÖST FELSEN AUF

Dass die Zahl der Drachen im Laufe der Jahrhunderte abnahm und heutzutage kaum mehr von ihnen gesprochen wird, mag mit dem Schwinden der Goldadern in den Bergen zusammenhängen. Alte Walliser wissen nämlich noch, dass sich die meisten Drachen von Gold ernährten. Wenn sich so ein fliegen-

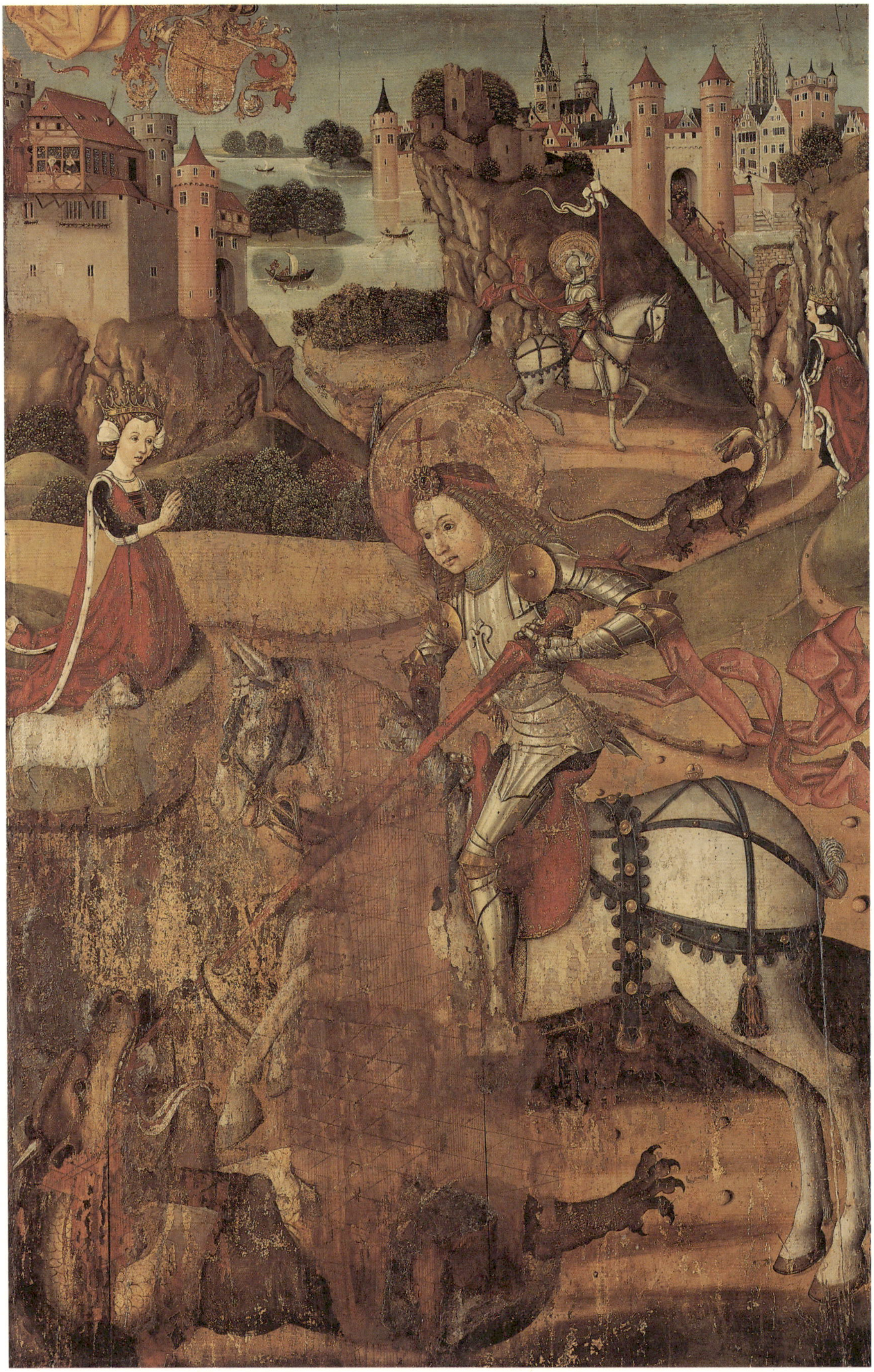

der Drache einer Felswand näherte, liess er seinen mit Flammen vermischten giftigen Atem so lange gegen den Stein prasseln, bis sich der Fels auftat. Dann drang das schreckliche Tier ins Berginnere vor, wo es sich durch Lecken an den Goldadern ernährte. War das Gold eines Berges aufgebraucht, spie das Untier so lange Gift, bis sich der Fels wieder öffnete. Dann spannte der Drache seine schrecklichen Flügel auf und segelte zu einem anderen Berg. Was aber, wenn die Goldvorräte aufgebraucht waren?

MIT KANONEN GEGEN DRACHEN

Im Baltschiedertal wütete einst ein Drache, der war so gross, dass er nur kräftig einatmen musste und so alles zu sich heransaugte, was er fressen wollte, selbst grössere Schafe. Das wurde den Hirten zuviel. Einmal zogen einige von ihnen zum Drachenloch hinauf. Zwei banden sich an eine Lärche fest und hielten die Gewehre bereit, die anderen lockten das Untier aus der Höhle. Als es in Schussweite kam und sie mit seinem Atem heransaugen wollte, zielten die Schützen in aller Ruhe und erschossen es. Andere behaupten freilich, man habe eine Kanone herangerollt; erst mit diesem groben Geschütz habe man den Drachen getötet.

VOM HEILIGEN RITTER GEORG

Dort wo heute das Städtchen Stein am Rhein steht, erhob sich vor vielen hundert Jahren eine prächtige und ausgedehnte Stadt mit dem Namen Tibernia. Einige Teile der heutigen Burg stammen noch aus diesen Zeiten, und hier wohnte einst ein heidnischer König, der zusammen mit seinen Untertanen unter einer schrecklichen Landplage litt. Ein furchterregender Drache, der in der Gegend hauste, forderte nämlich

DER DRACHE ALS WETTERMACHER

Dass auf erschreckende Drachenerscheinungen oft Überschwemmungen folgten, musste man vor allem in der Innerschweiz erfahren. So bedrohte einst ein grausamer Drache das Dorf Vitznau am Vierwaldstättersee. Zwar gelang es einem fahrenden Schüler, ihn zu verbannen, dafür zerstörte ein Hochwasser die Gemeinde fast vollständig.

Der enge Zusammenhang zwischen Drachensagen und Erzählungen von Wildwassern, Erdrutschen und dergleichen bewog bereits die Wissenschaftler des 18. Jahrhunderts, den Drachen als eine Art Symbol für verheerende Naturgewalten zu erklären. Johann Jakob Scheuchzer meinte, viele Sagen seien aus falsch verstandenen Redensarten der Aelpler entstanden («es ist ein Drach ausgefahren» habe ein «ausgebrochenes wüthendes Bergwasser» bedeutet). Auch im Rätoromanischen – genauer im Surselvischen – ist dieser Zusammenhang bezeugt. Jedenfalls wird die Bezeichnung für «Wildbach», nämlich dargun, mit dem Wort dragun (Drache) in etymologische Verbindung gebracht.

Viele Mythenforscher staunen über die frappante Aehnlichkeit zwischen volkstümlichen Vorstellungen vom Drachen und dem Erscheinungsbild längst ausgestorbener Saurier. Eine häufig anzutreffende Erklärung: Versteinerte Saurierknochen seien als Skelette von Drachen gedeutet worden.

DER HEILENDE DRACHENSTEIN

Von einem wundertätigen Drachenstein, der Krankheiten heilte, berichtet der Zürcher Naturforscher Johann Jakob Scheuchzer. Dieser gehöre einer vornehmen Luzerner Familie, sei aber bereits mehrere hundert Jahre alt. In den Jahren 1509 und 1523 habe er durch blosses Berühren Kranke von ihren Gebresten geheilt. Verglichen mit diesem Wunderstein, schreibt Scheuchzer weiter, seien alle Mineralfunde «des Schweizerlands, ja der ganzen Erden» zweitrangig. Weder königliche noch fürstliche Sammlungen hätten einen solchen vorzuweisen.

Wie aber kam der Wunderstein nach Luzern? Ein Bauer, der auf einer Bergwiese am Pilatus beim Heuen war, hörte plötzlich ein Zischen und Sausen und sah im nächsten Augenblick einen gewaltigen Drachen nur wenige Meter über seinem Kopf in Richtung Gipfel fliegen. Der Luftdruck warf ihn zu Boden, aber als er sich aufrappelte, fand er mitten in der Wiese einen Blutklumpen liegen, der von dem Drachen stammte. Das Blut war durchsichtig und elastisch «als ein Sulz»; in der Mitte der Masse aber ruhte der zauberkräftige Stein.

alle Tage einen Menschen zum Frass. Wurde ihm nicht freiwillig ein Opfer geliefert, so drang er wutschnaubend in die Stadt ein und zerriss den erstbesten Bürger, der ihm über den Weg lief, meist auch noch ein paar vor Schrecken gelähmte Passanten dazu. Um diesen Ueberfällen zu entgehen, loste man mit schwerem Herzen jeden Tag aus, wer das Opfer werden sollte. Eines Tages fiel das Los auf die schöne Tochter des Königs, und da er ein gerechter und liebevoller Herrscher war, unterwarf er sich dem Entscheid des Schicksals.

Aber am Morgen, an dem die Prinzessin mit gebundenen Händen vor die Stadt gebracht werden sollte, kam ein unbekannter Ritter in silberglänzender Rüstung durchs Tor gepresst, liess sich vor den König führen und verkündete, er wolle den Kampf mit dem grässlichen Untier wagen. Die Prinzessin selbst beschwor ihn, auf sein Vorhaben zu verzichten, denn viele hatten schon den Kampf gegen den Drachen gewagt, aber keiner war lebendig zurückgekommen. Georg – so hiess der Fremde – lachte nur. Als die Prinzessin darauf bestand, ihn zu begleiten, setzte er sie hinter sich aufs Pferd und ritt vor die Stadtmauern, wo bereits der Drache auf sein Opfer wartete. Ohne einen Augenblick zu zögern, legte Georg seine Lanze ein und galoppierte geradewegs auf das Ungeheuer zu. Mit einem einzigen Stoss durchbohrte er ihm Rachen und Leib, und das alles geschah so schnell, dass der giftige Hauch des Drachen keinerlei Schaden anrichten konnte.

Einige erzählen, als Lohn habe Georg die schöne Prinzessin zur Frau bekommen. Aber man erzählt sich an so vielen Orten von Georgs Heldentaten im Kampf gegen giftige Drachen, dass der Ritter in der silbernen Rüstung wohl weiter geritten sein wird...

DER MÄDCHENRAUBENDE DRACHE

Auch im Schanfigg im Bündnerland hatte man vor langer Zeit unter einem grausamen Drachen zu leiden, der von seiner Höhle aus den Weg durch das Castieler Tobel verlegte und nur dadurch zu besänftigen war, dass ihm die Schanfigger jeden Monat einen Menschen als Opfer darbrachten. Auch hier wurde der oder die Betreffende durch das Los bestimmt.

Zu dieser Zeit hatte sich gerade ein Fremder im Tal niedergelassen, ein riesenstarker Mann, der mit seiner einzigen Tochter zugezogen war. Da geschah es, dass die schlimme Wahl auf das schöne Mädchen fiel. Der Vater, der sein einziges Kind über alles liebte, beschloss, den Kampf mit dem Ungeheuer aufzunehmen. Am bestimmten Tag zog er los, die Tochter an der linken Hand führend; in seiner Rechten hielt er das Schwert. Nur wenige Schritte ausserhalb des Dorfes stürzte bereits das Ungetüm mit weitgeöffnetem, feuerspeiendem Rachen auf die beiden herunter. Mit flatternden Riesenflügeln blieb es einen Augenblick in der Luft stehen, packte das unglückliche Mädchen und schien eben mit ihr davonzufliegen, als der Vater es mit einer zauberkräftigen Allermannsharnisch-Wurzel traf. Das Untier stürzte wie gelähmt hinunter, und im Augenblick des Aufpralls stiess ihm der mutige Vater das Schwert in den Hals.

Neben dem verblutenden Drachen und seiner unverletzt gebliebenen Tochter sank der Fremde in die Knie und dankte mit erhobenem Schwert dem Himmel für die Rettung. Dabei aber fiel ein Tropfen giftiges Drachenblut auf seinen Kopf, und dieser einzige Tropfen genügte, um ihn auf der Stelle zu töten. Die trauernden Schanfigger hielten den Kampfplatz fortan in hohen Ehren; heute steht dort die Kirche von Castiel.

DER DRACHE VON CARRERA

Ebenfalls im Bündnerland, nämlich im Carreratobel, sahen die erschreckten Bauern einst einen riesigen schwarzen Drachen mit Flügeln. Er flog das ganze Tal ab, und es zeigte sich bald, dass jedes Stück Boden, das er mit Schwanz oder Flügel berührt hatte, früher oder später in der Schlucht unten landete. Bereits haben Erdrutsche grosse Teile der Hänge zutal getragen. Eine neue Strasse musste gelegt werden, und die paar Mauerreste und Wegsteine, die man von der alten Strasse noch sieht, werden wohl auch bald im Tobel unten landen.

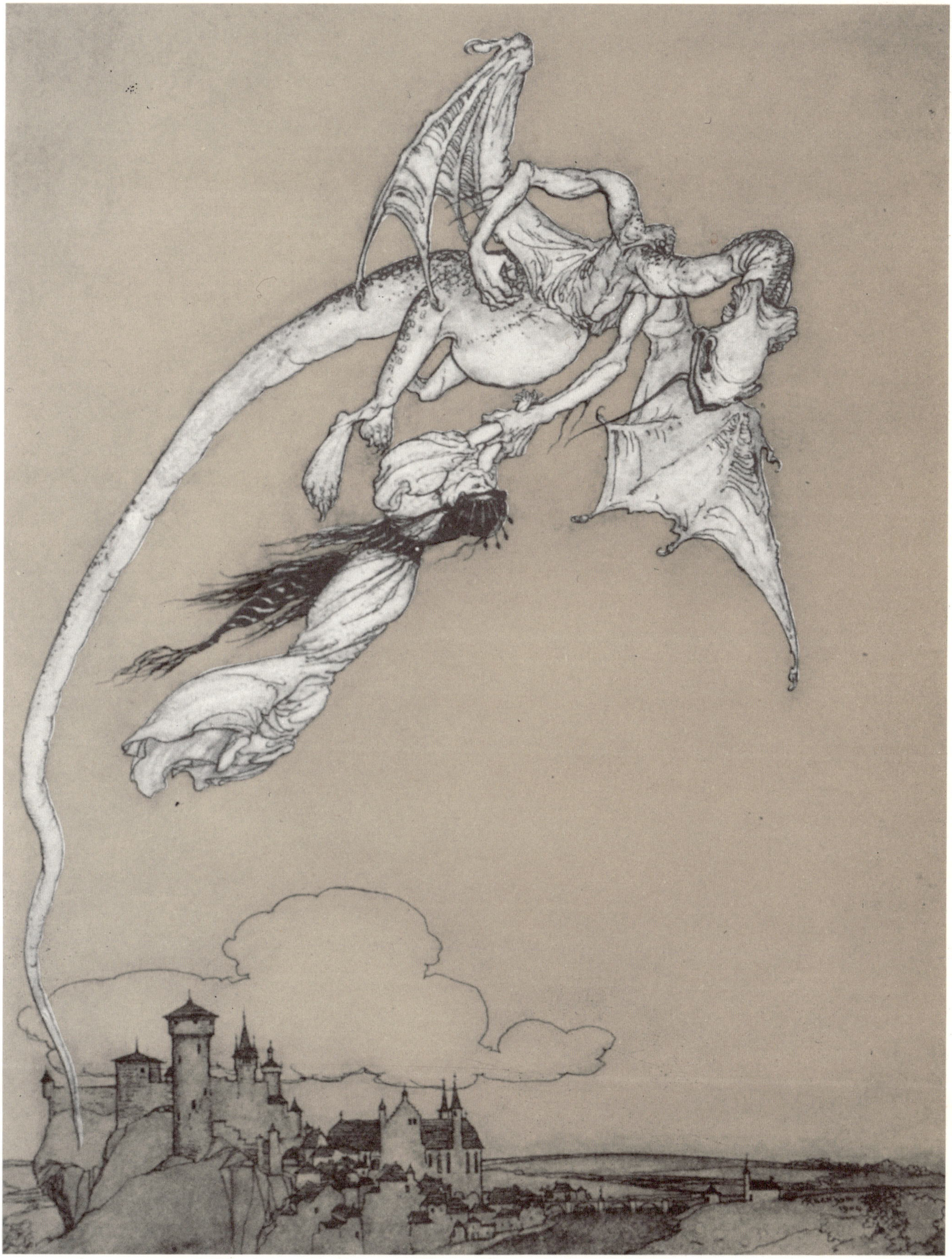

52

DIE STIEFTOCHTER

Da lebte einst ein vornehmes Ehepaar auf dem Lande. Ihr einziger Kummer war, dass sie keine Kinder hatten. An einem Tag im Winter schnitt sich die Ehefrau in den Finger. Sie ging hinaus in den Garten, liess das Blut in den Schnee tropfen und sagte dazu: «Ich wollte, ich bekäme ein Töchterlein so rot wie das Blut, so weiss wie der Schnee, mit Haaren so schwarz wie die Kohle.» Nach einiger Zeit brachte sie wirklich ein Töchterchen zur Welt, das hatte Backen so rot wie Blut, schneeweisse Haut und Haare so schwarz wie Kohle. Aber sie starb kurz nach der Geburt, und einige Zeit später verheiratete sich der Mann wieder. Die zweite Frau war sehr schön, aber auch äusserst stolz und eitel. Von Anfang an konnte sie ihre Stieftochter nicht leiden und tat dem Mädchen viel Böses. Sie besass auch einen Zauberspiegel, der konnte sprechen, und wenn sie sich vor ihn setzte und befahl: «Spiegel, sag mir, ob ich schön bin», schmeichelte ihr der Spiegel.

Das ging so einige Zeit, aber eines Tages, als sie ihren Spiegel wieder einmal befragte, antwortete der: «Du bist schön, aber deine Stieftochter ist noch viel schöner als du!» Die Stiefmutter wurde weiss vor Wut; dass jemand schöner war als sie, konnte sie nicht ertragen. Sofort gab sie ihrem Jäger den Auftrag, er solle

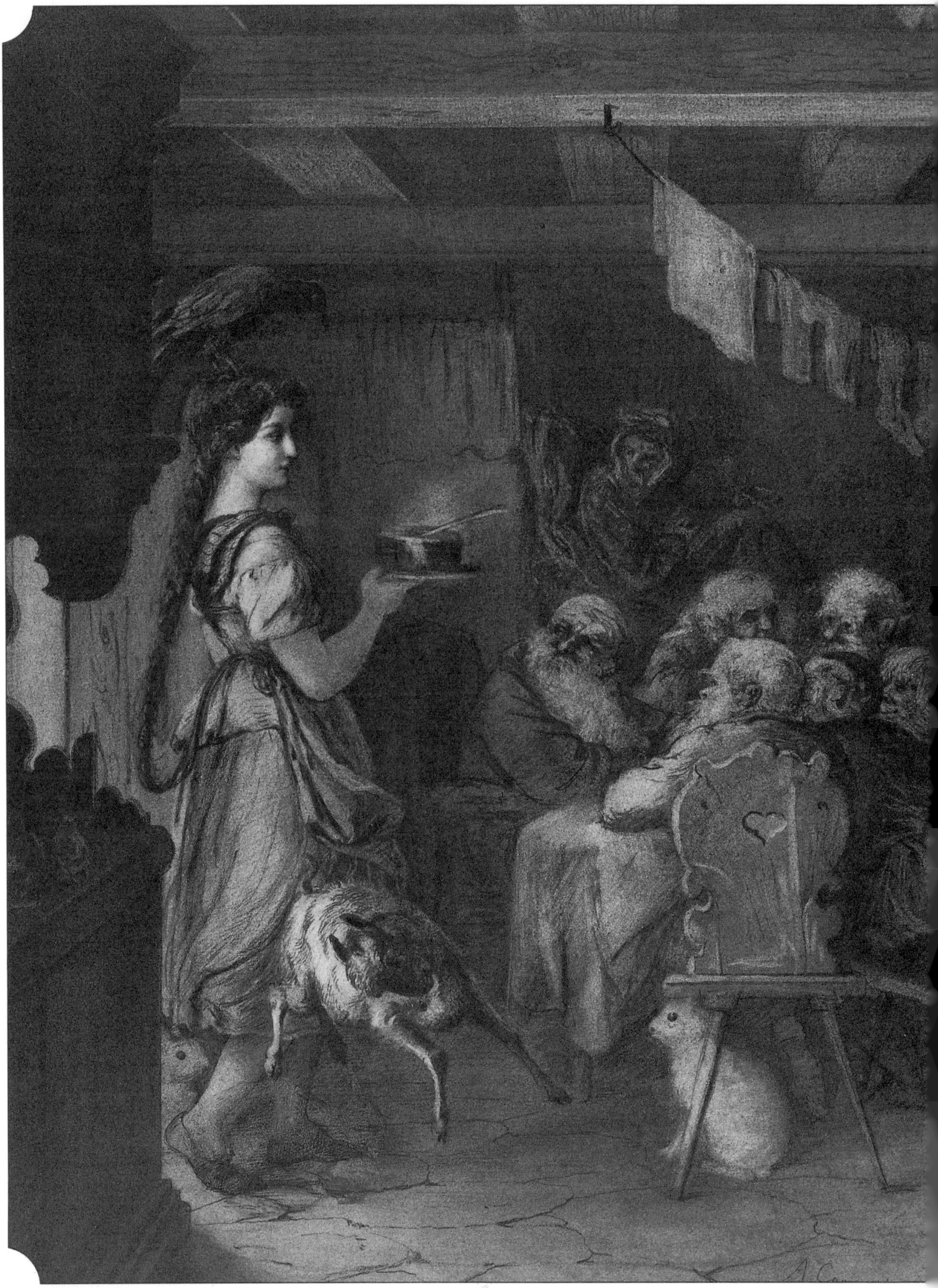

das Mädchen mit sich in den Wald führen und es dort töten. Zum Beweis, dass er den Befehl ausgeführt habe, solle er die Zunge des Mädchens zurückbringen. Der Jäger gehorchte und führte die Tochter tief in den Wald. Plötzlich wurde ihr klar, was der Mann vorhatte, und sie bat ihn mit tränenüberströmtem Gesicht, er möge ihr doch das Leben schenken. In diesem Augenblick kam ein Fuchs herbeigesprungen und rief dem Jäger zu: «Töte mich an ihrer Stelle!» Das tat er denn auch und brachte der Stiefmutter die Zunge des Fuchses zurück.

Die arme Tochter irrte tagelang durch den Wald. Zum Schlafen kletterte sie auf einen Baum, um sich vor den wilden Tieren zu schützen. Tagsüber grub sie Wurzeln und Kräuter aus und sammelte Beeren, und die Kleider hingen ihr in Fetzen vom Körper. Aber eines Tages stiess sie mitten im Wald auf eine kleine Hütte. Die Tür stand offen, aber sie fand niemanden zu Hause. Auf dem Tisch standen zwölf Schälchen mit Milch und zwölf Stück Brot. Da sie hungrig und durstig war, nahm sie von jedem Stück Brot einen Bissen und trank aus jedem Schälchen einen Schluck. Hinter dem Tisch standen zwölf kleine Betten. Die machte sie ordentlich zurecht, schüttelte die Decken auf und strich die Laken glatt. Dann legte sie sich ins letzte Bett und schlief sofort ein.

Als es Abend wurde, kamen die Besitzer des Hüttchens nach Hause. Es waren zwölf Zwerge, alles Brüder. Als sie an den Tisch traten, sagte jeder: «Von meinem Brot hat jemand ein Stück abgebissen! Aus meiner Schale hat jemand getrunken!» Und als sie zu Bett gehen wollten: «Mein Bett ist schon gemacht!» Im letzten Bett fanden sie dann das schlafende Mädchen, und der Zwerg, dem das Bett gehörte, wollte den unerwarteten Gast sofort hinausjagen.

Da erwachte das Mädchen, und das Staunen auf beiden Seiten war gross. «Ihr braucht keine Furcht vor mir zu haben!» sagte die Tochter schliesslich. «Ich bin ganz allein hierhergekommen und kann nicht mehr nach Hause zurück. Wenn ihr wollt, will ich bei euch bleiben und euch den Haushalt besorgen.» Der Vorschlag gefiel den Zwergen nicht schlecht. «Das ist uns recht», sagten sie. «Du musst uns nur eines versprechen: Wenn wir tagsüber fort sind, darfst du niemandem die Türe öffnen, wer immer auch anklopft!»

So blieb das Mädchen bei den Zwergen und besorgte den Haushalt, wusch die Wäsche und fegte den Boden, und wenn die Männchen abends nach Hause kamen, dampfte das Essen schon über dem Feuer und schnurrte die Katze unter dem Tisch. So gut hatten sie es noch nie gehabt, und so hätte es immer weitergehen können, wenn die böse Stiefmutter zuhause nicht eines Tages ihren Spiegel befragt hätte, ob sie die Schönste sei. Der Spiegel gab zur Antwort: «Du bist schön, aber deine Stieftochter ist noch viel schöner als du!»

Die Stiefmutter sprang zornig auf: «Was, meine Stieftochter lebt noch!» Da sie allerhand Zauber wusste, hatte sie bald herausgefunden, wo das Mädchen steckte. Sie verkleidete sich als alte, hässliche Hausiererin und lud sich einen Korb voller Spitzen und Bänder, Kämme und Haarnadeln auf. So stand sie eines Morgens, als die Zwerge fort waren, vor der Hütte und klopfte an. Das Mädchen erkannte sie nicht, doch es weigerte sich hartnäckig, die Alte einzulassen. Diese schmeichelte und bettelte aber so lange, bis das Mädchen vor die Türe kam, um sich die Sachen anzuschauen. Schliesslich kaufte es einen Kamm. Aber kaum hatte es ihn ins Haar gesteckt, fiel es leblos um: Die Zähne des Kamms waren vergiftet.

Die Alte machte sich schleunigst fort, und als die Zwerge abends nach Hause kamen, standen sie ratlos vor dem leblosen Mädchen. Schliesslich beschlossen sie, es auszuziehen und ins Bett zu legen. Dabei nahmen sie ihm auch den giftigen Kamm ab. Sofort erwachte die Tochter, aber sie erinnerte sich an nichts. Die Zwerge schärften ihr nochmals ein, niemanden ins Haus zu lassen, und zogen am nächsten Tag wieder an die Arbeit.

Unterdessen befragte die Stiefmutter wieder ihren Spiegel, ob sie die Schönste sei, und der Spiegel antwortete genau wie beim letzten Mal. Diesmal schlich sich die böse Mutter mit einem Paar verzauberter Pantoffeln in den Wald. Das Mädchen kaufte die Pantoffeln, zog sie an und fiel wie tot um. Aber wieder wurde es von den Zwergen gerettet, und als die Zauberin ihren Spiegel befragte, gab der die gleiche Antwort wie zuvor: «Du bist schön, aber deine Stieftochter ist noch viel schöner als du!» «Man muss dieses Mädchen endgültig töten!» sagte sie zornig. «Diesmal verkaufe ich ihr meine schönste Bluse! Dagegen hilft bestimmt kein Mittel!»

Sie schlich sich ein weiteres Mal zum Zwergenhüttchen und wartete, bis die Tochter allein war. Und da diese sich auch diesmal an nichts erinnerte, liess sie sich durch Bitten und Schmeicheln erweichen und kaufte der Alten die wunderschöne Bluse ab. Kaum aber hatte sie sie übergestreift, fiel sie leblos um, und die Alte zog hohnlachend ab.

Die Zwerge weinten, als sie ihre kleine Haushälterin aufs neue wie tot am Boden liegen sahen. Sie schüttelten und rieben sie, brachten sie ins Bett, aber diesmal gab sie keinerlei Lebenszeichen von sich, denn die vergiftete Bluse zogen sie ihr nicht aus. Schliesslich legten sie das Mädchen weinend in einen schönen gläsernen Sarg, den stellten sie auf einen Hügel.

Am gleichen Tag ritt der Königssohn in diesem Teil des Waldes auf die Jagd. Er fand den Sarg, und das wunderschöne Mädchen, das darinlag, bezauberte ihn so sehr, dass er den Sarg auf sein Schloss bringen und von zwei Frauen bewachen liess. Den Frauen stach die wunderschöne Bluse in die Augen, und in einem unbewachten Augenblick zogen sie sie aus, um sie gegen eine andere auszutauschen. Sofort erwachte das Mädchen, und die Frauen liessen auf der Stelle den Prinzen rufen. Diesmal erinnerte sich die Tochter an alles, und sie erzählte dem schönen Prinzen ihre ganze Geschichte, genau so, wie alles gekommen war.

Da liess der Prinz die Zwerge rufen, die waren ausser sich vor Freude und konnten kaum glauben, dass ihre Haushälterin wieder lebte. Aber auch die Stiefmutter wurde geholt und bei lebendigem Leib als Hexe verbrannt. Dann hielt der Prinz um die Hand der schönen Tochter an, und sie wurde seine Frau.

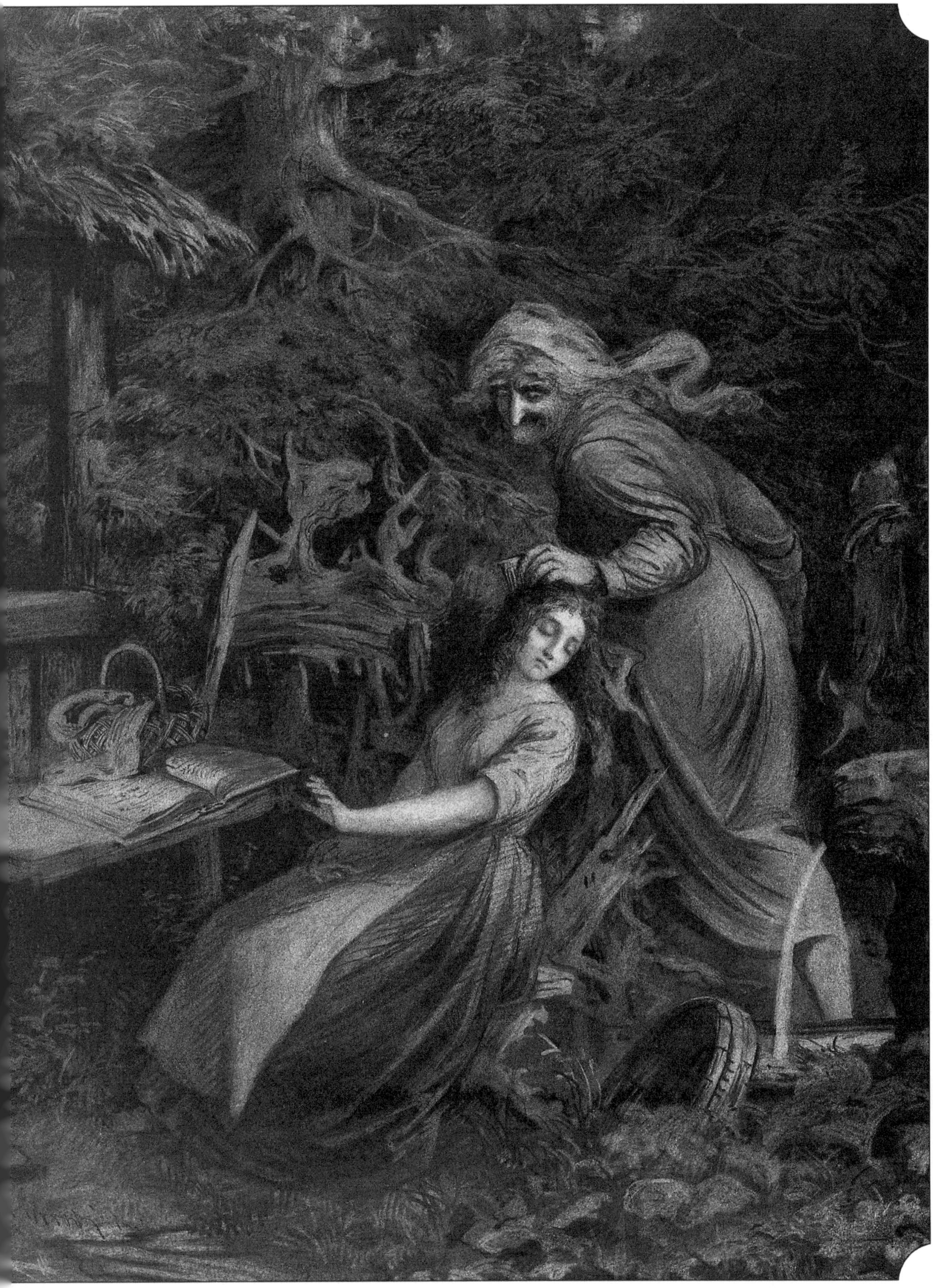

Das Wasser des Lebens

Da war ein König, der hatte drei Söhne. Im Alter wurde er krank, und keiner seiner Ärzte konnte ihn von dieser Krankheit heilen. Als die drei Söhne eines Tages im Schlossgarten waren und weinten, weil sich ihr Vater so schlecht fühlte, trat ein Fremder hinzu und wollte wissen, was ihnen fehle. Und als sie ihm von ihrem kranken Vater erzählten, sagte der Fremde: «Wenn es euch gelingt, eine Flasche vom Wasser des Lebens zu erhalten, so wird euer Vater gesund. Aber das ist eine schwierige Sache, das Wasser findet man nur in einem verwunschenen Schloss.»

Und der Fremde wandte sich ab, ohne ein weiteres Wort, aber die Söhne hatten wieder Mut gefasst und erzählten alles ihrem Vater. Der Älteste erhielt ein Pferd, Geld und Proviant und machte sich auf die Reise. Als ihn der Weg durch ein enges Tal führte, stand plötzlich ein kleines Männchen vor seinem Pferd und fragte: «Wohin reitest du denn in solcher Eile?» «Das geht dich einen Dreck an, du hässlicher Alter!» antwortete der Prinz wütend. Aber der Zwerg schrie hinter ihm her: «So wie du sprichst, soll es dir auch ergehen!» Der Älteste ritt weiter das Tal hoch, aber schon bald schlossen sich die Felswände immer enger um ihn, von beiden Seiten und von vorn und hinten, und zuletzt fand er sich eingeschlossen in einer grausigen Felsenei und sass fest.

Als der älteste Prinz nach einigen Tagen immer noch nicht zurückkehrte, sagte der Zweitälteste: «Vater, gib mir ein Pferd und zu Essen und Geld, und ich gehe das Wasser des Lebens suchen.» Es ging ihm wie seinem Bruder; plötzlich stand vor ihm das Zwerglein und fragte höflich: «Wohin reitest du denn in solcher Eile?» «Das geht dich nichts an, du hässlicher Zwerg!» schrie auch der zweite, aber auch ihn verwünschte der Zwerg, und er landete mitten in den Felsen neben seinem Bruder.

Als sie zu Hause acht Tage auf die beiden gewartet hatten, wollte auch der jüngste Prinz losziehen. Aber der Vater sträubte sich: «Dann seid ihr alle weg, und ich habe niemanden.» «Also gut», sagte der Sohn. «Ich will wenigstens Nachschau halten, was aus meinen Brüdern geworden ist.» «So geh denn in Gottes Namen!» sagte der Vater.

Also packte der Jüngste sein Vesperbrot und sein Geld und ritt durchs gleiche Tal wie die Brüder. Aber als plötzlich das Männlein mit seiner Frage auftauchte, sagte er ihm: «Mein lieber Mann, ich will für meinen Vater, der schwer krank ist, das Wasser des Lebens holen. Vielleicht weisst du, wo ich das finde?»

«Weil du so höflich antwortest, will ich es dir verraten», sagte der Zwerg. «Nicht weit weg, zuhinterst im Tal, steht ein verwunschenes Schloss. Ich gebe dir hier diese Stahlrute und die zwei Stücke Brot. Mit der Rute musst du dreimal ans Schlosstor schlagen. Innen warten zwei Löwen, denen gibst du das Brot, dann bleiben sie ruhig. Aber achte darauf, dass du um zwölf Uhr wieder draussen bist. Wenn nicht, musst du für immer dort bleiben. Du wirst allerlei Dinge sehen in diesem verzauberten Schloss, aber lass dich nicht aufhalten. Das Wasser des Lebens findest du im Schlosshof, es fliesst dort aus der mittleren Brunnenröhre.»

Der Prinz dankte dem Alten herzlich und ritt mit der Rute und dem Brot weiter. Zuhinterst im Tal kommt er vor das Schloss und schlägt dreimal mit der Rute ans eiserne Tor, und dieses geht auf. Da stehen zwei Löwen, denen wirft er das Brot hin, und sie bleiben ruhig. Im ersten Raum des Schlosses findet er einen schlafenden Ritter vor, dem zieht er das Schwert aus der Scheide und geht damit weiter. Im nächsten Raum kommt ihm ein wunderschönes Mädchen entgegen, umarmt und küsst ihn und sagt: «Du bist mein Retter, und wenn du in einem Jahr zurückkommst, so heiraten wir. Mit diesem Schwert kannst du im Krieg ein ganzes Heer zurückschlagen, und mit diesem Brot kannst du viele Hungernde sättigen.» Und damit übergibt sie ihm einen Laib Brot.

Wie er in den nächsten Raum kommt, fühlt er sich plötzlich müde. Da steht auch ein seidenes Bett, darein legt er sich und denkt: «Ich will mich einen Augenblick ausruhen.» Nur dass er einschläft, und wie er voller Schrecken aufwacht, schlägt die Uhr drei Viertel – bis Zwölf bleibt ihm nur eine Viertelstunde. Also rennt er auf den Schlosshof, füllt das Wasser in eine Flasche ab und rennt mit Schwert, Brot und Wasser zum Tor hinaus. Im gleichen Augenblick fällt das Tor zu und klemmt ihm noch ein Stück vom Absatz ab.

Auf dem Rückweg begegnete ihm wieder der Zwerg: «Da hast du einen grossen Schatz gewonnen. Mit diesem Schwert kannst du alle Schlachten gewinnen und mit diesem Brot alle Leute sattmachen. Aber es war höchste Zeit, dass du herauskamst.» Der Prinz dankte nochmals und wollte dann wissen, wo seine Brüder steckten. «Ich weiss es schon», sagte das Männlein, «aber lass sie nur, wo sie sind. Sie meinen es nicht gut mit dir.» Aber der Jüngste liess nicht locker. «Du musst deine Rute nehmen», sagte der Zwerg schliesslich, «und damit auf den Fels schlagen, wo der Weg durchführte. Sie sind zuoberst im Tal in jenem Fels eingemauert.»

Der Prinz ritt fort und durchs Tal hinauf, und dort machte er seinen Brüdern den Weg frei. Zusammen traten sie den Ritt zurück an, aber der Weg führte sie durch zwei Länder. Überall herrschten Krieg und Hungersnot, und der Jüngste half überall mit seinem Brot und seinem Schwert aus, und wo er durchritt, war man ihm dankbar. Das letzte Stück mussten sie im Schiff zurücklegen, und draussen auf hoher See schlief der Jüngste ganz erschöpft ein. Das nützten seine Brüder aus: Sie stahlen ihm das heilende Wasser und gossen dafür Meerwasser in die Flasche.

Zuhause trank der Vater vom Wasser, das ihm der Jüngste gab, aber das bittere Meerwasser bekam ihm schlecht. Darauf legten ihm die beiden Brüder das Wasser des Lebens vor, und der König wurde auf der Stelle gesund. Und so sehr sein Jüngster auch beteuerte, er habe seine Brüder gerettet und das heilende Wasser gefunden – der Vater glaubte den älteren Söhnen, die die ganze Ehre für sich in Anspruch nahmen. Dazu habe der Jüngste versucht, ihn mit Meerwasser zu vergiften. Im Zorn beauftragte der Vater einen seiner Jäger, den Jüngsten im Wald zu erschiessen.

Aber dazu kam es nicht. Der Jäger gestand dem schönen jungen Prinzen alles, als sie allein im Wald waren. Er kehrte mit den Kleidern des Prinzen und dem Herzen eines wilden Tieres ins Schloss zurück und gab vor, er habe den Auftrag erfüllt. Das ging so ein, zwei Monate, da kamen aus drei Ländern ganze Wagenladungen mit Geschenken für den jüngsten Sohn, zum Dank, dass dieser mit Nahrung und seinem Schwert ausgeholfen habe. Da begann der Vater zu zweifeln und sagte, indem er sich hinter dem Ohr kratzte: «Da hab ich ja etwas Schönes angestellt! Meinen unschuldigen Sohn verurteilt! Wenn er nur noch am Leben wäre!» Das hörte der Jäger und gestand zur grössten Freude des Königs, dass er den Auftrag nicht ausgeführt habe. Da liess der König überall ausschreien, ob jemand Nachrichten vom jüngsten Prinzen habe.

Unterdessen – denn das Jahr war beinahe vorbei – hatte die Jungfrau vom verwunschenen Schloss vor dem Palast einen Weg aus goldenem Samt legen lassen. Darüber sollte der Prinz reiten, wenn er zur Hochzeit angerückt käme. Aber der Prinz hatte seinerzeit den Brüdern alles vom Schloss und vom schönen Mädchen erzählt, und diese machten sich rechtzeitig auf den Weg. Der Älteste ritt auf der rechten Seite des goldenen Pfades, der Mittlere auf der linken Seite. Die Leute vom Schloss, die sie kommen sahen, riefen enttäuscht aus: «Das sind nicht die richtigen!» Aber der Jüngste hatte sein Versprechen nicht vergessen und kam ebenfalls geritten, und über seiner grossen Freude achtete er gar nicht auf den goldenen Weg, so dass sein Pferd mitten auf dem goldenen Samt zum Schloss emporritt. Da rief alles: «Jetzt ist der rechte gekommen!» Das Mädchen stürmte aus dem Schloss und fiel ihm um den Hals, und dort wurde nun Hochzeit gehalten. Und von den älteren Brüdern hat niemand je wieder etwas gesehen.

VON BERGMÄNNCHEN UND GOTZWÄRGI

Niemand weiss, woher sie kamen. Und wenn sie verschwanden, dann liessen sie sich nie wieder blicken: die hilfreichen kleinen Frauen und Männchen, die den Hirten in den Bergen zur Seite standen und manchen Bauern im Mittelland vor Unheil bewahrten. *Servants* hiessen sie in der welschen Schweiz, und wer einen solchen Diener unter dem Dach seiner Hütte wohnen hatte, hütete sich davor, ihn zu erzürnen. Aber so bescheiden der Lohn war, mit dem sich die Zwerge begnügten – eine Schale Milch oder Rahm, ein paar Früchte –, so gab es doch immer wieder Hirten, die ihre kleinen Freunde übers Ohr zu hauen versuchten: meist zu ihrem eigenen Schaden.

DIE WAGHALSIGEN KUHHIRTEN

So vertrauten die Bauern im waadtländischen Ormont das Vieh während langer Zeit ihren kleinen Helfern an, auch wenn sie wussten, dass die Bergmännchen ihre Kühe über halsbrecherische Pfade führten. Aber nie stürzte auch nur ein Haupt dabei ab. Vor dem Trupp her kletterte ein *servant* und lockte mit lauter Stimme: «Pomette! Balette! Folge meinen Fussstapfen und du wirst nicht abstürzen!» So führten sie den Trupp auf die entlegensten Grasbänder, bis zum Berggipfel. Sie brachten wohlgenährte Kühe zurück, prall und gesund dank der kräftigen Kräuter, die der Berg zu bieten hatte.
Aber es gibt, so berichten die Sennen, immer wieder vorwitzige Leute, die auf unbedachte Streiche aus sind. Ein paar Tölpel streuen Salz in die Milch, die man den Zwergen aufs Hüttendach gestellt hatte. Am nächsten Morgen waren die kleinen Helfer verschwunden – auf immer. *«Ne faut jamé mépraizi çau que no fan dau bin»:* Man soll niemals diejenigen verachten, die uns Gutes tun!

DIE RACHE DES BERGMÄNNCHENS

Am Col des Mosses, gegenüber vom Mont d'Or, liegt das zauberhaft schöne Seelein von Lioson. Rundherum breitet sich eine fruchtbare Alpweide aus, gesprenkelt mit sonnenverbrannten alten Hütten. In einer dieser Hütten hatte sich ein hilfreiches Bergmännchen niedergelassen, das den Sennen zahlreiche Dienste leistete. Dafür erhielt es morgens und abends ein Schüsselchen vom besten Rahm.
Eines Tages hatte Pierre, der Meistersenn, im Tal unten zu tun. Vor der Hütte drehte er sich noch einmal um und rief seinen Gehilfen zu: «Vergesst mir vor allem den Rahm für das Männchen nicht!» Aber am Abend, als die Sennen ums Feuer sassen, machte Daniel, der jüngste unter ihnen, einen verhängnisvollen Vorschlag: «Was sagt ihr dazu: Heut stellen wir den Napf mal nicht vors Haus! Mich nimmt wunder, was dann passiert!» Und leider willigten die anderen ein.
Am nächsten Abend kam Pierre vom Tal zurück. Die Alp lag friedlich vor ihm, aus den Hütten stieg der Rauch, und trotzdem befiel ihn ein ungutes

Gefühl. Die Gehilfen hatten ihre Arbeit besorgt, nichts war vorgefallen, aber Pierre legte sich mit schwerem Herzen zu Bett.

Mitten in der Nacht erhob sich ein schrecklicher Sturmwind, wühlte das Wasser im See auf, peitschte gegen Wände und Dächer der Hütten, schüttelte die Tannen und trug die alten Schindeln weg. Lautes Donnern weckte die Sennen, die sich angstvoll ansahen: Die Welt schien unterzugehen. Pierre schien es, er höre im Sausen des Windes eine Stimme: «Pierre, Pierre, steh auf und hilf!»

Aber so plötzlich wie er gekommen war, legte sich der Sturm. Die Sennen warteten unruhig auf das erste Morgenlicht. Als Pierre endlich die Hüttentüre öffnete, lag eine leere Weide vor ihnen, kein Glockengeläute, kein Muhen, keine einzige Kuh!

«Wo ist die Herde?» schrie Pierre entsetzt. Die Hirten verteilten sich über die ganze Alp: nirgends eine Spur. Endlich kam Daniel, dem jüngsten, in den Sinn, sein schlimmer Streich könnte mit dem unheimlichen Verschwinden der Herde zusammenhängen. Und als habe ihm dieser Gedanke die Augen geöffnet, sah er plötzlich frische Spuren vor sich: die Spuren einer ganzen Kuhherde. Sie führten tief in die Felsen hinein, genau in die Richtung, aus der in der Nacht der Wind getobt hatte. Mit wachsendem Entsetzen folgte Daniel der Spur, die anderen hinter ihm her. Immer tiefer hatten sich die Klauen in die Erde eingegraben: Hier hatte sich eine von Panik getriebene Herde in immer unwegsameres Gebiet geflüchtet! Vor einem schroffen Absturz endete die Spur; hier lag eine senkrechte, hundert Fuss tiefe Felsspalte. Mit Schaudern blickte Daniel in die Tiefe, und als seine Kameraden bei ihm eintrafen, war er ohnmächtig geworden. Tief unten in der Felsspalte lagen die blutigen Kadaver der Kühe – das gesamte Vieh der Alp hatte sich dem wilden Zug angeschlossen!

Vom Bergmännchen aber sah niemand mehr nur das geringste.

VON VIELEN GELIEBT, VON VIELEN GEFÜRCHTET: DIE BERGMÄNNCHEN

Die Männer sind klein, grau und bärtig, ihre Weiber verhutzelt und unansehnlich. Trotzdem verfügen sie manchmal über Riesenkräfte, mit denen sie den stärksten Mastersenn in den Schatten stellen. Sie kennen heilkräftige Kräuter, wissen im voraus, wie das Wetter wird und haben einige magische Kniffe zur Hand: So können sie eine Ziege verspeisen und sie mit Hilfe der Knochen und der Haut wieder zum Leben erwecken. Wenn sie auf einem Heustock feuern, bleibt weder Glut noch Asche übrig. Mitunter brauchen sie die Hilfe einer menschlichen Hebamme. Bezahlen tun sie solche Hilfeleistungen mit Laub oder mit Kohle. Schade, wenn der Empfänger diesen Lohn verächtlich wegwirft: Zuhause erweist sich nämlich, dass er pures Gold erhalten hat.

Kurz: Die Bergleutchen, auch Erdleutchen, Heidenleutchen oder Gotwärgini genannt, haben den menschlichen Bewohnern der Alpen und Voralpen einiges voraus. Um so mehr erstaunt es, dass sie es offensichtlich auf den guten Willen der Bauern abgesehen haben, dass sie den Hirten und Sennen heimlich zur Seite stehen: mit Viehhüten oder nächtlichem Putzen von Stall und Scheune, mit Kinderhüten oder Aufsicht über alleinstehende Sennhütten. Die Menschen haben diese Dienste schon immer zu schätzen gewusst und mit kleinen Geschenken verdankt. Ein täglicher Napf Milch oder Rahm, ein paar Früchte oder ein Stück Brot genügen den bescheidenen Zwergen als Lohn. Allzu überschwengliche Dankbarkeit kann zwar ins Gegenteil umschlagen: Wer den kleinen Leutchen ein schmuckes Kleidungsstück hinlegt, kann erleben, dass sich der hilfreiche Geist von nun an für schmutzige Arbeit zu gut dünkt.

In der Westschweiz ist zwar auch von ganzen Zwergenkolonien die Rede; hier kennt man aber vor allem den <u>servant</u>, der zu einem einzelnen Haus oder einer einzelnen Sennhütte gehört, dort vielfach unter dem Dach nächtigt. Wer einen solchen Freund beleidigt, kann erleben, dass der Aufenthalt im Haus zur Hölle wird: Klopftöne wecken ihn mitten in der Nacht, am Morgen findet er im Stall zwei Kühe am selben Strick. In den Neuenburger Bergen heisst der kleine Wicht <u>follaton</u>, und im Berner Jura erzählt man sich vom <u>foulta</u>. Aber auch hier kann aus dem hilfreichen Heinzelmännchen im Handumdrehen ein tückischer Kobold werden, der plötzlich teufelsähnliche Züge bekommt: dicht behaarte Beine und Arme, nach vorne gekehrte Fersen, ein einziges Auge mitten auf der Stirn.

Dass viele Sagen erzählen, wie die Zwerge den Bauern heilkräftige Pflanzen zeigten oder sie die Kunst des Käsens lehrten, hat manche Volkskundler zur Theorie verführt, die Geschichten würden die Existenz einer halbzivilisierten Bergbevölkerung widerspiegeln. Diese habe die Besiedlung durch die Kelten und die Alemannen überlebt, indem sie sich in immer unwirtlichere Höhen zurückzog und dort ein genügsames Leben im Einklang mit der Natur führte. So bestechend diese These klingt: Sie lässt sich durch keinerlei archäologische Funde erhärten.

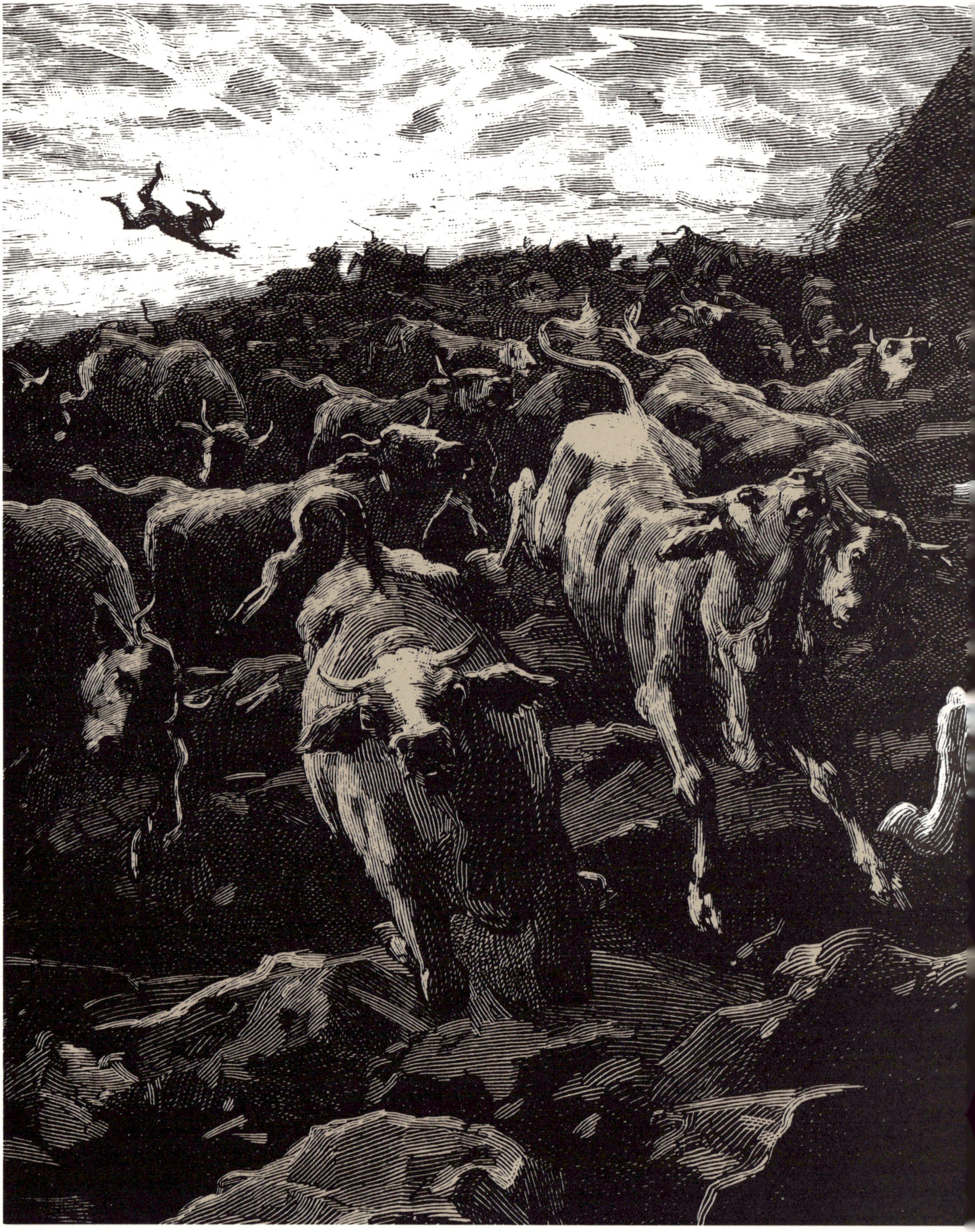

DAS STRICKENDE HOLZMÜETTERLI

Gotwärgini heissen die Bergmännlein im Rhonetal und seinen Seitentälern, und den vielen Sagen zufolge war das Verhältnis zwischen ihnen und den Bauern nicht immer das beste. Zwar konnten sich die Hirten und Bauern auch hier auf manche Hilfeleistung verlassen; manchmal zeigten sich die Zwerge aber auch von der tückischen Seite, vertauschten Neugeborene oder raubten Kinder, um sie zu mästen oder zu verspeisen.

Im oberen Lötschental hauste eine Zwergenmutter, die es mit den Bewohnern gut konnte; man stand einander sogar zu Gevatter. Sie hiess nur das Holzmüetterli, und wenn sie den Menschen auch nur bis zum Knie reichte, so war sie doch stärker als der stärkste Meistersenn. Oft trug sie einen viele Zentner schweren Steinblock durchs Tal – auf dem Kopf, wie einige sagen, laut anderen auf dem Rücken. Dabei summte sie vor sich hin und strickte im Gehen Zwergenstrümpfe.

Das war denn doch ein allzu seltsamer Anblick! Wenn die Buben im Dorf sie kommen sahen, spotteten und lachten sie. Bis es dem Holzmüetterli eines Tages zuviel wurde und es den schweren Stein mitten in Lötschen abstellte – und zwar so, dass die schmalste Kante nach unten zu stehen kam.

DER FREUNDLICHE GRUSS

In den Wäldern oberhalb von Visperterminen hatten sich ganze Familien von Gotwärgini niedergelassen. Wenn die Hirten im Sommer das Vieh auf die Alp trieben, mussten sie achtgeben, denn auf den Baumstümpfen sassen oft die Zwerge, sonnten sich und wuschen oder kämmten ihre Kinder. Wenn der Hirt auf eine solche Familie stiess, so musste er die Zwerge mit dem folgendem Gruss anreden:

«Hälf Gott, dass't wohl zwelest und giot strelest!»

Auf den Wunsch, er möge gut zwirnen und kämmen, antwortete der älteste Zwerg unfehlbar:

«Hälf Gott, dass't wohl alpest und giot entalpest!»

Der Hirt, dem so ein schöner Alpsommer und eine gute Alpabfahrt gewünscht worden war, konnte sicher sein, dass ihm und seiner Herde den ganzen Sommer über kein Unglück zustiess. Versäumte er aber den Gruss oder verspottete er die Zwerge gar, dann hatte er das Unglück auf dem Hals.

DAS GOTWÄRGI HÄLT DICHT

Eines der vielen Bergmännchen, die einst in Naters lebten, trieb sich gerne auf den Holzhaufen vor dem Pfarrhause herum. Man hatte schon oft versucht, den Knirps einzufangen – ohne Erfolg. Bis man auf die Idee kam, dem Zwerg ein paar neue Schuhe bereitzustellen: Man wusste, wie vernarrt die Gotwärgini in neue Kleider waren. Also nagelte man die Schuhe fest, den einen vorwärts, den anderen rückwärts gerichtet.
Das Gotwärgi stürzte sich jubelnd auf die neuen Schuhe und schlüpfte hinein. Auf diesen Augenblick hatten die Aufpasser gewartet: Sie drangen von allen Seiten auf den Knirps ein und konnten ihn festhalten, weil er sich zu wenig schnell aus den verqueren Schuhen befreien konnte. Auf das Zetergeschrei kam ein anderes Gotwärgi herbei, um Hilfe zu leisten. Als es sah, dass da nichts zu machen war, rief es dem Freund zu: «Auch wenn sie dich plagen – drei Dinge darfst du nicht verraten: die Goldmine auf Kühmatten, das Bleierz im Bruchi und den Salzbrunnen im Ebenen Wald.»
Das kam den Natersern gerade recht. Sie plagten das Gotwärgi, um ihm seine Geheimnisse über die Schätze des Berges abzupressen, aber sie hatten keinen Erfolg. Der Kleine liess alle Qualen über sich ergehen, ohne den Mund aufzumachen. So liess man ihn denn laufen und begann, an den drei Stellen zu suchen, die der Warner genannt hatte. Aber man fand weder Gold noch Salz, nur die Bleiader im Bruchi wurde entdeckt.

DER EITLE MÜLLERBURSCHE

An vielen Orten im Wallis erzählt man sich, Gotwärgini gäben die besten Gehilfen ab. Das erfuhr jedenfalls ein Müller bei Zermatt, der unten am Findelbach eine Mühle besass. Das Mühlrad drehte sich Tag und Nacht, und in der Mühle selbst war alles blitzsauber, denn sein Gehilfe war ein Gotwärgi aus der Gegend. Der Kleine hatte sich des Müllers angenommen, weil dieser eine grosse Familie zu ernähren hatte. Jetzt, mit diesem fleissigen Knecht, lief alles flott. So beschlossen Müller und Müllerin, dem Kleinen zum Dank eine neue Kleidung zu machen. Sie legten ihm die Sachen eines Morgens in die Mühle. Der Knirps zog sie sorgfältig an, strich sie am Körper glatt, betrachtete sich von allen Seiten und sagte:

*«Ich jetz hübsche Maa,
Ich nümme Mühli mahle ga.»*

Und vom selben Tag an war der fleissige Müllerknecht verschwunden.

DER SPARFREUDIGE ZWERG

Auch in Ulrichen hatte ein Bauer gehört, was für wertvolle Knechte die Gotwärgini abgaben. Besonders vom einen hiess es, der verstehe es, eine ganze Menge Vieh mit wenig Heu zu überwintern. So suchte er denn den Knirps auf und stellte ihn als Winterknecht ein. Zwar hatte er allerlei über die Listen des kleinen Volkes gehört, aber seine Habgier und sein Geiz überwogen. Jedenfalls liess sich alles gut an; das Gotwärgi übernahm das Vieh, besorgte es gut und – der Heustock wurde nicht kleiner! Der Bauer war sehr zufrieden. Und trotz seinem Geiz liess er dem Kleinen ein paar neue Hosen aus Drillich machen. Das Gotwärgi zog sie an, beschaute sich wohlgefällig und sagte:

*«Jetzt bin ich en schöne Ma,
der nicht mehr hirten cha!»*

Und damit verschwand es. Der Bauer sah sich den Heustock an und musste feststellen, dass er zwar äusserlich schön und unversehrt dastand. Dafür hatte ihn das Gotwärgi inwendig ganz ausgehöhlt, so dass nur mehr vier dünne Wände übrigblieben.

DER EINÄUGIGE ZWERG

In den Walliser Bergen verirrte sich einst ein Jäger. Abends spät sah er ein Licht und ging darauf zu. Er kam zu einem Haus, das er noch nie gesehen hatte. In der Stube fand er ein Gotwärgi, auf dem Herd brannte ein Feuer, und im ganzen Haus fanden sich zahme Gemsen.

Der Zwerg, der nur ein einziges Auge hatte, nahm dem Jäger sofort das Gewehr ab und verbrannte den Schaft im Feuer. Darüber wurde der Jäger zornig. Er schlug dem Zwerg das eine Auge aus, konnte aber nicht fliehen, weil die Türe verschlossen war.

Am anderen Morgen öffnete der blinde Zwerg die Türe und liess eine Gemse nach der anderen ins Freie. Dabei tastete er aber jedes Tier ab, um den Jäger nicht entwischen zu lassen. Dieser aber hängte sich einer Gemse an den Bauch, und als er beim Gotwärgi an der Reihe war, sagte der nur, wie bei den anderen: *«Dü bisch ghaarts, und dü bisch ghaarts!»* So entging der unbehaarte Jäger dem bösen Zwerg, der ihm freilich noch wütend einen Stein nach dem anderen nachwarf.

DAS PATENGESCHENK

Ein Bauer von Ems im Wallis nahm einst einen Zwerg zum Paten für seinen Jüngsten. Der bedauerte, dem Kind nichts schenken zu können. Der Mutter aber gab er eine Wurzel und sagte: «Vielleicht ist deine Familie noch einmal froh darum! Wenn euch einmal die Ernte missrät, so macht ihr es so: Ihr werft dem Vieh gehörig Futter vor, verteilt die Wurzel an alle in der Familie. Wenn jeder ein Stücklein gegessen hat, grabt ihr im Heustock ein Loch, legt euch hinein und deckt euch warm zu!»

Die Frau lachte über den seltsamen Rat, aber als Jahre später eine Missernte kam, tat sie genau, wie es der Zwerg geheissen hatte. Die Familie legte sich im späten Herbst in den Heustock, und als sie erwachten, war es bereits Frühjahr, und überall grünten die Wiesen. Menschen und Vieh hatten das schlechte Jahr überstanden.

DER AUSZUG DES ZWERGENVOLKS

An vielen Orten erzählt man sich auch, wie die Bauern und Hirten die Gotwärgini aus ihren Bergen verdrängten. So befahlen die Leute von Zeneggen den kleinen Leutchen, die sich in den Höhlen über dem Dorf niedergelassen hatten, ihre Wohnstätte sofort zu räumen. Die Zwerge boten vergeblich an, den Zeneggern eine reiche Goldmine und verborgene Quellen zu zeigen, wenn sie bleiben dürften. Aber ihr Angebot wurde abgelehnt, und so zogen sie eines Tages traurig ab. Kaum waren sie weg, stürzten ihre Höhlen zusammen, und die Felsen verschütteten die schönen fetten Weiden.

DER ZWERG TÜRLIWIRLI

Ein Walliser Bauernbursche heiratete die Tochter eines Zwergs. Sie hiess Türliwirli, was ein heidnischer Name ist, und bat ihn inständig, sie nie bei ihrem Namen zu nennen, was der Bursche auch versprach. Als er eines Tages im Juni spät vom Alpwerk nach Hause kam, berichtete ihm die Frau, heute habe sie einen strengen Tag gehabt. Heute nacht werde es nämlich gefrieren, und so habe sie denn das grüne Korn geschnitten und zwischen Tannreiser gelegt. Der Mann wurde böse und rief: «Du vermaledeites Türliwirli!» Doch kaum war der Name gefallen, so war sie schon zur Tür hinaus und verschwunden. In der Nacht gefror es tatsächlich, und die Saaten der Nachbarsleute gingen zugrunde, nur das Korn nicht, das die Zwergentochter geborgen hatte.

Nun musste der Mann seine drei Kinder jeden Tag allein zu Hause lassen, wenn er zur Arbeit ging. Da kam dann jeden Morgen die Mutter, wusch und kämmte sie, und wenn der Vater abends heimkehrte, fand er die Stube aufgeräumt, und die Kinder waren sauber und ordentlich angezogen. Da wollte er wissen, wie das komme, er schliesse doch immer das Haus ab und verstecke den Schlüssel. Die Kinder berichteten, dass jeden Morgen die Mutter komme. Der Vater sehnte sich nach seiner Frau und hätte sich gerne bei ihr entschuldigt, wenn er sie nur angetroffen hätte. So bat er die Kinder, ihre Mutter zu fragen, wie sie es nur anstelle, ins verschlossene Haus zu kommen.

Das taten sie am nächsten Morgen, und das Türliwirli erwiderte, sie wisse doch längst, wo der Schlüssel stecke. Da trug der unglückliche Vater einem Freund auf, vor dem Haus zu warten und die Türe zu verschliessen, sobald das Türliwirli eintrete, und ihn dann zu rufen. So geschah es denn auch, und der Vater trat zitternd ins Haus und bat seine Frau um Verzeihung. Die gewährte ihm das Türliwirli auch, und sie lebten noch manches Jahr glücklich zusammen.

DIE ENTFÜHRTE ZIEGE

Ein Walliser Geisshirt, von allen nur Grand-Mathieu genannt, hatte eine Lieblingsziege, ein weisses Zicklein, noch ohne Hörner. Blanchette folgte ihm überall hin, schien ihn zu verstehen, wenn er mit ihr sprach – kurz: Sie war die anmutigste kleine Geiss, die man sich nur vorstellen konnte. Eines Abends, als Grand-Mathieu seinen Trupp ins Dorf zurückgetrieben und jeder Haushalt seine Tiere bekommen hatte, fehlte Blanchette. Er klopfte verzweifelt an jede Haustür, fragte in allen Ställen nach, aber niemand hatte die Kleine gesehen.

So machte sich der Geisshirt denn mitten in der Nacht auf und stieg den Weg zurück, den er mit dem Trupp gekommen war. Bei jeder Wegbiegung hielt er an und rief mit lauter Stimme, aber von nirgendher kam eine Antwort. So stieg er immer weiter, bis zur höchsten Alp, ohne auch nur eine Spur von Blanchette zu finden. Nun hatte Grand-Mathieu den weiten Weg gleich zwei Mal zurückgelegt und war rechtschaffen müde. Er beschloss, in der Sennhütte zu übernachten und die Suche am Morgen fortzusetzen. In der Sennhütte entfachte er ein Feuer, verzehrte ein Stück Brot und streckte sich dann auf der mit Heu gepolsterten Pritsche aus.

Um Mitternacht lässt ihn ein Geräusch hochfahren. Die Tür dreht sich in den Angeln, und herein spaziert ein Gotwärgi, hinter ihm, an einer Schnur und sanft wie ein Lämmchen, die kleine Blanchette. Der Zwerg wirft ein paar Scheiter in die Glut, und bald lodert das Feuer, das den ganzen Raum erhellt. Der Kleine kümmert sich weiter nicht um Grand-Mathieu, sondern ergreift ein Messer, das an der Wand hängt, und tötet die Ziege, häutet sie und zerteilt sie mit staunenswerter Geschwindigkeit. Dann beginnt er, die Stücke über dem Feuer zu rösten. Bald erfüllt der Duft von gebratenem Fleisch die Hütte, und selbst dem Geisshirt läuft das Wasser im Mund zusammen. Sobald ein Stück gar ist, verschlingt es das Gotwärgi mit wenigen Bissen. Mit dem letzten Schenkelstück in der Hand wendet sich der Kleine plötzlich um und fragt den Hirten: «Willst du ein Stück, Hirte?» Der schluckt dreimal leer und nimmt schließlich ein paar Mundvoll. Den Rest schlingt der Zwerg hinunter, der anschließend alle Knochen sorgfältig einsammelt und die noch blutige Haut darüberbreitet. Er murmelt ein paar Zauberworte – und schon steht Blanchette, frisch und lebendig, vor den beiden.

Als der Hirte am nächsten Morgen mit seiner wiedergewonnenen Ziege zu Tal stieg, bemerkte er plötzlich, dass Blanchette hinkte. Und als er sie genauer untersuchte, entdeckte er am Schenkel eine Wunde – genau von dieser Stelle hatte er in der Nacht ein paar Bissen gegessen!

DIE MUSIKLIEBENDEN ERDMÄNNLEIN

Auch im Bündnerland kennt man die kleinen Weiblein und Männlein vor allem als hilfreiche Wesen, denen man freilich Wort halten muss. Das erfuhr ein Schulmädchen, das im Sommer bei einer Bauernfamilie im Safiertal aushalf. Die Meistersleute schickten es an einem heissen Tag auf eine abgelegene Wiese, um das Heu zu kleinen Haufen zusammenzurechen. Die Wiese schien der Kleinen riesengross, und als sie um Mittag erst eine kleine Ecke gerecht hatte, verzweifelte sie daran, je fertig zu werden. Sie begann zu weinen, da stand plötzlich ein bärtiges Männlein neben ihr, das ihr noch nicht bis ans Kinn reichte, und wollte wissen, was sie bedrücke. Das Mädchen klagte ihm, sie würde heute nie und nimmer fertig mit dem Schochen. *Wart es Wiili!* sagte das Männlein und verschwand hinter einem Felsblock. Kurz später kam es zurück – zusammen mit zwölf weiteren Bergmännchen, die alle selbstgeschnitzte kleine Rechen in der Hand hielten und sich sofort an die Arbeit machten. Das Mädchen sah mit Staunen, wie schnell seine Gehilfen vorwärts kamen, und fing vor lauter Freude an zu singen. Am Abend war das Heu auf der ganzen grossen Wiese zu Haufen gekehrt. Das Männlein versprach dem Mädchen, man werde ihm jederzeit zu Hilfe kommen, es brauche bloss das gleiche Lied anzustimmen. Dann warnte er die Kleine, sie dürfe den Meistersleuten ja nicht erzählen, wer ihr geholfen habe. Und dann verschwand es mit seinen Gehilfen.

Die Meistersleute staunten, dass das Mädchen mit der ganzen Wiese fertiggeworden war, und lobten es sehr. Und wann immer es von nun an eine langweilige oder strenge Arbeit zu verrichten hatte, brauchte es nur das Lied zu singen, das den Zwergen so gut gefiel, und die Männchen waren zur Stelle. Das ging so den ganzen Sommer lang, aber eines Tages konnte es sich nicht bezähmen und erzählte einem Nachbarskind von der Sache. Von diesem Tag an zeigten sich die Bergmännchen nicht mehr, so laut das Mädchen auch sang.

DIE HEBAMME BEIM HEIDENVOLK

In der Innerschweiz, wo man die Kleinen als *Heidenleute* oder *wilde Mannli* kennt, erzählt man sich von ihrer Hilfsbereitschaft und ihren geheimen Künsten. Im Heidenstäfeli oberhalb von Unterschächen wohnte so ein Völkchen – freundliche Leutchen, die öfters in die benachbarten Berggüter hinunterkamen und den Schächentalern bei der Arbeit halfen.

Einst kam ein wildes Mannli in aller Eile ins Dorf Unterschächen gerannt und holte die Hebamme. Diese folgte ihm und kam nach langem Marsch in eine Höhle. Nachdem sie dort einem Heidenweiblein bei der

Geburt geholfen hatte, zahlten ihr die wilden Leute den Lohn aus: eine Schürze voll dürres Buchenlaub. Sie ermahnten sie ernsthaft, nichts zu zerstreuen, zu Hause sorgfältig die Asche vom Herd zu wischen und dann die Blätter auf den sauberen Herd auszuleeren.

Die Hebamme war etwas enttäuscht über den scheinbar mageren Lohn, liess sich aber nichts anmerken und stieg ins Tal hinunter. Unterwegs zerstreute sie das Buchenlaub. Ein wildes Mannli, das ihr folgte, las die Blätter fein säuberlich wieder auf und rief ihr nach:

«Wie meh as d'verzattisch,
Wie weniger as d'hattisch.»

Zuhause angelangt, sah die Frau, dass in der Schürze ein einziges Laubblatt hängengeblieben war. Mehr zum Spass als ernsteshalber legte sie es auf die Herdplatte; da war es ein Stück blinkenden Goldes! Natürlich rannte sie sofort zurück, um die zerstreuten Blätter aufzulesen, aber gefunden hat sie keines.

DAS ERGIEBIGE KÄSLEIN

In Unterschächen wohnte einst ein Jäger, ein ganz geschickter, der trug manch eine Gams nachhause! Als er wieder einmal mit seiner Büchse unterwegs war, trat ihm mitten auf einem steilen Felspfad plötzlich ein Bergmännlein in den Weg und fragte: «Warum tötest du mir meine Geissen?» «Ich habe daheim eine grosse Familie», sagte der Jäger, «und muss meine Frau und die Kinder ernähren.» «Also gut», sagte das Männchen. «So werden wir uns schon verständigen. Ich gebe dir einen Käse, den darfst du nie ganz aufessen, so hast du mit deiner Familie deiner Lebtag genug Käse. Dafür lässt du mir aber meine Gemsen in Ruhe.» Und damit übergab er dem Jäger ein schönes rundes Käslein, exakt wie ein Geisskäslein sah es aus: «Aber ja keine Gams mehr töten, sonst geht es dir schlecht!»

Der Jäger zog mit seinem Geschenk nachhause. Jeden Tag assen er und seine Familie von dem Käslein, und immer war es am nächsten Morgen wieder rund und ganz. So hatten sie genug zu beissen. Aber nach vielen Jahren überkam ihn die Lust, wieder einmal auf die Jagd zu gehen. «Heut essen wir das Käslein ganz auf», sagte er zu Frau und Kind, denn wenn er schon jagte, so wollte er doch das Geschenk des wilden Mannli nicht behalten. Aber eins der Kinder liess einen Brocken Käse zu Boden fallen, und am nächsten Morgen lag das Käslein wieder rund und ganz auf dem Tisch. Da lud der Jäger seine Gesellen ein, und zusammen wurden sie dem Käslein Meister.

Gut, am nächsten Tag nahm er seine Büchse und stieg den Bergen zu. Oben in den Felsen kam eine weisse Gemse auf ihn zu, und daneben eine gewöhnliche, braune. Der Jäger strich der weissen Gemse nach und kam zum Schuss; im gleichen Augenblick sprang ihm das Wildmannli auf den Buckel und stürzte ihn in einen Abgrund.

DER UNDANKBARE MÜLLER

Im Züribiet gab man den Erdmännlein den Obernamen «Lampohren» – dies ihrer grossen Ohren wegen. Im Bachsertal wohnten ein paar besonders hilfreiche Heinzelmännchen, die machten den Leuten gar manche am Abend noch unvollendete Arbeit in der Nacht fertig: Sie mähten, pflügten, schnitten Korn oder putzten das Vieh. Sonderbarerweise halfen sie auch dem Talmüller immer wieder, obwohl dieser über das Völklein spottete und ihm manch einen Streich spielte. Eines Abends aber ging er zu weit: Er streute Mehl rund um die Mühle, um die Fussspuren der Kleinen festzuhalten. Das verärgerte nun aber die Erdmännlein so sehr, dass sie noch in der gleichen Nacht aus der Gegend wegzogen.

DIE KÄMPFERISCHEN ZWERGE IM WILENTAL

Zum Dank für die Hilfsbereitschaft hatte man dem Zwergenvölklein einen einsamen Fischweiher im zürcherischen Wilental überlassen. Von hier aus halfen sie Mensch und Vieh. Sie duldeten auch, dass man in ihrem Gebiet spazierte, nur wenn Fischfrevler oder Betrunkene kamen, führten sie sie in die Irre und ergötzten sich an ihrer jämmerlichen Angst.

Aber im Jahre 1798, als die Franzosen einrückten, war es aus mit der beschaulichen Stille. Die Welschen holzten im Wald ab, was immer sie brauchten, schwemmten ihre Pferde im Fischweiher und kühlten die heissgeschossenen Kanonenläufe in seinem Wasser. Als einst die Verpflegung ausblieb, gruben ein paar welsche Soldaten gar den Ausfluss ab, so dass sich der Spiegel des Weihers immer mehr senkte und sich die Fische in einer schlammigen Ecke zusammendrängten. Die Franzosen hofften, sie hier leicht herausschöpfen zu können. Aber als sich zwei ihrer wildesten Krieger vorwagten, versanken sie im Schlamm und wurden nicht mehr gefunden. Das war die Rache der Erdmännchen, die es nicht ertrugen, dass man ihre Fische so elendiglich ersticken liess.

Schlief der Senn, so tat das Bergmännchen die Arbeit – so lange man es nicht verärgerte!

TÜRWIRLI, KORINTERLI: SO HIESSEN DIE ZWERGE

Nicht von ungefähr trägt auch der tückische Zwerg Rumpelstilz aus dem Grimmschen Märchen einen fremdklingenden heidnischen Namen. Die Rufnamen der Bergmännchen haben mitunter magischen Charakter – so gewinnt eine Urner Bäuerin die Heilung von einer langwierigen Krankheit, weil sie den Namen eines Heidenkindes erlauscht. Das fragliche Hahnähickli ist nur eine von vielen phantastischen, aber auch drolligen Benennungen, mit denen die Volkserzählung die Zwerge ausstaffierte. Seine Verwandten heissen Churrimurri, Dirrlimurri, Chatzämurri oder Zutzimutzi, ferner ist die Rede vom Chussimussi, Zitzibützi, Zitzimitzi oder Dutzimutzi. Daneben erscheinen ein Korinterli und ein Gragörli, ebenso ein Lüsgrind und ein Rüchgrind.

Die Zwergennamen erinnern mit ihrem possierlichen Gleichklang an Kosenamen für kleine Tiere; sie dienten wohl auch dazu, das Fremdartig-Magische des wilden Völkleins zu verniedlichen. Familien- oder Sippennamen sind nicht überliefert; offenbar galt jedes der Wildleutchen als eigenständiges, unverwechselbares Individuum.

TREDESCHIN

Ein Mann und eine Frau hatten zwölf Kinder, und als das dreizehnte geboren wurde, sagte der Vater: «Ich weiss wirklich nicht, was für einen Namen wir ihm geben sollen. Jetzt haben wir alle Namen der Verwandten in der Familie, was bleibt denn noch?» «Weisst du was?» sagte die Mutter. «Wir nennen ihn einfach Tredeschin, das Dreizehnerlein.» Und so tauften sie den Knaben denn auch.

Tredeschin wurde ein aufgeweckter Knabe, nur dass er kaum wuchs – er blieb immer der kleinste von allen. Er hatte viel Freude an Büchern und lustigen Märchen und an der Musik. Er konnte wunderschön singen und spielte dazu die Geige, und wenn die Jungen im Dorf tanzten, konnte er alle Melodien, die sie kannten, und noch ein paar dazu. In den Büchern aber hatte er viel über das schöne Frankreich gelesen, und eines Tages sagte er zu seinem Vater: «Ich will nach Frankreich ziehen, wer weiss, vielleicht braucht der König einen Stallknecht.»

Der Vater hatte nichts dagegen, und Tredeschin machte sich auf den Weg und ging und ging, bis er eines Abends in eine prächtige französische Stadt kam. Dort fragte er nach dem Schloss des Königs, und wie es sich gerade fügte, war es zum Palast nicht weit, und der Stallknecht des Königs trieb eben die Kühe zur Tränke. Tredeschin fragte ihn bescheiden, ob er nicht eine Stelle für ihn habe. Der alte Knecht schaute ihn sich von oben bis unten an, und der Jüngling gefiel ihm nicht schlecht. Er nahm ihn mit in den Stall, und der Kleine machte sich sofort nützlich, schaffte die Kuhfladen weg, und nach der Arbeit begann er zu singen und Geige zu spielen. Alle waren erstaunt über den Sänger, sogar der Schreiber des Königs, der das letzte Wort hatte, ob man Tredeschin anstellen wolle, und den man in den Stall gerufen hatte.

Tredeschin arbeitete nun also als Stallknecht, und die Stelle gefiel ihm gut. Wenn er abends die Kühe zur Tränke trieb, pfiff und sang er vor sich hin. Es machte so viel Vergnügen, ihm zuzuhören, dass selbst der König, der aus dem Fenster guckte, stehen blieb und Frau und Tochter rief. Schliesslich musste der Schreiber kommen und Auskunft geben, wer der Sänger sei. «Es ist doch wirklich schade», sagte darauf der König, «einen solch guten Sänger im Stall zu lassen; geht und ruft ihn mir hinauf!»

So kam es, dass unser Dreizehnerlein nicht nur dem König von Frankreich vorgestellt wurde, sondern von den besten Lehrern Musikunterricht erhielt und endlich gar Zweiter Schreiber am Hof wurde. Jedermann hatte ihn gern, und es wäre ein schönes Leben gewesen im Schloss, wenn nicht der König immer schwermütiger geworden wäre. Er konnte nachts nicht schlafen und wurde krank und schwach: Immer musste er an seinen Feind denken, den Türken, der hatte ihm im letzten Krieg sein schönstes Pferd geraubt, einen Schimmel. Der Schimmel ging ihm dauernd durch den Kopf, und schliesslich liess er verkünden, wer ihm das Pferd wiederbringe, bekomme entweder die Königstochter zur Frau oder die Hälfte des Reiches. Davon hörte auch Tredeschin, und er zerbrach sich den Kopf, wie er wohl dem König seinen Schimmel zurückbringen konnte.

Eines Tages wanderte er zur Stadt hinaus und kam in einen dichten Wald. Auf einmal stand ein kleines Männchen vor ihm und wollte wissen, was er hier zu suchen habe. Tredeschin gab bescheiden zur Antwort, er denke darüber nach, wie er das Pferd des Königs wiederbeschaffen könne, und das Männchen antwortete: «Ich will dir helfen, aber du musst mir versprechen, dass du mich hier in einem Jahr zur gleichen Stunde wieder aufsuchst.» Das versprach Tredeschin, und das Männchen riet ihm, als Weinreisender in die Türkei zu ziehen und einen mit Schlaftrunk vermischten Wein bereitzuhalten, dazu Watte, die er dem Schimmel um die Hufe wickeln würde.

Tredeschin meldete sich voller Freude beim König: Er wolle das Kunststück versuchen. Der König war begeistert, aber die Königin und besonders die schöne Prinzessin wollten ihn nicht ziehen lassen. Doch Tredeschin liess sich nicht abhalten. Nach einer langen Schiffsreise kam er abends spät in der Türkei an. Er hatte sich als Händler gekleidet und trug eine Kiste voll feiner alter Weine. Im Schloss des Türken fragte er einen Diener, ob er nicht im Stall schlafen dürfe. Die Knechte liessen ihn eintreten, gaben ihm sogar zu essen. Tredeschin bewunderte das schöne Vieh im Stall, und als man gemeinsam um den Stalltisch sass, fragte er so nebenbei den alten Knecht: «Pferde habt ihr wohl keine?» Der Alte wollte nicht so recht mit der Sprache herausrücken und sagte bloss: «Die sind in einem anderen Stall!»

Unterdessen schenkte Tredeschin brav von seinem guten Wein aus. Man wurde immer lustiger, und der Alte nahm Tredeschin schliesslich zur Seite und sagte: «Ich darf zwar keinen Fremden in den Stall lassen, aber Euch zeige ich die Pferde gern», und führte ihn in den Pferdestall. «Schimmel kennt ihr hier wohl nicht?» fragte Tredeschin, nachdem er die Tiere reichlich gelobt hatte, und der Alte, der unterdessen auch ganz fröhlich geworden war, antwortete: «Doch, den könnt Ihr sehen, auch wenn es mir den Kopf kosten kann.» Und führte den Kleinen in einen winzigen Stall, da stand das Pferd des französischen Königs, ganz allein. Tredeschin merkte sich alles ganz genau, und als man wieder am Stalltisch sass, nahm er den gepanschten Wein mit dem Schlaftrunk hervor.

Einer nach dem anderen schlief ein, und als alle wie die Stöcke schliefen, schlich Tredeschin in den hintersten Stall, wickelte Watte um die Hufe des Schimmels und führte ihn leise hinunter zum Schiff. Niemand bemerkte ihn, ausser dem Papagei des Türken, der immer in der Küche war und mit einem Mal aus Leibeskräften schimpfte: «Türk, Türk, Tredeschin geht mit dem schönen Schimmel!» Das weckte den Türken, und der sprang im Nachthemd ans Fenster und rief hinaus:

«Tredeschin, wo fährst du hin,
wann kommst du wieder?»
Und Tredeschin antwortete mit feiner
Stimme:
«Übers Jahr,
mir zur Freud, dir zum Leid!»
Und weg war er mit seinem Schimmel!

Die Freude des Königs kann sich niemand vorstellen, als da eines Tages Tredeschin mit dem Schimmel wieder auftauchte. Er dankte seinem Zweiten Schreiber sehr, aber von der Heirat mit der Prinzessin war nicht mehr die Rede, und Tredeschin war zu bescheiden, um danach zu fragen.

Das ging so einige Monate, bis der König aufs neue schwermütig wurde. Diesmal war es eine schöne Bettdecke aus blauem Brokat, die ihm nicht aus dem Kopf wollte. Auch die war von den Soldaten des Türken geraubt worden, und auch diesmal liess er verkünden, wer ihm die Decke bringe, bekomme die Tochter oder das halbe Reich. Unterdessen war auch gerade ein Jahr um, seit Tredeschin das Männlein im Wald getroffen hatte. Wieder machte er einen Spaziergang, und wieder traf er das Männlein. Er fragte höflich, wie er es mit der Decke anstellen solle, und der Zwerg gab ihm eine Stoffrolle und sagte: «Wenn du vor dem Fenster des Türken stehst, rollst du sie auf. Du findest darin eine Leiter, damit steigst du ins Schlafzimmer, und dort findest du die Decke.» Tredeschin dankte ihm, ging ins Schloss zurück und meldete dem König, er wolle die Fahrt nach der Decke wagen, und der König sagte ihm zu, wenn es ihm diesmal glücke, bekomme er ganz bestimmt entweder die Tochter oder das halbe Reich.

Nach vielen Tagen langte Tredeschin eines Abends vor dem Palast des Türken an. Sobald die Gelegenheit günstig war, rollte er den Stoff des Männleins auseinander, und tatsächlich, darin fand sich eine Leiter, die länger und länger wurde und bis zum Fenster des Türken reichte. Tredeschin stieg sachte hinauf, kletterte über das Fenstersims, als er sah, dass niemand in der Schlafkammer war, und knüpfte einen feinen Faden an einen Zipfel der schönen Decke. Dann kletterte er hinunter und versteckte sich am Fuss der Mauer, bis sich der Türk und die Türkin zu Bett legten.

Bald begannen die zwei zu schnarchen wie die Drescher. Nun zupfte Tredeschin an der Schnur, die er am Deckenzipfel festgemacht hatte. Die Türkin erwachte, gab dem Türken einen Schubs und sagte: «Was ziehst du mir die Decke weg?» «Zum Teufel!» sagte der Türk, «das warst du selbst!» Kaum waren sie wieder eingeschlafen, zupfte Tredeschin von neuem an der Schnur. Diesmal beklagte sich der Türk: «Zieh doch nicht immer die Decke weg! Nicht einmal nachts hat man seine Ruhe!» So machten sich die zwei gegenseitig Vorwürfe und kriegten sich bald in die Haare, so dass keiner merkte, dass Tredeschin die Decke mit einem Ruck zum Fenster hinauszog und damit aus Leibeskräften zum Hafen hinunter rannte. Nur der Papagei begann wieder aus voller Kehle zu schreien: «Türk, Türk, Tredeschin ist mit der schönen Decke auf und davon!» Und als der Türk im Nachthemd am Fenster erschien, war der Dieb schon beinahe am Hafen. Da rief der Türk:

*«Tredeschin, wo fährst du hin,
wann kommst du wieder?»*
Und Tredeschin antwortete mit feiner
Stimme:
*«Übers Jahr,
mir zur Freud, dir zum Leid.»*
Und weg war er mit seiner Decke!

Der König freute sich auch diesmal ungeheuer, als Tredeschin nach langer und beschwerlicher Reise mit der Decke ankam, nur dass über sein Versprechen kein Wort fiel. Der Junge zögerte eine Zeitlang, dann bat er mit grossem Anstand um seinen Lohn. Der König rutschte verlegen auf seinem Thron hin und her und sagte schliesslich: «Gut, aber du musst noch einmal in die Türkei und mir den Papagei bringen, der sprechen kann. Der gehört nämlich auch mir!» Insgeheim dachte er, diesmal werde man den kleinen Schreiber bestimmt fangen und einsperren: «Dann habe ich meinen Schimmel und meine Decke zurück und muss nichts geben dafür!»

Unterdessen war schon wieder ein Jahr vergangen, und Tredeschin ging zum Männlein im Wald und fragte, wie er sich anstellen solle. «Hab keine Angst», sagte das Männlein. «Hier hast du eine Schachtel Bonbons, die Schlafmittel enthalten. Die gibst du einfach dem Papagei.»

So reiste Tredeschin ein drittes Mal in die Türkei, obwohl ihn die Prinzessin mit allen Mitteln zurückhalten wollte. Diesmal hatte er sich als Bettler verkleidet, und als er abends spät in der Türkei ankam, ging er sofort zum Palast und bat in der Küche um Essen. Aber während er die warme Suppe ass, die ihm die Köchin geschöpft hatte, sah ein Diener des Türken den Bettler genauer an und erkannte ihn. «Packt ihn!» rief er. «Das ist dieser Schurke von Tredeschin, der dem Türken den Schimmel und die Decke gestohlen hat!» Da kamen alle im Schloss gelaufen, zuletzt der Türk selbst. «Erwürgt ihn, hängt ihn auf!» schrie er voller Wut. «Zermalmt ihn in einer Mühle!» Tredeschin fiel auf die Knie und bettelte: «Macht was ihr wollt, aber bindet mich um Himmelswillen nicht mit einem Hanfseil, das ertrage ich nicht, ich bin so kitzlig, das wäre mein Tod!» «Aha!» schrie der Türk. «Genau so bringen wir dich um! Fesselt ihn mit einem Hanfseil und bindet ihn an die Küchentür!»

Als Tredeschin tüchtig gefesselt war, sagte der Türk: «Diese Nacht kannst du noch leben. Aber morgen früh wirst du gehängt!» Dann liessen sie ihn allein. Tredeschin hatte aber ein kleines Messer zu sich gesteckt, damit schnitt er das Seil durch, ging zum goldenen Papageienkäfig und fragte: «Papagei, willst du Bonbons?» «Ja, ich will!» antwortete der Papagei gierig, frass einige Bonbons herunter und schlief sofort ein. Tredeschin packte Papagei und Käfig und rannte damit zum Hafen hinunter. Vom Gerüttel erwachte der Vogel und schrie aus Leibeskräften: «Türk, Türk, Tredeschin geht mit mir!» Der Türk sprang im Nachthemd ans Fenster und rief, halb verrückt vor Wut, in die Nacht hinaus:

*«Tredeschein, du Schwein,
wann kommst du wieder?»*
Und Tredeschin antwortete laut:
«Nie mehr, nie mehr, nie mehr!»
Und weg war er mit dem Papagei.

Dem König von Frankreich war es in der Zwischenzeit schlecht gegangen. Die Frau und die Tochter, die Tredeschin im geheimen liebten, machten ihm dauernd Vorwürfe wegen seiner List, den armen Schreiber noch einmal in die Türkei zu schicken. Um so grösser war bei allen die Freude, als Tredeschin eines Tages mit seinem Papagei vor ihnen stand. Der König nahm ihn sofort bei der Hand und sagte: «Nun hast du meine Tochter gewonnen.» Und nur kurz später wurde im Palast Hochzeit gefeiert, und man ass und trank und tanzte die ganze Nacht hindurch, aber schliesslich hatte auch das ein Ende, so wie alles, so wie auch dieses Märchen.

DAUMESDICK

Ein Mann und eine Frau wünschten sich ein Kind. «Und wenn es auch nur so gross wie ein Daumen wäre!» sagten sie zueinander. Da bekam die Frau ein Kind, aber es wuchs nicht und blieb bloss so gross wie ein Daumen, auch nach ein paar Jahren. Als der Däumling etwas älter war, nahm ihn der Vater mit zum Pflügen, aber der Kleine fiel immer wieder in die Furchen. Da hob ihn der Vater hoch und setzte ihn dem Pferd ins Ohr. Da oben hatte er eine schöne Aussicht, und das Pferd gab ihm warm. Vor Freude begann er laut zu singen.

Da kamen ein paar Männer des Wegs, das waren Diebe. Sie fragten den Vater, wer denn da so schön singe. Er antwortete: «Das ist mein Sohn, der beim Pferd im Ohr sitzt.» Sie schauten sich den Däumling an und sagten zueinander: «Der könnte uns noch nützlich werden.» Darauf redeten sie auf den Vater ein, ob er ihnen den Kleinen nicht verkaufen wolle. Der Vater sträubte sich erst, aber Daumesdick selbst rief lustig: «Oh ja, Vater, lass mich mit ihnen ziehen.» Und leise flüsterte er ihm zu: «Ich will mir schon zu helfen wissen und wieder zu dir zurückfinden.» Da schlug der Vater ein. Die Diebe gaben ihm ein hübsches Sümmchen, und einer von ihnen setzte sich Däumling auf den Hutrand; so zogen sie in die Welt hinaus.

Die Diebe kannten einen Ort, da waren guter Wein und Schinken gelagert. Man musste aber durch ein kleines Loch schlüpfen, um hineinzukommen. Sie hiessen den Däumling hineinkriechen, und als der im Keller war, schrie er laut: «Was wollt ihr? Roten oder Weissen?» «Psst!» sagten die Diebe. «Nicht so laut, du verrätst uns noch!» Aber je heftiger sie auf ihn einredeten, desto lauter brüllte der Kleine. Als er zum Schinken und Speck kam, rief er: «Von welchem wollt ihr? Vom fetten oder vom mageren?» «Nicht so laut!» beschworen sie ihn. «Du verrätst uns noch!» Aber der Kleine brüllte je länger je lauter.

Das hörte die Magd des Hauses und stieg in den Keller. Der Däumling versteckte sich unter einem Kohlblatt, und die Diebe suchten das Weite. Da nahm die Magd, weil sie nun schon einmal im Keller war, den Korb mit den Kohlblättern nach oben. Der Kohl wurde an die Kuh verfüttert, und die schluckte den Däumling herunter, ohne dass er sich dabei verletzte.

Am nächsten Morgen begann die Magd, die Kuh zu melken. «Dreh dich schön um, Brunette!» Der Kleine, der im Magen der Kuh sass, rief: «Dreh dich nicht um, Brunette!» Da erschrak die Magd und lief zu den Meistersleuten: «Unsere Kuh kann sprechen!» Das ganze Haus lief zusammen. «Dreh dich um, Brunette!» befahlen sie der Kuh, und die Stimme antwortete: «Dreh dich nicht um, Brunette!» Tatsächlich, die Kuh konnte sprechen! Dieses Hexenvieh musste auf der Stelle geschlachtet werden!

Als sie Brunette geschlachtet hatten, warfen sie den Magen auf den Miststock. Da kam eine alte Bettlerin vorbei und bat die Leute, ob sie den Magen mitnehmen dürfe. Das erlaubten sie ihr. Die Alte packte den Magen in ihren Korb und zog weiter. Unterwegs begann Daumesdick zu singen:

*Altes Weibchen, trottundtritt,
schleppst mich in deinem Körbchen mit!*

Die Alte erschak und purzelte vor Schreck in den Strassengraben. Der Magen rollte aus dem Korb, und ein Wolf frass ihn ratzeputz auf. Ein bisschen später, als der Wolf eben beim Haus von Däumlings Eltern angelangt war, wurde es dem Wolf schlecht. Er erbrach den ganzen Magen, und Daumesdick schlüpfte heraus, packte den Wolfsschwanz und schrie:

*Vater, Mutter, kommt gerannt,
ich hab einen Wolf beim Schwanz.*

Aber als die Eltern aus dem Haus stürzten, hatte sich das Tier bereits losgerissen; sie sahen bloss noch, wie es sich in die Büsche schlug. «Warum habt ihr auch so lange getrödelt?» rief Daumesdick zornig. «Dabei habe ich euch einen Wolf gebracht!»

Von da an setzten die Eltern den Kleinen auf den warmen Ofen; da oben konnte er nichts anstellen.

WARNENDE UND SCHÜTZENDE GLOCKEN

Seit jeher hat man den Glocken, die von den Türmen der Kirchen und Kapellen herunter zum Gebet riefen, überirdische Kräfte zugeschrieben. Die Sage berichtet von Glocken, die Unwetter aufhielten oder abwandten. Sollte ein Unschuldiger hingerichtet werden, so begannen sie von selbst zu läuten, und manchmal ertönte ihr Klang auch dann noch, wenn ein Erdrutsch oder Felssturz sie mit Kirche und Turm tief unter der Erde begraben hatte.

DIE VERSUNKENEN GLOCKEN

Selbst unter Wasser läuteten manche Glocken noch weiter. In Visp erzählte man sich von einer besonders stattlichen Glocke, die man im Welschland hatte giessen lassen. Als nun das Prunkstück über den Genfersee ins Wallis übergeführt werden sollte, brach ein ungeheurer Sturm los und brachte das Schiff zum Sinken. Bis heute liegt die Glocke auf dem Grund des Léman, aber jedes Jahr, am Vorabend von Sankt Martin, hören die Schiffer, die über den Ort des Unglücks hinwegrudern, klagende Glockentöne aus der Tiefe.
Auf dem Grund des Zugersees liegen die Trümmer einer Kirche, die im Jahre 1435 bei einem schrecklichen Erdbeben samt zwei Strassenzügen im Wasser versank. Aber noch lange Zeit nach der Katastrophe hörten die Schiffer, die über die Trümmer hinwegfuhren, das Dröhnen der Orgel und das wehmütige Klingen der Glocken. Dann zogen sie die Ruder aus dem Wasser und beteten ein Vaterunser.

«DA IST NICHTS ZU MACHEN!»

Viel häufiger aber kam es vor, dass gerade die Kirchenglocken ein Unheil abwenden halfen – einmal indem sie den Bürgern der Pfarrei mit ihrem Geläute ein heraufziehendes Unwetter meldeten. Auch wenn böse Mächte sich gegen ein Bergdorf verschworen, konnten allein die Glocken den drohenden Erdrutsch oder Steinschlag aufhalten. Im Urnerland hatten sich einst drei Hexen verschworen, sie wollten die gewaltige Masse des Gertschenstocks auf die Häuser von Seedorf und auf die unschuldigen Bewohner des Dorfes herunterstürzen lassen. Die drei machten sich an die Arbeit, und schon wankte der riesige Berg bedrohlich. Mit Ziehen und Stossen lösten ihn die teuflischen Frauen aus seiner Verankerung im Fels.
In höchster Angst begannen die Seedorfer mit allen drei Glocken ihrer Pfarrkirche zu läuten. Bei diesem himmlischen Klang mussten die Hexen ihr Werk abbrechen. Sie liessen die Felsmassen los, und eine von ihnen rief ärgerlich: «Wenn der Üeli brummlet und ds Maryli schrytt und ds Vreni äu nu briälet, so isch nymeh z'mache!»
Mit den drei Namen meinten sie die Seedorfer Glocken, die Sankt Ulrich, Sankt Verena und der Muttergottes geweiht waren. Gegen solche heiligen Namen war für die Hexen tatsächlich «nichts mehr zu machen»!

DER KÜSTER VON LENS

In der Walliser Gemeinde Lens läutete der Küster die Glocken zu den gewohnten Anlässen wie Hochzeit, Taufe und Beerdigung. Dann und wann setzte er aber auch die grösste

79

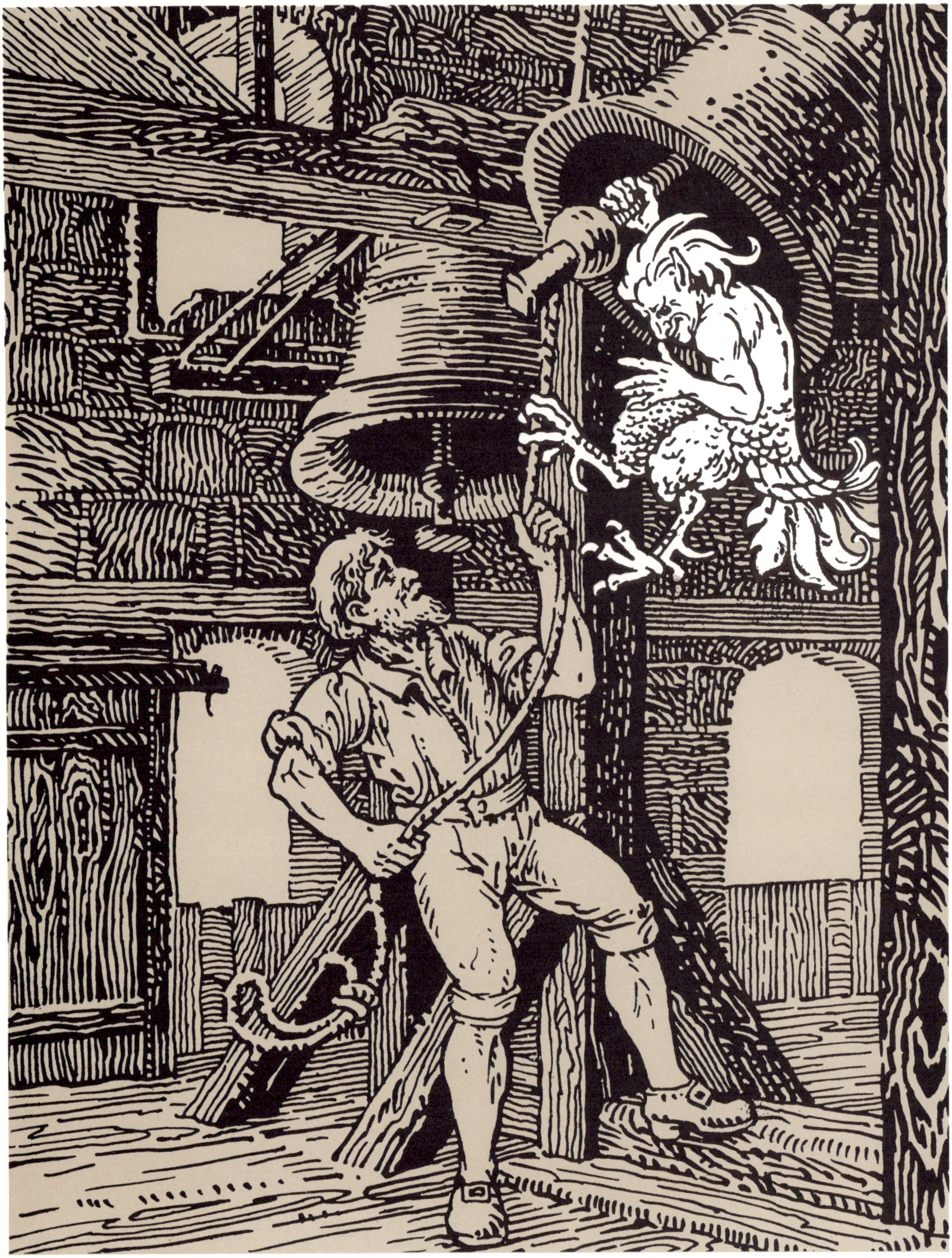

Glocke mit dem schönen Namen *Barba joyousa* ein, wenn ein Gewitter im Anzug oder ein Hagelsturm die Ernte zu vernichten drohte. Mit der Zeit hatten aber auch die finsteren Mächte, die den Menschen mit Unwettern schaden wollten, gemerkt, dass sie zuerst diese mächtige Glocke irgendwie unschädlich machen mussten.

Das erfuhr einer der bekanntesten Küster von Lens, der Küster Bonivini. Schon seit Generationen hatte seine Familie das Küsteramt versehen, und dank ihrer langen Erfahrung hatten die Bonivinis die Bauern vor manchem Schaden bewahren können. Kaum bereitete sich ein Gewitter oder Hagelsturm vor, so standen sie schon in der Kirche bereit, und der mächtige Klang der *Barba* vertrieb die drohenden Wolken.

An einem heissen Sommertag war Küster Bonivini in seinem Rebberg am Arbeiten. «Ich muss zurück nach Lens!» sagte er plötzlich zu den Leuten, die neben ihm arbeiteten. «Ein Gewitter ist im Anzug!» Die Weinbauern lachten ihn nur aus: «Bei diesem blauen Himmel?» Aber Bonivini liess sich nicht beirren. «Seht ihr diese kleine gehörnte Wolke da drüben? Da treffen sich jetzt gerade die Hexenmeister und beraten darüber, wie sie unser Korn verhageln wollen.» Und fort war er, auf dem kürzesten Weg der Kirche zustrebend.

Als er ein paar Schritte vor der Kirche zum Himmel aufschaute, jagte bereits eine grosse schwarze Wolke von den Bergen her, und man hörte ein unheimliches Donnern: Ein Hagelsturm zog heran. Sofort liess Bonivini seine Gehilfen kommen und begann mit aller Kraft am Strick der *Barba joyousa* zu ziehen. Hoch über ihm im Gestühl schwang die *Barba* hin und her, aber seltsamerweise drang kein einziger Glockenton ins Land. Von unten sah der Küster, wie der schwere Klöppel mit dem Glockenmantel hin und her schwang, als sei er verhext oder festgefroren: Kein einziges Mal schlug er gegen das Erz der Glocke.

Die Gehilfen gerieten in Panik: «Wir sind verloren! Da hält ein Hexenmeister den Klöppel fest! Was sollen wir nur tun?»

«Zieht weiter!» befahl Bonivini. «Diesem Satan will ich es zeigen!» Und damit kletterte er hinauf ins Gestühl und begann mit lauter Stimme auf die Glocke einzureden. Dem höchsten Geist befahl er, sich in das hinterste Tal der Vienne zurückzuziehen, dann las er laut das Abendgebet. Als er bei der Stelle «Und das Wort wurde Fleisch» angelangt war, löste sich plötzlich der Klöppel, und die Glocke schlug an. Gleichzeitig sah Bonivini, wie ein fremdes Wesen mit Federn und Krallen sich von der Glocke löste, zum Fenster des Glockenturms flitzte und von dort aus wie eine Kanonenkugel durch die Lüfte sauste – genau dem wilden Tal der Vienne entgegen, das ihm der Küster angewiesen hatte. Ein paar Augenblicke später sah er, wie die schwarze Wolke die gleiche Richtung einschlug. Weit hinten in den Bergen entlud sie sich, und der Hagel prasselte über die wilden Felsen herab, wo er keinen Schaden anrichten konnte.

Das bedeutete aber noch nicht das Ende dieser seltsamen Geschichte. Ein paar Wochen später, so erzählt man sich, wurde der Küster auf dem Markt von Sion von einem einäugigen Alten angesprochen. Der Greis lud ihn höflich zum Essen ein und erzählte bei Tisch eine seltsame Geschichte: Er selbst sei es gewesen, der an jenem heissen Sommertag den Klöppel der Glocke festgehalten habe. «Die Zunft der Hexenmeister hat mich geschickt», sagte der Alte. «Aber als du dann das Gebet sprachst, riss es mich von der Glocke weg zum Fenster, und ich wurde in die hinterste Vienneschlucht getragen. Dort prallte ich mit dem Kopf gegen den dürren Ast einer Weisstanne, und ein spitzer Zweig bohrte sich in mein Auge. Ich verlor dieses Auge, und als Einäugiger wurde ich aus der Hexerzunft ausgeschlossen. Das hatte ich mir schon lange sehnlichst gewünscht. Aber wer einmal dabei ist, muss dabei bleiben – es sei denn, er habe ein Gebrechen. Dir also verdanke ich meine Errettung, und das ist mir jederzeit ein Abendessen wert.»

WEISER ALS DER RICHTER

Geschah es, dass ein Unschuldiger verurteilt und hingerichtet wurde, so zeigte nicht selten die Glocke, die dem Bedauernswerten zum letzten Gang läuten musste, den Richtern an, dass sie von der Wahrheit abgekommen waren. So hatte man im Wallis einen Ehrenmann namens Collin der Hexerei beschuldigt und zum Tod durch Verbrennen verurteilt. Als der ehrwürdige Familienvater schon auf dem Scheiterhaufen stand, bat er nur darum, dass man während seines Leidens die Kirchenglocken drei Mal anschlagen solle. Das sagte man ihm zu, und beim dritten Schlag sprang ein schweres Stück Erz aus der Glocke. Leider kam das Wahrzeichen aber zu spät. Wunderbarerweise behielt die Glocke trotz der grossen Scharte ihren schönen Klang bei.

Im Luzernischen wiederum berichtet man von Fridli Bucher, einem Freiheitshelden des Bauernkriegs von 1652. Als man diesem tapferen Mann vor Gericht ein letztes Mal Gelegenheit gab, seinen ketzerischen Auffassungen von Gleichheit zwischen Bauern und Städtern abzuschwören, antwortete er bloss: «Das müsste ein schlechter Mann sein, der sich nicht getraut, bei der Wahrheit zu bleiben!» Als man Fridli Bucher hängte, riss der Strick zu zweien Malen, und die Glocken der benachbarten Kirche begannen von selbst zu läuten. Trotz diesem Wunderzeichen wurde die Hinrichtung vollzogen. Aber als die Luzerner viele Jahre später ein Bittschreiben nach Rom sandten, der Papst möge ihnen heilige Gebeine schicken, kam der Bescheid zurück, sie hätten solche heiligen Gebeine ganz in ihrer Nähe; sie brauchten bloss unter dem Galgen zu suchen.

WIE WEIT REICHT DER GLOCKENKLANG?

In Visp lebte einst auf der Hübschburg die Gräfin Blandrati, und in ihrem Turm hing eine Glocke aus lauter Silber. So weit man in der Umgebung ihren Klang hörte, waren die Bewohner der Gräfin zinspflichtig. So mussten etwa die Bauern von Eggen jährlich zu Martini eine schwarze Kuh mit roten Ohren oder eine rote Kuh mit schwarzen Ohren nach Visp in die Hübschburg bringen. Jedes Jahr suchte man verzweifelt nach einer passenden Kuh, und schliesslich fand sich gar kein passendes Tier mehr. Die Gräfin aber pochte auf ihr angebliches Recht, bis die Eggener von der ganzen Sache eines Tages genug hatten. Sie beschlossen, ihre Häuser abzureissen und ihr ganzes Dorf weiter hinten gegen das Baltschiedertal wieder aufzubauen. Dort konnte man das silberne Glöcklein nicht mehr hören, und die Gräfin zog den kürzeren.

WIE KLINGNAU ZU SEINEM NAMEN KAM

Im aargauischen Städtchen Klingnau brach im Schloss einst ein verheerendes Feuer aus. Die Flammen zerstörten fast alle Häuser, darunter Schloss und Kirche. Das Silber der geschmolzenen Kirchenglocken floss über die Pflastersteine der Gassen. Nach dem Brand sammelte man davon ein, so viel man nur konnte, und goss daraus die erste Glocke für die neuerbaute Kirche. Da das Metall drei Mal durchs Feuer gegangen war, erhielt die Glocke einen besonders schönen Klang, so dass das Städtchen von nun an Klingnau genannt wurde.

DIE GOLDENE GLOCKE

Im Tessiner Dörfchen Castione trug einst ein mächtiger Turm, dessen Überreste heute noch zu sehen sind, eine goldene Glocke, die dem heiligen Johannes geweiht war. Eines Tages versuchten Diebe, das wertvolle Stück zu rauben, aber als sie am Gemäuer hochkletterten, brach der Turm zusammen. Die Übeltäter wurden samt ihrer Beute in den nahegelegenen Teich geschleudert. Später zog man ihre Leichen aus dem Wasser, aber trotz allen Anstrengungen gelang es nie, die goldene Glocke zu bergen.
Noch lange Zeit später ertönte jedes Jahr in der Johannisnacht ein feines Klingen aus dem Moor, wo früher der Teich gelegen hatte. Sobald aber jemand begann, nach dem Gold zu graben, verstummte das Läuten.

«DONA, DONA! LÄUTE!»

Sankt Theodul, im Volksmund auch Sankt Jodern genannt, war der erste Bischof des Landes Wallis – und dazu ein Mann, der mehr konnte als Brot essen! Er war es, der einst eine wundertätige Glocke nach Sitten brachte, die lange Zeit alle Gewitter abhielt und nach des Bischofs Tod die Sankt Jodern-Glocke genannt wurde. Das ging so zu:
Eines Tages wurde dem Bischof offenbar, dass der Papst in Rom in Gefahr schwebte und dringend gewarnt werden musste. Als der fromme Mann unschlüssig und ratlos das Fenster öffnete, sah er vor dem Schloss drei Teufel freudig miteinander tanzen. Er rief sie schleunigst herbei und fragte, wer von ihnen der schnellste sei. Der erste prahlte, er sei geschwind wie der Wind, und der zweite behauptete, er laufe wie die Kugel aus dem Rohr. «Das sind bloss faule Säcke gegen mich!» trumpfte der dritte auf. «Ich fliege durch die Welt wie ein Weibergedanke.»
Diesen letzten wählte Joder und versprach ihm seine Seele, wenn er ihn nach Rom und wieder zurück nach Sitten tragen könne, noch bevor die Hähne am Morgen krähten. Das Teufelchen nahm das Angebot an und stellte einen schwarzen Hahn als Wächter auf die Stadtmauer. Der Bischof seinerseits stellte einen weissen Hahn auf das Dach des Schlosses und schärfte ihm ein, sich morgens ja nicht zu verschlafen. Dann reisten sie los und waren im Nu in Rom. Joder warnte den Papst – gerade noch zur rechten Zeit – und erhielt zum Dank eine schöne Glocke. Für die Rückfahrt musste der Teufel also auch noch die Glocke mit aufladen. Trotzdem war es erst zwei Uhr in der Frühe, als die beiden zuunterst auf der Planta ankamen.
Aber der weisse Hahn hörte sie und begann sogleich zu krähen. Davon erwachte sein schwarzer Kollege und krähte munter mit. Der Teufel war ausser sich vor Zorn, dass er die Wette verloren hatte und warf die Glocke mit solcher Wucht auf die Erde, dass sie neun Ellenbogen tief in den Boden versank. Aber der Bischof rief bloss: «Dona, dona! Liit!» Und die Glocke fing an zu läuten und stieg läutend aus der Erde auf, und kurz später wurde sie in den Turm gehängt.

83

VOM GREISS UND ANDEREN MÄCHTEN

Geheimnisvolle Mächte beschützten und bedrohten die Hirten, manche von ihnen grauenerregend wie das Wilde Heer, andere wiederum wohlwollend, aber fürchterlich in ihrer Strenge. Und manche waren ganz einfach nicht zu fassen, da sie in immer wechselnder Gestalt auftauchten.

DAS GREISS IN SURENEN

Zu ihnen gehörte das Greiss. Der Name bezeichnet einerseits eine geheimnisvolle Krankheit, bei der das Vieh kraftlos niedersank und von einer Stunde auf die andere verendete. «Greiss» hiess aber auch das Untier, das die Krankheit verursachte. Wie es aussah – darüber erzählte man sich immer wieder neue Geschichten. So sahen Hirten im Maderanertal, wie ein Tierchen, so gross wie eine Katze, auf die Kühe oder Kälber sprang, die gerade am Bach tranken. Die Tiere, die es erwischte, wurden auf der Stelle vom Greiss befallen. Andere Hirten sahen ein unheimliches Wesen, das einem Eichhörnchen glich, wie es einem Rind ans Bein sprang. Das Tier war auf der Stelle krank und musste sofort gemetzget werden.

Manche Leute sagen, das Greiss sei eines Frevels wegen entstanden. Ein Bube und ein Mädchen, die auf der Brunnialp heueten, hätten eine Katze getauft, die ihnen besonders lieb war; daraus sei dann das unheilstiftende Wesen geworden. Und ganz ähnlich erklärt man sich in Surenen die Herkunft des Untiers. Auf der Surenenalp hütete nämlich einst ein Knabe die Schafe, der besass ein Lämmlein aus dem Welschen, das er über alles liebte. Es musste mit ihm essen, schlafen und überhaupt immer in seiner Nähe bleiben. Endlich sagte sich der Surenenhirt, sein Lamm müsse doch getauft werden, er selbst sei es ja schließlich auch. Also schlich er sich nach Attinghausen in die Kirche, erbrach den Taufstein und nahm Weihwasser mit. Wieder zurück auf der Alp, taufte er das Lamm nach christlichem Glauben. Aber kaum hatte er die letzten Worte gesprochen, zog ein furchtbarer Sturm auf, und das niedliche Lamm verwandelte sich in ein grauenerregendes Ungeheuer. Den Surenenhirt zerriss das Greiss auf der Stelle, die Hütte zerfiel in Trümmer, die Schafe zerstoben. Von nun an duldete das Ungeheuer weder Mensch noch Vieh auf der Alp.

Die Urner verzweifelten schon daran, sie je wieder bestossen zu können, da riet ihnen ein fremdes Männchen, sie sollten ein silberweisses Stierkalb sieben Jahre lang säugen lassen und ihm jedes Jahr eine Kuh mehr als im vorigen geben. Nur so werde es stark genug, um gegen das Greiss anzutreten. Ein reines Mädchen müsse dann den Stier an einem weissen Seidenfaden auf die gefürchtete Alp bringen.

Die Urner fanden endlich ein geeignetes Tier, das sie nach dem Rat des Alten aufzogen. Schon nach vier Jahren war der Stier so stark und wild, dass sich niemand mehr in seine Nähe getraute. Man musste ihm auf der Alp Waldnacht ein eigenes Gehege einrichten, wo die sieben Jahre voll wurden. In Attinghausen fand man ein Mädchen, das die Aufgabe auf sich nehmen wollte. Eine ganze Prozession versammelte sich an einem bestimmten Tag, und zum Erstaunen von allen gehorchte der Stier dem weissgekleideten und geschmückten Mädchen ohne einen Mucks. Auf der Surenenegge blieb die Menge zurück; das Mädchen winkte noch einmal und verschwand mit dem Riesenstier. Man hatte ihr eingeschärft, das Tier sofort loszulassen, wenn es die Nähe des Greisses wittere, und dann zu flüchten, ohne sich ein einziges Mal umzudrehen. Plötzlich vernahmen die Wartenden schreckliches Gebrüll; eine Rauchsäule stieg auf, dann sah man das weisse Gewand des Mädchens in Fetzen herumfliegen. Endlich tiefe Stille, und als sich die Begleiter auf die Alp wagten, regte sich nichts mehr. Das Greiss, übel zugerichtet, war getötet. Aber auch der Stier lag tot im Alpbach; der seither der Stierenbach hiess. Es heisst auch, von ihm stamme das berühmte Schlachthorn der Urner, der «Uristier», der dann in den italienischen Kriegen verlorenging. Die Alp war vom Greiss befreit, aber von der Jungfrau fand sich keine Spur mehr.

DER BESCHÜTZER DER GEMSEN

Aber auch wohlwollende Wesen hausen in den Bergen und auf den einsamen Alpen – nur dass ihr Wohlwollen oft den Tieren gilt und sich gegen deren Verfolger, die Menschen, richtet. Die Gemsen haben seit jeher unter der Obhut der wilden Leute gestanden. Manch eine Geschichte erzählt davon, wie sie einem allzu fleissigen Jäger ein Gemskäslein schenkten, das immer wieder nachwuchs, wenn er dafür die Gemsen in Ruhe lasse – und wehe dem Mann, der das Käslein annahm, sich dann aber nicht an sein Versprechen hielt!

Einen noch mächtigeren Beschützer aber fanden die flinken Tiere im Waadtland. Das erfuhr ein junger Hirte aus Ormont, der seine Herde nur allzu oft vernachlässigte, um mit dem Gewehr in der Hand auf den steilsten Graten Jagd auf Gemsen und Steinböcke zu machen. Obwohl seine Eltern ihn bald flehentlich baten, auf die Jagd zu verzichten, bald wilde Drohungen ausstießen, liess sich der Bursche nicht von seinen Streifzügen abbringen.

Eines Abends fand er sich beim Einbruch der Dämmerung mitten zwischen schroffen Felsen und schwindelerregenden Abgründen. Von einer Minute auf die andere zog ein schreckliches Gewitter auf. Der Donner rollte, dass ihm die Ohren sausten, die Blitze zuckten rund um ihn her, Regen und Hagel durchnässten ihn bis auf die Haut. Im allgemeinen Aufruhr wusste der schlotternde Hirte nicht mehr, was vorn und was hinten war; er war sicher, hier einsam sterben zu müssen. Da liess ein fürchterlicher Donnerschlag den Fels erzittern, und vor dem Hirten erhob sich die riesige Gestalt eines Berggeists mit schlohweissem Bart und Haupthaar. Einen Arm hatte der Riese um eine zitternde Gemse gelegt, den anderen streckte er dem jungen Jäger mit einer gebieterischen Geste entgegen. Wie Donnerrollen hallte seine Stimme: «Wer hat dir erlaubt, du Frechdachs, auf meine Tiere Jagd zu machen? Wer gibt dir das Recht, mir mein Eigentum zu rauben? Mache ich denn Jagd auf die Tiere deines Vaters? Weshalb lässt du meine Gemsen nicht in Ruhe?» Und ohne auf eine Antwort zu warten, verschwand der Berggeist mit der Gemse. Im gleichen Augenblick legte sich auch das Gewitter, die Felsen lagen friedlich in der Abenddämmerung. Zitternd packte der Hirte sein Gewehr und machte sich auf den Heimweg, den er mit Mühe fand. Von diesem Tag an, so heisst es, habe er seine Herde nie mehr verlassen.

DER SCHIMMELREITER

Eine warnende, drohende Gestalt ist auch der Schimmelreiter, der sich sowohl in den Bergen wie im hügligen Mittelland zeigt: der Geist eines Meineidigen, der samt seinem Pferd durch die Jahrhunderte spuken muss. Fast immer handelt es sich bei seinem falschen Schwur um ein Stück Land, das der Verstorbene zu Unrecht für sich oder für seine Gemeinde beansprucht hat. Und fast immer trägt der, der ihm begegnet, geschwollene Glieder oder einen schmerzenden Kopf davon. Manche Zeugen sehen den Schimmelreiter über den festen Boden galoppieren, andere wiederum schwören, er sei durch die Lüfte gefahren.

Vor allem im Aargau weiss man viel vom Schimmelreiter zu berichten, der hier auch Stiefelreiter heisst. In Muri hatten die Leute arg zu leiden unter einem Rechtsverdreher und Klosterbeamten, der aber beim Abt in bestem Ansehen stand. Er stahl den Bauern nachts das Heu und holte ihnen das Obst aus dem Obstgarten, aber niemand wagte sich zu beschweren. Stets trug er knarrende Stiefel, weshalb er denn auch «der Stiefeli» hiess.

Einst hatte eine fromme Bäuerin ihr Gut dem Kloster Muri vermacht. Der Stiefeli ritt sogleich zu der Alten und erklärte ihr, dem Kloster nütze die Schenkung wenig, so lange ihm nicht auch ein kleines, dazwischenliegendes Gut zufalle, das ebenfalls der Frau gehörte. Sie solle also ihrem Testament eine Klausel zufügen, die das fragliche Gütchen ebenfalls dem Kloster überschreibe. Die Frau wurde fuchsteufelswild über so viel Habgier und zeigte dem Stiefeli die Türe. Das Nachbargut hatte sie bewusst ausgespart, um ihrer Nichte, die hier in einer Strohhütte wohnte, ein Leben ohne Armut zu ermöglichen.

Aber der Rechtsverdreher wusste sich zu helfen. Er verstand sich seit jeher auf das Fälschen von Handschriften, wusste sich das Testament zu verschaffen und setzte mit verstellter Schrift vor der Unterschrift die Worte ein: «samt dem Hüttlein und dem Gut, das bis dahin meines Bruders Tochter innegehabt hat.» Natürlich kam es wegen der verdächtigen Urkunde zu einem Rechtsstreit. Der Stiefeli leugnete seine Untat und legte bei einem Augenschein auf dem fraglichen Gut den folgenden Schwur ab: «So wahr mein Schöpfer und Richter über mir ist, so wahr stehe ich auf dem Grund und Boden des Klosters.» Kaum war das letzte Wort aus seinem Mund, so stiess er einen Schrei aus und wälzte sich in Zuckungen auf dem Gras. Als man ihm die Kleider aufknöpfte, war er bereits tot: Der falsche Schwur hatte ihm den Hals gebrochen. Als man ihn näher untersuchte, fand man in seiner Kappe einen Schöpflöffel und einen Kamm (einen «Schöpfer» und einen «Richter» in der Sprache der Gegend); seine Stiefel aber hatte der Mann mit Erde aus dem Klostergarten von Muri angefüllt.

Wenig später schon sah man den Meineidigen nachts als Gespenst auf einem Schimmel über die Feld- und Waldwege reiten – mit verdrehtem Kopf und wehendem Bart. Manche erzählen, sie hätten gehört, wie er in gebrochenen Worten immer und immer wieder seinen falschen Schwur wiederholte. Andere wieder berichteten von seinen glühenden Augen; auch sein Händedruck hinterlasse glühende Spuren; ja selbst eine Münze, die das Gespenst in den hingehaltenen Hut eines Bettlers warf, habe ein Loch in den Filz gebrannt. Im Gättibuch bei Schinznach, wo der unheimliche Reiter auch schon gesichtet worden ist, gibt es zwar viele Zweifler. Glaubt man ihnen, so ist der Schimmelreiter ganz einfach eine Einbildung heimkehrender Zechbrüder. Von hier stammt der Vers:

*Im Gättibuch isch nid gar schön,
Es hät so schwarzi Büschli,
Manndli, wänn'd i s'Wirtshus gasch,
So bring mer nu kes Rüschli!*

DAS WILDE HEER

Sagenkundige behaupten, beim Schimmelreiter handle es sich ganz einfach um den Wilden Jäger, der in manchen Nächten im Jahr durch die Lüfte ziehe, begleitet von seinem heulenden und lärmenden Gefolge. Andernorts heisst dieser unheimliche Zug auch das Wuotisheer oder das Güetisheer – ein Name, bei dem wohl der heidnische Gott Wotan Pate gestanden hat.

Wie auch immer – begleitet wird diese gespenstische Himmelsparade von Hörnerklängen, von Sausen und Brausen und geheimnisvoller Musik. Einigen Burschen, die

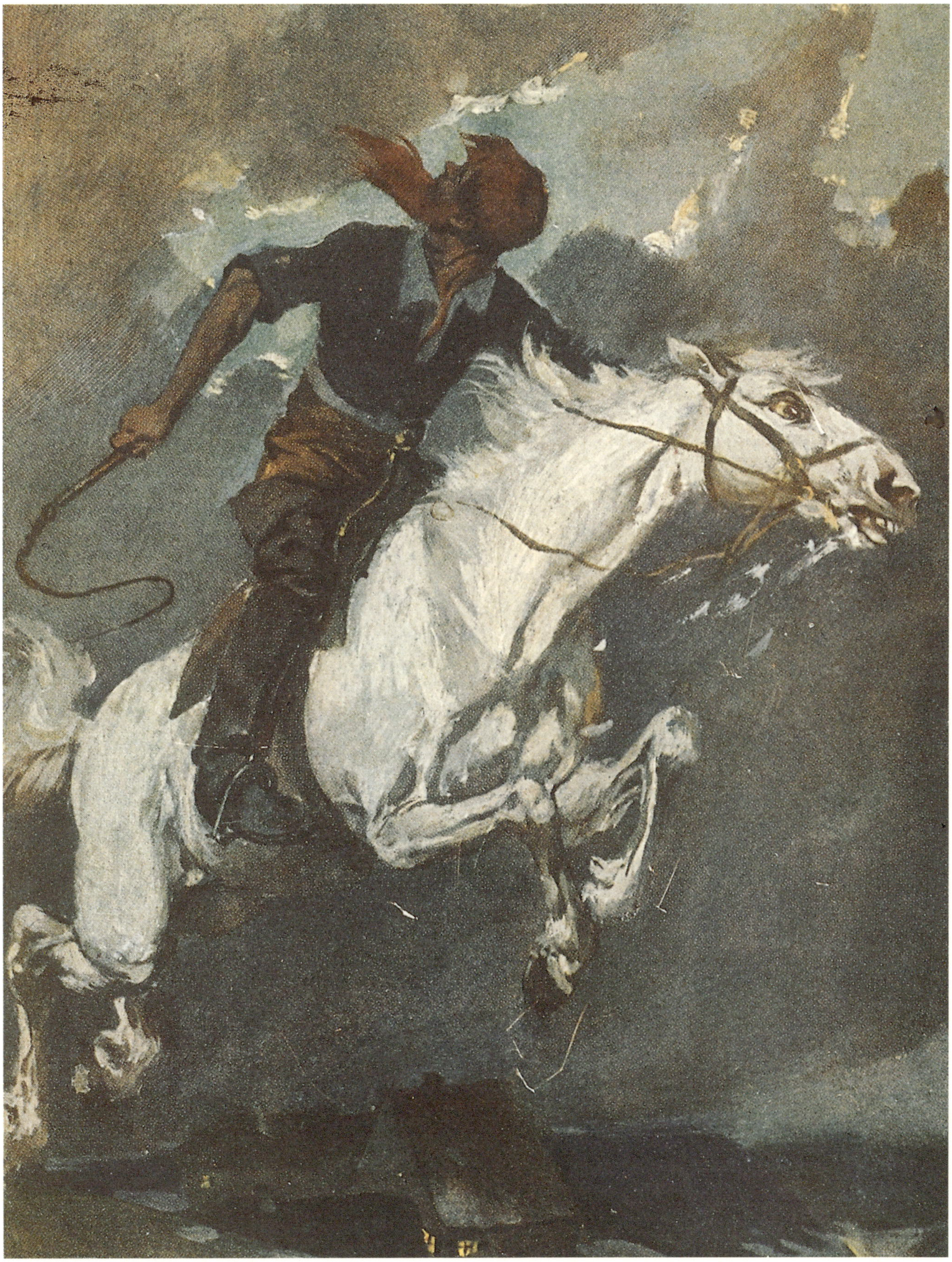

einst nachts am Lindenberg im Aargauischen unterwegs waren, schien es, eine riesige Schweineherde fahre über den Himmel, darunter gemischt fremdartige Reiter und allerlei Ungetier. Ein wildes Ferkelchen, das offenbar den Anschluss verloren hatte, lief kläglich hinter der Meute drein. Da packte es einer der Burschen und steckte es in einen Sack. Sogleich aber tönte vom Himmel herab, wo die Herde hinbrauste, eine mächtige Stimme: «Hagöhrli, wo bisch au?» Und zum Schrecken der Burschen antwortete das Ferkel aus dem Sack: «I s'Heiniguggelis Sack inne!» Die Burschen liessen den Sack voller Schrecken liegen und eilten davon. Später fand man wohl den Sack, aber keine Spur mehr vom Ferkel, und seither soll sich die wilde Heerschar nie mehr gezeigt haben.

«GSCHWÜRM UND GSPENST»: DAS WILDE HEER

Vom Guotisheer, auch Wildes Heer genannt, berichtet der Luzerner Chronist Zysat, es handle sich nach einer Version um die Seelen von gewaltsam ums Leben gekommenen Menschen, wobei mitunter auch Sterbliche in den wilden Zug aufgenommen würden. «Und das wären die lieben Seelen der Menschen, die durch Unfäll-, Kriegs- oder Nachrichtergwalt stürbent, vor irem gesetzten Zil. Und war die Thorheit so gross, dass sy gloubtend, dass noch lebende Menschen ouch mit ihnen wandletend und Gmeinsame hettend, davon sie desto glückhaffter wurdend.» Er selbst glaube zwar eher an böse Mächte, die durchaus auch unwillige Passanten verschleppten: «ein Gschwürm und Gspenst, so bisweilen nachts die Lütt ab dem Feld und Strassen ufgehept und in einer Schnelle ins witte Land getragen...»

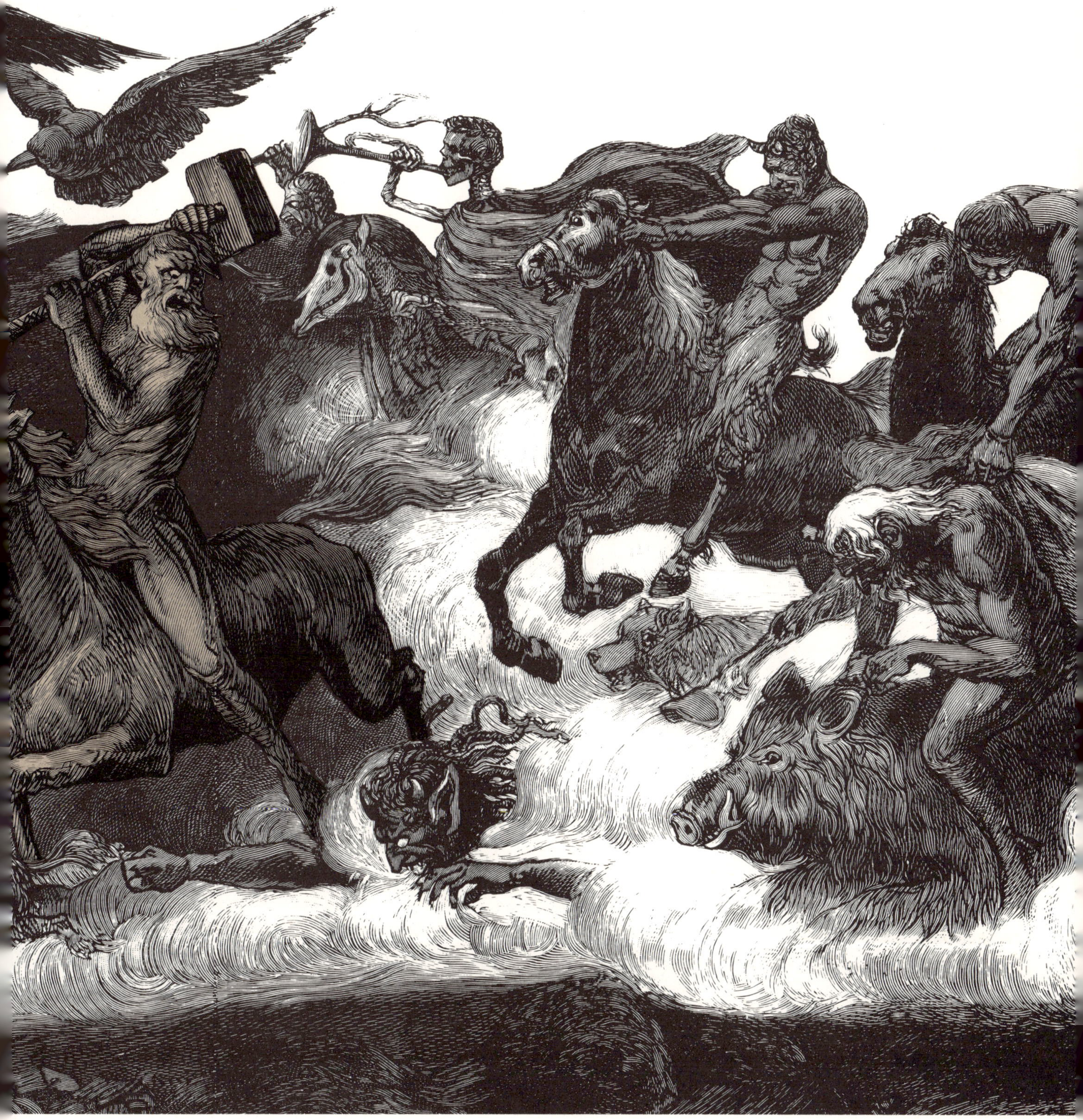

Von Geistern und Plaggeistern

Unzählige Sagen erzählen von Verstorbenen, deren Seele keine Ruhe findet – sei es, weil sie sich selbst das Leben genommen haben, sei es, weil sie auf Erden eine schwere Schuld auf sich geladen haben. In vielerlei Gestalt suchen sie die Lebenden heim, erschrecken oder quälen sie. Aber fast immer gibt es bewährte Mittel, um sich vor ihnen zu schützen. Die findet man in Zauberbüchern, aber auch in den Erzählungen der alten Leute. Manch ein greises Mütterchen weiss mehr als der gelehrteste Herr Pfarrer...

VOM TOGGELI

«Toggi» oder «Toggeli» heisst das Gespenst, das sich nachts schwer auf die Brust der Schlafenden setzt und ihnen den Atem raubt. Wenn sie nach Luft ringend erwachen, sehen manche ein Wesen, etwa so gross wie eine Katze; andere wieder behaupten, das Toggeli bleibe durchs Band weg unsichtbar.

Selbst Kinder bleiben nicht vom Albdrücken verschont. Das musste eine Familie aus dem Bündnerdorf Signina erfahren, deren jüngstes Kind, ein Mädchen, noch in der Wiege lag. Nachts schrie es jeweils grässlich, und wenn man ihm zu Hilfe kam, sah man, dass es geschwollene Brüste hatte, als ob das nächtliche Wesen an ihm gesaugt habe. Erst als man in jede Ecke der Wiege eine Schafschere mit aufwärts gerichteter Spitze legte, blieb der grausige Besuch aus und hatte das Kind endlich seine Ruhe.

Selbst auf der Alp war man nicht vor dem Toggeli sicher. Ein Bündner Senn hatte seine Alp schon vor der Alpauffahrt mit ein paar Kühen und Pferden bezogen. Nachts hatte er das Albdrücken, und wenn er des Morgens in den Stall kam, waren die Schwänze der beiden Pferde zu schönen Zöpfen geflochten, die man nicht mehr auflösen konnte. Nach dem Alpaufzug aber konnte das Toggeli seine Heimtücke nicht mehr zeigen und verschwand.

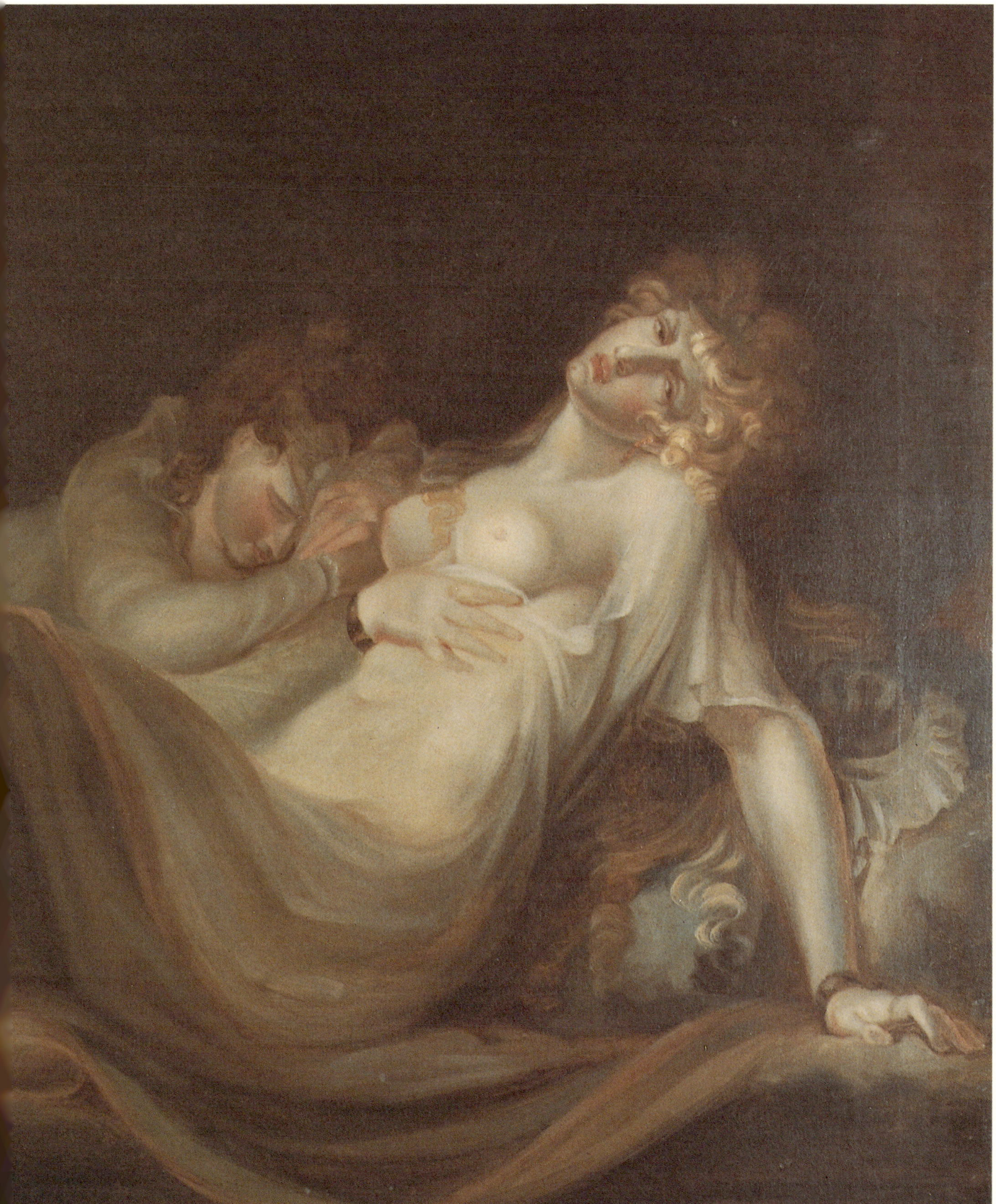

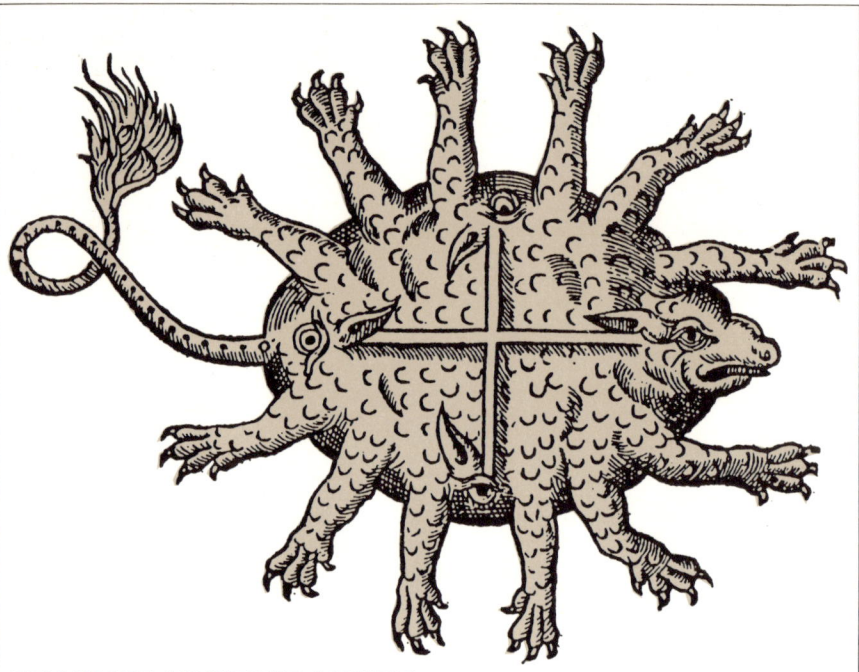

EIN KUHBAUCH MIT AUGEN

Von einer Erscheinung besonders grusliger Art berichten viele Sagen aus Graubünden: einem qualligen, glitschigen Etwas mit glühenden Augen, das vor dem nächtlichen Wanderer über den Weg rollt. Seiner Grösse und Form wegen nennt man es Kuhbauch (il buttatsch im Romanischen), und wehe dem Nichtsahnenden, der über das Ding hinwegschreitet oder gar darauftritt: Er wird im Nu in die Luft erhoben und kann froh sein, wenn er irgendwo wieder abgesetzt wird.

In die glitschige Oberfläche eingelassen sind glühende Augen; manche wollen auch einen Schwanz gesehen haben. Der Kuhbauch kann sein Opfer auch in die Irre führen, so wie einen Jüngling im Lugnez, dem nachts auf dem Nachhauseweg plötzlich ein buttatsch über den Weg rollte. Er stiess mit der Fussspitze danach, aber der Plaggeist rollte immer vor seinen Füssen her, wohin er sich auch wandte. Er ging die ganze Nacht hindurch, ohne dass er nach Villa kam. Beim Morgengrauen sah er zu seinem Schrecken, dass er zuäusserst auf einer steilen Felsspitze stand. Als die Glocken den Tag einläuteten, verschwand der Kuhbauch, als fürchte er den heiligen Klang.

VON GEISTERSENNEN

Überhaupt nisten sich in den Alphütten oft unheimliche Gesellen ein, sobald der letzte Senn mit den letzten Kühen abgezogen war. Ein Alpknecht aus dem Lugnez wollte das nicht glauben und blieb auf der Alp Rischuna zurück, nachdem alle anderen gegangen waren. Abends kletterte er auf die Gebsenlatten, die den Raum unter dem Dach abteilen und legte sich auf den Bauch. Bald öffnete sich die Türe, und herein traten vier schwarze Männer und begannen, mit dem Geschirr zu hantieren. Aus dem Milchkeller trugen sie Kübel mit weisser und roter Milch, und einer von ihnen machte Feuer. Nachdem er die Späne zum Anfeuern geschnitten hatte, suchte er nach einem Ort, um sein Messer zu verwahren. Und statt es in die Gebsenlatten zu stecken, stach er es dem heimlichen Zuschauer in den Schenkel. Der hütete sich, auch nur einen Mucks zu machen und musste aus seinem Versteck heraus zusehen, wie die Männer die Milch zu Käse machten und sich dann an den Tisch setzten, um den Käse zu essen. Erst als die Glocken im Tal unten den Tag einläuteten, verschwanden die Schwarzen.

Der Alpknecht versuchte vergeblich, das Messer aus dem Schenkel zu ziehen, und hinkte unter Schmerzen ins Dorf zurück. Aber kein Doktor konnte ihm helfen; das Messer blieb wo es war. Endlich riet ihm eine alte Frau, bis übers Jahr zu warten und sich dann wieder in der Alphütte zu verstecken – vielleicht würden die Schwarzen noch einmal kommen. Das tat der Bursche, und im nächsten Herbst blieb er wieder auf Grischuna zurück bis nach der Alpabfahrt und versteckte sich am gleichen Ort. Und richtig kamen die schwarzen Männer auch diesmal wieder in die Hütte, holten Milch und wollten Feuer machen. Da sagte der gleiche Mann wie im Jahr zuvor: «Ich habe hier mein Messer vergessen; ich will sehen, ob es noch in den Gebsenlatten steckt.» Dann kam er unter das Versteck und sagte: «Richtig, da ist es ja!» Damit langte er hinauf und zog das Messer heraus. Der Alpknecht fühlte sogleich eine gewaltige Erleichterung, aber er musste still ausharren, bis die Glocken im Tal läuteten. Dann kroch er von seinem Versteck herunter, hatte keine Schmerzen mehr, und wo das Messer gesteckt hatte, sah man nicht die kleinste Wunde.

DER GESPENSTERHIRTE

Auf der Torrentalp im Wallis half einst ein kleiner Hirte mit. Er freute sich so, dass man ihn gewählt hatte, dass er versprach, hier oben sieben Jahre hintereinander hirten zu wollen. Aber im nächsten Winter starb er. Als im darauffolgenden Sommer ein neuer Hirte mit dem Meisterknecht und den Kühen ankam, stieg der Tote aus dem See der Torrentalp, die Peitsche in der Hand, und verlangte, man solle den anderen entlassen, der habe hier nichts zu suchen; er wolle die Kühe hüten. So geschah es auch, und der Gespensterhirte tat den ganzen Sommer seine Pflicht. Zu Sommerende, beim Alpabstieg, führte er die Kühe bis an den See und verschwand. Aber noch fünf Jahre hintereinander stellte er sich regelmässig ein und hielt so sein gegebenes Wort.

VOM FÜÜRIGMANNDLI

Als «Zössler» oder feurige Männer mussten diejenigen herumgeistern, die zu Lebzeiten Marchstein oder Zaun auf den Boden ihres Nachbarn verlegt hatten. Erst wenn ihre Nachkommen den Schaden wieder gutgemacht hatten, fanden sie Ruhe im Grab. In einem kleinen Appenzeller Dorf starb einst ein geachteter Bauer, aber bald hiess es, er sei diesem und jenem erschienen. Einst ging sein Sohn spät nachts nach Hause, da begegnete ihm der Vater als feuriger Mann. «Gott im Himmel, Vater, was habt Ihr getan?» rief der Sohn entsetzt. Der Alte deutete auf den Grenzstein. «Ich will alles in Ordnung bringen, damit Ihr erlöst werdet!» beteuerte der Sohn. Der Alte reichte ihm die Hand, aber der Sohn hatte nicht den Mut, die feurige Hand anzufassen und hielt ihm das umgekehrte Beil entgegen. Der Alte fasste es seufzend und verschwand; das Beil aber war an jener Stelle kohlschwarz.

DER GEMEINDERAT TAGT NACHTS

Im Walliser Dorf Saint Jean sah man oft nachts ein Lichtlein vom Kirchhof in Vissoie her flackern und im alten Gemeindehaus verschwinden. Eines Abends baten drei Maurergesellen im Dorf um Unterkunft, und man logierte sie eben dort ein. Um Mitternacht aber wurden die drei geweckt. Ein langer Zug altmodisch gekleideter Männer trat in die Stube und setzte sich rund um den Tisch. Der eine zog ein Protokoll hervor und las vor, ein anderer rechnete, und eine lebhafte Diskussion begann. Die Gesellen, die nicht wussten, wen sie vor sich hatten, begannen über die Störung zu schimpfen. Da erhob sich einer aus dem gespenstischen Kreis und sagte in traurigem Ton: «Wir sind der frühere Gemeinderat und müssen hier jede Nacht zusammenkommen, um die Gemeinderechnung, die wir gefälscht haben, so oft durchzugehen, bis sie endlich stimmt.»

Von büssenden Frauen

Viele Geschichten wissen von Frauen und Männern zu erzählen, die nach ihrem Tode das im Leben Versäumte nachholen müssen oder eines Vergehens wegen eine Zeitlang auf der Erde wandeln, bis sich vielleicht ein mitleidiger Mensch ihrer annimmt. Büssende Geister tun denn auch niemandem etwas zuleide; viele von ihnen haben sich sogar als hilfreich erwiesen.

DIE EDLE MAILÄNDERIN

Irgendwo auf der Walliser Seite des Jungfraumassivs, zwischen Grimsel und Lötschental, hat sich einst die Geschichte mit der edlen Mailänderin zugetragen. Manche sagen, sie sei einem jungen Hirten begegnet, der einst auf der Grimsel seine Ziegen hütete. An einem schwülen Sommertag zogen sich gegen Abend unheimlich dunkle Wolken zusammen; in kürzester Zeit musste sich das Gewitter entladen. Schon machte sich der Hirte bereit, eine überhängende Schüpfe zu suchen, wo er zusammen mit seinen Tieren vor dem schlimmsten Unwetter geschützt wäre, da tauchte vor ihm plötzlich eine kostbar gekleidete junge Dame auf, die, einen Stab in der Hand und barfuss, mühsam über Fels und Geröll wanderte. Mitleidig fragte der Hirte, was die Fremde denn so allein hier oben suche. Ob sie sich verirrt habe?

«Nein», gab die Frau zur Antwort. «Ich muss noch bis zum Aletschgletscher gehen.» Was sie denn dort zu tun habe? «Ich bin dorthin verbannt», erklärte die Fremde klagend. «Ich komme aus Mailand her. Dort liegt mein Leib noch im Palast meines Vaters. Meine Eltern und mein Bräutigam weinen noch an meinem Sterbebett. Aber ich habe nie in meinem Leben den Staub der Strasse getreten, und nie ist ein Regentropfen auf meinen Kopf gefallen.» Zur Busse dafür müsse sie jetzt barfuss zum Gletscher wandern und dort mindestens sieben Jahre verbringen.

DIE BRENNENDE FRAU AUF DER BRÜCKE

Für weitaus schwerere Vergehen musste die Frau des Tuchscherers Brennwald büssen, die im Jahre 1404 in Zürich starb. Schon wenige Tage nach ihrem Tod sah ihre einstige Nachbarin zusammen mit ihrer Tochter, wie die Scherersfrau als brennende Gestalt über eine Brücke wandelte. Das erzählte sie ihren Bekannten, darunter auch dem Helfer am Grossmünster. Dieser entschloss sich, der Büsserin zusammen mit einem Freund abzuwarten.

In der zweiten Nacht begegnete ihnen die feurige Gestalt, und sie sprachen sie mutig an. Da gestand sie ihr Vergehen: Sie habe zu ihren Lebzeiten ihre Kunden betrogen – gerade auch die Nachbarin, der sie als erste erschienen sei. Diese aber habe ihr den Betrug nicht verziehen, auch nach ihrem Tode nicht. Deshalb könne sie keine Abbitte leisten und müsse ihr Vergehen mit Feuerqualen büssen. Sie flehte die beiden Männer an, an ihrer Stelle bei der Nachbarin um Vergebung zu bitten. Erst dann werde ihr im Grab Ruhe zuteil.

Die beiden Fürsprecher hatten aber keinen Erfolg; die Nachbarin blieb unerbittlich. Deshalb soll die brennende Tuchschererin noch lange Jahre über die Brücke gewandelt sein.

DIE BÜSSENDE TÄNZERIN

Einem Urner Ratsherrn namens Franz Müller stellte sich jedesmal, wenn er nachts von Altdorf her geritten kam, eine weibliche Gestalt in den Weg, und zwar immer an der gleichen Stelle: bei einem grossen Felsblock unterhalb von Spiringen, der den Namen «Räggelistein» trug. Die Frau streckte ihm jeweils die Hand hin und bat, aufs Ross steigen zu dürfen.

Schliesslich erzählte der Ratsherr die Sache einem Geistlichen, und der gab ihm folgenden Rat: Er solle beim nächsten Mal die Hand ergreifen und die Frau aufs Pferd heben. Dann solle er versuchen, mit drei Sprüngen das nahe gelegene Tanzhaus zu erreichen. Dabei müsse er aber seine Hand mit einem Tuch umwickeln. Der mutige Ratsherr tat, wie ihm geheissen worden war: Beim nächsten Mal wickelte er seine Hand in ein Nastuch, hob die Frau aufs Pferd und gab dem Ross die Sporen. In drei gewaltigen Sprüngen erreichte er das Ziel. Die Frau glitt vom Pferd. Auf die Frage des Ratsherrn berichtete sie, sie habe lange Jahre für ihre unbändige Tanzlust büssen müssen. Dank den drei Riesensprüngen sei sie nun erlöst.

BESTRAFTE EITELKEIT

Im Walliser Dorf Ried-Mörel erzählten die Kinder einer Familie von einem seltsamen Anblick: Immer am Sonntag, wenn die Eltern zur Pfarrkirche in die Messe gingen, trat eine unbekannte Frau ins Haus. In der Stube stellte sie sich vor den Spiegel und begann, ihre Haare zu kämmen. Das tat sie so lange, bis die Erwachsenen aus der Kirche zurückkamen. Dann verschwand sie, wie sie gekommen war.

Die Kinder, die im Hause spielten, fürchteten sich aber weiter nicht vor der fremden Frau, denn sie tat niemandem etwas zuleide. Vielleicht, so mutmasste man, handelte es sich bei der Fremden um eine Verstorbene, die früher jeweils die Sonntagsmesse versäumt hatte, weil sie sich zu lange vor dem Spiegel aufputzte. Dafür müsse sie jetzt büssen. Jedenfalls erzählte ein Totengräber, er habe einst einen Schädel freigelegt, der noch die ganze Haartracht trug. «Das ist wohl eine, die zeitlebens auf ihr Haar stolz war», sagte er laut. Da antwortete der Schädel: «Hmh, hmh!»

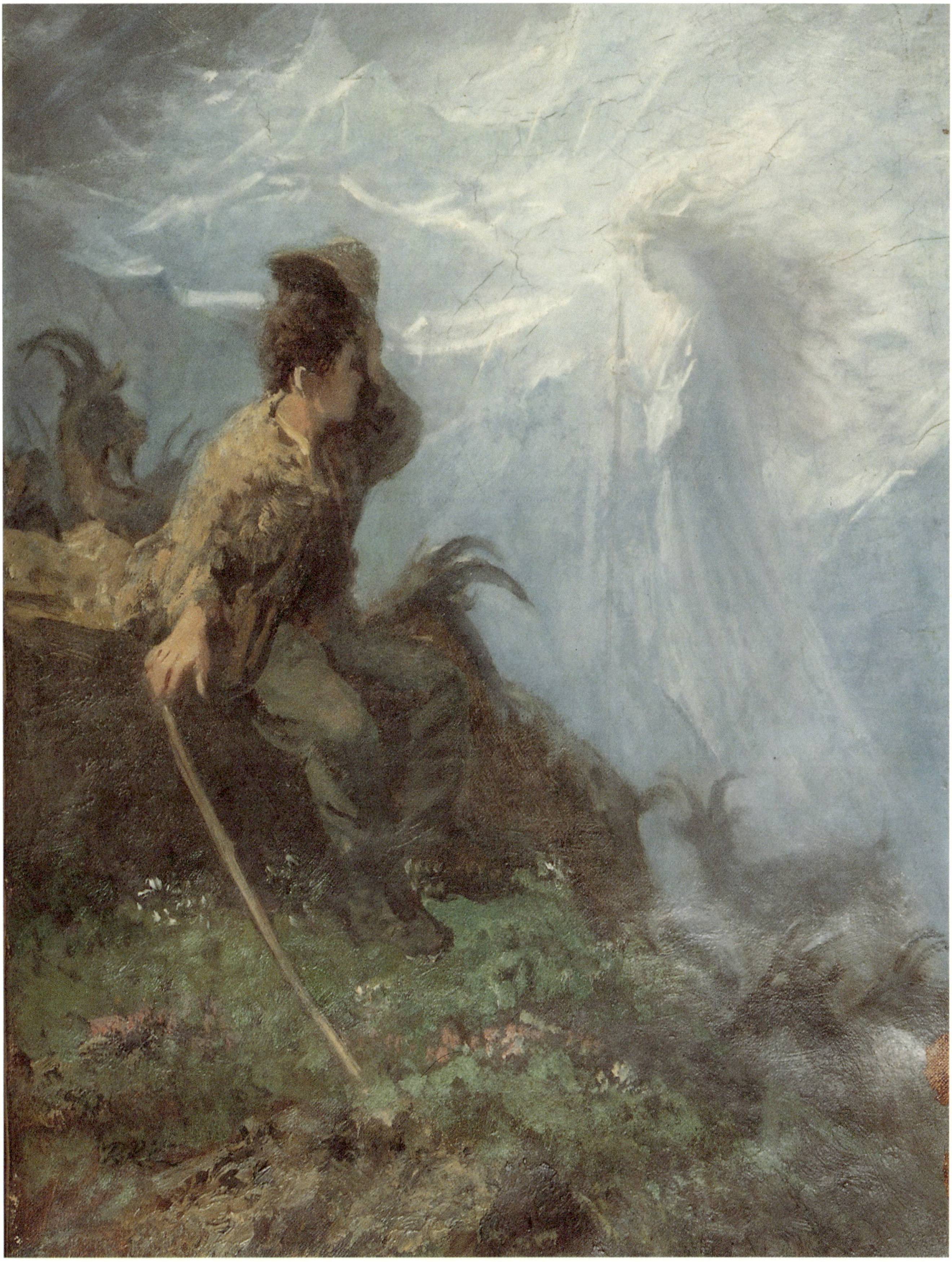

Die drei Sprachen

In der Schweiz lebte einmal ein alter Graf, der hatte einen einzigen Sohn. Der Sohn galt als dumm, weil er mit dem Lernen Mühe hatte, und eines Tages riss dem Vater die Geduld. «Ich bringe einfach nichts in deinen Kopf hinein», sagte er, «wie ich es auch anpacke. Du musst weg von hier, ich schicke dich zu einem berühmten Meister, vielleicht richtet der etwas aus.» So geschah es auch, und nach einem Jahr kam der junge Graf zurück. «Nun, was hast du gelernt?» fragte der Graf. «Vater, ich verstehe jetzt, was die Hunde bellen», antwortete der Junge. «Ist das alles?» rief der Vater entsetzt. «Ich will dich in eine andere Stadt zu einem anderen Meister schikken.» Also brachte man den Jungen hin, und nach einem Jahr kehrte er ins Schloss zurück. «Vater, ich verstehe jetzt, was die Vöglein sprechen», berichtete der Sohn. Da wurde der Vater zornig. «Du Faulpelz!» schrie er. «Hast du in all der Zeit nichts gelernt und schämst dich nicht einmal, so zu mir zurückzukommen? Jetzt versuche ich es mit einem dritten Meister. Und wenn du auch da nicht spurst, will ich mit dir nichts mehr zu tun haben.» Nach einem Jahr beim dritten Meister kam der Sohn zurück und berichtete: «Vater, ich verstehe jetzt, was die Frösche quaken.» Da sprang der alte Graf in höchstem Zorn auf und schickte den Sohn weg; er solle sich nie mehr blicken lassen.

Der Bursche wanderte einsam in die Welt hinaus. Einmal kam er spät abends zu einer Burg und bat um eine Kammer zum Übernachten. «Wenn du da unten in dem alten Turm übernachten willst», sagte der Burgherr, «so gehe nur. Aber ich warne dich, er ist voller wilder Hunde, die bellen und heulen in einem fort. Zu gewissen Zeiten müssen sie einen Menschen ausgeliefert haben, den sie in Stücke zerreissen.» Die ganze Gegend sei wegen dieser Hunde in Schrecken und Leid. Der Jüngling wollte trotzdem im Turm übernachten. «Gebt mir nur etwas mit», sagte er, «das ich ihnen vorwerfen kann, mir tun sie nichts zu leide.» Und weil er sich nicht abbringen liess, führte man ihn schliesslich hinab. Als er eintrat, zeigten sich die Hunde ganz freundlich, wedelten mit den Schwänzen und frassen, was er ihnen vorwarf. Am Morgen kam er in die Burg zurück, und alle staunten.

«Ich weiss jetzt, weshalb die Hunde dem Land so viel Schaden bringen», erklärte er. «Sie haben es mir in ihrer Sprache erzählt. Sie sind verzaubert und müssen einen grossen Schatz hüten, der da begraben liegt. Erst wenn der gehoben ist, kommen sie zur Ruhe.» Der Jüngling machte sich sofort auf, um den Schatz zu heben und brachte eine mit Gold gefüllte Truhe ans Tageslicht. Das Geheul der Hunde verstummte von diesem Tag an; sie verschwanden und wurden nie mehr gesehen. Der Burgherr aber hielt den Jüngling wie einen eigenen Sohn bei sich.

Nach einiger Zeit kam ihm aber in den Sinn, er wolle nach Rom ziehen. Unterwegs kam er an einem Sumpf vorbei, darin sassen Frösche und quakten. Er hörte ihnen eine Weile zu und wurde ganz traurig und nachdenklich. Als er in Rom anlangte, war gerade der Papst gestorben. Die Kardinäle konnten sich nicht auf einen Nachfolger einigen und bestimmten schliesslich, sie wollten denjenigen zum Papst wählen, an dem sich ein göttliches Wunder zeigen würde. Gerade als sie dies beschlossen hatten, trat der junge Graf in die Kirche. Da flogen zwei schneeweisse Tauben auf und setzten sich auf seine Schultern und blieben da sitzen. Da erkannten die Kardinäle das Zeichen Gottes und fragten ihn auf der Stelle, ob er Papst werden wolle. Der Jüngling zweifelte, ob er dessen würdig sei, aber die Tauben redeten ihm ins Ohr und sprachen ihm gut zu, so dass er schliesslich einwilligte. So wurde er geweiht und gesalbt, und damit war eingetroffen, was er unterwegs von den Fröschen gehört und was ihn so bestürzt hatte: dass er nämlich der heilige Papst werden sollte. Darauf musste er eine Messe singen und wusste kein Wort davon, aber die zwei Tauben sassen stets auf seinen Schultern und sagten ihm alles ins Ohr.

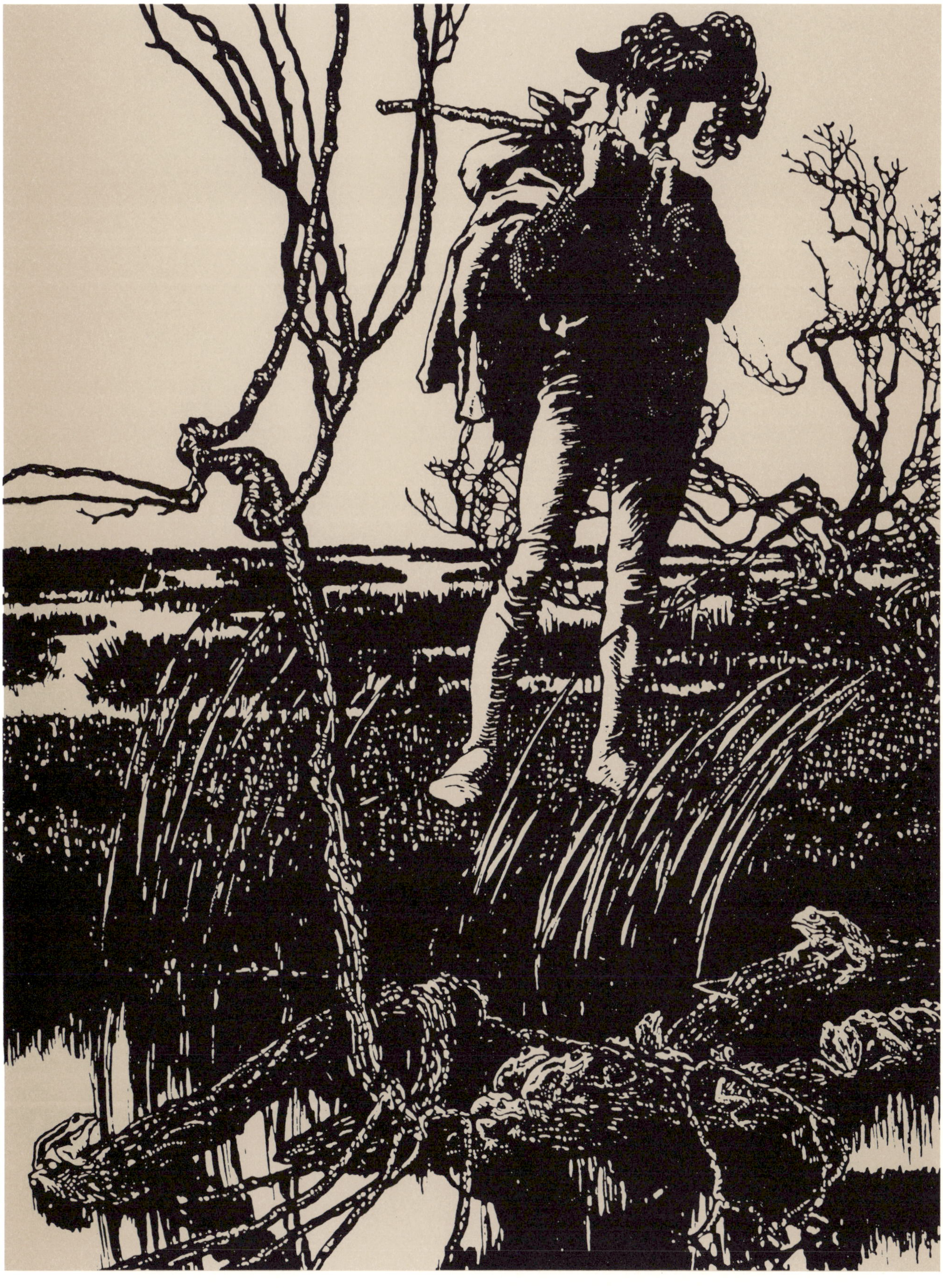

Goldig Bethli und Harzebabi

Da lebte einst, niemand weiss vor wie langer Zeit, eine Frau, die hatte zwei Töchter. Bethli, die Stieftochter, hatte es bös bei ihr, aber ihrem eigenen Kind, dem Babi, liess sie alles durchgehen. Babi hatte immer recht, Bethli immer unrecht. Babi bekam zu essen so viel es wollte und trug die schönsten Kleider. Bethli dagegen musste in Lumpen gehen und dabei oft hungern, dass ihm fast die Ohren abfielen. Für Babi war jeder Tag ein Feiertag, für Bethli war auch der Sonntag ein Werktag. Tagaus und tagein sass es am Spinnrad, und so tüchtig es auch dabei war, so war die Stiefmutter doch nie mit ihm zufrieden. Eines Tages hatte Bethli den Wirtel, auf den man das Garn spult, nicht richtig aufgesetzt, und er fiel vom Spinnrad zu Boden. Er blieb aber nicht liegen, sondern rollte quer durch die Stube und landete genau in einem Mäuseloch.

Die Stiefmutter wurde zornig und beharrte darauf, Bethli müsse selbst ins Mäuseloch kriechen und den Wirtel wieder holen. Bethli wusste zwar nicht, wie es das anstellen solle, aber es gehorchte – und tatsächlich öffnete sich das Mäuseloch und machte ihm Platz. Im Nu war es verschwunden; es war ihm, als zögen es unsichtbare Hände in eine wundersame fremde Welt hinunter. Und was für eine Welt das war! Ein prächtiges Schloss glitzerte in der Ferne, und auf dem Weg dahin wurde Bethli freudig begrüsst, und zwar von spielenden Hündchen, die auf allen Seiten an ihm hochsprangen und reden konnten wie Menschen. Wunderbarerweise wussten sie sogar den Namen des Mädchens, denn sie riefen im Chor:

Wauwau, s'goldig Bethli chunnt,
Wauwau, s'goldig Bethli chunnt!

Und wenig später kamen ein paar Kinder freundlich auf Bethli zu, die waren so lieb und klug, dass man es kaum beschreiben kann. Bethli wagte kaum, sie anzublicken, aber die Kinder nahmen das Mädchen freundlich an der Hand, nannten es liebevoll das goldig Bethli und sahen sogleich, dass ihr kleiner Gast hungerte.

«Mit wem willst du essen, goldig Bethli», fragten sie ihren Gast, «mit uns oder mit den Hündchen?»

«Setzt mich nur zu den Hündchen, für mich ist das lang gut genug», sagte Bethli bescheiden und ganz erstaunt über den liebevollen Empfang, der ihm da zuteil wurde.

«Nein, du sollst mit uns am Tisch sitzen», riefen darauf die Kinder alle miteinander. Aber noch bevor man zum Essen ging, legten sie Bethli zwei Kleider vor, ein hölzernes und ein goldenes. Und wieder wollte sich Bethli mit dem hölzernen zufrieden geben, aber die Kinder drängten ihm das schöne goldene Kleid auf. Dann führten sie es im Reigen in einen glänzenden Schlossaal. Dort stand ein goldener Tisch mit den allersüssesten und teuersten Speisen und Getränken für sie gedeckt. Man setzte sich und ass und trank aus goldenen Gefässen.

Das hungrige Bethli fühlte sich wie im Paradies: So viel hatte es noch nie zu essen bekommen, und so viel freundliche Worte hatte es bisher in seinem ganzen Leben zusammengenommen nicht zu hören gekriegt. Zum Abschied schenkten die Kinder Bethli viel kostbaren Schmuck und einen goldenen Wirtel, dann hoben und schoben sie es wieder zurück auf die Erde, durchs Mäuseloch hindurch und in die Stube der bösen Stiefmutter. Da stand es nun in seinem Goldkleid, strahlend wie ein Engel! Mutter und Babi brachten erst vor Staunen kein Wort heraus, aber dann musste ihnen Bethli alles haarklein erzählen. Sogleich beschloss die Mutter, jetzt müsse auch ihr Babi in die andere Welt hinunter. Wenn das zerlumpte dumme Bethli so viel schöne Sachen mit heimbrachte – so dachten die zwei –, dann würde das gutgekleidete und gescheite Babi erst recht ganze Haufen Gold geschenkt bekommen.

Also liessen sie einen Wirtel durch das Mäuseloch rollen, und Babi zwängte sich hinterdrein. Auch jetzt wieder machte das Mäuseloch Platz, und so wie Bethli kam auch seine Stiefschwester in die geheimnisvolle Welt unter dem Stubenboden. Von ferne sah es das glitzernde Schloss und die niedlichen Hündchen, und es freute sich bereits auf die ersten Geschenke. Nur dass bei ihm die Hündchen ziemlich unfreundlich drein schauten, das Mädchen umringten und sogleich losbellten:

*Wauwau, s'Harzebabi chunnt,
Wauwau, s'Harzebabi chunnt!*

Dazu machten sie glühende Augen und liessen die Schwänzchen hangen. Auch die freundlichen Kinder kamen gerannt, nur dass auch sie längst nicht so herzlich dreinschauten wie beim Besuch von Bethli. Immerhin luden sie Babi ebenfalls zum Essen ein: Ob es mit ihnen oder mit den Hündchen zu Tisch sitzen wolle? «Mit euch», sagte es, «das Bethli hat auch mit euch gegessen.» Dann bekam auch Babi die zwei Kleider vorgelegt, das hölzerne und das goldene. «Ich will das goldene», verlangte Babi in seiner vorlauten und anmassenden Art, «Bethli hat auch ein goldenes bekommen. Und dann will ich einen goldenen Wirtel und goldenen Schmuck, so wie meine Schwester!»

Aber sie konnte noch so lange befehlen und verlangen – die Kinder gaben ihr das hölzerne Kleid zum Anziehen, und das Essen musste sie mit den Hündchen teilen, nichts als Gemüsereste und Knochen mit wenig Fleisch dran. Zum Abschied drückten sie Babi einen hölzernen alten Wirtel in die Hand und bestrichen sein Kleid mit Pech und Harz. Dazu nannten sie es immer Harzebabi, auch führten sie es so bald wie möglich zum Mäuseloch und drückten und schoben es in die Oberwelt zurück, wo es ganz klebrig und verstaubt bei seiner entsetzten Mutter ankam.

Bethli heiratete bald darauf einen lustigen und reichen jungen Mann und zog vom Haus der bösen Stiefmutter weg. Babi aber blieb von allen verachtet und musste auf der Strasse oft hören:

Wauwau, s'Harzebabi chunnt –

auch wenn es das klebrige hölzerne Kleid natürlich so schnell wie möglich ausgezogen hatte.

HÜHNCHEN UND HÄHNCHEN

und gab ihr die Peitsche; so fuhr man im Galopp in die Welt hinaus. Unterwegs trafen sie auf eine Nähnadel und eine Stecknadel, die wollten beide mit aufsteigen. «Nimm sie doch mit», sagte das Hühnchen zum Kutscher, «das sind so magere Leute.» «Also gut.»

Als die Nacht anbrach, kamen sie bei einem Wirtshaus an, aber der Wirt war ein stolzer Mann und wollte sie nicht aufnehmen. Da versprach ihm der Hahn das nächste Ei vom Huhn, auch die Ente könne er haben, die lege ihm jeden Tag ein Ei. Da gab der Wirt nach und brachte sie in der Waschküche unter. Aber die Ente wollte vor dem Haus schlafen, neben dem Hundehäuschen.

Früh am Morgen weckte der Hahn das Hühnchen. Das Ei des Hühnchens assen sie selbst und warfen die Schalen auf den Herd. Dann versteckten sie die Stecknadel im Handtuch und die Nähnadel im Fauteuil des Wirtes und machten sich zusammen mit der Ente auf und davon. Schliesslich kam die Küchenmagd, um das Frühstück vorzubereiten. Dann kam der Wirt vorbei und wollte sich die Hände trocknen. Aber die Stecknadel zerkratzte ihm die Hände, so dass er blutete wie ein Ochse. Erschöpft liess er sich in den Sessel sinken, fuhr aber sogleich wieder hoch: Die Nähnadel hatte sich in seinen Allerwertesten gebohrt. Da meldete ihm die Magd, seine kleinen Gäste hätten das Weite gesucht, und schliesslich begriff der Wirt, dass ihm das Hähnchen diesen Streich gespielt hatte. Der Wirt schwor wütend, solche Gäste wolle er nie mehr im Leben aufnehmen.

Eines schönen Tages trafen sich das Hühnchen vom Sigrist und das Hähnchen vom Bürgermeister hinter dem Obstgarten beim Nüssepicken. Als sie sich den Bauch vollgeschlagen hatten, sagte das Hühnchen: «Ich möchte gerne einmal in der Kutsche fahren!» «Wart nur», sagte das Hähnchen, «ich mache dir eine Kutsche aus den Nussschalen.» Und als die Kutsche fertig war, stieg das Hühnchen ein und wollte, dass das Hähnchen das Pferd mache.

Das Hähnchen war entrüstet: «Ich soll das Pferd spielen! Ich, der Hahn vom Bürgermeister! Das meinst du doch nicht im Ernst. Ich spiele den Kutscher, wenn es sein muss, aber doch nicht das Pferd!»

Da kam die Ente vom Müller hinzu und wollte sich totlachen über die beiden mit ihrer Kutsche. Aber das Hähnchen schmeichelte der Ente so lange, bis sie sich zwischen die Deichsel stellte. Das Hähnchen schirrte sie an

Die drei Spinnerinnen

Eine Mutter schimpfte einst voller Zorn ihre Tochter aus, weil die nicht spinnen konnte. Da ging gerade ein vornehmer Herr unter dem Fenster vorbei und blieb aus Neugierde stehen. Er hörte, wie die Mutter rief: «Du würdest sogar noch das Moos von den Bäumen spinnen!» Das war höhnisch gemeint, aber der Herr glaubte, es gelte ernst. Das müsse doch eine wunderbare Spinnerin sein, dachte er für sich, ging ins Haus und stellte die Tochter als Magd ein; der Mutter aber gab er eine grosse Börse voll Geld.

Schon am ersten Tag legte er der neuen Magd einen grossen Packen Wolle vor, die solle sie spinnen. Als er wieder fort war, weinte das Mädchen, das ja gar nicht spinnen konnte, lange vor sich hin und rief endlich ihre Grossmutter, die lange gestorben war, zu Hilfe. Und wahrhaftig, bald darauf stand die Grossmutter unter der Tür. Sie war schon alt und hinkte, aber das Rad konnte sie drehen, dass es eine wahre Freude war. So war sie in kürzester Zeit mit der Wolle fertig. Der Mann war sehr zufrieden und brachte am nächsten Tag einen noch viel grösseren Haufen Wolle. Diesmal rief das arme Mädchen nach der Urgrossmutter. Da stand plötzlich ein uraltes Mütterchen mit einer gewaltig grossen Nase unter der Tür. Die hatte die Wolle im Hui gesponnen. Als der vornehme Herr sah, was für eine tüchtige Spinnerin er da im Hause hatte, brachte er eine noch um vieles grössere Ladung. Das Mädchen erschrak heftig, rief aber diesmal die Ur-Urgrossmutter, und die liess sich nicht zweimal bitten. Sie war zwar blind, aber bevor das Mädchen richtig hinsah, war schon alles gesponnen.

Der vornehme Mann war über die Fähigkeiten seiner Magd so begeistert, dass er sie zur Frau haben wollte. Sie willigte ein, aber beim Hochzeitsessen öffnete sich plötzlich die Türe, und herein traten die Grossmutter, die Urgrossmutter und die Ur-Urgrossmutter. Die erste sagte zum Bräutigam: «Schau her, vom vielen Raddrehen ist mein Bein lahm geworden!» Die Urgrossmutter sagte: «Vom vielen Spinnen hab ich eine so grosse Nase bekommen!» Und dann die Ur-Urgrossmutter: «Weil ich immer auf den Faden starren musste, bin ich blind geworden. Wenn du nicht willst, dass deine Frau hässlich wird, so lass sie niemals spinnen.» Darauf verschwanden die drei, und der vornehme Herr verbot seiner Frau das Spinnen, sie aber dankte den toten Grossmüttern ihr ganzes Leben lang.

Von Riesenbirnen und Riesenkühen

In alten Zeiten gab es in unserem Lande noch Birnen, die waren tausendmal grösser als die jetzigen. Die nannte man die «überwelschen» Birnen. Fiel so eine überwelsche Frucht ab, so wurde sie in den Keller gerollt, und da zapfte man ihr den Saft ab, ganze Eimer voll. Den Stiel mussten zwei Männer mit der grossen Waldsäge abtrennen; hernach fuhr man mit ihm zur Sägemühle und liess die Bretter für das Täferholz daraus schneiden.

Viel Sorge bereitete es den Leuten dazumal, die Milch aufzubewahren. Die Kühe waren nämlich so gross, dass man Teiche grub, um die viele Milch, die sie gaben, aufzufangen. Alle Tage ruderten dann die Sennen in kleinen Schiffchen auf dem Teich herum und schöpften den Rahm ab. Am merkwürdigsten aber waren die Kuhhörner. So lang waren die – wenn man zu Ostern hineinblies, kam der Ton um Pfingsten heraus.

VOGEL GREIF

Da lebte einst ein König, aber wo der regierte und wie der hiess, das weiss ich nicht mehr. Der hatte keinen Sohn, aber dafür eine schöne Tochter, nur dass die dauernd krank war. Kein Doktor konnte ihr helfen. Da sagte eines Tages jemand dem König voraus, die Tochter werde sich dereinst mit Äpfeln gesund essen. Da liess der König im ganzen Land bekannt machen, wer seiner Tochter diese heilkräftigen Äpfel bringe, der bekomme sie zur Frau und solle König werden. Und das vernahm auch ein Bauer mit drei Söhnen und sagte zum ältesten: «Hol in der Scheune einen Korb Äpfel, von unseren schönen rotbackigen, und bring sie zum Königshof. Wer weiss, vielleicht machen sie die Prinzessin gesund und du bekommst sie zur Frau und wirst König.» Das liess sich der Bursche nicht zweimal sagen. Er füllte sich einen Korb und nahm den Weg unter die Füsse. Nach einer Weile begegnete ihm ein kleines eisernes Männlein, das wollte wissen, was er da im Korb mit sich trage. Da antwortete Uli – so hiess der nämlich –: «Froschschenkel!» «Dann sollen sie es auch sein und bleiben», sagte das Männlein und verschwand.

Endlich kam Uli vor das Schloss und liess melden, er bringe Äpfel, an denen werde sich die Königstochter gesund essen. Der König freute sich und liess ihn eintreten. Aber ojeh! Als Uli den Deckel aufhob, lagen im Korb keine Äpfel, sondern Froschschenkel, und die zappelten noch. Das ärgerte den König gewaltig. Uli wurde aus dem Haus gejagt, kam zum Vater zurück und erzählte, wie es ihm ergangen war. Da schickte der Bauer seinen Zweitältesten, den Sämi, und dem widerfuhr so ziemlich das gleiche. Ein kleines eisernes Männchen trat ihm in den Weg und wollte wissen, was er da mit sich trage. «Schweinsborsten!» sagte Sämi, und wie beim Uli sagte der Kleine: «Dann sollen sie es sein und bleiben!» Sämi kam vors Schloss und meldete, er bringe Äpfel, um die Prinzessin gesund zu machen. Aber man liess ihn nicht vor. Es hiess, vor kurzem habe einer vorgesprochen und sie alle zum Narren gehalten. Aber Sämi liess nicht locker; seine Äpfel seien ganz bestimmt die richtigen, und endlich glaubten sie ihm und führten ihn vor den König. Aber als er den Deckel hob, war der Korb voller Schweinsborsten, und der König wurde fuchsteufelswild und liess ihn aus dem Haus peitschen. Sämi kam wie ein geprügelter Hund nachhause und erzählte, wie es ihm ergangen war. Da meldete sich der jüngste Bub, der hiess bloss der dumme Hans: Er wolle wie die anderen mit einem Korb Äpfel zum Königshof. «Du bist mir grad der richtige», sagte der Bauer. «Wenn deine beiden gescheiten Brüder nichts ausgerichtet haben, wie soll es dir dann glücken?» Aber der dumme Hans liess nicht locker, und nach viel Hin und Her willigte der Vater ein, aber mit saurem Gesicht. Der dumme Hans freute sich ganz schrecklich und legte sich früh zu Bett, um zeitig losziehen zu können, und als er endlich Schlaf fand, träumte er von schönen Jungfrauen, von Schlössern, Gold und Silber und dergleichen mehr.

Früh am Morgen macht er sich auf den Weg, und richtig tritt ihm unterwegs ein winziges Männchen in eisernen Kleidern entgegen und fragt ihn nach dem Korb. Es seien Äpfel, antwortet ihm der dumme Hans, an denen solle sich die Königstochter gesund essen. «Nun dann», sagt das Männchen, «dann sollen sie es sein und bleiben.» Aber am Königshof wollte man den Hans partout nicht vorlassen: Da seien bereits zwei Lümmel dagewesen und hätten von wundertätigen Äpfeln erzählt, aber der eine habe Froschschenkel und der andere Schweinsborsten gebracht. Aber Hans beteuerte ein übers andere Mal, im Korb lägen Äpfel, schönere finde man im ganzen Königsreich nicht. Und weil er so artig daherredete, schenkten ihm die Türhüter Glauben und liessen ihn endlich vor. Tatsächlich, als Hans vor dem König den Korbdeckel hob, lagen da wunderschöne goldgelbe Äpfel. Der König freute sich und liess sogleich seiner Tochter davon bringen und wartete dann voller Ungeduld, ob sie tatsächlich so gute Wirkung zeitigen würden. Und schon nach kurzer Zeit bringt ihm jemand Bericht. Und wer, glaubt ihr, war das? Richtig, das war die Prinzessin selbst – schon nach wenigen Bissen fühlte sie sich stark und munter und sprang aus dem Bett, vollkommen gesund.

Wie sich der König da freute, lässt sich kaum beschreiben. Und trotzdem reute ihn sein Versprechen. Hans solle die Prinzessin noch nicht bekommen, erst müsse er noch eine Aufgabe lösen und ihm ein Ruderboot bringen, das auf dem Trocknen noch schneller fahre als im Wasser. Hans kehrt zurück nach Hause und erzählt dem Vater und den Brüdern alles. Jetzt schickt der Vater den Uli in den Wald, um dort das Boot zu bauen. Der Uli arbeitet fleissig und pfeift dazu vor sich hin vor Freude, dass ihm vielleicht doch noch alles zum besten gelingt. Mittags, wie die Sonne am höchsten steht, taucht plötzlich das eiserne Männchen auf und fragt ihn, woran er hier arbeite. «Hölzerne Kellen», gibt ihm Uli zur Antwort, und das Männchen sagt wie auch schon: «Dann sollen sie es sein und bleiben.» Abends glaubt Uli, er habe sein Boot fertig gezimmert, aber wie er sich dareinsetzen will, sitzt er in einem Haufen Holzkellen. Am nächsten Tag versucht sich Sämi am Boot, aber es geht ihm ganz ähnlich wie seinem Bruder.

Am dritten Tag macht sich der dumme Hans auf in den Wald. Den ganzen Morgen lang werkt er fleissig und singt dazu, dass es nur so durch die Bäume schallt. Wie es am heissesten ist, steht wieder das eiserne Männchen vor ihm: Was er da schaffe? «Ein Ruderboot», gab Hans zur Antwort, «das auf dem Trocknen noch schneller fährt als auf dem Wasser», und wenn ihm das gelinge, so bekomme er die Prinzessin zur Frau. «Nun», sagte der Kleine, «so soll es eins werden und bleiben!» Und tatsächlich, als die Sonne unterging, stand da ein prächtiges Boot, mit Rudern und allem Zubehör, und als sich der dumme Hans dreinsetzte, sauste es nur so mit ihm über den Boden, geschwind wie der Wind.

Hans rudert zum Königshof, und der König sieht ihn schon von weither kommen. Aber wieder reut ihn sein Versprechen, und er denkt sich schnell eine neue Aufgabe aus: Erst wenn Hans ihm eine Feder aus dem Schwanz vom Vogel Greif bringt, kriegt er die Tochter. Hans macht sich sogleich auf den Weg und marschiert den ganzen Tag. Abends kommt er vor ein schönes Schloss und bittet um ein Nachtlager, denn zu jener Zeit gab es noch keine Wirtshäuser. Der Schlossherr nimmt ihn freundlich auf, und wie er erfährt, zu wem Hans unterwegs ist, sagt er: «Es heisst doch, der Vogel Greif weiss alles. Ich habe den Schlüssel zu meiner eisernen Geldkiste verloren, vielleicht wäret Ihr so freundlich, ihn danach zu fragen.» Das sagt der Hans zu und marschiert weiter und findet abends Unterkunft, wieder in einem Schloss. Wie die Besitzer hören, dass er zum Vogel Greif unterwegs ist, bitten auch sie ihn, eine Auskunft zu erfragen: Die Tochter im Hause sei krank und habe schon alle Arzneien versucht, aber nichts wolle anschlagen. Das sagt der Hans gern zu, und am nächsten Morgen zieht er weiter.

Gegen Mittag kommt er zu einem breiten Fluss. Da führt aber keine Fähre herüber, dafür trägt ein riesiger Mann die Reisenden über Wasser. Der Riese will von Hans wissen, wohin er reise, und wie er vom Vogel Greif hört, hat auch er ein Anliegen: «Fragt ihn doch für mich, warum ich die Leute über den Fluss tragen muss!» Das verspricht ihm der Hans, und der Riese trägt ihn übers Wasser, als sei er leicht wie ein Korb am Abend vom Markttag.

Endlich kommt nun Hans zum Haus vom Vogel Greif, aber da trifft er nur die Frau an. Er erzählt ihr alles: Wie er eine Feder aus dem Schwanz vom Vogel Greif brauche, sonst bekomme er die Prinzessin nicht zur Frau, und in dem einen Schloss suche man nach dem Schlüssel zur eisernen Geldkiste, und im anderen sei die Tochter seit langem krank, und auch vom Riesen, der die Leute über das Wasser trägt, erzählt er ihr. «Mein lieber Freund», sagt da die Frau, «vor dem Vogel Greif darf sich kein Christenmensch zeigen, er frisst sie alle auf. Aber wenn Ihr wollt, könnt Ihr Euch unter sein Bett legen und ihm nachts die Schwanzfeder ausreissen. Was Eure Fragen angeht, da wird mir schon was einfallen.»

Hans ist mit allem zufrieden, versteckt sich unter dem Bett, und abends kommt der Vogel Greif nach Hause. Er fängt sofort an zu schnüffeln: «Frau, ich rieche einen Christen!» Die Frau beruhigt ihn: «Heut war einer im Haus, aber der ist längst weg!» Der Vogel Greif legt sich zu Bett, und mitten in der Nacht, wie er schon kräftig schnarcht, langt der Hans hinauf und rupft ihm eine Schwanzfeder aus. Der fährt auf wie von einer Wespe gestochen: «Frau, ich rieche einen Christen und mir ist, als hätte mich jemand am Schwanz gezupft.» Die Frau beschwichtigt ihn: «Du hast gewiss geträumt. Der Christ, der heut im Haus war, ist längst weg. Der hat mir übrigens ein paar kuriose Dinge erzählt. Da vermissen sie in einem Schloss den Schlüssel zur Geldkiste, und in einem anderen Schloss ist die Tochter sterbenskrank und sie finden keine Arznei.» «Oh die Narren», sagt da der Vogel Greif gähnend, «der Schlüssel liegt hinter der Türe unter einer Holzbeige. Und im zweiten Schloss, da hat sich eine Kröte ihr Nest gebaut aus den Haaren der Tochter, just unter der Kellertreppe. Sie müsste bloss ihre Haare wieder haben, so wär sie gesund.» «Und da war noch irgendwas von einem grossen Mann, der muss seiner Lebzeit lang die Leute über den Fluss tragen.» «Auch so ein Narr», sagt der Vogel Greif. «Er bräuchte bloss mal einen mitten ins Wasser absetzen, dann wär er frei.»

Am nächsten Morgen verlässt der Vogel Greif zeitig das Haus, und Hans darf sich wieder zeigen. Die Frau lässt ihn alles wiederholen, was er nachts wegen dem Schlüssel, der Tochter und dem Riesen gehört hat, damit er auch nichts vergisst, dann macht sich Hans auf den Rückweg. Zuerst kommt er an den Fluss, und der Riese will wissen, ob er ihm eine Antwort bringe. «Trag mich erst auf die andere Seite», sagt Hans, und auf dem anderen Ufer wiederholt er, was er nachts gehört hat: Der Riese braucht bloss den nächsten Reisenden mitten im Fluss stehen lassen, dann ist er frei. Da freute sich der Riese riesig und wollte Hans zum Dank nochmals hin und zurück tragen, aber so dumm war der dumme Hans nun auch wieder nicht. So kommt er zum hinteren Schloss, dort nimmt er die kranke Tochter ohne weiteres in die Arme und trägt sie zur Kellertreppe. Unter der letzten Stufe findet er das Krötennest und gibt es ihr in die Hand, und sogleich richtet sich die Kranke auf und saust die Kellertreppe hoch wie eine Gemse und ist gesund. Und im zweiten Schloss geht Hans sofort zur Holzbeige, zieht den Schlüssel hervor und bringt ihn dem Schlossherrn. Und vor lauter Freude beschenken sie den Hans in beiden Schlössern mit Gold und Silber und allerhand anderem Gut, mit Schafen und Ziegen. Und wie er nun so schwer beladen zum Königsschloss zurückkehrt, mit einer stattlichen Herde, will der König wissen, wie er denn so reich geworden sei. «Der Vogel Greif», behauptet Hans, «gibt einem so viel man nur will.» Da macht sich der König schleunigst auf den Weg. Aber wie er zum Fluss kommt, ist er der erste seit der Durchreise vom Hans, also lässt ihn der Riese mitten im Fluss stehen und geht fort. Da blieb er denn nun stehen, und der dumme Hans heiratete die Königstochter und wurde König.

Ungeheuer im Jura

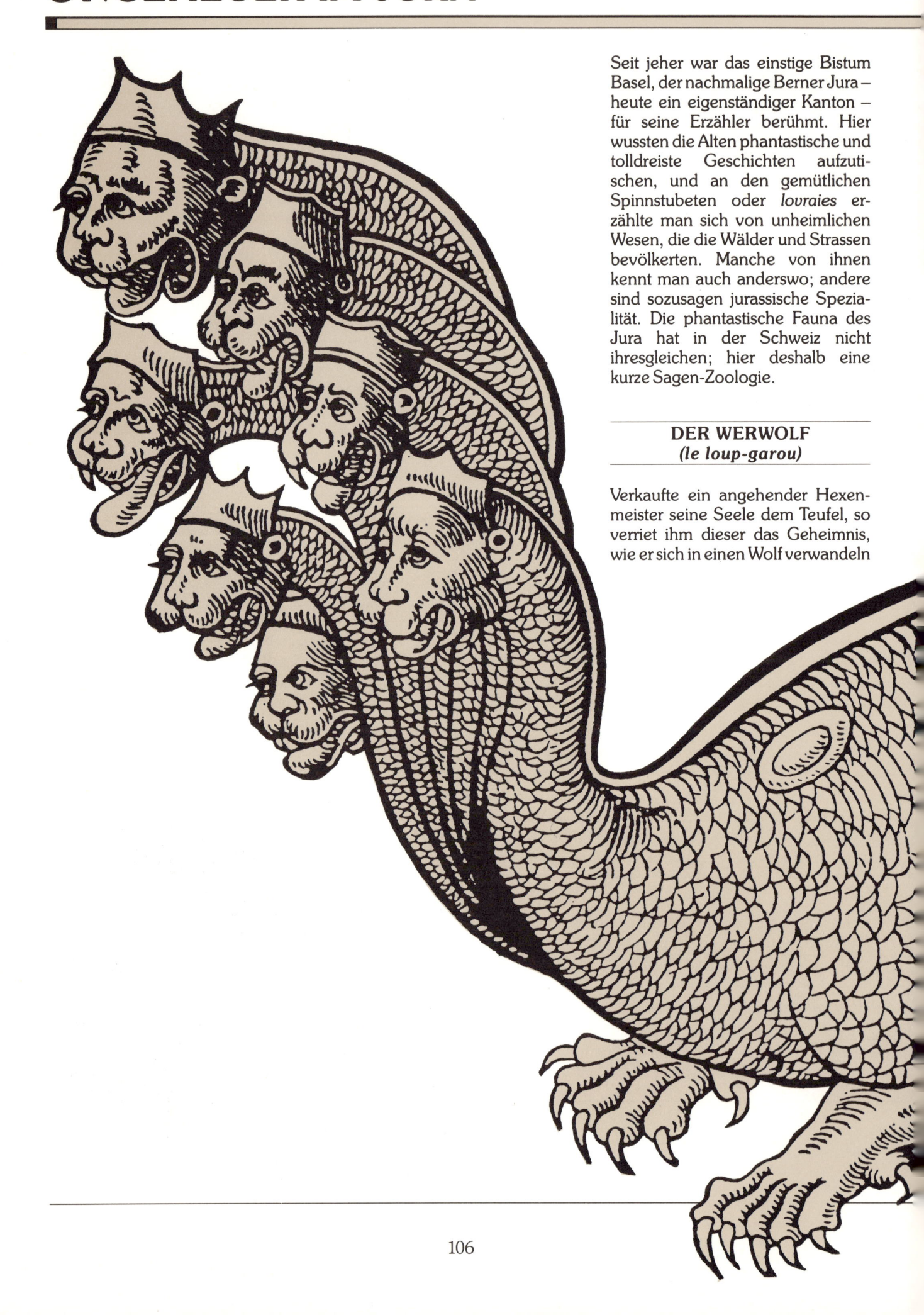

Seit jeher war das einstige Bistum Basel, der nachmalige Berner Jura – heute ein eigenständiger Kanton – für seine Erzähler berühmt. Hier wussten die Alten phantastische und tolldreiste Geschichten aufzutischen, und an den gemütlichen Spinnstubeten oder *lovraies* erzählte man sich von unheimlichen Wesen, die die Wälder und Strassen bevölkerten. Manche von ihnen kennt man auch anderswo; andere sind sozusagen jurassische Spezialität. Die phantastische Fauna des Jura hat in der Schweiz nicht ihresgleichen; hier deshalb eine kurze Sagen-Zoologie.

DER WERWOLF
(le loup-garou)

Verkaufte ein angehender Hexenmeister seine Seele dem Teufel, so verriet ihm dieser das Geheimnis, wie er sich in einen Wolf verwandeln konnte. Dies geschah meist mit Hilfe teuflischer Salben; strich man den Körper damit ein, so wuchsen sogleich Haare und Zähne. Der Mensch in Wolfsgestalt fiel über die Tiere im Stall und auf der Weide her; es hiess von ihm sogar, er fresse kleine Kinder.

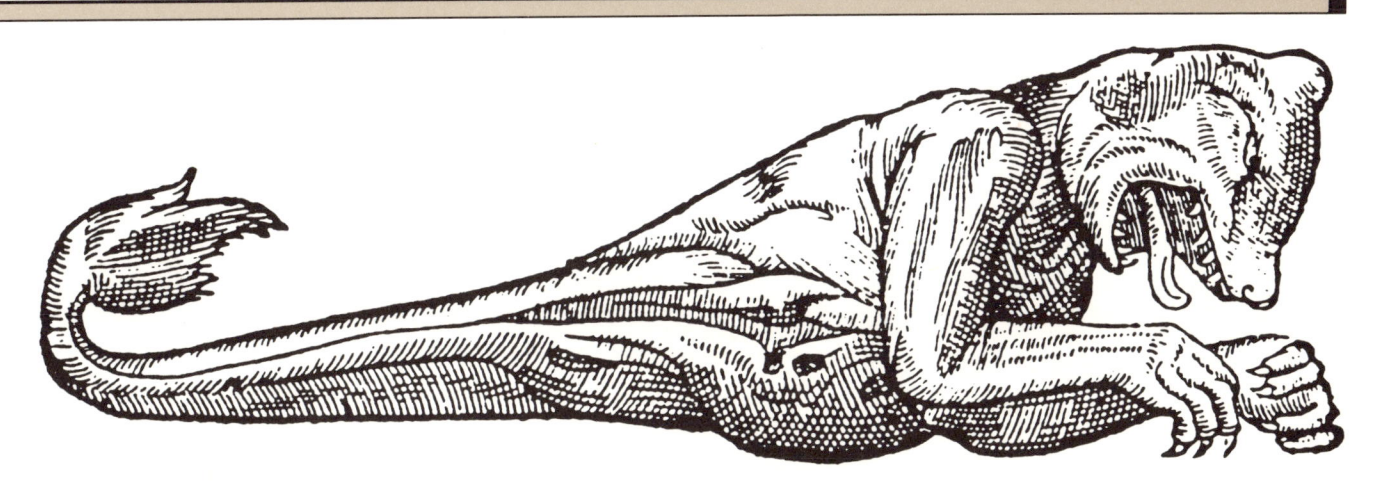

DER HAKLER *(le grappin)*

Wie er genau aussieht, weiss niemand. Man berichtet aber von seinen hakenförmigen Krallen. Mit ihrer Hilfe kann er sich überall hochziehen. Vor allem aber verbirgt er sich in Ziehbrunnen, in Höhlen und Teichen. Beugt sich ein Kind über das Wasser – schwupp! ziehen es lange Krallen in die Tiefe.

DER HINKENDE HASE *(le lièvre boîteux)*

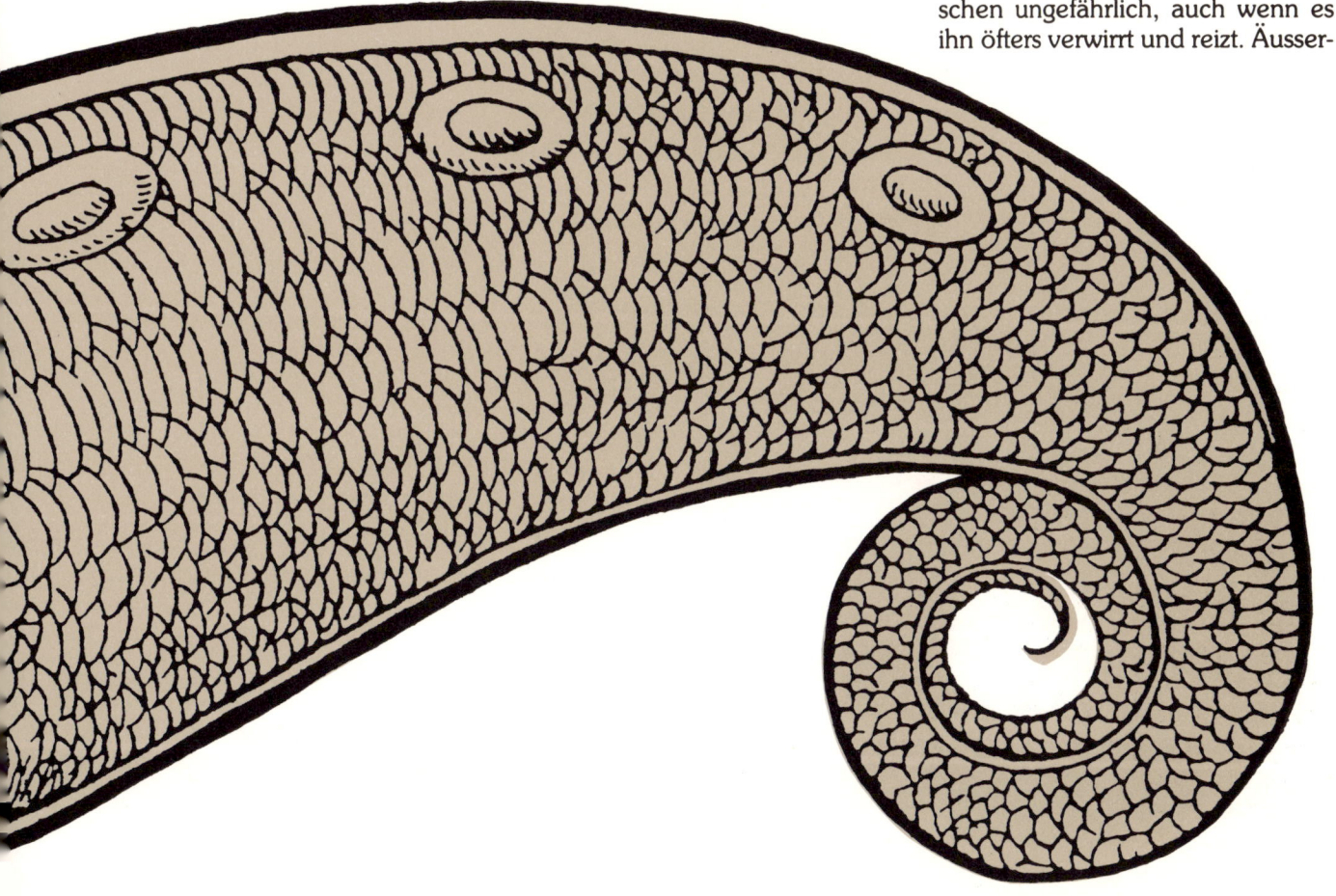

Dieses Phantom bleibt für den Menschen ungefährlich, auch wenn es ihn öfters verwirrt und reizt. Äusserlich sieht es einem Hasen gleich, der hinkend durch die Felder hoppelt. Verfolgt man ihn aber, so verschwindet er hinter der nächsten Ecke und taucht an einem völlig unerwarteten Ort wieder auf. Davon wissen die Bauern des Weilers Pechai ein Lied zu singen. Jeden Sonntag, wenn sie unterwegs zur Messe in Montfaucon waren, lief ihnen der Hinkefuss über den Weg. Sie verfolgten ihn im Vertrauen, ihn jeden Augenblick schnappen zu können – und kamen regelmässig in der Kirche an, wenn die anderen gerade aus der Predigt kamen.

DER SCHWARZE BOCK
(le bouc noir)

In manchen Gemeinden gilt er als Ziegen-, in anderen als Schafbock. Mitunter trägt er eine brennende Kerze zwischen den Hörnern. Vor allem aber präsidiert der schwarze Bock die geheimen Treffen der Hexenmeister. In Chenevières weiss man zu erzählen, dass er die Burschen der Nachbardörfer wegjagt, die mit den Schönen des Dorfes anbändeln. Als schwarzes Schaf ist er in der Freigrafschaft bekannt. Hier fällt er die unbegleiteten Reisenden an und verstümmelt oder tötet sie gar. Andere wieder sagen, dass es der Teufel selbst ist, der die Gestalt des schwarzen Bocks annimmt. Einst sollen Holzfäller am Chasseral von einer ganzen Herde schwarzer Böcke angefallen worden sein. Zwar griffen sie zu den Flinten und feuerten auf die Ungeheuer, aber die Kugeln prallten nutzlos von den dichten Fellen ab.

DER DRACHE

Meist wird der Drache geschildert als Schlange, bedeckt mit undurchdringlichen Schuppen, mit mächtigen Flügeln und spitzigen Zähnen, mit Krallen und – dies vor allem – einem mächtigen Schweif, der in einem Stachel endet. Dieser Schwanz ist seine fürchterlichste Waffe. Sein Rachen speit Feuer, Rauch und Gift, und etliche erzählen gar von Drachen mit zwei oder mehreren Köpfen. Geflügelte Drachen zeigen sich vor allem nachts; dann ziehen sie wie ein feuriger Schweif von einer Bergspitze zur anderen, wo sie eine neue Höhle suchen.

Manche Drachen wiederum tun den Menschen nichts zuleide. Sie hüten die Schätze, die seit dem Durchzug der Schweden in vielen Höhlen des Jura versteckt und den Drachen zum Hüten anvertraut wurden. So ruhen unermessliche Schätze in den Höhlen unter den Ruinen des Schlosses von Milandre. Nur einmal in jedem Jahrhundert, in einer mondhellen Nacht, kommen die Goldstücke und Juwelen zum Vorschein, und wer die genaue Stunde kennt, kann sie ohne Gefahr nach Hause tragen. Zu den übrigen Zeiten aber ruht der Schlüssel zur Schatzkiste zwischen den Zähnen eines feuerspeienden Drachen.

DER GUIVRE *(La vouivre)*

Diese schreckliche Schlange taucht in wechselnder Gestalt auf: als feuriges Reptil, zwischen zwei bis sieben Fuss lang, das die in den Schlössern verborgenen Schätze hütet. Manche Guivres haben nur ein einziges Auge mitten auf der Stirne; dieses funkelt wie ein Edelstein und verbreitet einen unerträglichen Glanz. Wer sich dieses unermesslich teuren Karfunkels bemächtigen kann, wird ungeheuer reich.

Manche schildern ein Wesen halb Frau, halb Schlange: die Melusine. Eine solche soll in Montjoie die verborgenen Schätze in der Burgruine gehütet haben. Man vermutet, eine Schlossherrin sei für ihre Hartherzigkeit dazu verdammt worden, diese Gestalt anzunehmen.

DER FERSENPICKER *(le Pique au talon)*

Von diesem Vogel weiss man nur, dass sein Schnabel fast ebenso gross ist wie sein übriger Körper. Gerne pickt er die Waden fauler Kinder, oder dann hackt er in die Fersen von saumseligen Nachzüglern – daher denn auch sein Name.

DER BASILISK

Dieses gefährliche Reptil tötet allein durch seinen Blick, kann mit seinem giftigen Stachel sein Opfer aber auch augenblicklich lähmen. Das Untier schlüpft meist aus einem Hahnenei, das von einer Kröte ausgebrütet wurde. Es zeigt denn auch den Kopf und die Krallen eines Hahns, aber der Körper gleicht demjenigen einer geflügelten Schlange. Ein Basilisk soll schuld sein, dass das Frauenkloster, das einst im Dörfchen Cuisance stand, zugrunde ging. Alle Nonnen starben ob seinem giftigen Blick – ausser einer einzigen, die dem Reptil einen Spiegel entgegenhielt, so dass es sich mit seinem Blick selbst vergiftete.

JEAN DER DUMMKOPF

Eine Mutter hatte einen Buben mit Namen Jean, der war brav und folgsam, aber leider nicht der Gescheiteste. Eines Tages sagte sie zu ihm: «Hier ist ein Sack mit Raps, den bringst du ins Dorf in die Ölmühle. Aber sei bitte freundlich zu den Leuten, die du unterwegs antriffst. Wenn man dich fragt, wo der Weg nach Blamont oder sonst einem Ort durchführt, dann gibst du höflich Auskunft.»

Jean legte den Sack in einen Rückenkorb und zog los. Er hatte noch kaum ein paar Schritte vom Haus weg getan, da sah er einen Mann mit einer Ziege auf ihn zukommen. Die Ziege zog bald nach rechts, bald nach links, und der Mann hatte die grösste Mühe, sie zu bändigen. Als Jean auf den Bauern traf, sagte er freundlich: «Hier geht der Weg nach Blamont durch», und zeigte auf eine Nebenstrasse. Der Bauer war wütend, weil ihm die störrische Ziege zu schaffen machte. Er hieb Jean eine Ohrfeige herunter: «Lass mich in Ruhe, ich hab dich nichts gefragt.» Der arme Jean begann zu weinen und rannte zur Mutter zurück; dort erzählte er, was ihm passiert war.

«Das hast du nicht richtig gemacht», sagte die Mutter. «Du hättest zu ihm sagen sollen: ‹So, führen Sie Ihre Ziege zum Bock?›»

Also gut, Jean lud sich den Korb wieder auf und zog los. Nachdem er etwa eine Stunde marschiert war, überholten ihn ein paar Wagen, in denen fröhliche Leute sassen. Das war eine Hochzeitsgesellschaft auf einer lustigen Ausfahrt ins Nachbardorf. Als die Kutsche mit den Brautleuten an Jean vorbeiratterte, rief der Kleine freundlich: «So, führen Sie Ihre Ziege zum Bock?» Der Bräutigam und seine Freunde liessen sich das nicht gefallen. Sie sprangen vom Wagen und prügelten Jean tüchtig durch. Er rannte ein zweites Mal schluchzend nach Hause.

«Also so etwas», sagte die Mutter. «So darf man den Leuten nicht kommen. Du hättest sagen sollen: ‹So, machen Sie einen hübschen Ausflug?›»

Nun gut, Jean zog wieder los. Diesmal kam er bis zum nächsten Dorf, dort brannte gerade ein Haus. Männer und Frauen rannten wild mit Kesseln voll Wasser hin und her; damals kannte man noch keine Hydranten. Zu einem der Männer, der gerade mit einem Eimer Wasser an ihm vorbeirannte, sagte Jean freundlich: «So, machen Sie einen hübschen Ausflug?» Der Mann dachte, Jean mache sich lustig über ihn. «Du würdest dich lieber nützlich machen, du kleiner Lümmel!» schrie er und verpasste ihm eine saftige Ohrfeige.

Zum dritten Mal trat Jean schluchzend den Heimweg an, um der Mutter sein Leid zu klagen. «Herrgottnochmal», rief diese aus. «Du bist wirklich nicht der Gescheiteste. Wenn man ein Feuer sieht, dann schüttet man Wasser darüber aus, so wie die andern.»

Mit neuem Mut trat Jean den Weg an. Diesmal kam er ohne Zwischenfall in das Dorf, wo die Ölmühle stand. Im ersten Haus an der Strasse war gerade Backtag. Die Bäuerin knetete den Teig, und im Ofen brannte das Feuer. Das sah Jean von der Strasse aus. Er stürzte in die Küche, griff sich einen Eimer voll Wasser und – prufff! – kippte ihn ins Feuer. Rot vor Zorn stürzte die Bäuerin heran, packte Jean mit ihren teigverklebten Händen und hieb ihm eine saftige Ohrfeige herunter.

Der verzweifelte Jean traute sich nicht mehr weiter. Er rannte den ganzen Weg zurück und erzählte der Mutter schluchzend, was nun wieder passiert war. Sie schüttelte den Kopf: «Du hättest diese Frau ganz einfach fragen müssen: ‹So, machen Sie Kuchen?›» Jean zog also wieder los, den Korb auf dem Rücken. Er war schon fast im richtigen Dorf, da sah er hinter einer Hecke einen Mann, der sich mit heruntergelassener Hose erleichterte. «So, machen Sie Kuchen?» schrie Jean. Der Mann wurde zornig, stürzte hinter Jean her und drückte ihm die Nase in den Dreck.

Völlig verzweifelt schleppte sich Jean nach Hause, und nach diesem letzten Abenteuer schickte ihn die Mutter nicht mehr in die Ölmühle. So viel war ihr klar: Jean war noch nicht schlau genug, um allein in die Welt hinauszugehen.

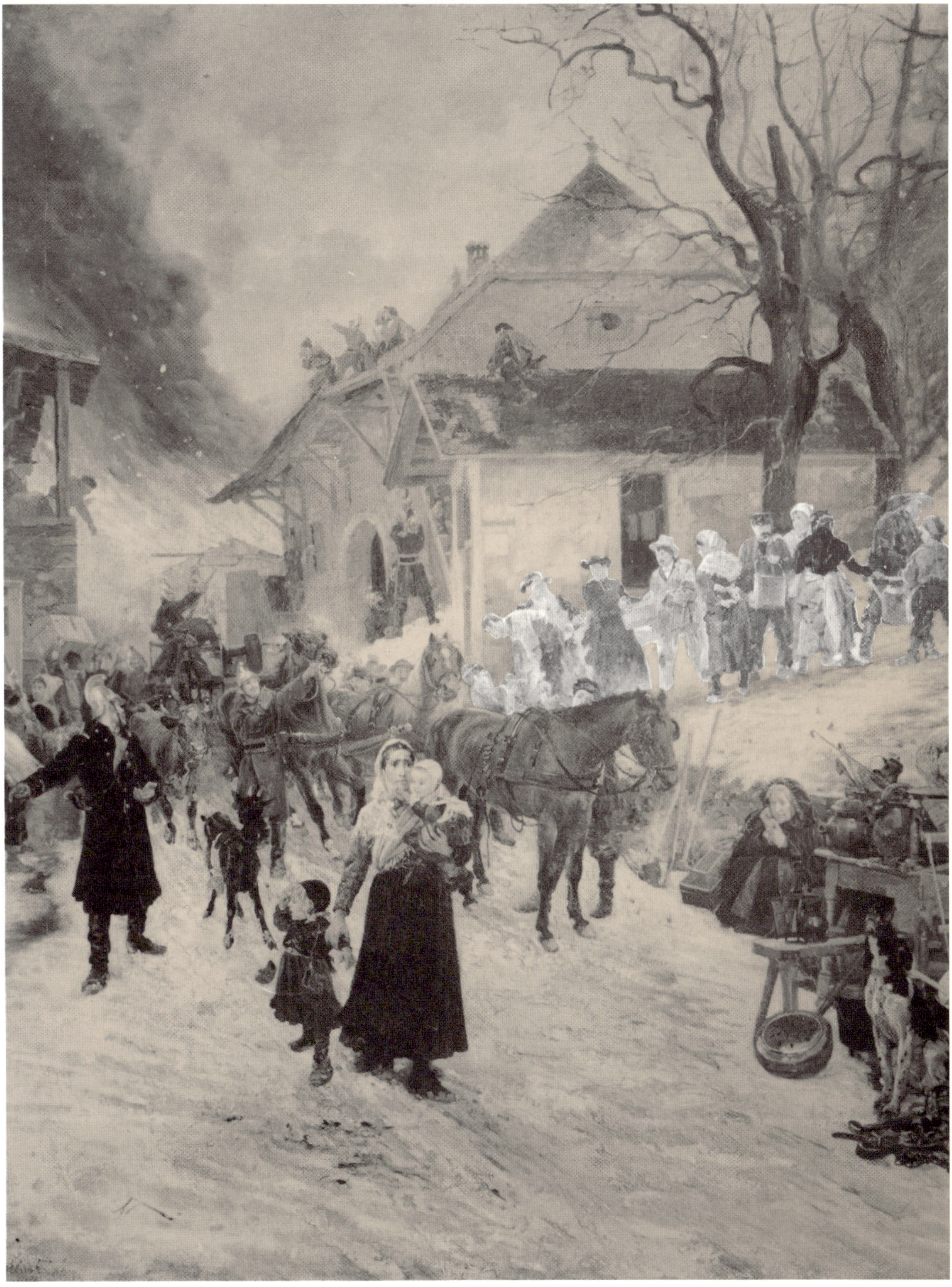

Vom Dummkopf und der Ziege

Da lebte einmal eine arme Frau mit ihrem einzigen Sohn, der hiess überall nur Dummkopf oder Einfaltspinsel, denn man konnte ihm jeden Bären aufbinden. Was man ihm sagte – er glaubte es aufs Wort. Hört nur zu: Da schickte ihn die Alte einmal mit ihrer einzigen Ziege los, die sollte er auf dem Markt von Saignelégier verkaufen. Unterwegs wurde er von einem Tunichtgut angerempelt: «Wohin gehst du, Kleiner?» «Ich will unsere Geiss auf dem Markt verkaufen.» «Was willst du verkaufen?» «Diese Ziege!»

Der Tunichtgut sah das Tier spöttisch an. «Und das soll eine Ziege sein? Kein Fleisch auf den Knochen, wacklig auf den Beinen, und halb kahl! Für die bekommst du auf dem Markt nicht einmal eine Pfeife voll Tabak, wenn sie dir nicht schon vorher zusammenbricht. Aber wenn du willst, kannst du sie gegen meinen Hund eintauschen. Mit dem kannst du dich in Saignelégier als Schafhirt verdingen, da verdienst du ordentlich Geld.»

«Also gut», sagte der Dummkopf, der alles glaubte, was man ihm sagte. «Aber halt ihn gut fest», sagte der Tunichtgut, übergab ihm die Leine und machte sich mit der Ziege aus dem Staub. Der Hund, der bei diesem Handel nicht gefragt worden war, wollte dem neuen Meister keineswegs folgen und sträubte sich wie ein Hecht im Netz. Er bleckte die Zähne, riss an der Leine – kurz: die Sache verhiess nichts Gutes.

Da tauchte ein weiterer Tagedieb auf, in zerlumpten Kleidern, eine Katze im Arm. «Was soll das denn geben mit deinem Hund?» «Ich will mich in den Bergen als Schafhirt verdingen.» «Mit diesem Köter hier? Bist du blind? Der ist doch tollwütig. Schau bloss, wie der schielt und wie ihm der Schaum vom Maul spritzt. Weisst du was, ich bring ihn für dich zum Abdecker! Nimm diese Katze da, mit der kannst du dich als Schärer verdingen, die haben da oben die Wiesen voller Mäuse und Maulwürfe. Da verdienst du gutes Geld.» «Was Ihr nicht sagt... Also gut, hier habt Ihr den Hund.»

Der Schelm machte sich mit dem Hund aus dem Staube, und der Dummkopf musste sich mit der Katze abplagen, die sich noch schlimmer anstellte als der Hund. Sie knurrte, kratzte und fauchte. Das sah ein weiterer Tagedieb, der eben des Weges kam. Der Dummkopf erzählte ihm, wie er mit der Katze die Bauern von der Mäuseplage befreien wolle, aber der Schelm lachte ihn bloss aus. «Siehst du nicht, dass du da eine Wildkatze hast? Du kannst froh sein, dass sie dir nicht die Nase abgebissen hat.» Kurz und gut, der Dummkopf tauschte die Katze gegen einen Igel ein, der angeblich viel besser zum Mäusefangen taugte.

Schon nach ein paar Schritten tauchte ein weiterer Schlaukopf auf. «Was, Mäuse fangen willst du mit dem Igel? Der läuft doch davon, wenn er eine Maus sieht. Weisst du was, ich gebe dir dafür diese Meise. Wenn die singt, das sag ich dir, da laufen die Mäuse und die Maulwürfe aus der hintersten Ecke herbei, du brauchst ihnen bloss noch mit dem Stecken eins draufzugeben.» «Also gut, dann gebe ich Euch den Igel.» «Jetzt pass bloss auf, dass dir die Meise nicht wegfliegt!» «Nur keine Angst», sagte der Bursche und drückte die Meise so fest an sich, dass sie nach ein paar Schritten bereits elendiglich erstickt war.

Statt dem Erlös für die Ziege zog er also nichts als einen armen toten Vogel aus dem Sack, als er nach Hause kam. «Wenn er mir nicht gestorben wäre», sagte der Dummkopf, «würden wir jetzt Geld wie Sand am Meer verdienen!» «Du hast doch wirklich nur Stroh im Kopf», seufzte die arme Mutter. «Aber vielleicht kannst du mir wenigstens ein Säckchen Salz aus der Stadt holen, ohne dass du es eintauschst gegen Sand oder Sägemehl?» «Aber sicher, Mama, und ich will mich auch ordentlich beeilen!»

Aber was will man? Das war ein Bursche, dem einfach alles krumm lief. Wenn man nicht aufpasste, tauschte er ein Paar Pfannendeckel gegen ein Paar Kastagnetten ein. Auch diesmal, als er mit dem Salz aus der Stadt zurückkam, ging alles schief. Er sah auf der Brücke einen Scherenschleifer stehen und bekam sofort Angst, der würde ihm seinen Schleifstein gegen den Sack mit Salz eintauschen wollen. Also schwamm er über den Fluss, und als er zu Hause ankam, war selbstverständlich das ganze Salz aus dem Sack geschwemmt. Und das gleiche passierte bei den nächsten Botengängen: den Sack mit Zucker weichte der Regen auf, und einen Topf mit Schmalz zerbrach er. Aber schliesslich kam der Alten ein Geistesblitz: Wenn man für ihren Dummkopf eine Frau fand – vielleicht vertrieb die ihm dann die Flausen? Gesagt, getan. Die Tochter des Maulwurffängers war noch zu haben. Zwar hatte sie einen Buckel und schielte, aber sie brachte ein Stück Geld mit in die Ehe. Und nichts schärft den gesunden Menschenverstand so sehr, wie wenn man ein Stück Geld zu Hause hat – ihr werdet gleich sehen, dass ich nicht lüge.

Am ersten Markttag nach der Hochzeit machte sich der Dummkopf nämlich ein zweites Mal nach Saignelégier auf – diesmal, um eine Ziege zu kaufen. «Gib aber nicht zuviel aus!» schrie die Mutter hinter ihm her. «Vergiss mir meinen Kram nicht!» rief die junge Ehefrau, denn wenn sie schon nicht mitdurfte, so wünschte sie sich wenigstens ein paar Bändel und Kämme. Der Bursche versprach, auf alles zu achten, und machte sich auf den Weg. Unterwegs las er einen hübschen weissen Kiesel auf und steckte ihn in die Tasche. Nach einer Viertelstunde holte er eine wackere Bauersfrau ein, die einen Korb voller Eier auf den Markt trug. «Gute Frau», sagte der Dummkopf zu ihr, «wisst Ihr, wie man die Hühner zum Legen bringt? Man braucht ihnen bloss einen Himmelsstein wie diesen hier ins Nest zu legen, und dann danken sie es mit zwei Eiern im Tag!» «Nicht möglich», sagte die Frau staunend. «Wenn ich es doch sage! Gebt mir bloss dieses schöne grosse Ei, dann lasse ich Euch den Stein!»

So geschah es, und die Bäuerin schritt stolz mit ihrem Himmelsstein weiter. Der Dummkopf holte einen Bauern ein, der mit einem Korb Küken unterwegs war. «Wisst was, guter Mann? Das hier ist das Ei eines Auerhuhns.» Und er hielt ihm das schöne grosse Ei unter die Nase. «Wenn Ihr es einer Bruthenne unterlegt, habt Ihr hinterher ein hübsches Stück Federwild.» «Nicht möglich... Und was soll das kosten?» «Gebt mir doch einfach dieses hübsche schwarze Küken!» Der Bauer war einverstanden und zottelte glücklich mit seinem Ei ab.

Eine Viertelstunde später holte der Dummkopf eine Frau ein, die eine Ziege und fünf Zicklein vor sich hertrieb. «Ist etwas nicht in Ordnung, gute Frau?» «Nun ja, die dumme Ziege hat fünf Zicklein geworfen, und dieses Kleine hier lassen die anderen nicht an die Zitzen. Das geht mir noch ein vor Hunger.» «Wisst Ihr was?» sagte der Dummkopf. «Nehmt dieses hübsche kleine Hühnchen und gebt mir die Geiss.»

Auch dieser Tausch fand statt, und kurz später stiess der Dummkopf auf einen Geisshirten. Der machte grosse Augen, als er das hübsche Zicklein sah. «Das ist ein Rehkitz, das ich eben vom Jäger gekauft habe», behauptete der Dummkopf. Und ich brauche gar nichts weiter zu erzählen: Der Dummkopf tauschte das vermeintliche Kitz gegen eine stattliche Ziege mit einem hübschen Bärtchen ein, kaufte auf dem Markt ein paar hübsche Bändel für seine junge Frau und kam stolz mit der Ziege nach Hause.

Die Alte hatte also den Nagel auf den Kopf getroffen: Kaum war er verheiratet, wurde aus dem Dummkopf ein schlauer junger Mann. Um eine hübsche grosse Ziege zu ergattern, hatte er nichts weiter getan, als sich nach einem hübschen kleinen Stein zu bücken. Wer behauptet da noch, dass die Liebe dumm und blind macht?

Jean der Dumme und Jean der Gescheite

Ein Vater, der nicht weit von Basel wohnte, hatte zwei Söhne. Beide waren ihm gleich lieb, aber er konnte sie kaum auseinanderhalten, so sehr glichen sie sich. Eines Tages wurde er krank und starb bald darauf. Der Sohn, den alle nur Jean den Dummen nannten, sagte zu seinem Bruder: «Weil unser Vater uns nichts hinterlassen hat, müssen wir ihn selbst teilen; ich will meinen Teil von ihm!» Jean der Gescheite war entsetzt: «Wie meinst du das? Wir können doch unseren Vater nicht teilen! Bevor ich bei so etwas mitmache, gebe ich ihn dir lieber ganz!» Das war dem dummen Jean auch recht. «Also gut!» sagte er. «Ich nehme ihn mit mir.»

Also zog er mit dem toten Vater los auf der Strasse nach Basel. An einer Wegbiegung stellte er die Leiche mitten auf die Strasse, stützte sie mit zwei Stöcken und versteckte sich im Gebüsch. Kurz später kam ein Metzger daher, der trieb ein paar Kälber vor sich hin. Die Tiere fürchteten sich vor der seltsamen Figur und machten keinen Schritt mehr vorwärts. «Mein guter Alter!» schrie der Metzger. «Jetzt machen Sie doch die Strasse frei! Sie halten meine Kälber auf!» Versteht sich, dass der gute Alte von all dem nichts hörte. Als er sich nicht vom Fleck rührte, geriet der Metzger in Zorn. «Wenn Sie nicht bald aus dem Weg gehen, bekommen Sie meinen Stock über den Schädel!» Und als sich der Alte immer noch nicht rührte, fiel er mit seinem schweren Knotenstock über ihn her und prügelte ihn so lange, bis er umfiel.

Darauf hatte der dumme Jean hinter seinem Busch gewartet. Er sprang auf die Strasse und begann laut zu zetern: «Zu Hilfe! Du hast meinen Vater umgebracht! Einen harmlosen Alten, der nicht mehr gut hörte und nur auf mich wartete, bis ich mein Geschäft verrichtet habe. Du Unglücksrabe, wie willst du mir meinen Vater jetzt wieder lebendig machen?»

«Ich wusste doch nicht, dass der Alte taub ist», sagte der Metzger ganz entsetzt. «Es war ein Unfall! Ich kann ihn dir zwar nicht wieder lebendig machen, aber da hast du Geld.» Und er überreichte dem dummen Jean eine dicke Börse. Jean nahm das Geld und sagte: «Nun gut, da lässt sich nichts mehr machen. Wir sind quitt. Was sollen wir uns mit dem Gericht herumstreiten?» Steckte das Geld ein und wanderte zurück nach Hause. Dort sagte er zu seinem Bruder: «Siehst du, was ich für unseren Vater gelöst habe? Jetzt haben wir wenigstens genug Geld für eine anständige Beerdigung.»

Jean der Gescheite war ganz neidisch. «Du hast mehr Glück als ich!» sagte er. Nach einigen Tagen, als der Vater beerdigt worden war, sagte der dumme Jean plötzlich: «Wir müssen unseren Ofen aufteilen.» «Was faselst du da? Im Winter, wenn es kalt wird, brauchen wir einen Ofen!» «Du kannst reden, so lang du willst», sagte Jean der Dumme. «Ich will meinen Anteil am Ofen!»

Er nimmt eine Hacke zur Hand, haut ein paar Steine heraus, steckt sie in eine Schachtel und macht sich damit auf den Weg nach Basel. In der Stadt macht er einen Besuch bei allen Gold- und Silberschmieden und lädt sie ein, im Hotel Drei Könige vorbeizukommen; er habe kostbare Steine zu verkaufen. Dann mietet er ein Zimmer im Hotel, lässt sich eine Mahlzeit bringen und wartet auf seine Kunden. Bald drängen sich so viele Leute im Gasthaus, dass er sie abweisen muss: «Gleich wird es dunkel, da könnte ich meine Steine verlieren. Kommt alle morgen wieder.»

Wie sie sich verzogen haben, bittet er den Gastwirt, ihm für die Nacht ein besonders sicheres Zimmer anzuweisen: Er habe kostbare Steine auf sich. Der Gastwirt versichert ihm, bei ihm sei er sicher aufgehoben. Mitten in der Nacht nimmt der dumme Jean seine Ofensteine unter den Arm und wirft sie in den Rhein. Früh am nächsten Morgen beginnt er laut zu schreien: «Haltet den Dieb! Was für eine Spelunke ist das, wo man nicht einmal in seinem eigenen Zimmer sicher ist? Man hat mir meine Steine geraubt!» Der Gastwirt versucht, ihn zu beschwichtigen. «Eine Räuberhöhle!» schreit Jean. «Die Steine waren alles, was ich hatte. Zehn Jahre harte Arbeit in Kalifornien! Aber das erzähle ich dem Richter! In dieser Absteige sind nichts als Banditen!»

Der Gastwirt, der Angst um den guten Ruf des Hauses hat, will wissen, wieviel die Steine wert waren. «Zehntausend Francs, zumindest!» «Also gut», sagt der Gastwirt. «Ich ersetze dir die zehntausend Francs, wenn du nicht zum Richter gehst.» Und Jean der Dumme ist einverstanden, wie man sich leicht vorstellen kann. Er kommt mit dem Geld ins gemeinsame Haus zurück und zeigt es dem schlauen Jean. «Siehst du, was mir die paar Steine eingetragen haben. Und du wolltest mich daran hindern, den Ofen zu teilen!» «Wie hast du das angestellt?» fragt der Bruder neidisch. «Nichts leichter als das. Ich bin ganz einfach nach Basel hineinmarschiert und habe laut gerufen: ‹Kauft kostbare Steine!› Das war schon alles!»

Jean der Gescheite wurde ganz eifersüchtig. Dieses Kunststück wollte er auch probieren! Also tat er es seinem Bruder nach, packte ein paar Steine ein, stellte sich in Basel auf die Strasse und schrie: «Kostbare Steine zu verkaufen!» Das hörte der Gastwirt der Drei Könige. Er glaubte, Jean den Dummen wieder zu erkennen, holte die Polizei und liess den vermeintlichen Betrüger verhaften.

Als sein Bruder nach drei Tagen immer noch nicht zurückgekommen war, machte sich Jean der Dumme auf die Suche. Er klapperte alle Gefängnisse ab, und im einen hörte er durch die Türe seinen Bruder stöhnen. «Warum haben sie dich eingesperrt?» flüsterte er durch die Türe. «Du bist an allem schuld!» antwortete der Gescheite. «Man will mich wegen deiner Spitzbubenstreiche ertränken, an der tiefsten Stelle des Rheins.»

«Du bist ein Angsthase!» sagte der Dumme. «Nur keine Angst, ich will deinen Platz einnehmen.» Und da sie sich so ähnlich sahen, war es ihm ein leichtes, seinen Bruder im Gefängnis abzulösen. Jean der Gescheite ging erleichtert nach Hause zurück. Der Dumme war kaum eine Viertelstunde im Gefängnis, da sah er durchs Fenster einen schönen Vierspänner auf der Fahrt nach Basel, mit einem gutgekleideten Fuhrmann. «Nein, ich will sie nicht, ich will sie nicht!» begann er laut zu schreien. Der Fuhrmann, der neugierig geworden war, hielt vor seinem Fenster an. «Wen willst du nicht?» fragte er. «Die Königstochter. Sie wollen mich zwingen, sie zu heiraten, aber ich lasse mich lieber ersäufen, als die Tochter vom König zu heiraten.» Da hatte der Fuhrmann eine Idee: «Weisst du was? Wir tauschen die Plätze. Du nimmst mein schönes Fuhrwerk und die schönen Pferde, und ich gehe an deiner Stelle ins Gefängnis.» Gesagt, getan. Sie tauschten die Plätze, und Jean der Dumme fuhr fröhlich knallend mit seinem Fuhrwerk weg.

Am nächsten Tag kamen Polizei und Richter, um den Übeltäter aus dem Gefängnis zu holen. Sie merkten nichts von dem Tausch. Der Fuhrmann schrie immer wieder: «Ich nehme sie ja! Ich will sie ja nehmen!» «Wen willst du nehmen?» «Die Königstochter!» «Ja, ja, dir wird man sie gerade geben!» Er wurde auf die Rheinbrücke geführt und an der tiefsten Stelle ertränkt.

Ein paar Tage später kam Jean der Dumme mit seinem schönen Fuhrwerk und den schönen Pferden nach Basel gerattert. Er knallte laut mit der Peitsche, und die Leute sahen sich um. «Ist das nicht Jean der Dumme, der so viel Lärm macht? Aber den haben sie doch ertränkt, wo der Rhein am tiefsten ist!» Die Kühneren getrauten sich, näher heranzugehen. «Bist du nicht der, den sie neulich ertränkt haben? Weshalb bist du denn noch am Leben?»

«Natürlich bin ich es», antwortete Jean. «Unten im Rhein habe ich den Eingang zum Zwergenreich gefunden, da gibt es alles, was das Herz wünscht. Ich zum Beispiel habe diese Pferde und den schönen Wagen mit heraufgenommen. Schaut nur selbst nach!» Die geldgierigen Basler liessen sich das nicht zweimal sagen. «Aber wo liegt der Eingang?» Jean führte sie auf die Rheinbrücke und zeigte bei der tiefsten Stelle hinunter: «Da ist er!» Die Basler sprangen ins Wasser, einer nach dem anderen. Die ersten, die gegen das Ertrinken kämpften, gurgelten laut: «Gluglug!» «Was sagen sie?» fragten die, die noch oben standen. «Sie sagen, es hat für alle genug!» antwortete der Dumme. Die anderen sprangen hinterher, nur die Königstochter nicht.

Jean der Dumme nahm sie in den Arm. «Jetzt sind alle Basler ertrunken, und wenn du mich nicht heiratest, schick ich dich hinterher.» Aber sie hätte ihn auch so genommen, und so wurde Jean der Dumme König der Stadt Basel.

GIOVANNI DER FURCHTLOSE

Ein vornehmer Mann besass ein schönes Haus, aber niemand mochte dort wohnen, denn um Mitternacht hörte man seltsame Geräusche und sah furchterregende Gestalten. Da fragte eines Tages ein Schuhmacher, der Giovanni hiess, beim reichen Mann um Arbeit nach. Bartolomeo – so hiess der Reiche – antwortete: «Ich verschaffe dir Arbeit, wenn du es schaffst, in meinem Haus zu übernachten.»

«Einverstanden», sagte der junge Schuster. «Aber ich brauche dazu fünf Pfund Fleisch, fünf Krüge Wein und vier Laternen.» Bartolomeo beschaffte alles, was er verlangt hatte. Am Abend führte er ihn zum Haus und machte sich aus dem Staub. Giovanni suchte sich ein Zimmer aus, in das vier Türen führten. Über jede der Türen hängte er eine Laterne, dann begann er sein Essen zu kochen.

Punkt Mitternacht klopft jemand an eine der Türen, und herein tritt ein Mann mit einer Axt über der Schulter. Der Mann geht durchs Zimmer und verschwindet. Giovanni sagt für sich: «Wenn das der ganze Lärm sein soll, den sie hier hören...»

Am nächsten Morgen stand Bartolomeo vor dem Haus: «Wie geht's, Giovanni? Hast du dich gefürchtet?»

«Weswegen denn? Etwa wegen einem Mann mit einer Axt über der Schulter?» Bartolomeo wollte wissen, ob er noch eine weitere Nacht bleiben wolle. «Was brauchst du?» «Dasselbe wie gestern!» Der Reiche brachte ihm das Verlangte und liess ihn allein.

Als es wieder Mitternacht schlägt, hört Giovanni, wie an zwei Türen geklopft wird. Sie gehen auf, und es erscheinen zwei Männer: der erste mit einer Axt, der zweite mit einer Sichel über der Schulter. Sie gehen durchs Zimmer und verschwinden.

Wieder kommt am nächsten Morgen Herr Bartolomeo: «Nun, Giovanni, wie hast du's überstanden?» «Bestens! Was soll ich mich vor zwei Männern mit einer Axt und einer Sichel fürchten?» Ob Giovanni noch eine Nacht bleiben wolle, fragt Bartolomeo. «Was brauchst du?» «Dasselbe wie gestern. Aber diesmal werden wir zu viert sein, da brauche ich noch ein Kartenspiel!» Bartolomeo bringt wieder alles Nötige und verzieht sich.

Um Mitternacht hört der Schuster, wie an drei Türen zugleich geklopft wird. Drei Männer treten ein: der erste mit einer Axt, der zweite mit einer Sichel, und der dritte mit einem Hammer über der Schulter. Sie gehen durchs Zimmer und wollen gerade verschwinden, da spricht Giovanni die drei an: «Da wir grad zu viert sind, wollen wir nicht eine Partie Tresette spielen?»

«Gerne», antworten die drei. Dann spielen sie eine ganze Weile Karten. Schliesslich sagen die drei: «Jetzt sind wir ein schönes Weilchen bei dir geblieben, nun kommst du ein Stück mit uns!»

Und sie führen ihn in den Keller, wo sie ihm eine Truhe voll Geld zeigen. «Nimm es!» sagen die drei. «Wir waren dazu verdammt, in diesem Haus zu bleiben, weil wir niemanden fanden, dem wir diesen Schatz übergeben konnten. Jetzt haben wir ihn dir anvertraut und brauchen nie mehr wiederzukommen!»

Früh am nächsten Morgen lud Giovanni die Truhe auf den Rücken und klopfte im Haus von Herrn Bartolomeo an. Er erzählte ihm alles und zeigte ihm das Geld. «Bravo!» sagte der Reiche. «Und jetzt muss ich dich bezahlen. Bist du mit einer Schüssel voll zufrieden? Oder warte – für jeden die Hälfte! Bist du damit zufrieden?»

«Ich bin immer zufrieden.»

Noch am selben Abend gab der Vornehme einen Ball im verlassenen Haus, um allen zu zeigen, dass man sich jetzt nicht mehr zu fürchten brauchte. Als das Fest am schönsten war, tauchten plötzlich drei riesengrosse Männer auf und gingen direkt auf den Hausherrn zu: «Entweder du gibst Giovanni das ganze Geld, oder aber wir nehmen dich mit ins Jenseits!»

Bartolomeo erschrak und flehte: «Lasst mich am Leben! Ich gebe ihm ja alles!» Und so geschah es.

Schatzsucher und Schatzhüter

Von nichts hörte man früher so gern erzählen wie von grossen Kisten voller Gold und Silber, die in den Kellern zerfallener Burgen auf den schlauen Schatzsucher warteten. Die meisten Geschichten nennen aber auch einen Schatzhüter – meist eine grimmige Gestalt, die dem Unternehmungslustigen oft unlösbare Aufgaben stellte. So dass er mitunter froh war, wenn er nur mit heiler Haut von der Schatzsuche heimkam.

ZWEI WORTE ZUVIEL

Beim zugerischen Schönbrunn, im Chilebode, hatten vor langer, langer Zeit Waldschwestern gewohnt. Daran erinnert eine Kapelle, und nicht weit von ihr liegt ein Schatz vergraben, den eine Geisternonne hüten muss. Das Gold steckt in einem irdenen Gefäss. Jedes Jahr rückt dieses etwas höher, bis es nach Ablauf eines Jahrhunderts an die Oberfläche kommt und so gehoben werden kann. Wer das aber wagt, darf während der Arbeit kein einziges Wort sprechen. Zwei Männer hatten einst den richtigen Zeitpunkt abgepasst und waren gerade beim Heben des Schatzes. Da sah einer von ihnen, wie sich von der Kapelle her eine Prozession näherte. Erstaunt sagte er zu seinem Kameraden: «Sieh dort!» Das waren zwei Worte zuviel; der Schatz sank in die Tiefe, die Nonne seufzte laut und klagte den Schatzgräbern: «Beinahe wäre ich erlöst gewesen!» Jetzt müsse sie wieder ein ganzes Jahrhundert lang auf den erlösungsverheissenden Augenblick warten. Von der Prozession aber sahen die beiden keine Spur mehr.

DIE SCHLANGENPROBE

Im sanktgallischen Portels, nicht weit von Sargans gelegen, lernte ein junger Bursche beim Tanz eine seltsame, weissgekleidete Jungfrau kennen. Nach dem Tanz führte sie ihn auf die Seite und gestand ihm: «Ich bin ein verzaubertes Mädchen und wäre erlöst, wenn du mir eine einzige Bitte erfüllen könntest.» «Und die wäre?» «Komm mit mir ins Tobel», war die Antwort, und damit führte sie ihn ins Schilztobel, aus dem sie sich früher am Abend zum Tanz geschlichen hatte.
Vor einer Höhle machten sie halt, und der Bursche sah eine grosse Kiste mit Geld im Dunkeln liegen, auf der sich eine Schlange ringelte. «Das Geld gehört dir», sagte die Jungfrau, «wenn du dich drei Mal von dieser Ringelnatter umhalsen lässt. Du darfst aber keinen Seufzer von dir geben, so stark sie dich auch drückt.» Das versprach der Jüngling, und die Natter wand sich um seinen Hals. Den ersten Druck hielt er geduldig aus, auch den zweiten verschmerzte er noch, aber als ihm das greuliche Tier ein drittes Mal gewaltig die Kehle zusammenschnürte, seufzte er unwillkürlich. Sofort löste sich die Natter von ihm, und das Mädchen verschwand weinend.
Es heisst, sie sei noch heute verzaubert und werde es noch lange bleiben. Erst wenn ein gewisses Kirschbäumchen so alt geworden ist, dass man es fällen kann, kommt wieder eine Gelegenheit zur Erlösung. Nur das Menschenkind, das seine ersten Monate in der Wiege verbringt, die man aus dem Holz des Baumes gezimmert hat, wird die Jungfrau erlösen können – aber ob es dann auch glückt?

DAS SCHWARZE HÜNDCHEN

Ein gewaltig grosser Schatz soll in den Ruinen der Burg Schönau, nicht weit vom Thurgauer Dörfchen Littenheid, zu finden sein. Neben dem Gold liegt auch ein steinernes Fass voll uraltem, köstlichem Wein.
Zwei Männer, die davon hörten, wagten sich einmal in der Heiligen Nacht zwischen elf und zwölf Uhr ans Heben des Schatzes. Nachdem sie eine Zeitlang gegraben hatten, stand plötzlich ein kleiner, schwarzer Hund vor ihnen. Der bellte sie so heftig und mit so unheimlicher Stimme an, dass sie sich schliesslich fürchteten, das Weite suchten und den Schatz Schatz sein liessen.

DER MUTIGE HÜTERBUB

Auch auf der alten Burg bei Stein am Rhein liegt schon seit Jahrhunderten ein riesiger Schatz. Man weiss das schon darum, weil Schulkinder hier öfters alte Geldmünzen fanden und immer wieder ein wildes Schwein aus einer Höhlenspalte heraussprangen sahen. Auch die Hüterbuben des Ortes kannten die Höhle unter der Burg wohl, hatten sich aber nie sehr weit hineingetraut.
Eines Tages liess sich einer von ihnen von den Kameraden abseilen. In einem alten Kübel trug er eine brennende Kerze mit. Als man ihn auf sein Zeichen hin nach ziemlich langer Zeit herauszog, wusste er Erstaunliches zu erzählen. In einem Gewölbe tief unter der Erde habe er einen grossen, dicken Mann an einem Tisch sitzen sehen. Der Mann hatte eine grosse Kette aus purem Gold um den Hals hängen. Vor ihm bewachte ein grosser, schwarzer, haariger Hund eine Schatzkiste. Der sah den Hüterbuben mit so greulichen Blicken an, dass dieser sich so schnell wie möglich wieder zurückholen liess.

ZU LANGE GEWARTET

Auch im Welschland gibt es Schatzsucher, die sich mit Spitzhacke und magischen Formeln ihre Träume vom Gold zu erfüllen suchen. Hier glaubt man, dass die Bergmännchen im Innern der Berge Reichtümer anhäufen und eifersüchtig bewachen. Zu gewissen Zeiten aber öffnet sich der Berg, und die Gnomen sind machtlos, wenn ein Menschenkind in diesem Augenblick auf ihre Schätze trifft.
Mitten in einem Felsen oberhalb Chandolin, im Rocher de Soie, liegt

ein solcher Schatz. Einmal im Jahr, am Weihnachtstag, zur Zeit der Mitternachtsmesse, liegt er offen da. So geschah es in einem Winter, dass ein Bürger aus Ponchet sich auf dem Weg zur Messe verspätete, da Neuschnee die Wege fast unpassierbar machte. Als die Glocken die Messe einläuteten, öffnete sich der Fels, und der erstaunte Kirchgänger sah einen unermesslichen Goldschatz vor sich ausgebreitet. Mit vollen Händen langte er zu und füllte die Taschen seines Mantels. Er stopfte so lange, bis nichts mehr hineinging, konnte sich aber immer noch nicht von all dem Reichtum trennen. Als er schliesslich mit übervollen Taschen aufbrach, war gerade die Messe zu Ende. Beim ersten Glockenschlag schloss sich der Fels und schnappte ihm den Mantel mit den vollbeladenen Taschen weg. Ohne Gold und ohne Mantel zog der Mann ab.

MENSCHLICHE UND GÖTTLICHE RICHTER

In einer Zeit, in der die hohen Herren des Gerichts ihre Opfer mit grausamer Folter zum Geständnis zwangen, kam es immer wieder vor, dass Unschuldige den Tod durch den Henker fanden. Auch wenn sie ihr unter der Folter erpresstes Geständnis widerriefen, war das Unheil geschehen; nur wunderselten hielten die Richter ihre Zweifel dem Angeklagten zugute. Aber selbst wenn jemand auch unter der Tortur nicht gestand, wurde ihm das bös ausgelegt: Er galt dann als besonders verstockt. An solchen Justizopfern, unschuldig Enthaupteten oder Gehängten, ereignete sich manch ein Zeichen und Wunder.

DER ENTHAUPTETE HAUSVATER

Bei der Sankt-Anna-Kapelle im Limmatstädtchen Baden stand einst ein schlichtes Holzkreuz, und über dessen Bedeutung erzählte man sich Folgendes: Ein armer Familienvater war der Brandstiftung beschuldigt und zum Tode verurteilt worden, obwohl er die Tat durchwegs bestritten hatte. Auch unter der Folter war er bei seiner Aussage geblieben, was die Richter aber nur zur Annahme führte, der Mann stehe mit dem Teufel im Bund. Noch auf dem Richtplatz beteuerte er laut seine Unschuld. Er wolle aber auch diesen schmählichen Tod auf sich nehmen, rief er laut, wenn ihm die Richter den Trost geben könnten, dass für seine verwaisten Kinder gesorgt sei. «Versprecht mir, so viele Jahre für sie zu sorgen, als ich mit abgeschlagenem Kopf noch Schritte machen kann!» Das sagten ihm die Richter höhnisch zu, und der Vater kniete gefasst nieder. Der Henker schlug ihm den Kopf ab, aber noch während dieser über die Bretter rollte, erhob sich der Rumpf und begann zu gehen – über dreihundert Schritte weit, bis zur genannten Stelle bei der Sankt-Anna-Kapelle. Der Geköpfte wäre wohl noch weiter gekommen, wenn ihn nicht einer aus der Menge umgestossen hätte, aus Grauen oder aus Mitleid. An der Stelle, an der der Unschuldige hinfiel, errichtete man später das Kreuz. Die Richter sollen alle einen schimpflichen Tod gefunden haben.

DER UNEHRLICHE RICHTER UND SEINE OPFER

Im Oberwalliser Dorf Geschinen war das Gemeindegeld auf unerklärliche Weise abhanden gekommen. Drei sonst als ehrliche Bürger bekannte Männer wurden von einer angesehenen Person aus Geschinen angezeigt, sogleich verhaftet und nach Ernen gebracht. Alle drei beteuerten ihre Unschuld, aber man schenkte ihnen keinen Glauben. Man spannte sie auf die Folter. Lange blieben sie standhaft und verweigerten jedes Geständnis. Aber am dritten Tag wurden die Folterqualen für alle drei zu viel; so bekannten sie eine Schuld, die sie gar nicht begangen hatten.
Unter den Richtern befand sich auch der Mann, der die drei angezeigt hatte. Auf seinen Antrag hin beschloss man, sie sofort aufzuhängen; die Hinrichtung wurde auf den folgenden Tag angesetzt. Als der Henker ihnen unter dem Galgen die Stricke umwarf, rief der erste laut: «Ich sterbe am Galgen, doch ich sterbe ehrlich!» Der zweite Verurteilte beteuerte: «So unschuldig bin ich wie die Sonne am Himmel da oben!» Als der dritte die Leiter emporstieg, rief er: «Also müssen ehrliche Männer sterben für den wahren Dieb, der hier, unter dem Galgen, auf unseren letzten Schnauf wartet!» Das tönte so überzeugend, dass alle Umstehenden erschraken. Trotzdem ordnete niemand an, die Hinrichtung aufzuschieben; alle drei starben am Strick. Als sich der erste Schreck gelegt hatte, stieg in der Menge ein furchtbarer Verdacht auf: Hatte man drei Unschuldige hingerichtet? Immer lauter murrte man in der Menge gegen den Richter, der die drei angezeigt hatte, und schon wenig später bezeichnete man ihn allgemein als den wahren Dieb. Am nächsten Morgen drängten sich die Bauern bereits vor seinem Haus und schrien nach einem Gerichtsverfahren. Aber als man ins Haus drang, fand man es leer: Der Verdächtige hatte es mitten in der Nacht verlassen und blieb seither verschollen. Einer der Hingerichteten aber, ein gewisser Hans Imarnen, erschien nachts seinem besten Freund und berichtete diesem, was ihnen widerfahren war. Der letzte Richter von allen sei der gnädigste gewesen: Gott habe ihnen allen verziehen.

DIE ABSCHAFFUNG DER FOLTER

Schon immer gab es verständige Leute, die auf Abschaffung der Folter drängten. Sie waren sich im klaren, dass die Tortur keineswegs immer zur Wahrheit verhelfe. Viele gestanden unter den fürchterlichen Schmerzen allerlei ein, das sie niemals getan hatten – nur um der Folterqual, dem Aufdrehen oder Auspeitschen und den glühenden Zangen zu entgehen.
Zu ihnen gehörte Kaspar Stockalper, ein mächtiger Walliser Kaufherr. Mit einem äusserst drastischen Kniff überzeugte er die Richter vom Unfug dieser Verhörmethode: Er klagte eines Tages seinen Knecht an, dieser habe ihm einen Sattel gestohlen. Der Mann wurde sofort vor den Richter geführt, leugnete aber die Tat. Also liess ihn der Richter auf die Folterbank spannen, und nach grauenvoller Marter gestand der Knecht, er habe den Sattel gestohlen. In diesem Augenblick brachte Stockalper das Corpus delicti herbei – er hatte den Sattel eigenhändig versteckt. Mit ernsten Worten zeigte er den Richtern anhand dieses Beispiels an, welchen Unsinn die Folter darstelle, und wie wenig die so erhaltenen Geständnisse wert waren. In der Folge schaffte man die grausame Verhörmethode denn auch ab.

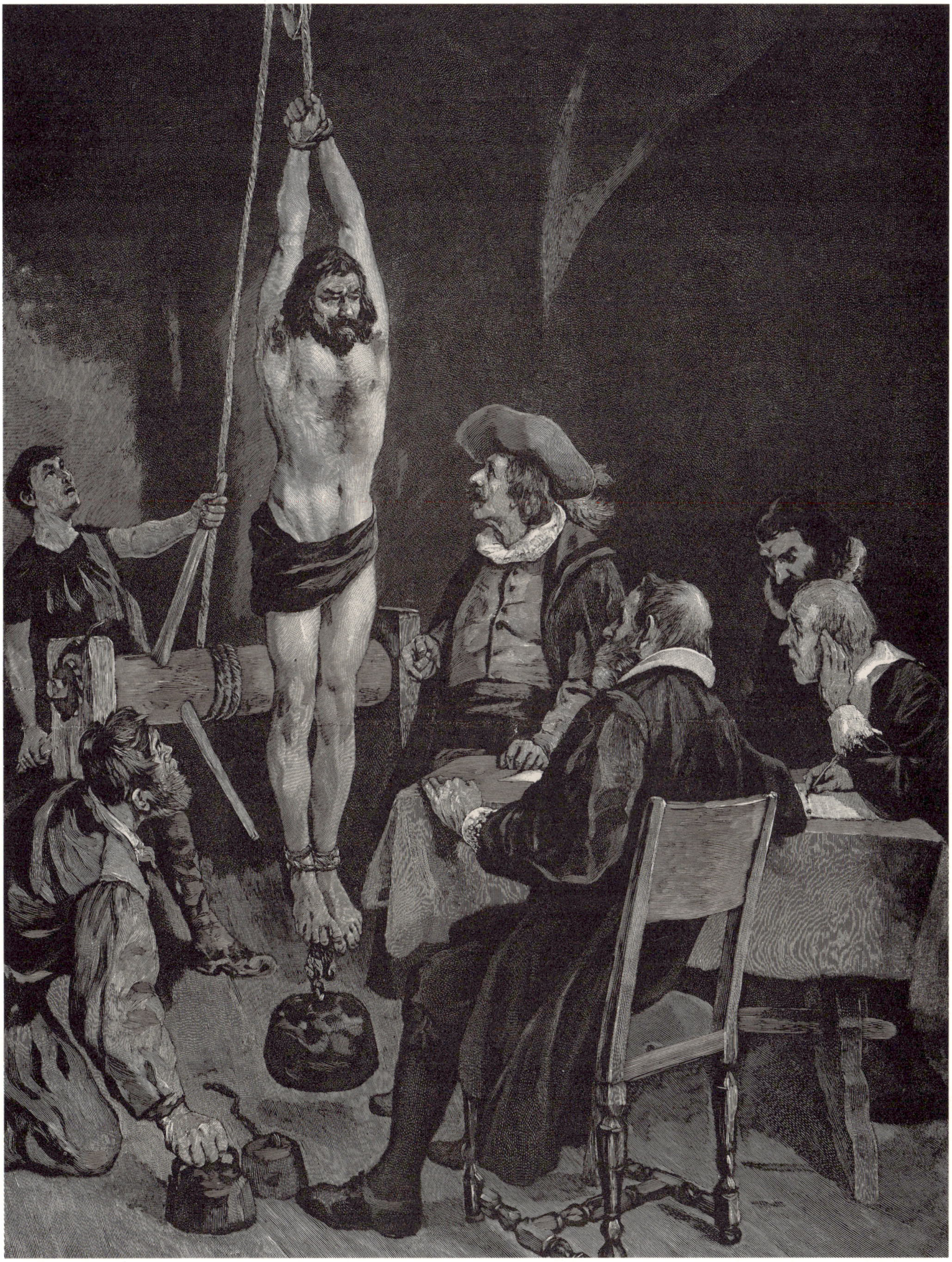

DAS KLEINERE ÜBEL

An vielen Orten der Eidgenossenschaft galt der folgende alte Brauch: Wenn einer sollte gehängt oder geköpft werden, und es kam eine Jungfrau, die sich anerbot, ihn zu heiraten, so schenkte man ihm das Leben – selbstverständlich nur, wenn er mit den Heiratsplänen auch einverstanden war.

So geschah einst im Kanton Uri, dass ein zum Tod Verurteilter auf den Richtplatz geführt wurde. Im letzten Moment aber trat ein recht hübsches Mädchen – so jedenfalls das allgemeine Urteil – hervor und anerbot sich laut, den Verurteilten zum Ehemann zu nehmen. Der Todeskandidat betrachtete die Retterin, schüttelte dann den Kopf und sagte:

Rots Haar, spitzi Nas,
Hänker schlach züe,
Besser einisch glittä
As hundertmal gstritta.

DAS GOTTESURTEIL ÜBER DEN ZÜRIHEIRI

Noch willkürlicher und schrecklicher in seinen Auswirkungen als die Folter war das sogenannte Gottesurteil. In manchen Fällen musste der Angeklagte seine Unschuld durch ein Wunderzeichen beweisen, in anderen wiederum war es Gott selbst, der durch ein Wunder einen unerkannt gebliebenen Übeltäter blossstellte.

Im aargauischen Zurzach wohnte der Züriheiri – ein reicher, aber geiziger Händler. Der Heiri war einst als armer Bettelknabe ins Dorf gekommen und beim Ochsenwirt gelandet, wo er mit dem Sohn des Hauses zusammen aufwuchs. Mit Geschick und Fleiss, aber auch mit Habgier und Geiz baute er sich eine angesehene Stellung auf. Populär wurde er nie, er selbst fragte den Leuten nichts nach – mit einer Ausnahme: der treuen Freundschaft zum Sohn des Ochsenwirtes. Dieser wurde nach Jahren zum Bürgermeister des Ortes, aber auch damit hatte die Freundschaft weiter Bestand.

Was den Geizhals besonders ärgerte, war die alljährliche Zuteilung des Gemeindeholzes an die Bürger; als Auswärtiger oder Ausbürger war Heiri von dieser Vergünstigung ausgeschlossen. Aus lauter Trotz kaufte er sein Holz aber nicht bei den Nachbarn, sondern holte es sich nachts eigenhändig im Gemeindewald. Die Zurzacher bemerkten das Fehlen des Holzes bald und hielten die Bannwächter an, besser aufzupassen. Aber den faulen Wächtern passte es gar nicht, Nächte lang im Wald zu lauern. Sie verbreiteten das Gerücht, in der Grüt – eben dort, wo Heiri jeweils sein Brennholz holte – gehe ein Geist um; man höre es nachts keuchen und knistern. Von da an traute sich niemand mehr in die

Nähe, und Züriheiri blieb monatelang unbehelligt.

Eines Abends kam der Bürgermeister, der Sohn des Ochsenwirtes, spät abends von Tegerfelden nach Zurzach zurück: ein Weg, der über das Grüt führte. Heiri war gerade wieder dabei, im hellen Mondlicht Reisigwellen zu binden – nur dass der Wirtssohn sich weder vom Schnaufen und Keuchen noch von den Gruselgeschichten abhalten liess, Nachschau zu halten. Er schlich durch die Büsche und erkannte seinen Freund. «Wart nur, Züriheiri!» rief er, «der Rat wird es dir noch zeigen!» Heiri, ertappt und in Panik, griff nach seinem Gertel und schlug dem alten Freund die krumme Spitze ins Genick. Der sank zu Boden, flüsterte bloss noch im Sterben: «Oh du Unglücklicher, ich hätte dich doch nicht verzeigt!» Der Mörder wälzte sich, von Reue und Angst geplagt, auf dem Boden und warf den blutigen Gertel weit von sich. Plötzlich aber kam die Angst vor den Folgen über ihn. Er verscharrte die Leiche und flüchtete sich nach Hause. Schon wenige Tage später aber fand man die Leiche, ebenso den blutigen Gertel, den man allerseits als das Gerät des Züriheiri identifizierte. Vor dem Gericht stritt Züriheiri die Tat vehement ab, so dass die Richter beschlossen, ihn der Leiche gegenüberzustellen. Züriheiri sollte seinen Unschuldseid wiederholen und dabei die drei Schwörfinger in die Wunde des Leichnams legen. Der Sarg wurde herbeigebracht, und mit zitternden Knien berührte Heiri die Wunde seines Opfers. Da sprang ihm ein Blutstrahl entgegen, der ihn von oben bis unten bedeckte.

«Gott hat gerichtet!» riefen die Richter aus, und Heiri gab seinen Mord auf der Stelle zu. Er wurde ins Grüt geführt und dort, wo er seinen Freund erschlagen hatte, hingerichtet. Die Holzfäller behaupten, man sehe ihn heute noch auf grossen Reisigwellen durch die Lüfte reiten.

GOTT LÖST DAS RÄTSEL

Im Walliser Dorf Niedergesteln gerieten zwei Bauern des Wassers wegen in Streit. Einer der beiden machte kurzen Prozess und warf den anderen in einen Graben; dort fand man am nächsten Tag die zerschmetterte Leiche vor. Der Täter blieb unbekannt. Aber am Tag des Begräbnisses sagte der Pfarrer: «Bevor ich den Toten bestatten lasse, müssen all meine Pfarrkinder am Sarg vorbeigehen und dem Toten die Hände auflegen.» Als der Mörder an die Reihe kam, fing das Blut des Ermordeten wieder an zu fliessen. Da rief der Prior: «Du bist der Mörder!», und dieser bekannte seine Tat.

Das verlorene Tal

In vielen Gegenden der Alpen erzählte man sich von einem verlorenen Tal, in das nur wunderselten ein Gemsjäger oder sonst ein Glückskind einen Blick tun durfte. Manchmal hiess es, hier hausten nur Gemsen, Steinböcke und wunderbare und seltsame Tiere in ungestörtem Frieden. Andere wollten die Mauern zerfallener Häuser gesehen haben und wissen, dass hier einst Menschen gewohnt hätten.

So berichtete man im Wallis, hinter dem höchsten Berg, dem Monte Rosa, liege ein unbewohntes Tal, das noch nie von einem Menschen betreten worden sei; nur hin und wieder habe ein Jäger von den steilen Felswänden, die es einschlossen, hinuntergeschaut. Durch die grünen Wiesen fliesse ein Bach, und die Sonne scheine auf ganze Alleen von Obstbäumen. Unter den tausendjährigen Arven spielten Hasen und Füchse mit Zapfen, deren Kerne so gross wie Nüsse seien. Tausende von Blumen und Kräutern verbreiteten einen paradiesischen Duft.

Andere wieder wollten wissen, das verlorene Tal stehe allen Menschen offen, die nicht mehr wo aus und wo ein wüssten. Ein Jäger, der auf der Gemsjagd einen Blick in dieses Bergparadies tun durfte, sah sogar, wie die verfolgte Gemse einem wohl zweihundertjährigen Mann die Hand leckte.

So hartnäckig hielten sich in der Gegend des Monte Rosa die Erzählungen vom verwunschenen Tal, dass Auswärtige regelrechte Expeditionen durchführten – so etwa der Naturforscher Horace-Bénédicte de Saussure. Ob er das Bergparadies fand?

Der Hirte ohne Hemd

Einst lebte ein König, der unter allerhand Krankheiten litt. Seit Jahren hatte er keinen gesunden Tag gesehen, und niemand konnte ihm helfen, auch die gelehrten Kapazitäten nicht, die man aus allen Landesteilen kommen liess. Schliesslich erinnerte sich der Älteste unter den Ärzten an einen alten Wahrspruch. Er liess das Kollegium zusammenrufen und verkündete feierlich: «Da gibt es nur eines. Der König muss das verschwitzte Hemd eines Menschen anziehen, der vollkommen glücklich ist. Nur so kann er wieder gesund werden.»

Der König klammerte sich an diese letzte Hoffnung und liess seine Beamten im ganzen Land suchen. Aber sie kamen immer wieder zurück, ohne einen solchen Menschen gefunden zu haben. Niemand wollte von sich behaupten, er sei vollkommen glücklich. So zogen sie jedes Mal mit weniger Zuversicht los. Endlich aber stiessen sie in einem verlassenen Bergtal auf einen armen, kleinen und zerlumpten Hirten, den sie schon von weit hatten jauchzen hören. Er trug ein kleines Säcklein auf dem Rücken, plauderte mit seinen Schafen, sang und jodelte.

Schon etwas zuversichtlicher fragten die Diener den Kleinen, ob er denn zufrieden sei. «Oh ja», antwortete der Hirte. «Mir fehlt gar nichts. Ich habe jetzt die Schafe hier auf dem Hügel zusammengetrieben, später geht es nach Hause, und morgen, wenn die Sonne wieder aufgeht, ziehe ich wieder los. Ein schöneres Leben gibt es gar nicht.»

Die Diener sahen sich hoffnungsvoll an. «Also gut, so tu uns den Gefallen und gib uns dein Hemd. Wir geben dir ein schönes seidenes Hemd dafür.» Und sie erklärten dem Hirten, wozu sie sein Hemd brauchten, liessen ihn auch das schöne seidene Hemd sehen, das sie nun schon so lange Zeit vergeblich mitgeführt hatten.

Der Hirte sah an seinen Lumpen herunter. «Ich würde euch und dem König ja gerne helfen», sagte er. «Aber ich habe ja gar kein Hemd.» Denn durch die Risse in seinem schäbigen Röcklein schien überall die Sonne, so fadenscheinig war es, und wer weiss, ob es nicht noch ganz auseinandergefallen wäre, hätte er es ausgezogen.

Da mussten die Diener einmal mehr unverrichteter Dinge abziehen. Sie kehrten ins Schloss des Königs zurück und überbrachten die Nachricht: Der glücklichste Mensch, den sie angetroffen hätten, besitze gar kein Hemd...

DAS ESELSEI

Da lebten im Engadin, nicht weit von der Grenze zum Tirol, ein Müller und eine Müllerin. Sie waren beide schon alt und schwach, und die Arbeit fiel ihnen schwer. Besonders der Müller jammerte, wenn er die Mehlsäcke herumschleppen musste, und er überlegte sich immer wieder, wie er sich die Arbeit erleichtern könnte. Nur war er leider nicht grad der Gescheiteste. Schon in der Schule hatte man ihn dauernd gefoppt und ihm alles mögliche für wahr verkauft, und seither hatte sich nicht viel geändert. Dieser Dummheit wegen war der Müller auch seiner Lebtag arm geblieben, obwohl er immer fleissig gearbeitet hatte. Jetzt brachten er und seine Frau sich kümmerlich durchs Leben. Ersparnisse hatten die beiden nicht, und wenn einmal etwas Geld übrigblieb, kam sicher irgend ein Schlaukopf und luchste es ihnen wieder ab.

Eines Tages sagte die Frau zu ihrem Mann, als er eben wieder unter einer schweren Last keuchte: «So kann das nicht weitergehen. Nächste Woche ist Markt im Tirolischen. Da gehst du hin und kaufst dir einen Esel. Der soll dann die Säcke schleppen.» «Und wie stellst du dir das vor?» fragte der Müller. «Zum Kaufen gehört Geld. Meinst du, die schlauen Tiroler geben mir einen Esel, einfach so?» Darauf wusste die Frau keine Antwort, denn leider war sie auch nicht gerade die Hellste. Aber schliesslich kam ihr eine Idee: «Du könntest doch zum Landvogt aufs Schloss gehen. Das ist ein freundlicher Mann, und der leiht dir bestimmt das Geld für den Esel.»

Nach viel Wenn und Aber machte sich der Müller auf den Weg ins Schloss. Der Landvogt war ein fröhlicher alter Herr, der gerne seinen

Spass mit den Leuten hatte, und als er vom Fenster aus den Müller sah, wie er den Schlossberg hinankeuchte, rieb er sich bereits die Hände vor Freude. Er empfing den Alten freundlich, setzte ihm ein Glas Wein vor, und nach einigem Hin und Her rückte der Müller mit seinen Sorgen heraus: Er hätte gar zu gerne einen Esel, ob ihm der Landvogt nicht das nötige Geld leihen würde. «Aber gewiss», sagte der Landvogt freundlich und schmunzelte innerlich bereits über den Streich, den er vorhatte. «Aber muss es denn sofort ein ausgewachsener Esel sein? Kauft doch einfach ein Eselsei und brütet es selbst aus. Das kommt viel billiger zu stehen. Und dafür schenke ich Euch das Geld sogar.» Der Müller machte erst ein dummes Gesicht, dann aber leuchtete ihm die Sache ein; schliesslich war ein Hühnerei auch billiger als ein Huhn. Als er zuhause der Müllerin die Sache erzählte, war diese ebenfalls sehr zufrieden und konnte den lieben Herrn Landvogt nicht genug rühmen.

Am nächsten Tag machte sich der Müller auf den Weg zum Markt im Tirolischen. Dort spazierte er mit wichtiger Miene zwischen den Marktständen herum und spähte eifrig nach einem Eselsei aus. Als er gegen Abend immer noch nichts gefunden hatte, kam er mit einem lustigen Tiroler ins Gespräch, dem vertraute er schliesslich seine Sorgen an. Der Tiroler merkte bald, dass er es mit einem Neunmalklugen zu tun hatte. Er machte ein ernsthaftes Gesicht und sagte: «Ein Eselsei kann ich Euch schon beschaffen, sogar ein frisch gelegtes, da steckt sicher ein Prachtskerl von Esel darin. Kommt nur mit mir, wir werden sicher bald handelseinig.» Der Müller dankte seinem Gegenüber und begleitete ihn getreulich bis vor ein Haus, da hiess ihn der Tiroler warten. Nach einer Weile kam er mit einem prächtigen Eselsei heraus – eigentlich war's ein Kürbis, aber der Müller, der noch nie dergleichen gesehen hatte, schöpfte keinerlei Verdacht. Er gab dem Tiroler alles Geld, das ihm der Landvogt geschenkt hatte, und zog zufrieden in sein Dorf zurück.

Die Müllerin war begeistert und konnte das schöne Eselsei und ihren klugen Mann, der einen so guten Handel gemacht hatte, nicht genug bewundern. «Morgen beginnen wir sofort mit dem Brüten», sagte sie, als sie sich ins Bett legten, und wahrhaftig – am nächsten Morgen wurde ein hübsches kleines Nest gebaut. Zunächst gab es einen Streit, wer zuerst brüten dürfe, aber schliesslich setzte sich die Müllerin auf das Ei und blieb den ganzen Tag dort sitzen. Am nächsten Tag löste sie der Müller ab, und so ging es Tage und Wochen weiter. Als sich nach einem Monat immer noch kein Esel zeigen wollte, machten die Müllersleute doch bedenkliche Gesichter. Schliesslich fasste sich der Müller ein Herz, nahm den Kürbis unter den Arm, trug ihn zum Landvogt aufs Schloss und klagte dem Herrn sein Leid. Der Landvogt sah sich das Eselsei von allen Seiten an, machte ein ernsthaftes Gesicht, obwohl er innerlich fast zerplatzte, und sagte wichtig: «Das glaube ich schon, dass da kein Esel auskriechen will. Der Tiroler hat Euch schändlich betrogen und Euch ein leeres Ei verkauft, da könnt Ihr noch so lange brüten. Geht doch auf den nächsten Markttag zu ihm, sagt ihm tüchtig die Meinung und verlangt ein besseres Ei von ihm, das kann er Euch nicht verweigern.»

Der Müller dankte für den guten Rat, und am nächsten Markttag nahm er sein Ei unter den Arm und einen dicken Stock in die Hand; damit wollte er dem Tiroler wenn nötig ganz handfest ehrliche Sitten beibringen. Nach ein paar Marschstunden in der heissen Sonne bekam er Hunger. Er setzte sich unter einen Baum in den Schatten, legte das Ei neben sich und begann, seinen Imbiss zu verzehren. Dabei stiess er das Ei an, und dieses geriet ins Rollen. Es rollte immer schneller über den steilen Hang hinunter und landete in einem Gebüsch. Dort schreckte es einen Hasen auf, der suchte entsetzt das Weite. Der Müller sah gerade noch die langen Ohren und dachte erschrocken: «Oh weh, nun ist der Esel doch herausgekrochen!» So schnell er konnte rannte er den Berg hinunter, fuchtelte mit den Armen und schrie: «Wart doch, wart doch, ich bin ja dein Vater!» Aber der Hase liess sich nicht mehr blicken, und der Müller musste traurig den Heimweg antreten. Er hat seither aber keine Eselseier mehr gekauft.

VOM MANN, DER EIN KALB ZUR WELT BRACHTE

Im Waadtland lebte einst ein Bauer, der sich krank fühlte. Also machte er sich auf zu einem berühmten Kräuterweibchen, das alle Krankheiten aus dem Urin erraten konnte. Er trug ein Fläschchen mit Urin im Sack, aber als er auf halbem Weg nachschaute, war der Korken weg und das Fläschchen leer. Er marschierte noch ein paar Stunden weiter, da brach die Nacht herein. Unser Mann fragte auf einem grossen Bauernhof nach, ob er hier die Nacht verbringen dürfe. Man machte ziemlich saure Gesichter, aber schliesslich erlaubte man ihm, die Nacht im Stall zu verbringen. Dort fand er eine Kuh vor, die gerade am Kalben war. Unser Mann schaute eifrig zu, und als das Fruchtwasser ausfloss, hielt er sein leeres Fläschchen hin und füllte es mit Fruchtwasser.

Am nächsten Morgen machte er sich wieder auf den Weg. Das Kräuterweiblein schaute sich die Flüssigkeit lange an und erklärte dem Bauern schliesslich, was ihm fehle: Er sei wie eine Kuh, die kurz vor dem Kalben stehe. Der Bauer machte sich ganz zufrieden auf den Heimweg. Es war tiefer Winter, und er kam im hohen Schnee nur langsam voran. Unterwegs traf er am Wegrand auf die Leiche eines Mannes, den die Räuber getötet hatten. Der Tote trug dicke, feste Stiefel, die stachen dem Bauern ins Auge. Er versuchte, sie dem Toten auszuziehen, aber wegen der Kälte und der Leichenstarre brachte er die Stiefel nicht ab. Schliesslich zog er sein Messer und schnitt die Beine über dem Stiefelschaft ab, nahm die Stiefel unter den Arm und zottelte weiter.

Auch diesmal überraschte ihn die Dunkelheit – just beim gleichen Bauernhof, in dem er am Vortag übernachtet hatte. Und da man ihn schon kannte, sagte man ihm zu und wies ihm sogar einen Platz in der Küche an. Er setzte sich vor das Feuer und schlief sofort ein.

In der Zwischenzeit hatte die Kuh gekalbt, und der Hofbauer fürchtete, dem Kälbchen könnte es im Stall zu kalt werden. Er trug das Junge in die Küche und bettete es vor das Feuer, ohne dass unser Mann erwachte. Dann legte er sich schlafen. Ein paar Stunden später schlug der Mann, der vom Kräuterweiblein kam, die Augen auf und sah neben sich, vor dem Feuer, das Kälbchen liegen. Da kam ihm in den Sinn, was das Kräuterweib gesagt hatte, und er erschrak heftig. Hatte er selbst im Schlaf das Kälbchen geboren? Er stürzte aus der Küche, ohne sich umzusehen, und rannte, so schnell er nur konnte, vom Hof fort. Sogar die neuen Stiefel vergass er.

Am nächsten Morgen kamen der Hofbauer und sein Gesinde in die Küche. Der Mann, den sie beherbergt hatten, war weg – aber als sie die Stiefel genauer anschauten, erschraken sie fürchterlich. Es war klar: Das Kalb hatte in der Nacht ihren Gast aufgefressen – bis zu den Stiefeln …

Aus der Geschichte unseres Landes

Rund um das Jahr 1300, als sich die Orte am Vierwaldstättersee zum Ewigen Bund zusammenschlossen, geschah allerorten so Schreckliches, «dass man meint, es möchten Sonn und Sterne untergehen», wie ein Chronist berichtet. Dass Tell den Gessler erschoss und die Waldstätter die Burgen der habsburgischen Vögte verbrannten, schien ihm ein Zeichen dafür, dass die Welt in Unordnung geraten war. Aber noch viel Schlimmeres geschah. Sogar ein deutscher König war in diesen Zeiten seines Lebens nicht mehr sicher.

DER KÖNIGSMORD

König Albrecht, der Sohn Rudolfs von Habsburg, hatte sich im April 1308 in den Bädern des aargauischen Baden erholt und bereitete sich zur Abreise vor. Am 28. April, einem Sonntag, traf im Limmatstädtchen völlig aufgelöst ein Ritter ein, den der König gut kannte. Was ihm denn passiert sei? wollte Albrecht wissen. «Weiter nichts», antwortete der Ritter, «als dass mich auf dem Weg hierher ein Schwarm Hornissen überfallen hat. Ich musste vom Pferd steigen und den Sattel über den Kopf ziehen, um mich vor ihnen zu wehren. Da fiel der Schwarm über mein Pferd her und stach es zu Tode.»
«Das bedeutet nichts Gutes!» sagte der König nachdenklich. «Wer hat schon je so etwas gehört!»
Kurz später, am ersten Mai, brach er mit seinem Gefolge auf in Richtung Rheinfelden, wo seine Gemahlin Elisabeth auf ihn wartete. Mit ihm ritt sein Neffe, der Herzog Johann, der dem König aus vielerlei Gründen übel wollte. Zu Johanns Freunden gehörte eine Anzahl Ritter aus der Gegend: die Herren von Balm, Tegerfelden, Wart und Eschenbach. Als man bei der Fähre über die Reuss ankam, richteten es die Verschworenen so ein, dass sie zusammen mit dem König ans andere Ufer gebracht wurden; der Rest vom Gefolge blieb zurück oder war vorausgeritten.

Am anderen Ufer angekommen, ritt der kleine Trupp durch den Hohlweg, der von der Reuss nach Windisch und von dort zum Städtchen Brugg führt. Kaum waren die Verschworenen sicher, dass man sie von nirgends her sehen konnte, zückten sie ihre Schwerter und Dolche und stachen von allen Seiten auf den König ein. Der sank blutüberströmt aus dem Sattel, und die Attentäter galoppierten in alle Richtungen fort. Das herrenlose Pferd schleppte seinen sterbenden Meister noch ein paar Schritte weit zu einem Wäldchen. Dort ruhte sich gerade eine Dirne aus, die in Brugg von der Reise der königlichen Gesellschaft gehört hatte und gute Geschäfte witterte. Das leichte Mädchen erschrak über den blutüberströmten, vornehm gekleideten Mann, der sich nur mit Mühe an seinem Pferd hielt. Sie half ihm aus den Steigbügeln und bettete seinen Kopf in ihren Schoss. Aber es war zu spät für jede Hilfe; König Albrecht starb, noch bevor die ersten aus seinem Gefolge nachgekommen waren.

Zum Andenken an den ermordeten König wurde das Kloster Königsfelden gestiftet, und noch viele Jahre später galt hier die Sitte, dass alle «fahrenden Frauen» (so hiessen damals die leichten Mädchen), die an die Klostertüre klopften, ein paar Batzen Reisegeld erhielten.

VON APFELSCHUSS UND TYRANNENMORD

Gerade zur Zeit, in der König Albrecht regierte, hatte man in der Gegend rund um Gotthard und Vierwaldstättersee schrecklich unter den Vögten zu leiden, die die Habsburger ins Land geschickt hatten. Bereits hatten sich die freien Bauern von Uri, Schwyz und Unterwalden gegen die Unterdrückung verschworen, aber die Landvögte walteten selbstherrlicher denn je. Besonders tat sich hier der Urner Landvogt Gessler hervor. Der liess beispielsweise in Altdorf unter den Linden, wo jedermann vorbeiging, eine Stange aufstellen, auf die er seinen Hut gesteckt hatte. Die Vorbeigehenden mussten den Hut grüssen, als handle es sich um den Landvogt persönlich. Darauf achtete eine bewaffnete Wache, die tagaus tagein bei der Stange stand.

Nun wohnte in der Nähe ein ehrlicher Mann namens Wilhelm Tell, der zum Verschwörerkreis rund um Stauffacher gehörte. Tell war schon öfters an der Stange vorbeigegangen, ohne den Hut zu grüssen, und wurde deswegen vor den Vogt zitiert. Er versuchte sich herauszureden: Er habe nicht gewusst, dass Gessler auf den Gruss so viel Wert lege. Überhaupt wisse man allgemein, dass er, Tell, nicht gerade ein Kirchenlicht sei; der Landvogt solle das Versehen entschuldigen. Nun hatte Gessler gehört, dass Tell als Meisterschütze mit der Armbrust galt und mit seiner Frau eine Schar hübscher Kinder hatte. Sofort liess er die Kinder holen und wollte von Tell wissen, welches ihm das liebste sei. «Sie sind mir alle gleich lieb», antwortete Tell.

«Nun, Tell», sagte Gessler, «du giltst als guter Schütze. Das kannst du jetzt vor meinen Augen beweisen. Wenn du einem deiner Kinder einen Apfel vom Kopf schiesst, will ich den Leuten glauben.»

Tell erschrak gewaltig und bat den Landvogt eindringlich, ihm diesen Beweis zu erlassen. Aber es nützte alles nichts; die bewaffneten Wachen brachten eines der Kinder herbei, und Gessler legte ihm selbst einen Apfel auf den Kopf. Als Tell sah, dass man ihn zum Schuss zwin-

Ein Schwarm Hornissen hätte König Albrecht warnen müssen. Trotzdem kam es zum blutigen Attentat.

gen würde, steckte er einen Pfeil in den Gürtel. Mit dem zweiten spannte er die Armbrust, betete zu Gott um Hilfe, zielte – und traf den Apfel, ohne dass sein Kind auch nur einen Kratzer abbekam.

Gessler zeigte sich begeistert, aber nachdem er Tell kräftig gelobt hatte, wollte er wissen, was es mit dem ersten Pfeil auf sich habe, den Tell in den Gürtel gesteckt hatte. «Das ist so Brauch bei den Schützen», antwortete Tell ausweichend. Aber Gessler beharrte auf dem Punkt, und als er schliesslich versicherte, Tell brauche nicht für sein Leben zu fürchten, sagte der Schütze: «Wenn ich jetzt statt dem Apfel mein Kind getroffen hätte – Euch selbst hätte ich mit diesem zweiten Pfeil ganz bestimmt nicht verfehlt, und noch ein paar von Euren Wachen dazu.»

Das war genau der Vorwand, den Gessler suchte. «Ich habe zwar versprochen, dich am Leben zu lassen», sagte er. «Aber vor einem mordlustigen Gesellen wie dir muss ich mich schützen. Ich werde dich an einen Ort bringen, wo du weder Sonne noch Mond zu sehen bekommst.»

Die Wachen fesselten den Urner und schleppten ihn zu einem Boot, mit dem der ganze Tross nach Schwyz fahren wollte. Aber kaum war man ein paar Meilen weit gerudert, als ein fürchterliches Gewitter über dem Urnersee losbrach. Gessler selbst und seine Wachen glaubten, ihre letzte Stunde sei gekommen. Schliesslich kam man darauf, den Gefangenen loszubinden; er sollte als kräftiger und erfahrener Mann das Steuerruder übernehmen.

Das tat Tell denn auch, aber trotz dem Wüten des Sturmes behielt er klaren Kopf, merkte sich vor allem, wo die Wachen seine Armbrust hingelegt hatten. Als in Ufernähe eine Felsklippe in Sicht kam, feuerte Tell die Ruderer mit lauter Stimme an, ihr Bestes zu geben: Von dieser Klippe an sei das Schlimmste überstanden. Als man nahe genug war, liess Tell plötzlich das Ruder fahren, packte seine Armbrust und setzte mit einem gewaltigen Sprung auf die Klippe über. Von dort aus stiess er das Boot mit einem kräftigen Tritt wieder in den offenen See zurück und flüchtete sich ans Ufer.

Gessler und seine Wachen bewahrten ihr Schiff mit Mühe und Not vor dem Umschlagen und kamen Stunden später an Land. Gessler liess Pferde holen und setzte die Reise fort. Tell hatte erfahren, dass sein Gegner über Küssnacht reiten würde und eilte dem Trupp zu Fuss voraus. Dort legte er sich bei einem engen Strassenstück, das die «Hohle Gasse» hiess, in den Hinterhalt. Als die Besatzer hier ankamen, warf sich eine Frau dem Landvogt in den Weg und flehte für ihren Mann um Gnade. Als Gessler wie erwartet die Bitte abschlug, trat Tell aus dem Hinterhalt heraus und erschoss den Vogt mit einem einzigen Pfeil.

DIE SCHLACHT AM STOSS

Die Bauern rund um den Vierwaldstättersee, die sich ihrer fremden Landesherren entledigt hatten und nur direkt dem König verantwortlich waren, stellten für die unterdrückten Bauern in ganz Europa ein anfeuerndes Beispiel dar. An vielen Orten erhoben sich Landleute gegen ihre Machthaber – so im heutigen Belgien, in Frankreich und im Tirol. Die meisten dieser Aufstände wurden blutig unterdrückt. Aber mit Hilfe der Waldstätter gelang es den Bauern einiger benachbarter Regionen, die Herrschaft der Habsburger abzuschütteln: so in Glarus und im Appenzellerland.

Die Bauern rund um den Säntis sahen sich im Sommer 1405 von einer gutbewaffneten österreichischen Streitmacht unter Herzog Friedrich bedroht; es kam schliesslich zur Schlacht am Stoss. Trotz einer Verteidigungsmauer, der sogenannten Letzi, und trotz einiger Geländevorteile mussten sich die Bauern kämpfend zurückziehen. Einzelne Kämpfer hielten den Vormarsch zwar immer wieder auf, indem sie gleich mehrere Gegner beschäftigten – so der bärenstarke Uli Rotach, der angeblich ein halbes Dutzend gepanzerte Soldaten niedermachte und nur dank einer List besiegt werden konnte: Die Gegner steckten die Scheune, an deren Wand er sich den Rücken freigehalten hatte, in Brand; jetzt konnten sie den Appenzeller von allen Seiten angreifen.

Die Österreicher hatten vorsichtigerweise Truppen an der Letzi stehen lassen. Diese unbeschäftigte Nachhut sah sich plötzlich einer frischen Truppe Bauern gegenüber, die in ihren weissen Hemden vom Sommersberg herab auf sie losstürzten.

Die Nachhut ergriff die Flucht, und die Panik griff auch auf die Hauptstreitkräfte über. Fussvolk und Ritter der Österreicher zogen sich zurück und wurden bis vor die Mauern von Altstätten verfolgt.

Erst jetzt klärten die Appenzeller auf, woher der unerwartete Hilfstrupp kam: Die Frauen aus dem Dorf Gais hatten weisse Küherhemden übergeworfen und waren ihren Männern zu Hilfe geeilt.

DIE FRAU VON ROSENECK

Zu Ende des gleichen blutigen Jahrhunderts, im Jahre 1499, mussten die Eidgenossen ein weiteres Mal ihr Privileg verteidigen, selbst über ihr politisches Schicksal bestimmen zu können. Im sogenannten Schwabenkrieg traten die Bauern und Bürger der acht Alten Orte aber bereits mit einiger Erfahrung an. Die Kriegszüge gegen Karl den Kühnen, dazu aber auch einige planlose und willkürliche Eroberungszüge, hatten aus den wilden Bauernhaufen ein gut funktionierendes Heer gemacht. Gutbewaffnete Truppen zogen über den Rhein in süddeutsches Gebiet, eroberten dort manche Burg und manches Städtchen und liessen die Verteidiger dafür büssen, dass sie die Angreifer mit Lästerworten wie «Kuhmaul» oder «Kuhschwanz» verhöhnt hatten. Diese Übernamen spielten darauf an, dass sich viele Innerschweizer mit Viehzucht statt mit dem angeseheneren Ackerbau ernährten.

Solche Schimpfworte ertönten auch von den Mauern des schwäbischen Städtchens Blumenfeld, das die Eidgenossen während Tagen erfolglos belagerten. Die Verteidigung leitete ein Ritter mit dem passenden Namen Roseneck, wobei er sich mit üblen Namen besonders hervortat. Endlich mussten die Verteidiger aber doch kapitulieren. Die Belagerer erkannten ihnen freien Abzug zu; jeder Bewohner dürfe so viel an Eigentum mitnehmen, wie er zu tragen vermöge. Alles andere müsse im Städtchen bleiben, besonders aber der Ritter von Roseneck, dem die Schweizer wegen seiner frechen Zunge gleich den Kopf abschlagen wollten.

Beim Abzug der Bürger und Verteidiger hatten sich die Eidgenossen auf der Hauptgasse und vor dem Stadttor versammelt. Einer nach dem anderen zog an ihnen vorbei, schliesslich, schnaufend und schwitzend, auch die Frau von Roseneck. Sie trug einen gewaltigen Korb auf dem Rücken, aus dem der Kopf ihres Mannes, des spottlustigen Ritters, schaute. Die verblüfften Sieger brachen in Lachen aus und liessen die Frau erst ungehindert weiterziehen. Schliesslich kippte einer der Hauptleute den Korb, und der Ritter purzelte auf das Pflaster. Es heisst, die Eidgenossen hätten ihm einen tüchtigen Schrecken eingejagt, ohne ihn aber ernstlich zu verletzen – so sehr hatte sie die Treue der Ehefrau zu ihrem Gatten gerührt.

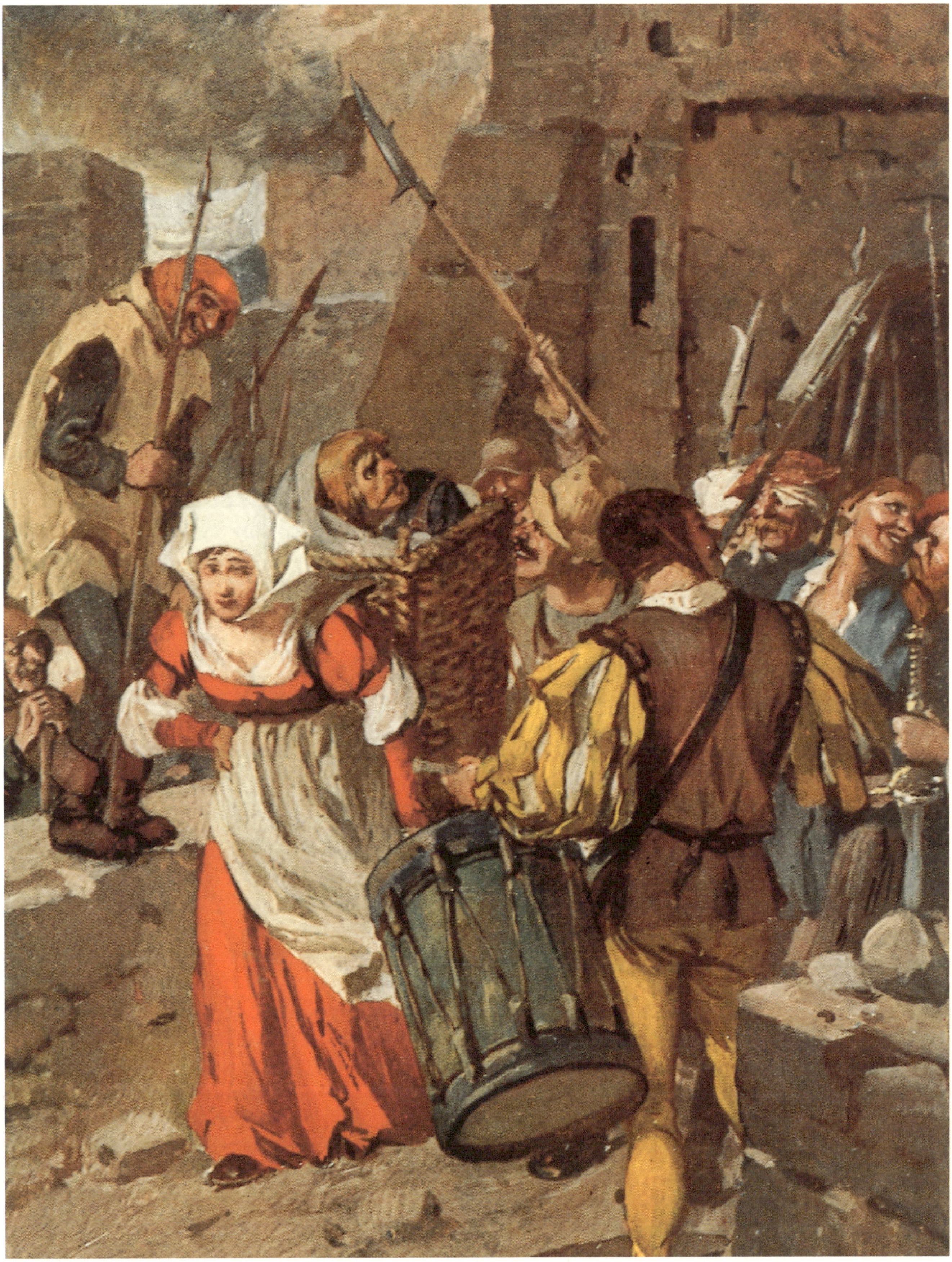

DIE MUTIGE BÜNDNERIN VON TSCHLIN

Aber nicht nur an der Rheingrenze gerieten eidgenössische und deutsche Truppen aneinander. Auch die Drei Bünde, das einstige Graubünden, hatten sich gegen eindringende Truppen zu wehren: so in der Schlacht am Calven, als die Bergler eine durchs Münstertal vorrückende Streitkraft der Habsburger zurückschlugen.

Andere österreichische Truppenteile stiessen entlang dem Inn ins Engadin vor, wurden aber ebenfalls aufgehalten. Um die militärische Lage auszukundschaften, stiess einst ein habsburgischer Spähertrupp auf abgelegenen Wegen ins Engadin vor. Auf halsbrecherischen Pfaden gelangten die Soldaten vom Samnaunertal her ins Dörfchen Tschlin, das hoch über der linken Talseite des Inn thront.

Schon beim ersten, anscheinend verlassenen Bauernhaus begannen sie mit Plündern, drehten dem Federvieh den Hals um und drangen schliesslich in die Küche vor. Da war eine Bäuerin gerade dabei, das Leichenmahl für einen soeben Verstorbenen zu kochen.

Verdutzt betrachteten die Soldaten die vollen Kochtöpfe. «Was soll das Festmahl?» wollten sie wissen. Donna Lupa – so hiess die Hausfrau – war nicht auf den Kopf gefallen. «Nun», sagte sie, anscheinend widerstrebend, «so wird jetzt gerade in allen Häusern gekocht, im ganzen Tal.» «Und weswegen?» Donna Lupa gab sich erneut den Anschein, als wolle sie den Bescheid am liebsten zurückhalten. «Noch heute sollen hier Truppen aus ganz Bünden eintreffen, die wollen verpflegt sein», sagte sie schliesslich.

Die Soldaten sahen sich vielsagend an. Da war also Verstärkung unterwegs! Sie berieten nicht lange, kehrten auf Schleichwegen zu ihrem Hauptmann zurück und meldeten ihm die angebliche Verstärkung, die man im Engadin erwartete.

DIE HEILIGEN UNTER DEM GALGEN

Die Sage erinnert aber auch an Kriegszüge, in welchen die Machthaber der Eidgenossenschaft ihre eigenen Ideale der Freiheit und der Unabhängigkeit verrieten. So unterdrückten die Bürger der Städte Bern und Luzern unter Leitung ihrer aristokratisch gesinnten Stadtväter einen Aufstand geplagter Bauern, der im Entlebuch begann und weite Teile des Mittellandes erfasste. Der sogenannte Bauernkrieg von 1652/53 sah unerhörte Grausamkeiten, mit denen die Machthaber ihre Privilegien verteidigten.

Ein Anführer der «Rebellen» namens Fridli Bucher, der in der Nähe von Willisau einen Hof bewirtete, wurde mit Gewalt nach Luzern geführt, dort gefoltert und schliesslich hingerichtet, zusammen mit weiteren Bauernführern, über die ein herzloses Hetzlied spottet:

*Du grober Steiner, du grober Gsell,
du grober Ruedi Stürmli,
ein Strick nit lenger als ein Ell
ist gut für solche Würmli.*

Die Grabstätte dieser Märtyrer unter dem Galgen bei der Emmenbrücke wurde später zum Wallfahrtsort der geschlagenen Bauern. Bald verboten die Luzerner Herren diese Pilgerfahrten, aber die Ballade von «Bucher Fridli» meldet trotzig:

*Und isch de Galge käs Gotteshus
tuet's doch de Luzärnere d'Auge uf!*

EIN KÖNIGSMÖRDER KEHRT ZURÜCK

Was aber geschah mit den Attentätern von Brugg, von denen zu Beginn dieses Kapitels die Rede war? Etwa sechzig Jahre nach dem Mord an König Albrecht tauchte beim Kloster Königsfelden, das in der Nähe des Tatortes von einst errichtet worden war, ein weisshaariger, uralter Mann auf, der sich in einer benachbarten Einsiedelei niederliess. Das ehrwürdige Wesen und der fromme Lebenswandel des Eremiten wurden bald bekannt; vor allem die Klosterfrauen von Königsfelden luden ihn gerne in ihr Stift ein.

Im Gespräch zeigte sich, dass der Fremde gründlich über den Mord an

Albrecht Bescheid wusste. Er berichtete unzählige Einzelheiten über den damaligen Königshof, kannte die Namen vieler Hofleute von einst, so dass die Nonnen schliesslich Verdacht schöpften: War der weisshaarige Fremde gar Herzog Johann, der Anführer der Attentäter? Als man ihm die Frage schliesslich ganz direkt stellte, bestritt er aufs entschiedenste, mit der Sache etwas zu tun gehabt zu haben. Aber auf dem Totenbett überkam ihn die Reue über seine Tat, und er bekannte dem Beichtvater schliesslich doch, er sei Herzog Johann.

Später erzählte man sich, Johann habe sich nach dem Mord nach Italien geflüchtet, sei dort in einem Kloster untergetaucht und habe schliesslich dem Papst selbst seine Untat gebeichtet. Der Heilige Vater aber habe ihn von Schuld und Pein absolviert.

Ein Land wird gegründet

Woher kamen eigentlich die ersten Schweizer? Waren sie Heiden? Wenn ja, wer brachte ihnen das Christentum? Und wer gründete die ersten Klöster? Darüber wissen die Volksgeschichten phantastische Dinge zu berichten.

VOM HERKOMMEN DER SCHWYZER

Vor langer Zeit, so wird erzählt, herrschte im Fürstentum Schweden eine entsetzliche Hungersnot. Der dänische König Cisbertus, der auch über Schweden regierte, liess Vertreter aus allen Landesteilen zu einer Volksversammlung zusammenrufen. Und hier beschloss man, dass ein Teil der Bewohner auswandern müsse, da der Boden nicht alle ernähre. Die Auswanderer wurden durch das Los bestimmt, und nach einiger Zeit brach ein gewaltiger Stamm von sechstausend Schweden auf – manche Geschichten erzählen auch von zwölfhundert Friesen, die sich dem Zug anschlossen. Als Hauptziel hatte man Italien gewählt.

Aber schon am Rhein musste man sich den Übergang in einer gewaltigen Schlacht erkämpfen. Und als man endlich in unbewohntes, wildes Gebiet vordrang, stellten sich den Schweden riesige Gebirge in den Weg. Eines Abends schlug der Zug in einem Tal sein Lager auf; nicht weit davon lag ein finsterer Wald, wo heute das Kloster Unserer Frauen von Einsiedeln steht. Nirgends fand sich ein Haus, ausser am Ufer eines gewaltigen Sees, etwa an der Stelle, die heute Brunnen heisst. Dort wohnte ein Fährmann, der beschrieb den Schweden die Strasse, die über den Gotthard in den Süden führte. Am nächsten Morgen wollten sie sich übersetzen lassen, aber in der Nacht zog ein so gewaltiger Sturm auf, dass über Tage hinweg nicht an eine Überfahrt zu denken war.

Das gab den Schweden Zeit, die Gegend näher zu beschauen. Sie fanden frische Quellen und ausgedehnte Wälder voller Wild vor und sagten zueinander, dass das Land hier eigentlich ihrer Heimat glich. Schliesslich entschieden sie, auf die unsichere und gefährliche Weiterreise zu verzichten, sich zwischen den grünen Wäldern und den hohen Bergen niederzulassen und das Land zu bebauen.

Anführer des Trupps waren zwei mächtige, grossgewachsene Brüder, beides tapfere Kämpfer und Heerführer, die Swyt und Schej genannt wurden. Als es nun darum ging, dem in Besitz genommenen Land einen Namen zu geben, zerstritten sich die beiden. Jeder wollte, dass das Land nach ihm benannt würde. Als alle Vermittlungsversuche nichts nützten, einigte man sich auf einen Zweikampf: Der siegreiche Bruder sollte dem Land seinen Namen geben dürfen. Nach langem und blutigem Kampf siegte Swyt. So hiess denn das Land rund um die Mythen von nun an Schwyz – ein Name, der schliesslich, leicht verändert, auch auf die ganze Eidgenossenschaft überging.

HABSBURG: EIN WELTREICH HEISST NACH EINEM VOGEL

Zwei junge Grafen aus dem Geschlecht derer von Habsburg zogen von Rom nach Norden, um hier ihr Glück zu versuchen. Einer der Brüder, ein tüchtiger Geistlicher, wurde bald Bischof von Strassburg. Auch der andere, ein leutseliger und gerechter Mann, war überall beliebt und geachtet. Als er nun einmal in der Gegend, wo Aare und Rhein zusammenfliessen, auf die Jagd ging, entflog ihm sein Jagdhabicht. Zusammen mit seinen Jagdgenossen suchte er den ganzen Tag nach seinem Vogel – erfolglos. Erst am nächsten Morgen fanden sie den Habicht, der sich zuoberst auf einem Hügel niedergelassen hatte. Dem Jungherrn gefielen der Hügel und seine Umgebung so gut, dass er auf der Stelle beschloss, hier eine Burg zu bauen, wenn ihn sein Bruder dabei unterstützen würde.

Schon am nächsten Tag benachrichtigte man den Bischof von Strassburg. Dieser freute sich, dass sein Bruder in der Gegend sesshaft werden wollte und übersandte ihm eine ansehnliche Summe Geld. Mit einem Teil davon liess der Jungherr eine Burg auf dem prächtigen Hügel bauen, und zu Ehren des Habichts, der ihn hergeführt hatte, gab er ihr den Namen Habsburg. Eine noch grössere Summe aber teilte er unter die Ritter und Bauern in der Gegend aus und schaffte sich so überall gute Freunde.

Einige Zeit später kam der Bischof mit grossem Gefolge von Strassburg her geritten, um die neue Burg zu besuchen. Als er den bescheidenen Bau sah, meinte er etwas ärgerlich: «Bruder, für all das Geld, das ich dir zukommen liess, hast du aber herzlich wenig gebaut!» Der Jungherr antwortete nur: «Morgen sollst du sehen, was für eine Feste ich mir gebaut habe!» Denn er hatte heimlich nach seinen Freunden im Land schicken lassen, und als sich die beiden Grafen am nächsten Morgen erhoben, sahen sie auf den Wiesen rund um die Burg unzählige Zelte, in denen die Anhänger des Grafen übernachtet hatten. Der Bischof bekam Angst, die Burg sei belagert, aber sein Bruder beruhigte ihn: «Das hier sind die Mauern, die ich mir gebaut habe. Ohne einen Freund im Land nützen mir die dicksten Mauern nichts; hier aber habe ich tüchtige Gesellen, die mir in jeder Notlage beistehen!»

Er sollte recht behalten. Aus den Habsburgern wurde ein mächtiges Geschlecht, das Jahrhunderte später seinen Namen einem riesigen Weltreich geben sollte.

DER HIRSCH MIT DEN KERZEN

Zur Zeit des Frankenkönigs Ludwig stand auf dem Albisgrat, hoch über Zürich, die Burg Baldern. Hier leb-

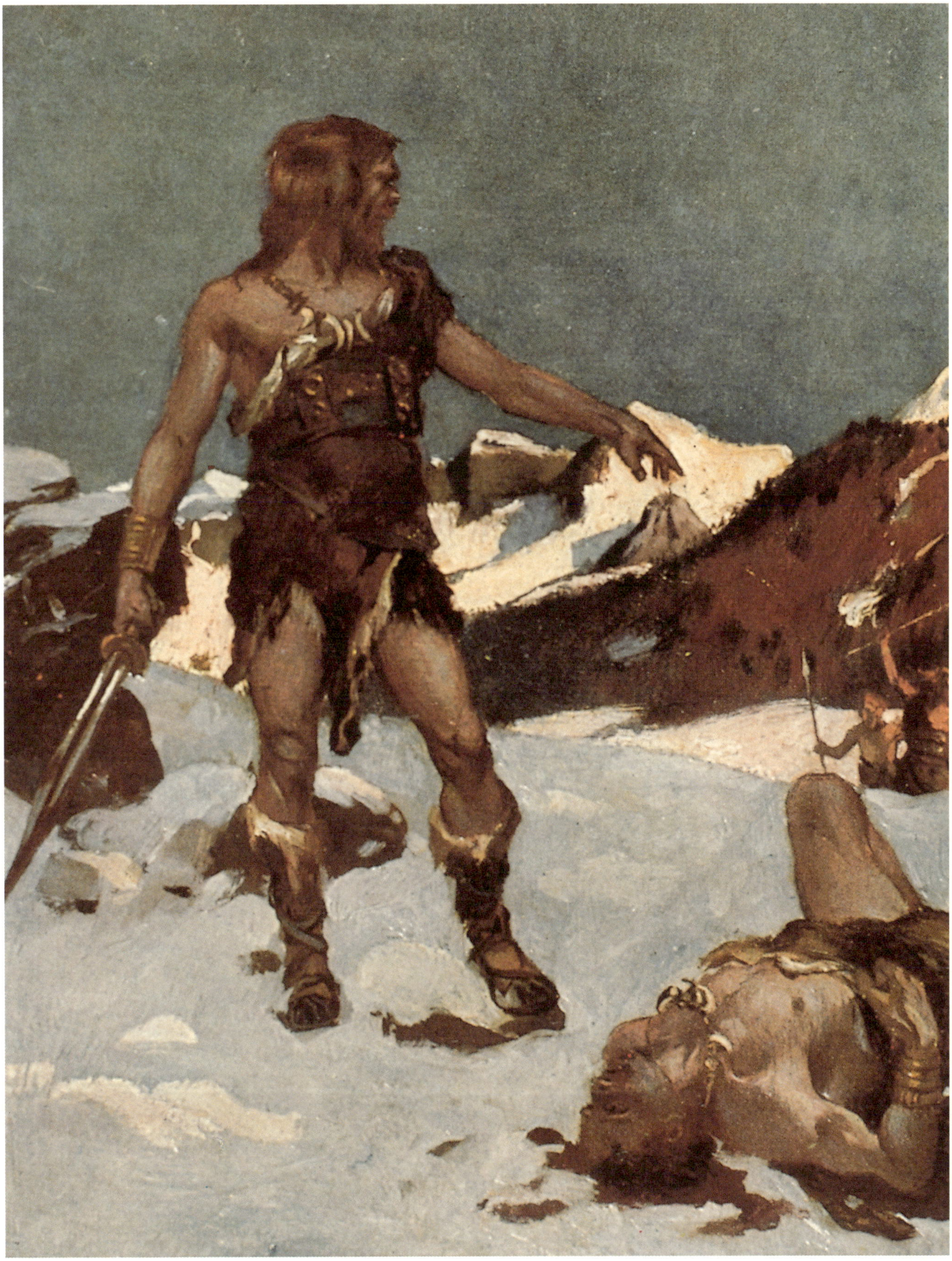

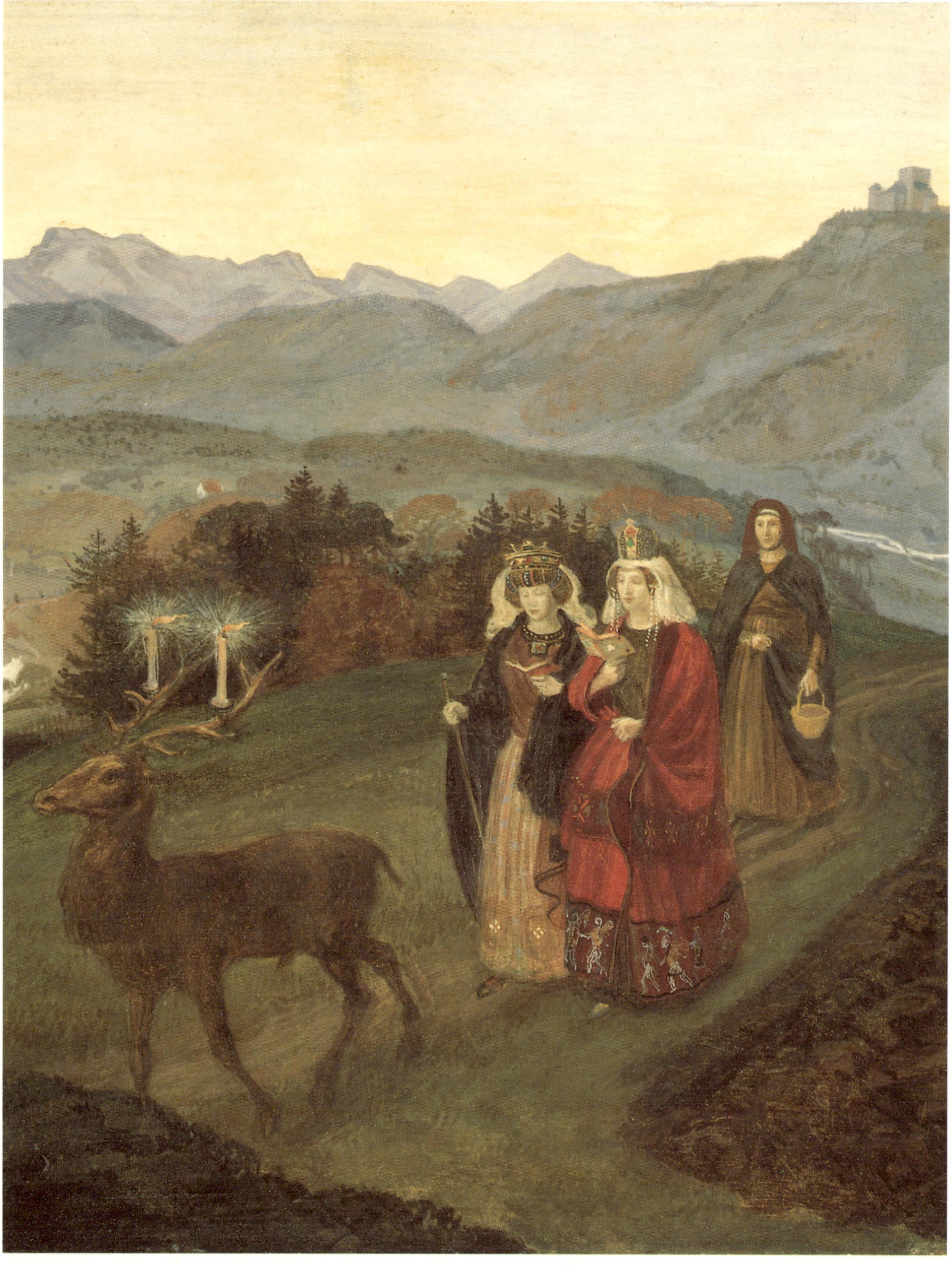

ten einsam die beiden frommen Töchter des Königs, Hildegard und Berta. Oft machten sie sich noch spät abends auf den Weg, um in einer Kapelle zu beten, die auf einer Wiese im Tal stand – dort, wo die Limmat aus dem See floss. So viel Frömmigkeit, erzählen manche, habe Gott derart gerührt, dass er ihnen einen schönen Hirsch schickte. Das Tier trug auf seinem Geweih zwei brennende Kerzen, mit denen er den Töchtern den Weg erleuchtete.

König Ludwig, der auf seinen Reisen immer wieder in Zürich Halt machte, rief eines Tages seine Töchter zu sich: «Ihr seid nun beide ins heiratsfähige Alter gekommen. Was soll ich den vornehmen Freiern antworten, die bei mir um eure Hand anhalten?» Beide gaben ihm den gleichen Bescheid: «Wir haben gelobt, Gott für immer zu dienen, und wir bitten dich, uns dabei zu helfen. Wir wollen beide ein Leben in Keuschheit und Armut führen, brauchen also nur wenig.»

Ludwig, der ein frommer Herrscher war, gab dem Wunsch seiner Töchter nach. Einige sagen, der Hirsch habe auch ihn zur Wiese an den See geführt, und diesen Ort habe er sogleich zum Standort eines neuen Klosters bestimmt. Andere wieder erzählen, der Platz am See habe ihm nicht gepasst. Da habe Gott ein Seil vom Himmel gesandt, das sich wie ein Ring auf die Wiese legte und so dem König zeigte, wohin das Kloster zu stehen kommen solle.

Wie auch immer: Auf dem Platz am See, gegenüber dem Grossmünsterstift, entstand ein bescheidenes Frauenkloster, das dank den Vergabungen von König Ludwig und seinen Nachfolgern zum blühenden Gotteshaus wurde. Hildegard stand dem Stift als erste Aebtissin vor, und nach ihrem Tod leitete Berta die Geschicke des Fraumünsters, wie das fromme Haus bald hiess.

TAPFERE MÖNCHE AUS IRLAND

Schon viele Jahre vor der Gründung des Fraumünsters, nämlich im Jahre 590, machte sich eine kleine Schar aus dem Kloster Bangor in Irland auf, um den christlichen Glauben in die Welt zu tragen. Nach langer und gefahrvoller Reise erreichten Kolumban und seine zwölf Gefährten den Rhein. Aus den Vogesen, wo sie mehrere Klöster gründeten, wurden die frommen Männer durch die Häscher der Königin Brunhilde vertrieben. Also zogen sie dem Rhein entlang südwärts, folgten weiter der Limmat und dem Ufer des Zürichsees bis ins Dorf Tuggen. Hier riefen sie die einheimischen Alemannen zu einer Predigt im Freien zusammen. Nachdem Kolumban das Lob Gottes verkündet hatte, stürzte sein Schüler Gallus die heiligen Statuen der Einwohner kurzerhand in den See: Die Alemannen sollten sehen, dass ihre Götter dem christlichen Gott unterlegen waren. Aber Gallus' Wagemut kam schlecht an: Die erzürnten Einheimischen drangen auf die Mönche ein, und diese konnten nur mit Mühe und Not fliehen. Die Flucht brachte sie an den Bodensee, und hier, im dichten Arbonerwald, strauchelte Gallus bei einem Marsch über ein Dorngestrüpp. Der Sturz erschien ihm als gottgesandtes Zeichen; jedenfalls baute er sich an der gleichen Stelle ein bescheidenes Bethaus. Daraus wurde in den folgenden Jahrhunderten das mächtige Kloster, das noch heute seinen Namen trägt...

Die letzten Ritter Rätiens

Noch heute erzählen in den Bergtälern Graubündens die Ruinen unzähliger Burgen davon, dass einst Landvögte und Zwingherren über das Land herrschten. Manche unter ihnen versahen ihr Amt mit Gerechtigkeit und Milde, andere aber saugten das Landvolk bis aufs Blut aus, schändeten die Töchter der Bauern und vergingen sich auf alle erdenklichen Weisen am Gut ihrer Untertanen. So kam es denn an vielen Orten zum Aufruhr: Die Bauern lehnten sich mit Waffengewalt gegen ihre Unterdrücker auf, steckten ihre Burgen in Brand und erkämpften sich das Recht, ihre steilen Äcker und Wiesen in Zukunft als freie Bauern zu bestellen.

DER LETZTE VOGT AUF GUARDAVAL

Auf Schloss Guardaval im oberen Teil des Inntales herrschte einst ein bischöflicher Vogt, der seiner Willkür und Grausamkeit wegen weitherum gefürchtet war. Wen dieser Vogt hasste, dem machte er das Leben sauer: mit überhöhten Zinsen und ungerechten Steuern oder durch Einkerkern ohne Richterspruch. Wo er ein hübsches Bauernmädchen fand, setzte er der Familie so lange zu, bis man ihm die Tochter als Magd aufs Schloss schickte.

In Campovasto wohnte ein freier Bauer namens Adam, dessen Tochter galt als schönstes Mädchen im ganzen Tal. Der Vogt hatte ein Auge auf sie geworfen und liess Adam durch seine Knechte wissen, er wolle sie auf Guardaval zur Schlossfrau erheben und ihr dienen wie einer Fürstin. Adam wurde bleich, als er die Botschaft hörte, aber er fasste sich schnell und gab dem Abgesandten die Nachricht mit, er müsse seine Tochter erst auf ihr Glück vorbereiten, dann werde er sie dem Vogt selbst aufs Schloss bringen.

Ein paar Tage später machte sich Adam frühmorgens mit seiner Tochter auf, die wie eine Braut geschmückt und herausgeputzt war. Sie wurden begleitet von einer Anzahl Freunde und Nachbarn, auch sie sonntäglich gekleidet. So bewegte sich der Zug in Richtung Madulain und dann den Schlossberg hinan.

Der Vogt sah die Bauern schon von weitem und hiess sie ungeduldig in die Burg treten. Den Gruss seiner Untertanen erwiderte er kaum; er hatte nur Augen für das hübsche Mädchen, das sich leichenblass an den Arm ihres Vaters hängte. Der Vogt drängte die Umstehenden beiseite, nahm das Mädchen in die Arme und machte Anstalten, sie zu küssen.

Da konnte Adam seinen Zorn nicht länger beherrschen: Er zückte seinen Dolch und stiess ihn dem Vogt in die Brust. Der Mann sank zu Boden, und das war das Zeichen für die begleitenden Freunde: Unter ihren Feiertagskleidern hervor zogen sie Schwerter und Dolche und drangen damit auf die Knechte des Vogtes ein. Andere Verschwörer, die sich rund um die Burg versteckt hatten, stürzten durch die Tore und griffen die Söldner des Vogtes an. Schon bald stiegen die Flammen aus dem Dach von Guardaval, und seit jenem Tag war das Land unterhalb der Innquellen vom Druck der Zwingherrschaft frei.

DER GEWÜRZTE BREI

Auch auf der Bärenburg, die sich über dem Schamsertal erhebt, herrschte ein grausamer und ungerechter Ritter. Besonders hatte er es auf einen seiner Untertanen abgesehen, einen trotzigen und unbeugsamen Bauern namens Caldar. Um einen Vorwand zu schaffen und Caldar für seine aufrührerischen Reden zu strafen, schickte der Bärenburger eines Tages seine Knechte los, die mit ihren Pferden die Äcker und Wiesen Caldars verwüsteten. Caldar, der mit gezogenem Schwert gegen die Eindringlinge vorging, wurde verhaftet und ohne Urteil ins Verlies auf der Bärenburg geworfen. Dort blieb er einige Jahre gefangen und kehrte als verbitterter Mann auf seinen Bauernhof zurück.

An einem der ersten Abende nach Caldars Freilassung sprach der Bärenburger noch spätabends auf Caldars Hof vor, um den unbotmässigen Bauern weiter einzuschüchtern. Die Familie hatte sich eben um den Tisch gesetzt, und die Bäuerin trug gerade eine Schüssel mit Hirsebrei auf, als der Ritter eintrat. Caldars Ehefrau, die einen neuerlichen Zwischenfall befürchtete, wollte den Landesherrn günstig stimmen: «Wenn ich nicht Angst hätte, Euch zu kränken», sagte sie, «würde ich Euch zu unserem einfachen Mahl einladen.»

Der Ritter lachte höhnisch: «Das nenne ich eine Einladung!» Und um den Bauern zu reizen, spuckte er in den Brei. Da platzte Caldar der Kragen. Er stürzte sich auf seinen Landesherrn und drückte ihm das Gesicht in den noch dampfenden Brei: «Da friss das Mahl, das du gewürzt hast!» Und so lange hielt er ihn fest, bis der Gegner erstickte.

Die Nachricht vom Tode des Bärenburgers verbreitete sich noch am selben Abend. Nur kurze Zeit später wurde die Burg überfallen und in Brand gesteckt, und auch das Schamsertal hatte sich seines Zwingherrn entledigt.

DER GEHEIME GANG

Noch heute sollen gewisse Vertiefungen im Boden zeigen, dass einst ein unterirdischer Gang das Schloss Marschlins, unweit von Landquart gelegen, und die Burg Facklastein verband: Verwerfungen in einer Wiese führen schnurgerade von einer Wehrbaute zur anderen. Der Sage nach wurde dieser Tunnel einst einem ungerechten Burgherrn von Facklastein zum Verhängnis. Zusammen mit seinem Bruder hatte er die Bauern während Jahren unterdrückt. Als einer der Zwingherren in einer Scheune in Igis das abgelieferte Korn untersuchte und bemän-

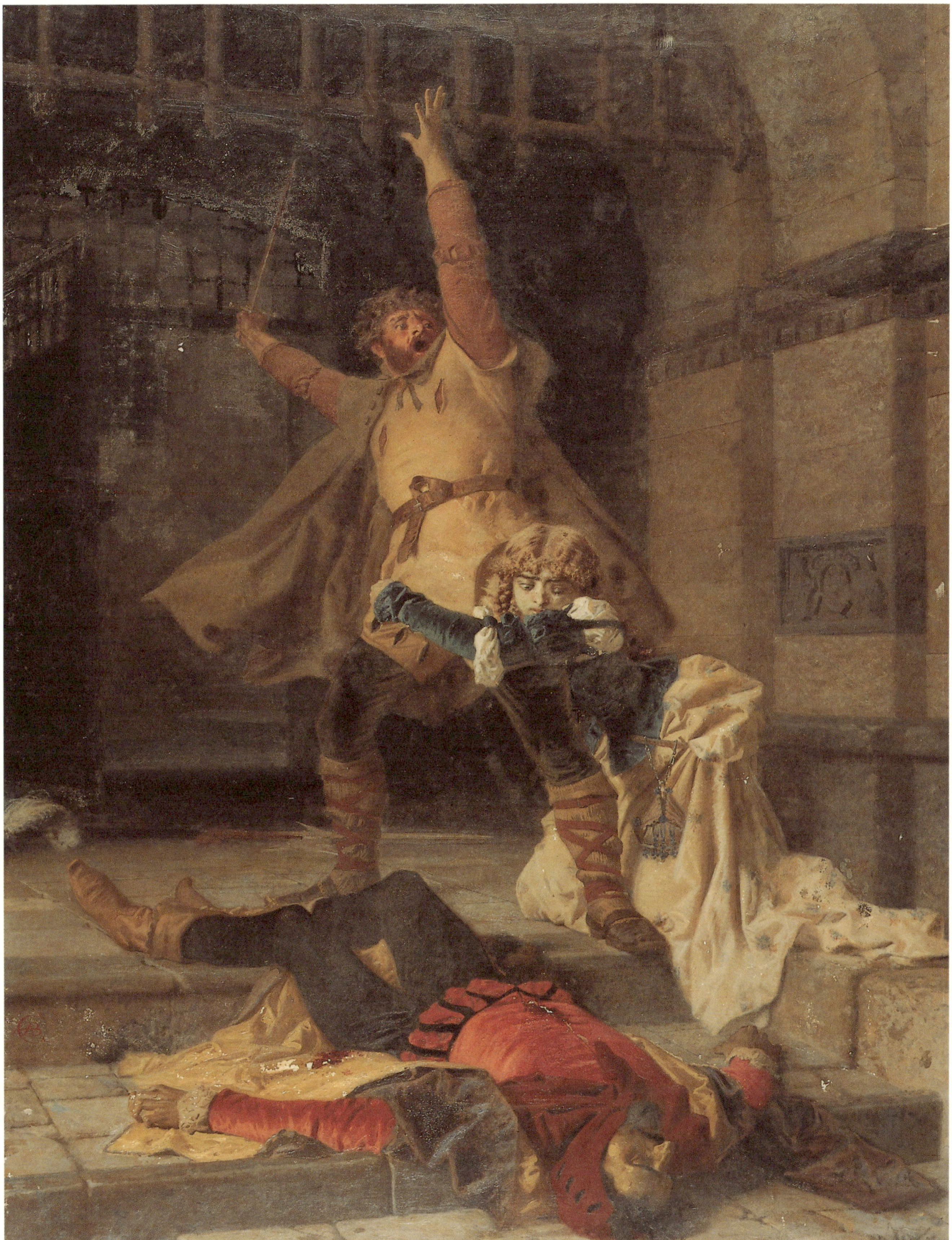

gelte, überlief das Fass: Die Bauern erschlugen ihn mit den Dreschflegeln. Sein Bruder hörte von dem Anschlag und flüchtete sich in den unterirdischen Gang. Durch einen Einsturz wurde er abgeschnitten und verhungerte jämmerlich. Noch heute sieht man angeblich in finsteren Nächten die Seelen des Brüderpaars als ferne Lichter durch die Burgruinen flackern.

DER SPRUNG IN DEN ABGRUND

Von manch einem Ritter wird berichtet, er habe sich in voller Rüstung vom Felsen gestürzt, als feststand, dass er seine Burg nicht länger verteidigen könne. Manchmal halfen die aufrührerischen Bauern dabei nach – so wie beim letzten Ritter von Lichtenstein. Die Bauern hatten seine in die Felswände gebaute Burg durch einen Handstreich erobert. Der Ritter wehrte sich zwar tapfer, aber als die Besatzung niedergemacht worden war oder sich ergeben hatte, stand er allein gegen eine Schar wütender Bauern.

Aus Übermut, vielleicht aber auch, um sich die Hände nicht blutig zu machen, stellten ihn die Bauern vor die Wahl: Entweder stürze er sich selbst, auf seinem Schwert reitend, vom Felsen, oder er werde auf der Stelle erschlagen. In höchster Not rief der Ritter den Teufel an: Er verspreche ihm seine Seele, wenn er ihm aus dieser Lage helfe. Damit stürzte er sich mitsamt seinem Schwert vom Felsrand – und tatsächlich, es schien, als reite er das Schwert wie eine Hexe den Besen. Der Teufel hatte ihn auf einer donnernden Wolke in den Talgrund geführt. Aber während über dem Ritter die Burg in Flammen aufging, entdeckten ihn die Frauen des Dorfes und hetzten ihn zu Tode:

*Schlugen mit Flegeln ihn zu Tod,
den Schwert und Felsen sparten,
so mischt der Teufel die Karten.*

Auf Burg Solavers im Prättigau hauste ebenfalls ein Zwingherr, der die Bauern seit Jahr und Tag drückte. Die Burg wurde eines Nachts von einem Bauernheer genommen, und obwohl eine zahlreiche und gutbewaffnete Besatzung sich tapfer wehrte, bis zur letzten Mauer erobert. Auch hier blieb der Burgherr, in eiserner Rüstung und auf seinem Pferd kämpfend, der letzte der Verteidiger. Als guter Fechter verwundete und tötete er noch eine ganze Anzahl Bauern, aber als seine Klinge brach, wurde ihm klar, dass er verloren war. Er wickelte seinem Pferd einen Fetzen Tuch um die Augen, gab ihm die Sporen und stürzte mit ihm über eine hohe Felswand. Noch heute soll man den Ritter in Gewitternächten beim Sprung von den Felsen hinunter sehen können, das zerbrochene Schwert hoch über dem Kopf geschwungen.

DER LETZTE HERR VON NEUENBURG

Der Schweinehirt von Untervaz weidete seine Tiere einmal in der Nähe des Schlosses Neuenburg. Ein Schwein schrie plötzlich laut auf, da scharten sich die anderen Tiere nach der Art dieser Borstentiere rund um ihren Genossen, wie um zu helfen. Das sah der Burgherr von seinem Fenster aus und sagte laut lachend: «Wenn die Bauern so zusammenstünden wie die Schweine, so wären wir Herren des Lebens nicht mehr sicher!» Das hörte der Hirte und erzählte es abends den Bauern. Diese schlossen sich tatsächlich zusammen, belagerten und erstürmten Neuenburg und jagten den Zwingherrn aus dem Land.

DER EULENMANN

Es war ein schöner Sommerabend. Ein Hirte sass vor der Tür seiner Hütte, ass Polenta und trank Milch dazu. In den nahen Bäumen flatterte eine Eule und stiess in einem fort ihren unheimlichen Schrei aus: *«Orók, orók!»* Der Hirte wollte sie verjagen und begann, die Eule nachzuahmen: *«Orók, orók!»* Als er sah, dass die Eule sich nicht wegjagen liess, lud er sie im Scherz zum Essen ein:

*Eule bist du, Eule bin ich,
willst du essen, komm her zu mir.*

Kaum war das letzte Wort über seine Lippen, da stand ein Ungeheuer vor ihm: ein Mann mit dem Kopf einer Eule. Mit schrecklicher Stimme, die den mutigsten Mann zum Zittern gebracht hätte, fragte der Eulenmann: «Du hast mich zum Essen eingeladen, was kannst du mir anbieten?»

Der arme Hirte, der bestimmt nicht mit solch einem Besuch gerechnet hatte, stotterte: «Wenn du wirklich meine bescheidene Mahlzeit teilen willst, hole ich dir gleich eine Schüssel Milch. Polenta findest du dort im Kessel. Iss davon, bis du satt bist.»

Das Ungeheuer stürzte mit wilder Gier über das Essen her, und im Handumdrehen war die Polenta weg. «Ich habe Hunger», knurrte es den Hirten an. «Was kannst du mir anbieten?» «Hier ist noch ein Eimer mit Schmelzkäse», sagte der Hirte zitternd. In wenigen Augenblicken war auch der Schmelzkäse verdrückt. «Ich habe Hunger!» schrie der Eulenmann aufs neue. «Was hast du mir anzubieten?» «Da sind noch zwei Laibe Käse, nimm die!» Im Handumdrehn war auch der Käse im Rachen des unersättlichen Eulenmanns verschwunden. «Ich habe Hunger, was gibt's zu essen?» «Wenn du den Schrank aufmachst, findest du da Mehl, Salz, Zucker, Kaffee, Reis – iss alles, was du findest.»

Gesagt, getan; im Nu war auch der Schrank leergefressen. Aber all das schien den Appetit des Ungeheuers nur zu vergrössern. Gierig, als hätte es seit hundert Jahren nichts mehr gegessen, schrie es: «Ich habe Hunger, was hast du mir anzubieten?» «Da ist der Schlüssel, geh in die Milchkammer, trink die Milch und iss die Butter und den Käse!» Kaum fünf Minuten später kam der Eulenmann zurück, hungriger denn je: «Ich habe Hunger, ich habe Hunger!» «Also geh hinunter in den Stall und friss meinetwegen das Schwein, die Ziegen und die Kühe!»

Das Untier stürzte sich in den Stall, verschlang das Schwein, sämtliche Ziegen und Kühe – ausser einer einzigen Kuh. Vor der musste es haltmachen, denn auf ihrer Glocke war das Bild der Madonna eingegraben. Ausser sich vor Zorn kam der Eulenmann zum Hirten zurück: «Ich habe Hunger, ich habe Hunger!» Der arme Hirte liess den Kopf sinken. «Jetzt habe ich nichts mehr», sagte er mit leiser Stimme.

«Dann fresse ich dich!» schrie das Untier und stürzte sich auf den Hirten. «Jesus und Maria, helft mir!» rief der arme Mann und riss in seiner Angst das Kruzifix an sich, das über dem Kopfende seines Bettes hing, und küsste es. Da stiess die Nachteule einen Schrei aus wie ein verwundeter Tiger, so daß die ganze Hütte erzitterte, und fuhr, Funken und Flammen sprühend, zur Tür hinaus. Vor Schreck fiel der Hirte ohnmächtig zu Boden. Als er wieder zu sich kam, stellte er erstaunt fest, dass nichts von all dem fehlte, was das Ungeheuer verschlungen hatte: Im Kessel war noch Polenta und im Eimer noch Milch; der Schmelzkäse war noch da, ebenso die Käselaibe. Im Schrank standen Mehl, Brot und Reis, in der Milchkammer standen volle Kessel und Schüsseln, und im Stall fand er das Schwein, die Ziegen und die Kühe an ihrem Platz vor. Aber seither hat er die Tiere der Nacht nie mehr verspottet.

DER SOLDAT MIT DEM RABEN

Ein Soldat kehrte vom Dienst in seine Heimat zurück. Mit sich führte er einen Raben, den er in einer Gewitternacht zu sich genommen hatte. Eines Abends verirrte er sich im Wald, bis er in der Dunkelheit vor die Hütte eines Bauern kam. Er klopfte an, und die Frau des Hauses wies ihm ein Nachtlager im oberen Stock an. Ihr Mann sei in der Stadt auf dem Markt und komme erst am nächsten Tag zurück.

Die Bretter unter dem Lager standen weit auseinander, so dass der Soldat alles sehen konnte, was in der Stube vorging. Um Mitternacht schreckte er auf. Jemand hatte sachte an die Tür geklopft. Die Frau rief «Herein!», und durch die Tür schlüpfte ein Mann. Er stellte einen Tragkorb auf den Boden, holte Teller und Schüsseln hervor, und die beiden setzten sich zum Essen.

Plötzlich klopfte es wieder an die Tür. «Mein Mann!» flüsterte die Frau erschreckt. Schnell schubste sie den Besucher in den Backtrog, wo der Teig für den morgigen Backtag lag. Die Schüsseln liess sie hinter dem Ofen und dem Schrank verschwinden, dann schloss sie die Türe auf.

«Was lässt du mich so lange warten!» knurrte der Mann und verlangte zu essen. «Es ist nichts im Haus», beteuerte die Frau. «Morgen mach ich dir ein schönes Essen. Geh nur schlafen.» Aber der Mann brummte weiter. «Weisst du was, Antonio», sagte die Frau, um ihn abzulenken. «Wir haben einen Soldaten im Haus.» Das interessierte Antonio, denn zwei seiner Söhne taten gerade Dienst. Also liess er Giovanni – so hiess unser Soldat – kommen. Der setzte sich an den Tisch, den Raben auf der Schulter. Sie sprachen über dies und das, und schliesslich wollte Antonio wissen, was es mit dem Raben auf sich habe.

«Das ist ein Zaubervogel», sagte Giovanni. «Wollt Ihr eine Probe machen? Wie wäre es mit einer guten Minestra?» Und als Antonio nickte, gab er dem Raben einen Klaps auf den Rücken, und dieser machte «Krah, krah!» Dann sagte der Bursche zur erschrockenen Frau: «Schauen Sie links hinter dem Ofen nach, dort steht eine Suppenschüssel mit Minestra.» Die Frau traute sich nicht zu widersprechen, ging zum Ofen und kam mit einer Schüssel Suppe zurück. Die beiden Männer machten sich mit gutem Appetit dahinter. Als sie fertig waren, sagte Giovanni: «Und wie wär's mit einem feinen Kapaunenbraten?»

Wieder gab Giovanni dem Raben einen Klaps, und dieser machte «Krah, krah!» «Schauen Sie hinter dem Geschirrschrank nach», sagte Giovanni. «Da steht ein feiner Geflügelbraten!» Die Frau tischte auch den auf, und die beiden Männer assen alles ratzeputz auf. Dann sagte der Soldat: «Wollt ihr den Teufel sehen?»

«Donnerwetter! Aber sicher!»

«Also gut», sagte Giovanni zum Ehemann. «Sie stellen sich mit einem dicken Knüppel an die Türe, und wenn der Rabe krächzt, zähle ich auf drei, dann kommt der Teufel aus diesem Backtrog.» Gesagt, getan: Giovanni hob den Deckel hoch, und aus dem Trog stürzte der nächtliche Besucher, über und über mit Teig und Mehl bedeckt. Antonio, der an der Türe stand, hieb mit dem Knüppel kräftig drauflos, und unter mächtigem Geschrei suchte der Teufel das Weite.

Die Frau zitterte immer noch vor Angst, entdeckt zu werden, aber Antonio überschüttete den Soldaten mit Fragen nach dem Raben: Ob er ihn nicht verkaufen wolle? Giovanni gab vor, zu zögern, aber schliesslich willigte er ein. Wenn ihm der Bauer sämtliches Vieh gebe, könne er den Raben haben. Noch am gleichen Abend zog er mit einem Trupp von Kühen und Kälbern weiter, seiner Heimat zu. Den Raben liess er zurück.

Am nächsten Morgen sagte die Frau: «Wir haben nichts mehr zu essen!» «Macht nichts», antwortete Antonio. «Wir haben unseren Raben, der ist ein Vermögen wert.» Damit gab er dem Vogel einen Klaps nach dem anderen auf den Rücken. Aber wie sehr der auch «Krah, krah!» machte – nirgends fand sich etwas zu essen...

Vom Vogel, der die Wahrheit sagt

An einem Morgen fand ein Müller eine grosse und schwere Kiste, die im Mühlrad stecken geblieben war. Als er sie öffnete, so lagen drei Kinder darin, zwei Knaben und ein Mädchen, so zart wie Milch und Wein, jedes mit einem goldenen Stern auf der Stirn. Voller Staunen brachte er die Kleinen seiner Frau, und weil sie selbst keine Kinder hatten, zogen sie die drei wie ihre eigenen auf.

Als sie aufgewachsen waren, erzählte ihnen der Müller eines Tages die Wahrheit: Sie seien nicht seine Kinder, und er habe keine Ahnung, woher sie stammten. Die beiden Knaben gaben sich damit nicht zufrieden. Ständig bestürmten sie den Müller, wer ihnen denn über ihre Herkunft etwas sagen könne. Lange zögerte der Müller, dann gab er ihnen eines Tages den folgenden Bescheid: «Das kann nur der Vogel, der die Wahrheit sagt, und der wohnt irgendwo in einem Schloss.» Da hielt es den Jüngsten nicht länger; schon am nächsten Tag sattelte er das schwarze Mühlpferd und zog los, um den Vogel zu suchen, der die Wahrheit sagt. Aber er kam und kam nicht zurück. Im nächsten Frühjahr zog der Ältere los, um den Vogel und seinen Bruder zu suchen, aber auch von ihm hörte man kein Sterbenswörtchen mehr. Jetzt hielt es die Schwester, die Amalia hiess, nicht mehr in der Mühle aus. Sie sattelte das weisse Pferd des Müllers und zog in die Welt hinaus, auf der Suche nach den Brüdern und nach dem Vogel, der die Wahrheit sagt. Der Müller und die Müllerin weinten, bis sie rote Augen bekamen, denn Amalia war das schönste und gutherzigste Mädchen, das man sich vorstellen kann.

Unterdessen ritt Amalia weiter und weiter in die Ebene hinaus und kam schliesslich in einen dunklen Wald. Hier traf sie am Wegrand eine alte Frau, die sagte zu ihr: «Ich weiss schon, du suchst deine Brüder und den Vogel, der die Wahrheit sagt. Wenn du zu ihnen kommen willst, musst du nur immer geradeaus und nie zurück blicken, was immer du auch hörst!» Das Mädchen dankte der Alten herzlich für den guten Rat und ritt weiter. Plötzlich öffnete sich der Wald, und vor ihr lag ein tiefer, dunkler See. Am jenseitigen Ufer erhob sich ein hoher, steiler Berg, und auf seiner Spitze stand ein grosses Schloss. Am Fuss des Berges liess Amalia ihr Pferd zurück und stieg zu Fuss die Felsen hinan. Hinter sich hörte sie immerfort «Amalia, Amalia!» rufen, dazu toste und donnerte es, dass ihr die Ohren sausten. Bei all dem aber sah sie nicht zurück, sondern kletterte immer weiter. Schliesslich stand sie vor einem herrlichen Schloss aus grünem Marmor, gedeckt mit goldenen Ziegeln. Vor dem Tor wachte ein furchterregender Riese, der eine ausgerissene Tanne in den Fäusten hielt. Aber Amalia schlüpfte ihm zwischen den Beinen hindurch und kam in das verlassene Schloss. Ein Zimmer war schöner als das andere; die Wände glitzerten von Gold, Silber und Edelsteinen. Im schönsten Raum aber hingen Dutzende von Käfigen an den Wänden, und in jedem sass ein Vogel. Es gab grüne, rote, weisse und gelbe, und alle riefen aus voller Kehle, als Amalia eintrat: «Nimm mich, ich bin der Vogel, der die Wahrheit sagt!» In einer Ecke aber sass ein kleiner grauer Vogel, der blieb stumm. Und gerade diesen wählte das Mädchen aus, und kaum hielt sie ihn in der Hand, rief er fröhlich: «Ich durfte nichts verraten, aber du hast mich trotzdem gefunden! Jetzt komm mit mir in den Rosengarten und nimm dort die Rute, die neben dem Brunnen liegt. Und damit schlägst du auf alle Steine, an denen wir vorbeikommen, wenn wir den Berg hinuntersteigen.» Amalia fand die Rute und stieg mit dem Vogel in der Hand den Berg hinunter. Und jeder Stein, den sie mit der Rute berührte, verwandelte sich in einen Ritter oder in eine Jungfrau. Und zwei der Steine wurden zu Amalias Brüdern, und die Geschwister umarmten sich mit Tränen in den Augen. Dann sang ihnen der Vogel in einem Lied das Geheimnis ihrer Herkunft vor: Sie seien die Kinder eines Königs. Ihr böser Onkel aber habe sie in die Kiste gesetzt und in den Bach geworfen, als der König gerade auf einem Kriegszug weilte. Bei dessen Rückkehr behauptete er, die

Königin habe drei Katzen geworfen, und darauf habe der König seine Gattin ins Gefängnis werfen lassen.

Voller Zorn gegen den falschen Onkel zogen die Geschwister in die Stadt des Königs, die Ritter und Jungfrauen vom Schloss hinter ihnen her. Im Schloss sang der Vogel ein weiteres Mal sein Lied. Den König schwindelte fast vor Freude; er umarmte seine Kinder und liess die arme Königin sogleich aus dem Gefängnis holen. Den bösen Onkel jedoch liess er von vier Pferden in Stücke reissen. Amalia aber wurde später eine feine, zarte Königin, ihre Brüder dienten als mutige und gute Könige. Und das ist die Geschichte vom Vogel, der die Wahrheit sagt.

Die Zwillingsfeen

Einst lebten nicht weit von hier zwei Zwillingsbrüder, die waren schön, stolz und mutig, wie man sie nicht leicht findet. Als sie eines Abends durch den Wald ritten, hörten sie, wie jemand im Gebüsch kicherte. Und im gleichen Augenblick standen zwei Mädchen vor ihnen, schön wie die Engel, in Gold und Seide gekleidet. «Ihr seid Zwillingsbrüder», sagte die eine. «Und wir sind Zwillingsfeen. Wenn ihr uns heiratet, machen wir euch reich und glücklich wie die Könige.»

«Also gut», sagte der Ältere. «Ich nehme die ältere von euch zwei.» «Und ich die jüngere!» sagte sein Bruder.

«Morgen früh wollen wir heiraten», sagten die Feen. «Ihr kommt bei Tagesanbruch zur Kapelle am Waldrand. Bis dahin dürft ihr aber nichts trinken und nichts essen, sonst passiert ein großes Unglück.»

Das versprachen die beiden und ritten zu ihren Eltern zurück. Sie legten sich ohne Speise und Trank ins Bett und machten sich früh morgens heimlich auf den Weg zum Waldrand. Unterwegs kamen sie durch ein Kornfeld. Der Jüngere nahm gedankenlos ein paar Körner zwischen die Zähne, um zu prüfen, ob die Ähren reif seien. Dann kamen sie bei der Kapelle an. Die Pforte stand offen, der Altar war geschmückt, die Feen warteten, in köstliche Brautkleider gehüllt.

«Mein Freund», sagte die Jüngere traurig. «Du hast vergessen, daß du nicht essen und trinken solltest. Jetzt muß ich für immer eine Fee bleiben. Durch die Heirat wäre ich eine gewöhnliche Sterbliche geworden.» Und damit verschwand sie – für immer.

Darauf traute der Priester das ältere Paar. Der unglückliche Bruder umarmte die beiden und sagte: «Ich ziehe weit in die Welt hinaus. Sagt Vater und Mutter, dass sie mich nie mehr sehen werden!» Damit zog er fort; der Ältere aber führte seine Frau ins Haus der Eltern.

Vor dem Einschlafen sagte die Fee zu ihrem Mann: «Hör zu. Wenn du mich lieb hast, dann achte gut darauf, dass du mich nie eine Fee oder eine Verrückte nennst. Sonst passiert grosses Unheil.» «Sei nur ruhig, meine Frau. Niemals werde ich dich so nennen.»

Sieben Jahre lang lebten sie als Mann und Frau glücklich miteinander. Sieben Kinder tobten durch die Gänge des Schlosses. Eines Tages, als der Mann zum Jahrmarkt gereist war, gab die Frau an seiner Stelle die Befehle aus. Es war Mitte Juli, die Sonne brannte heiss vom Himmel, und das Korn war beinahe reif. Die Hausherrin betrachtete den Himmel und rief: «Schnell, ihr Knechte und Mägde! Schneidet das Korn, auf der Stelle! Gleich beginnt es zu regnen und zu hageln!»

Alle machten sich an die Arbeit. Mittendrin kam der Herr vom Markt nachhause.

«He, Frau!» rief er aus. «Was tun die denn hier?» «Sie tun, was ich ihnen befohlen habe.»

Der Schlossherr wurde wütend. «Keine Wolke steht am Himmel! Das Korn ist doch noch gar nicht reif. Du bist ja verrückt!»

Die Frau verschwand auf der Stelle. Am gleichen Abend suchten Hagel und Regen das ganze Land heim.

Aber die Fee schlich sich jeden Morgen ins Schloss, trat in das Zimmer ihrer sieben Kinder und kämmte sie unter Tränen mit einem goldenen Kamm. «Ihr armen Kinder, ihr dürft eurem Vater aber nichts davon sagen, dass ich euch jeden Morgen besuche und euch mit einem goldenen Kamm kämme.»

Aber der Vater wunderte sich immer mehr darüber, dass seine Kinder so hübsch gekämmt waren. «Kinder, wer hat euch denn so schön gekämmt?» fragte er immer wieder. Und die Kleinen antworteten im Chor: «Vater, das war unsere Dienerin.»

Aber der Vater war misstrauisch geworden. Eines Nachts versteckte er sich im Zimmer der Kinder. Bei Tagesanbruch schlich sich die Fee durch die Türe, einen goldenen Kamm in der Hand. Der Mann konnte sich nicht mehr zurückhalten: «Meine liebe Frau!» schluchzte er, «ich bitte dich! Komm zurück!»

Aber die Fee verschwand wie der Blitz. Und von da ab bekamen sie weder der Ehemann noch die Kinder je wieder zu Gesicht.

JEAN OCHSENKOPF

Neben dem Schloss eines Grafen wohnte ein armer Bauer, der hatte genug zu tun, seine vielen Kinder satt zu kriegen. Eines Tages weidete sein Ochse in der Wiese des Grafen, und dieser liess ihn kurzerhand totschlagen. Das war ein rechtes Unglück für den schäbigen Haushalt. Die Frau schluchzte, die Kinder weinten, aber Jean – so hiess der Bauer – dachte sich etwas aus. Er häutete den Ochsen, liess aber Kopf und Hörner ganz. Mit der Haut machte er sich nach der Stadt auf, um sie dort zu verkaufen.

Als es unterwegs dunkel wurde, kletterte er zum Übernachten auf eine grosse Tanne. Aber ausgerechnet unter seinem Baum setzte sich eine Räuberbande hin, entzündete ein Feuer und begann, ihre Beute zu zählen. Da liess Jean die Haut fallen, und als die Räuber den gehörnten Kopf sahen, stoben sie voller Schreck nach allen Seiten davon. Jean Ochsenkopf stieg gelassen vom Baum, sammelte die Beute ein und ging nach Hause.

Nach einiger Zeit fiel auch dem Grafen auf, dass Jean zwei Ochsen weiden hatte und die Kinder reinlich gekleidet umhertollten. «Woher hast du plötzlich Geld?» fragte er den Bauern eines Tages. «Ganz einfach, ich habe die Ochsenhaut verkauft: für einen Batzen pro Haar.» Da wollte der Graf nicht zurückstehen. Er liess alle Ochsen schlachten und häuten, aber seine Knechte kamen mit leeren Händen vom Markt zurück: Niemand wollte Ochsenhäute kaufen. Der Graf liess sie alle durchprügeln, und einer der Knechte starb dabei. Voller Zorn machte sich der Graf auf den Weg zu Jeans Hütte: «Dem will ich es zeigen! Wegen ihm habe ich einen Knecht totgeschlagen!»

Aber Jean sah ihn durchs Fenster kommen und flüsterte seiner Frau zu: «Wenn ich dir eine haue, fällst du um und stellst dich tot!» Und kaum trat der Graf ein, gab er ihr eine furchtbare Ohrfeige; sie fiel zu Boden und regte sich nicht mehr. Aber Jean blieb gelassen, nahm ein Kuhhorn, steckte es der Frau in den Hintern und blies darein. Sie erhob sich auf der Stelle.

«Verkauf mir das Horn!» forderte der Graf. Jean stellte sich taub, aber schliesslich gab er das Horn gegen einen prallen Beutel Geld her. Der Graf rannte ins Schloss zurück, aber er konnte dem toten Knecht in den Hintern blasen, bis er blau war im Gesicht: Es nützte nichts. Jetzt hatte der Graf genug. Er befahl den Dienern, Jean in einen Sack zu stecken und in einen Teich zu werfen. Und so geschah es auch – nur dass die Diener den Sack einen Augenblick unbewacht am Ufer stehen liessen, um den Grafen zu holen. Gerade jetzt kam ein Notar in seiner Kutsche vorbei und hörte, wie jemand im Sack schluchzte. «Was ist denn mit dir?» rief er. Und Jean antwortete aus dem Sack heraus: «Der Graf will mich ertränken, weil ich nicht lesen und schreiben kann.» «Weisst du was?» sagte der Notar mitleidig. «Ich steige statt deiner in den Sack. Mir geschieht nichts, ich kann ja lesen und schreiben.» Jean nahm an, half dem Notar in den Sack, setzte sich in die Kutsche und fuhr nachhause. Als der Graf ankam, konnte der Notar noch lange schreien: «Aber ich kann lesen! Ich kann schreiben!» Die Diener warfen ihn kaltblütig ins Wasser.

Nach einigen Wochen fiel dem Grafen auf, wie die Kinder Jeans spielten und sangen, als wäre nichts geschehen. Und als er nachforschte, fand er Jean, der eben im Stall ein schönes neues Pferd beschlug. «Woher? warum?» stotterte er ungläubig. «Ganz einfach», sagte Jean, «als ich am Grund des Teiches ankam, fand ich da gerade einen Markt vor, da war alles spottbillig zu haben. Für drei Batzen habe ich das Pferd und die schöne Kutsche gekauft!»

Jean musste den Grafen und zwei Diener sofort zur Stelle am Teich führen. Der erste Diener sprang hinein und schlug wild um sich. «Er winkt, dass er Hilfe braucht beim Tragen», erklärte Jean. Da sprang der zweite Diener ins Wasser, begann ebenfalls zu winken, und schliesslich sprang auch der Graf hinterher ins Wasser, und dort ist er wohl heute noch...

Der Soldat in der Hölle

Vor vielen Jahren diente einst ein Soldat im Heer, der war der schlimmste und widerborstigste Taugenichts, den seine Vorgesetzten je gesehen hatten. Wenn er einen Befehl erhielt, konnte man sicher sein, dass er das Gegenteil davon ausführte; marschierten die anderen nach links, so schwenkte er rechts ab und brachte so alles durcheinander. Schliesslich musste sein Hauptmann gar befürchten, dass ihn die widerborstige Aufführung seines Untergebenen die Beförderung kosten würde. Um ihn loszuwerden, schickte er ihn eines Tages mit einem Brief zu seiner Gemahlin, die nicht weit vom Heerlager wohnte. Unser Soldat zog los, froh über die Abwechslung.

Unterwegs begegnete ihm ein grauhaariger Alter, der ihn sogleich auszufragen begann. Obwohl der Greis wie ein wahrer Galgenstrick aussah, jagte das unserem Soldaten noch lange keinen Schreck ein; er erzählte ihm unbesorgt den Zweck seiner Reise. Da wollte der Alte sogar den Brief aufbrechen und wissen, was darin stehe. «Das darf ich nicht», sagte der Soldat. «Wenn mein Hauptmann erfährt, dass ich den Brief geöffnet habe, weiss ich nicht, was er mir antut.»

«Du weisst ja gar nicht, ob im Brief nicht irgend etwas steht, das für dich nachteilig ist», sagte der Unbekannte. «Und überhaupt, ich kann jede Schrift nachahmen. Ich schreibe dir im Nu einen neuen.» Den Soldaten stach der Hafer, und endlich überliess er dem Alten den Brief. Wie erstaunt war er, als ihm der Alte die paar Zeilen an die Hauptmannsfrau vorlas. Der Soldat, der diesen Brief überbringe – so hiess es darin – solle so schnell wie möglich auf die Seite geschafft werden; der Hauptmann werde alles tun, um die Sache hinterher zu vertuschen.

Der Soldat stand wie vom Donner gerührt da, aber gleichzeitig wunderte er sich über den Scharfblick des Alten, der ihm den Inhalt des Briefes prophezeit hatte. Der Unbekannte aber blieb ganz gelassen. «Wenn du willst», sagte er, «drehen wir den Spiess ganz einfach um. Der Hauptmann hat zwei hübsche Töchter. Er soll dir eine davon zur Frau geben.» Das gefiel dem Soldaten gut. «Aber wie wollen wir das anstellen?» «Mach dir keine Sorgen», sagte der Alte. «Du weisst ja, ich kann jede Handschrift nachahmen.»

Und im Nu hatte er einen zweiten Brief aufgesetzt, der ganz so aussah wie der erste, nur dass er so ziemlich das Gegenteil enthielt: Der junge Soldat wurde der Hauptmannsfrau wärmstens als Schwiegersohn empfohlen. Sie solle ihn so schnell wie möglich mit einer der Töchter verheiraten, und zwar ohne die Rückkehr des Hauptmanns abzuwarten.

Der Soldat nahm fröhlich Abschied vom seltsamen Alten und gab den falschen Brief noch am selben Abend ab. Die drei Frauen staunten nicht schlecht über den Inhalt, aber sie zweifelten keinen Augenblick daran, dass ihn der Hauptmann selbst geschrieben habe. Mit einigem Widerstreben bereiteten sie die Hochzeit vor, denn die Tochter, die sich der Bursche auswählte, empfand keinerlei Liebe für ihren Bräutigam, ja sie verabscheute ihn geradezu. Aber nach einigen Wochen der Ehe gewöhnte sie sich an ihn, und schliesslich lebten sie recht gemütlich miteinander.

Eines Abends, als die beiden gerade im Garten spazierten, kehrte der Hauptmann nach Hause zurück. Er war äusserst erstaunt, dass der junge Tunichtgut nicht in irgendeiner Ecke verscharrt lag, sondern als sein Schwiegersohn im Hause ein- und ausging. Aber nachdem ihn seine Frau über den seltsamen Brief aufgeklärt hatte, fasste er einen Entschluss und liess den Soldaten kommen.

«Ich vertraue dir einen wichtigen Auftrag an», sagte der Hauptmann.

«Und wohin soll ich gehen?»

«In die Hölle», antwortete der Hauptmann mit böser Miene. «Und damit ich sicher bin, dass du mich nicht wieder anschwindelst, musst du mir drei Haare vom Bart des Teufels mitbringen.»

Dem Soldaten brach der kalte Schweiss aus; er war sicher, dass er von diesem Auftrag nicht lebendig zurückkehren würde. «Wenn ich diesem Höllenwüterich auch nur ein Härchen krümme», dachte er für sich, «brät er mich wie ein Hähnchen am Spiess. Aber was soll's... Befehl ist Befehl.»

Am nächsten Morgen macht er sich auf den Weg. Nach ein paar Stunden trifft er auf einen grossen Graben am Wegrand, darin pikkelt und schaufelt ein Mann, ganz von Schweiss bedeckt, und scheint nach etwas zu suchen. «Was machst du da unten?» schreit er ihm zu. «Ich grabe nach Wasser», schreit der zurück, «aber ich finde keines. Und wohin gehst du?» Da erzählt der Soldat von seinem Auftrag, und sie kommen überein, er solle den Satan nach einer Quelle fragen, wenn er doch schon mal in der Hölle sei. «Du kriegst auch einen schönen Sack Geld dafür!» verspricht ihm der Mann im Graben. «Wenn's nur das ist», sagt der Soldat und geht weiter. «An Geld hab ich keinen Mangel.»

Wie der Abend kommt, legt er sich neben einem alten Haus hin. Aber er ist kaum eingeschlafen, da weckt ihn lautes Seufzen und Stöhnen, das kein Ende zu nehmen scheint. Schliesslich packt ihn die Neugier, und er wagt sich in das Gemäuer vor. Auf einem elenden Lotterbett findet er ein junges Mädchen; ihr Gesicht ist von Leid und Schmerzen gezeichnet. Wie er sie eindringlich befragt, sagt sie schliesslich: «Seit sieben Jahren quält mich eine schreckliche Krankheit. Ich habe vergeblich jedes Heilmittel versucht, jetzt bleibt mir keine Hoffnung mehr.»

Der Soldat verspricht auch ihr, sich beim Teufel zu erkundigen, und sie dankt ihm herzlich. Am nächsten Morgen marschiert er weiter, und nach einigen Stunden sieht er am Wegrand einen armen Schlucker, der an eine Türe gefesselt worden ist. «Wer quält dich denn so?» fragt der Soldat mitleidig. «Mein lieber Mann», sagt der Gefangene, «schon vor langen Jahren haben mich meine Feinde an diese Türe gefesselt. Sie bringen mir nur das Allernötigste, damit ich nicht verhungere. Was würde ich nicht geben für meine Freiheit!» Der freundliche Soldat verspricht auch ihm, er wolle sich in der Hölle nach einer Lösung erkundigen, und zieht weiter.

Als der Soldat manchen Tag später in der Hölle ankam, war der Hausherr gerade ausgegangen. Dafür war seine Gemahlin da, und der Soldat zögerte nicht, ihr von seinem Auftrag und den drei Unglücklichen zu erzählen, die er unterwegs angetroffen hatte. Die Frau Teufelin dachte nach und sagte: «Junger Mann, nehmen Sie sich in acht vor meinem Mann, der hat heute eine Laune wie Schwefel und Pech. Ich bringe Sie ins obere Stockwerk, und dort bleiben sie, bis ich Sie rufe!»

Als der Teufel heimkam, zog er eine schreckliche Grimasse und wiederholte dauernd: «Da sind Christenmenschen in meiner Hölle!» Aber seine Frau beruhigte ihn und brachte ihn endlich so weit, dass er sich schlafen legte. Sobald er schnarchte, riss sie ihm ein Haar aus seinem Bart. Er setzte sich bolzgerade auf und schrie ein übers andere Mal: «Da sind Christen in meiner Hölle!» Die Frau beschwichtigte ihn: «Ich war es, ich habe schlecht geträumt.»

«Und was hast du geträumt?»

«Von einem Mann, der gräbt und gräbt, um Wasser zu suchen. Aber er findet einfach keine Quelle.»

«Was für ein Narr!» sagte der Teufel. «Er braucht bloss den Stein in der Ecke des Grabens wegheben; darunter findet er eine grosse Quelle.» Endlich schlief er wieder ein, und die Frau riss ihm das zweite Barthaar aus. Der Teufel tobte noch schlimmer als vorher und wollte das Haus von oben bis unten durchsuchen. «Jetzt lass doch», sagte die Frau. «Ich bin es bloss, ich habe schwer geträumt.»

«Was war es denn diesmal?» knurrte der Teufel unwillig.

«Von einem jungen Mädchen, das ist seit sieben Jahren krank, und keine Arznei kann sie heilen.»

«Die Närrin», sagte der Teufel. «Sie muss bloss ein weisses Pferd nehmen und einen langen Ritt machen damit. Und wenn sie sich hinterher am ganzen Körper mit dem Pferdeschweiss einreibt, dann wird sie auf der Stelle gesund.»

Endlich schlief Herr Beelzebub wieder ein. Die arme Frau Teufelin zitterte vor dem dritten Versuch, aber schliesslich nahm sie allen Mut zusammen und riss ihm wieder ein Barthaar aus. Jetzt hättet ihr den Satan in seinem Zorn sehen sollen! Im ganzen Haus wollte er das unterste zuoberst kehren. Endlich konnte ihm die Frau beibringen, dass sie es sei, die wieder schlecht geträumt habe. «Was ist denn jetzt schon wieder?»

«Da ist ein Mann an eine Türe gefesselt, der nicht loskommt.»

«Der Narr», knurrte der Teufel. «Dabei müsste er dem Erstbesten, der vorbeikommt, ganz einfach sagen: ‹Du bleibst hier, ich gehe fort!› Damit hat es sich.»

Als der Teufel am nächsten Morgen aus dem Haus war, rief die Frau den Soldaten herunter, übergab ihm die drei Barthaare und wiederholte die drei Ratschläge, die der Teufel auf die angeblichen Träume hin gegeben hatte. Der Schwiegersohn des Hauptmanns verabschiedete sich mit Dank und machte sich auf den Rückweg.

Bald kam er bei dem Gefesselten an, der ihn ungeduldig erwartete und sogleich mit Fragen überschüttete. Aber der Soldat sagte kein Wort, marschierte an ihm vorbei und drehte sich erst an der nächsten Ecke um. «Dem Erstbesten, der vorbeikommt, musst du sagen: ‹Du bleibst hier, ich gehe fort!›»

«Also gut», rief der arme Teufel. «Du bleibst hier!»

«Mich erwischst du nicht», rief der Soldat. «Ich bin schon vorbei!» Und damit zog er fröhlich weiter.

Als nächstes gab er den Ratschlag des Teufels an das kranke Mädchen weiter. Sie tat alles genau nach Vorschrift und wurde auf der Stelle gesund. Dann kam er zum Mann in der Grube, und als der den Stein in der Ecke aufhob, schoss eine mächtige Quelle hoch. Und schliesslich kam er nach Hause, und das Gesicht des Hauptmanns hättet ihr sehen sollen, als der die drei teuflischen Barthaare in der Hand hielt! Und von nun an lebte der Soldat recht friedlich mit seiner hübschen Frau, auch wenn die ihren Zauberer mitunter recht schräg anguckte und sich insgeheim wunderte: Warum fand dieser Bursche überall das richtige Mittel?

Aber schliesslich gibt es dieses alte Sprichwort, und das muss als Antwort genügen: Wer nichts wagt, gewinnt nichts.

Der Teufel und die hundert Raben

Im Wallis erzählt man sich, in alten Tagen hätten sich die fahrenden Schüler noch regelmässig mit dem Teufel getroffen, und zwar an einer Kreuzstrasse, wo sie der Gottseibeiuns allerlei Künste lehrte. Es mussten immer ihrer zwölf Studenten sein, und zum Lohn wählte sich der Teufel einen von ihnen zum Opfer aus. So liessen sie sich Jahr für Jahr von seinen Künsten verlocken, denn jeder dachte, ihn werde es schon nicht treffen.

Zwei Freunde hatten von diesen Zusammenkünften gehört, und es zog sie mächtig hin zur Kreuzstrasse. Trotzdem zögerten sie, denn wenn der Teufel einen von ihnen packte, hätte es den anderen so schwer getroffen, als sei er selbst das Opfer. Schliesslich war die Lust stärker als der gute Wille, und so standen sie mitten unter den zwölf Neugierigen an der Kreuzstrasse. Als der Böse sein Opfer wählte, traf es ausgerechnet einen der Freunde, mit dem fuhr er ab. Der andere wurde todtraurig und sehnte sich von der ersten Minute an nach seinem langjährigen Kameraden, den hatte er allzu lieb gehabt.

Das sah der Teufel, und er zeigte sich dem Bedrückten auf einem einsamen Weg und redete ihn an: «Ich weiss dir wohl ein Mittel gegen deine Sehnsucht. Du wirst auf einem Zaun hundert Raben sehen, und unter ihnen ist dein Freund. Findest du den richtigen heraus, so darf er wieder Mensch werden; wählst du aber den falschen, so bist auch du verloren und wirst verwandelt!»

Der Bursche fühlte, ohne seinen Freund habe sein Leben allen Wert verloren, und wenn es ihm fehle, so könnten sie wenigstens als Raben beieinanderbleiben. Also nahm er den Vorschlag an. Auf dem Heimweg sah er plötzlich hundert Raben auf einem Zaun sitzen. Er musterte die ganze Reihe, aber da war der eine wie der andere, jeder von gleicher Grösse, alle hässlich und russschwarz vom Schnabel bis zu den Füssen. Es schien unmöglich, den richtigen herauszufinden, und schon wollte er verzweifeln, als er bemerkte, dass einem der Raben die Tränen aus den Augen rollten. «Der ist es!» rief er aus, und tatsächlich hatte er seinen Freund bezeichnet. Der Teufel musste beide freigeben, und die zwei mieden von nun an die Kreuzstrasse.

Die drei Hunde

Ein Metzger hatte einen einzigen Sohn, der war schon erwachsen und ging manchmal mit dem Vater auf den Viehmarkt. Eines Tages sagte der Vater: «Du kannst nun einmal für mich auf den Markt gehen, du hast mich ja manches Mal begleitet und weisst, wie es zu- und hergeht. Wenn ich alt werde, wirst du die Metzgerei übernehmen, dann musst du etwas verstehen vom Viehhandel.» Dann gab er ihm eine Summe Geld: «Kauf dafür einige Stück Schlachtvieh und ein paar zum Mästen.»

Der Bursche machte sich auf den Weg zum Markt. Da trat ihm auf der Strasse ein Mann mit einem Hund entgegen und wollte wissen, wohin er gehe. Der Junge erzählte ihm sein Geschäft, und der Fremde wollte wissen, ob er denn keinen Hund habe; den brauche er doch, um das Vieh zu treiben. «Mein Vater», sagte der Bursche, «ist all die Jahre ohne Hund ausgekommen.» Aber der Fremde beteuerte, einen Hund wie diesen hier habe er bestimmt noch nie gesehen. Er sei so stark, dass er Eisen und Stahl brechen könne, drum heisse er auch «Brich Eisen und Stahl». Der Hund war schön und gefiel dem Jungen sehr gut, aber als er nach dem Preis fragte, nannte der Fremde genau die Summe, die der Vater auf dem Markt auslegen wollte. Der Bursche zögerte lange, aber der Alte redete auf ihn ein und versicherte, der Hund könne sein Glück bedeuten. Kurz und gut, zuletzt kaufte der Bursche den schönen starken Hund und kehrte wieder um. «Warum kommst du schon zurück?» wollte der Vater wissen, als er zuhause ankam, «und was soll dieser Hund?» Und als der Sohn ihm den ganzen Handel schilderte, wurde er zornig. «Ich bin nun so lange Jahre Metzger gewesen und noch immer ohne Hund ausgekommen. Nun gut, der Hund ist nun einmal da, aber solchen Unsinn machst du mir nie mehr!»

Einige Zeit später war wieder Viehmarkt, und wieder schickte der Metzger seinen Sohn mit Geld los: Er solle schön gemästetes Schlachtvieh einkaufen. Aber auf der Strasse zur Stadt stand wieder der Alte, mit einem anderen Hund, und wollte wissen, was denn der junge Metzger mit dem Eisenbrecher gemacht habe. Der sei zuhause, sagte der Junge und drängte weiter. Nun ja, dann müsse er eben noch einen Hund kaufen, der sei noch besser als der erste, meinte der Alte, das sei ein wahrer Glückshund. Wie sehr auch der Bursche beteuerte, er habe kein Geld, und vom Zorn seines Vaters erzählte – der Fremde liess nicht locker. Dieser Hund heisse «Geschwind wie der Wind», sei aber ein wenig teurer als der erste. Der Alte nannte wiederum genau die Summe, die der Bursche zum Viehkauf eingesteckt hatte: etwas mehr als beim letzten Mal. Er wusste so viel Gutes zu melden, dass der Bursche unsicher wurde und schliesslich trotz seinem schlechten Gewissen den Glückshund kaufte. Als er ein zweitesmal ohne Vieh heimkam, dafür mit einem zweiten Hund, platzte der alte Metzger fast vor Zorn.

Immerhin beruhigte er sich so weit, dass er einige Zeit später seinen Sohn wieder zum Markt schickte, mit einer noch grösseren Summe. Ich mag nicht hin- und herzählen, wie es zuging, aber da stand der Alte wieder an der Strasse, und nach viel Sträuben und Zögern kaufte der Bursche noch einen dritten Hund, der noch mehr kostete als die beiden anderen, dafür aber so schnell war wie ein Gedanke, darum hiess er auch «Geschwind wie der Sinn».

Dem Burschen ahnte nichts Gutes, als er ins Dorf zurückkam, und tatsächlich riss dem alten Metzger diesmal die Geduld. Er brachte die beiden anderen Hunde vors Haus und jagte den Sohn mit einem Fluch, aber ohne einen roten Rappen weg. Nur die Mutter rannte dem Sohn nach und steckte ihm ein paar Batzen in die Tasche.

Da zog nun der Jüngling mit seinen drei Hunden auf der Strasse fort und wusste nicht ein und aus. Er geriet in einen dichten Wald, verlor bald den Weg und war froh, als er abends spät ein einsames Haus fand. Er ging hinein und fragte, ob er hier übernachten dürfe. Das erlaubte man ihm, und nachdem man ihm zu essen gegeben hatte, führte man ihn auf sein Zimmer. Die Hunde aber müsse er zurücklassen, sagten die Wirtsleute. Da habe er nichts dagegen, sagte der Bursche, wenn es ihnen tatsächlich gelinge, die Tiere zurückzuhalten. In der ersten Stube gelang es ihnen, den «Brich Eisen und Stahl» zurückzuhalten, die anderen beiden aber gingen mit ihrem Besitzer weiter. In der zweiten Stube bändigten sie schliesslich «Geschwind wie der Wind», und in der dritten «Geschwind wie der Sinn».

Nun war der Jüngling ohne seine Hunde. Die Wirtsleute aber hatten es auf die schönen Tiere abgesehen, und als sie mit ihm auf sein Zimmer kamen, erklärten sie ihm, sein Leben sei verloren, er solle noch ein letztes Gebet tun. Der Jüngling kniete nieder, aber statt zu beten, rief er die drei Hunde beim Namen: «Brich Eisen und Stahl, Geschwind wie der Wind, Geschwind wie der Sinn!» Kaum hatte er die Namen gerufen, standen die drei Tiere vor ihm. «Brich Eisen und Stahl» hatte die Türschlösser weggerissen, und die anderen waren ihm gefolgt. Nun fielen sie über die räuberischen Wirtsleute her und bissen ihnen die Kehlen durch, als wären es Hanfstengel.

Als der Jüngling in die Wirtsstube zurückkam, fand er dort die Magd vor, die bat ihn inständig, er solle sie verschonen. Eigentlich sei sie die Tochter eines Königs, aber die Wirtsleute, die eine Räuberbande befehligten, hätten sie entführt. Sie habe hier als Magd dienen müssen, sonst wäre sie auch umgebracht worden. Schliesslich legten sich alle schlafen, und am nächsten Morgen zeigte das Mädchen dem Burschen das Versteck, wo die Räuber ihr Geld und ihre Schätze aufbewahrten. Darüber hinaus fand sich Vieh und Wagen und Pferde, und der Bursche zögerte nicht lange, lud das Geld auf einen Wagen und stellte eine schöne Viehherde zusammen. Die mussten die Hunde für ihn treiben, und er setzte sich mit der Magd in die Kutsche und zog heimwärts.

Der alte Metzger stand eben vor seinem Haus, als er eine Viehherde daherkommen sah, schön auf der Strasse, obwohl niemand die Tiere antrieb. Nur ab und zu sah man etwas wie einen Schatten vorüberhuschen. Das waren natürlich die Glückshunde, die schneller rannten, als das Auge ihnen folgen konnte. Hinter der Herde folgte eine Kutsche, und als sie vor der Metzgerei stillstand, stiegen der Bursche und die Magd heraus. «Hier ist dein Vieh, Vater», sagte der junge Metzger, «soviel hätte das Geld gebracht, das ich für meine Hunde ausgegeben habe. Der Fremde hat mir versprochen, sie würden Glück bringen, und das haben sie auch getan. Und hier ist noch Geld für die Zinsen, und etwas Geld für die Mutter.» Er aber fahre jetzt weiter, um die junge Frau zu heiraten, die seine Braut sei.

Und er zog weiter und heiratete die Magd aus dem Wald, und ich habe ihn seither nicht mehr gesehen.

BÄRENHANS

Einst drang ein Bär in ein abgelegenes Haus. Der Mann war nicht zuhause, und das riesige Tier packte die Ehefrau und schleppte sie in seine Höhle. Dort hielt er sie gefangen, und dort brachte sie ihren Sohn zur Welt. Seiner Stärke wegen hiess sie ihn Bärenhans.

Wenn der Bär auf Jagd ging, schloss er jeweils seine Höhle zu, indem er einen schweren Stein vor den Eingang rollte. So sehr die Frau auch daran rüttelte, sie brachte den Stein keinen Fingerbreit vom Fleck. Als Bärenhans ein Jahr alt war, versuchte er bereits, den Stein wegzurollen. Aber so stark er auch schon war, er vermochte ihn nicht zu bewegen. «Gedulde dich noch zwei Jahre», sagte seine Mutter.

Zwei Jahre später war Hans ein riesig starker Bursche geworden. Eines Tages schickte seine Mutter den Bären mit einem Korb weg: er solle Wasser holen. Der Bär war ein wenig dumm und versuchte getreulich, Wasser zu schöpfen, und in dieser Zeit rollte Hans den schweren Stein weg und flüchtete zusammen mit seiner Mutter. Sie fanden das Haus wieder, aus dem die Frau geraubt worden war, und ihren Mann, der beinahe nicht fassen konnte, dass seine Gemahlin nach all diesen Jahren noch am Leben war. Aber Bärenhans hielt es nicht lange in seinem neuen Zuhause. Er sehnte sich nach dem wilden Höhlenleben und nahm bald von den Eltern Abschied.

Am dritten Tag begegnete er im Wald einem Riesen, der sich damit vergnügte, Bäume auszureissen: Er packte sie am Wipfel und zog sie samt den Wurzeln aus dem Boden. Als er Bärenhans kommen sah, forderte er den Jungen auf, es ihm gleichzutun. Hans zögerte nicht lange. Ohne ein Wort legte er mit einer Hand die Wipfel zweier Tannen übers Kreuz und rupfte beide zugleich aus, als seien es Krautstiele. Der Riese staunte nicht schlecht, und Bärenhans fragte ihn: «Willst du mich begleiten?» Der Baumpflücker sagte ihm das zu.

Nach einem Stück Weg stiessen die beiden auf einen grossen Burschen, der sich damit vergnügte, Mühlsteine über das Dorf zu schleudern. Auch der forderte die Ankömmlinge heraus: «Wer macht mir das nach?» Bärenhans nahm einen Mühlstein in jede Hand und schleuderte sie über die Dächer und gleich über den Dorfwald. Dann forderte er den Steinschleuderer auf, sich anzuschliessen: «Drei wie wir brauchen niemanden zu fürchten.»

Zusammen machen sich die drei auf die Wanderschaft. Am Ende des nächsten Tages langen sie auf einer Waldlichtung an. Da steht ein hübsches Haus mit einem ordentlichen Stück Garten ringsherum, aber keine Menschenseele zeigt sich. Wie die drei in die grosse Stube vordringen, ist da der Tisch für drei gedeckt und das Essen aufgestellt. Die drei setzen sich ohne weiteres und essen sich satt, dann legen sie sich etwas nieder, aber noch immer zeigt sich kein Besitzer. So beschliessen sie, hier ein Weilchen zuzubringen.

Am ersten Tag gehen ihrer zwei auf die Jagd, und der dritte, der Baumpflücker, bleibt zu Hause und soll dort das Nachtessen vorbereiten. Aber wie die zwei Jäger zurückkehren, ist noch nichts vorbereitet, und auf alle ihre Fragen sagt der Riese nur immer: «Derjenige, der morgen dableibt, sieht dann schon, was passiert!» Am nächsten Tag übernimmt der Mühlsteinwerfer den Haushalt, aber auch bei ihm geht es nicht anders: keine Mahlzeit, keine Auskunft über das Vorgefallene. Bärenhans bleibt also am dritten Tag voller Neugier im Haus, fegt den Boden und setzt den Kochtopf aufs Feuer. Da sieht er, wie sich eine der riesigen Steinfliesen des Küchenbodens hebt. Aus dem Loch tauchen Kopf und Schultern eines Riesen mit rotem Bart auf. Der klettert gelassen heraus und fragt Hans, ob er sich am Feuer wärmen darf. Hans erlaubt ihm das, aber kaum hat sich der Rotbart gesetzt, beginnt er, eine Handvoll Asche nach der anderen in die Suppe zu werfen. «Jetzt reicht's aber!» befiehlt Hans wütend. «Das machst du nicht noch einmal!» Aber der Riese wirft eine weitere Handvoll Asche in den Topf.

Da reisst Hans die Geduld. Er packt den Rotbart, bengelt ihn in der Küche herum und reisst ihm schliesslich den struppigen Bart aus. Da flüchtet sich der ungebetene Gast durchs Loch in die Tiefe. Bärenhans schiebt die Fliese darüber und hat im übrigen einen ruhigen Tag. Seine zwei Kameraden wundern sich nicht schlecht, wie sie am Abend einen gedeckten Tisch und ein fertiges Essen vorfinden. Hans zeigt ihnen den Bart und fragt sie, ob sie das Stück kennen. «Ja», antworten die beiden, «der gehört dem Flegel, der uns Asche in die Suppe gestreut hat.»

Nach dem Essen beschlossen die drei, den Riesen zu verfolgen. Als erstes wälzten sie die Steinfliese zur Seite, und Hans versuchte, seine Kollegen mit einem Seil herunterzulassen. Aber das Seil erwies sich als zu kurz. Schliesslich kletterte Bärenhans selbst in die Tiefe. Als er am Seilende noch immer keinen Boden unter den Füssen hatte, liess er sich fallen. Bärenhans schlug so hart auf, dass er sich dabei ein Bein brach. Mühselig schleppte er sich weiter und erkannte, dass er sich in einer unterirdischen Behausung befand, die anscheinend bewohnt war. Mit Mühe stiess er eine Türe auf und fand dahinter eine zahnlose Alte sitzen. Er packte sie und drohte: «Wenn du nicht sofort mein gebrochenes Bein heilst, musst du sterben!» Die Alte brachte sogleich eine Salbe, damit bestrich Bärenhans sein Bein, und wie durch ein Wunder heilten die Knochen zusammen.

Dann musste ihm die Alte Auskunft geben über den Riesen, dem er den Bart ausgerissen hatte. Die Hexe zeigte ihm sein Zimmer, warnte ihn aber davor, sich mit dem Riesen einzulassen: «Er wird dich umbringen, wenn du nur einen Fuss über die Schwelle setzt. Und er hat noch jeden Zweikampf gewonnen.» Aber Bärenhans zögerte keinen Augenblick, stürzte über die Schwelle und riss einen Säbel von der Wand, mit dem drang er auf den Rotbart ein. Der wehrte sich zwar, aber zuletzt schlug ihm Hans doch den Kopf ab. Dann rief er wieder nach der alten Hexe: «Was hast du sonst noch verborgen in deinem unterirdischen Schloss?» «Nichts», antwortete die Alte, «ausser drei schönen Töchtern.»

In der Zwischenzeit hatten seine beiden Kameraden Stricke gefunden, die liessen sie auf den Höhlenboden hängen. Bärenhans seilte die jüngste der drei Töchter an, und die beiden zogen sie nach oben. Sie war so schön, dass sich beide auf der Stelle in sie verliebten und mit Fäusten aufeinander losgingen. Aber schliesslich brachte Hans sie dazu, das zweite Mädchen hochzuziehen. Das war noch schöner als die Schwester, und die beiden Kerle liessen die erste Tochter links liegen und begannen, sich um die zweite zu schlagen und zu raufen. Endlich hatte Bärenhans die beiden so weit, dass sie auch noch die älteste Tochter hochhievten. Als ihre Schönheit im hellen Tageslicht erstrahlte, verblassten die beiden anderen daneben, und die Tolpatsche fielen aufs neue übereinander her.

Bärenhans musste eine ganze Zeitlang in der Unterwelt warten, bis man sich an ihn erinnerte. Als der Tannenrupfer und der Steineschleuderer den Strick endlich wieder hinunterwarfen, befestigte er einen schweren Baumstrunk und hiess sie hochziehen. Als der Strunk auf halber Höhe angelangt war, liessen ihn die beiden Schurken in die Tiefe sausen. Jetzt glaubten sie oben, ihren Gesellen losgeworden zu sein.

Bärenhans knöpfte sich wieder die Alte vor: «Du musst mich hier herausbringen.» Die Hexe wusste auch hier ein Mittel: Sie zauberte einen riesigen Vogel herbei, der einen Menschen tragen konnte – aber nur, wenn man ihn während des Flugs mit Fleischstücken fütterte. Bärenhans packte einen Sack voll Fleischreste und setzte sich zwischen die Flügel des Zaubervogels. Und während sie den Schacht hochflatterten, warf er ihm einen Happen nach dem anderen vor und gelangte so wieder in die Küche. Die beiden Gefährten waren so verdutzt, dass sie gar nicht dazukamen, ihn wieder ins Loch zurückzustossen. Kaum hatte Hans den Fuss auf festen Boden gesetzt, rissen die beiden aus.

Hans hatte also drei entzückende junge Töchter gewonnen. Am besten verstand er sich mit der zuletzt Geretteten, und die beiden anderen brachten ihm ein schönes Sümmchen Geld ein, nachdem er für sie zwei vornehme Freier gefunden hatte, die ihn für seine Heldentat belohnten. Von da an lebte er glücklich und zufrieden mit seiner unterirdischen Schönheit.

Die schwarze Spur der Pest

Niemand konnte sagen, woher sie kam und weshalb sie verschwand, warum sie die eine Gemeinde vollständig entvölkerte, während man im Nachbardorf verschont blieb, weshalb sie die stärksten Männer tötete und ein altes Hutzelweibchen am Leben liess: die Pest, diese unheimliche Seuche, die unser Land seit dem 14. Jahrhundert immer wieder heimsuchte. So hat man denn in zahlreichen Geschichten versucht, dem Geheimnis des Schwarzes Todes auf die Spur zu kommen.

DIE PESTLEUTCHEN

Zur Zeit, als die Pest wieder einmal Graubünden heimsuchte, schlichen sich zwei seltsame, kurzgewachsene Wesen, ein Männlein und ein Weiblein, durch die Enge von Felsenbach ins Prättigau. Das Männlein trug eine Schaufel, seine Gefährtin einen Besen, und wie sie so über das Tal schauten, sagte das Männlein: «Ich gehe hinauf in die Berge und schaufle herab, und du fegst im Tal unten.»

Die beiden kehrten im Wirtshaus von Pradisla ein, wo sie sich bescheiden aufführten und ein Nachtlager erbaten. Der Wirt, den die schneeweissen Haare und die zerfurchten Gesichter der beiden rührten, verlangte am nächsten Morgen keine Zeche, staunte aber nicht schlecht, als die beiden Alten für den folgenden Tag ein Festessen für dreissig Personen bestellten. Der Alte machte sich in Richtung Valseina auf den Weg, das Weiblein wandte sich Felsenbach zu. Am nächsten Tag begann der Wirt mit Schlachten, Braten und Sieden, dass es eine Art hatte. Schlag zwölf Uhr tauchte das seltsame Paar auf. Der Mann hielt immer noch die Schaufel in der Hand und meinte, heute habe er aber schon tüchtig geschafft.

Als sich der Wirt nach den dreissig Gästen erkundigte, lächelten die beiden nur seltsam und baten ihn, mit dem Auftragen zu beginnen. Sie setzten sich und verschlangen mit unheimlichem Hunger ein Gericht nach dem anderen, bis das ganze Gastmahl vertilgt war. Fürchterlich zu sehen war aber auch, dass die beiden beim Essen nicht etwa runder, sondern immer blasser und abgezehrter wurden. Da wurde dem Wirt klar, dass er es mit Geistern zu tun hatte. Als die beiden nach der Rechnung fragten, schlug er jede Bezahlung ab.

«Wir werden deine Freigebigkeit lohnen», sagten die beiden und machten sich wieder auf den Weg. Der Wirt hörte noch das seltsame *«Ich schufla abä, du fägst zämmä»* des Alten, dann waren die beiden verschwunden. Kurz später kam die Nachricht ins Haus, in Valseina sei die Pest ausgebrochen und schon viele gestorben; bald darauf traf aus Seewis die gleiche Hiobsbotschaft ein. Es vergingen nicht zwei Tage, da wütete die fürchterliche Krankheit im ganzen Prättigau, zu Berg und zu Tal. Nur wenige Häuser blieben verschont; ganze Familien, ja ganze Dörfer starben aus. Nur der Wirt in Pradisla und seine Familie blieben verschont. Jetzt wusste er auch, wen er vor einigen Tagen beherbergt hatte und woher der Heisshunger des Paares kam: Er hatte die Pestleutchen bedient, die sich bei ihm für ihr furchtbares Werk stärkten.

VON DER PEST VERSCHONT

Im Jahre 1629 suchte die Pest das Domleschg heim und forderte allein im Dorfe Rodels neunzig Todesopfer – alle bis auf einen, wenn man der alten Geschichte glauben darf. Dieser Bürger hatte sich gleich bei Ausbruch der Krankheit auf einen von Obstbäumen bestandenen Hügel geflüchtet und sich dort in einer Kapelle versteckt, die Johannes dem Täufer geweiht war. Seine Schwester brachte jeweils das Essen an den Fuss des Hügels und stellte es dort hin. Nach ein paar Tagen blieb sie aus. Als den Einsiedler der Hunger allzu stark plagte, wagte er sich endlich ins Dorf zurück, fand aber keine einzige lebende Seele mehr vor – er als einziger hatte überlebt.

DAS GEHEIME HEILMITTEL

Ob es die Obstbäume waren, die den Einsiedler vor dem Hauch des Schwarzen Todes schützten? Manche Leute glaubten nämlich, der starke Geruch der Baumnüsse, vor allem ihrer Schalen, halte die Krankheit fern. Ferner stellte man erstaunt fest, dass kein einziges Bergleutchen an der Pest starb – das Zwergenvolk schien ein geheimes Heilmittel zu kennen. Einem Bauer gelang es schliesslich, den Fänggen das Geheimnis zu entlocken, und zwar auf folgende Weise: Er kannte das Lieblingsplätzchen eines Bergmännchen, einen grossen Stein, der in der Mitte eine Vertiefung aufwies. Eines Tages goss er die Höhlung voll mit gutem Veltlinerwein und versteckte sich in der Nähe. Bald kam das Männchen angetrippelt und starrte misstrauisch auf die rote Flüssigkeit, roch daran und schimpfte dann: *«Nei nei, du überchunnst mi net!»* Trotzdem liess ihm der Trank keine Ruhe: Er tunkte den kleinen Finger hinein, leckte ihn ab, dann nochmals und nochmals, bis er schliesslich in grossen Schlucken schlürfte und allerhand ungereimtes Zeug zu schwatzen begann. In diesem Augenblick trat der Bauer wie zufällig herbei und fragte das Mannli, was gut sei gegen die Pest. «Ich weiss es wohl», sagte der Kleine, «Eberwurz und Pimpernell! Aber das sage ich dir noch lange nicht!» Der Bauer war aber schon zufrieden, gab das Rezept überall bekannt, und nach dem Gebrauch der beiden Kräuter starb niemand mehr an der Pest.

Ganze Dörfer und Städte entvölkerte die furchtbare Krankheit. Vielfach legten sich auch die Totengräber nach der letzten Arbeit zum Sterben.

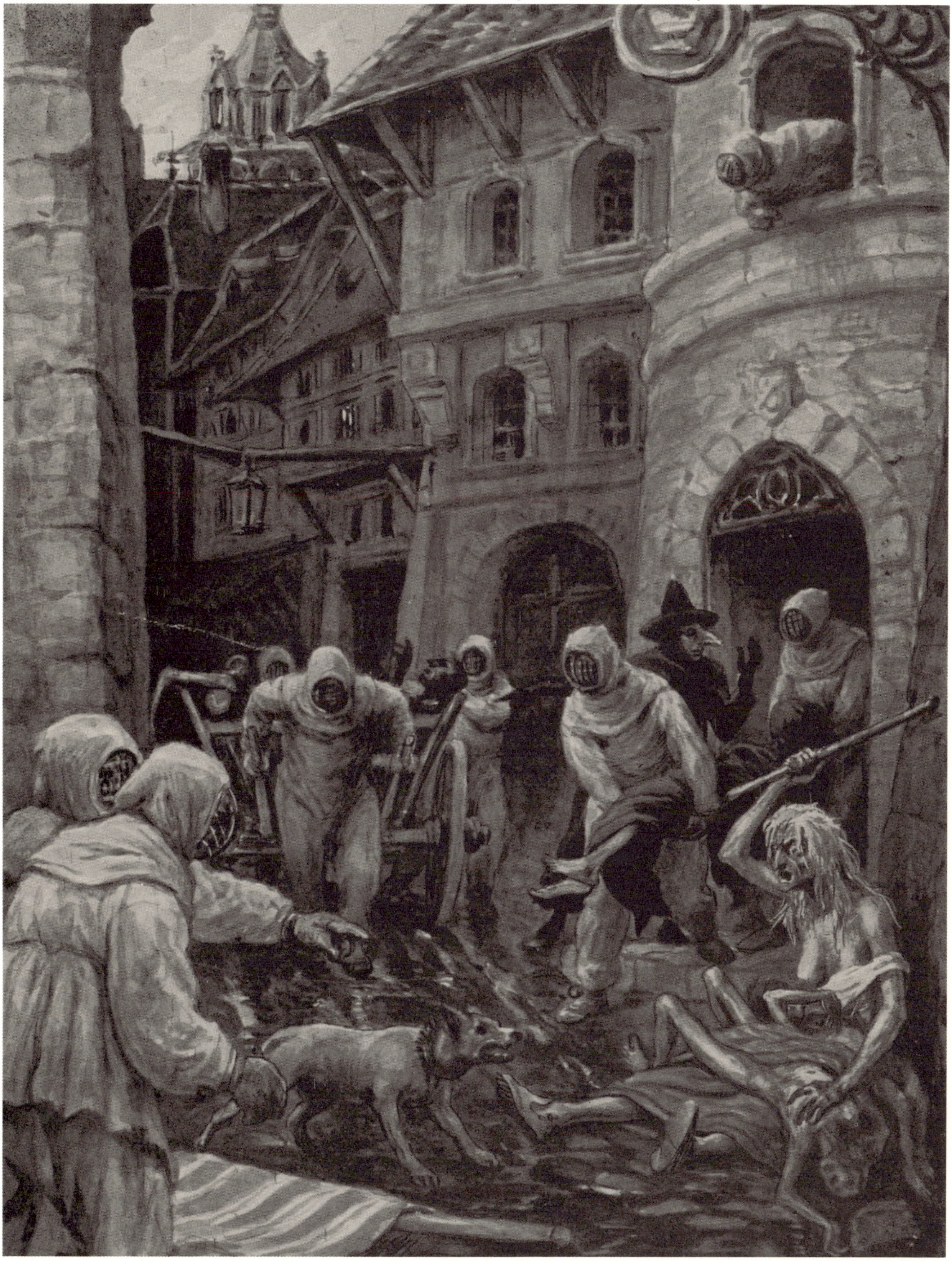

EINE SEUCHE ENTVÖLKERT EUROPA

Die Geschichte kennt nichts Vergleichbares: eine Epidemie, die einen Erdteil innert eines halben Jahrzehnts um ein rundes Drittel seiner Einwohner dezimiert. Dies ist die traurige Bilanz des Seuchenzugs, den Europa in den Jahren 1347 bis 1352 erlitt. Rund zwanzig von sechzig Millionen Einwohner erlagen der Krankheit; in Städten wie Paris oder London starb mehr als die Hälfte der Einwohner. Aber auch abgelegenere Gegenden, so die Schweizer Bergtäler, wurden heimgesucht. Im Wallis wie im Bündnerland verloren einzelne Gemeinden bis zu neun Zehnteln ihrer Einwohner.

Die Pest zeigte sich in zwei Formen. Bei der Beulenpest formten sich eitrige Schwellungen, hinzu kamen innere Blutungen. Die Überschwemmung des Blutes mit Krankheitskeimen führte aber auch zu Lungeninfektionen. Während die Lungenpest über die Atemwege übertragen wurde, geschah die Ansteckung bei der Beulenpest durch Flohbisse; Träger der Flöhe wiederum waren die Ratten. Infizierte starben oft innerhalb 24 Stunden; bei der Beulenpest betrug die Überlebenschance immerhin fünfzig bis sechzig Prozent.

Der Volksglauben sah die Pest als Geistwesen, das in Form von gespenstischen Flämmchen, als dichter, übelriechender Dunst oder in Gestalt von Mensch oder Tier die Gegend heimsuchte. Zur Abwehr entzündete man Feuer, verbrannte Kräuter wie Pimpernell, Wacholder oder Baldrian oder suchte das Unheil mit Kanonenschiessen oder Glockenläuten fernzuhalten.

DIE GEFANGENE PEST

Ein weiteres Mittel, so glaubten jedenfalls manche Leute, gab es noch: die böse Krankheit gefangen zu setzen. In Fanas wohnten zur Pestzeit zwei Brüder, die bohrten ein Loch in einen Balken in ihrer Stube. Da hinein sperrten sie ihren Anteil an der Pest, schlugen einen hölzernen Nagel in das Loch und begaben sich dann ins Ausland. Dort warteten sie, bis der Pestzug vorüber und alles wieder ruhig geworden war. Als sie nach langem wieder heimkehrten, zog einer von ihnen aus lauter Übermut den Nagel aus dem Balken, um sich die tote Pest anzuschauen; da kroch aber die am Leben gebliebene Pest heraus und tötete die beiden auf der Stelle.

DIE PEST IM GESCHIRRSCHRANK

Auch in Uster erzählt man sich, beim Schwarzen Tod des Jahres 1668 sei es gelungen, die unheimliche Krankheit einzuschliessen. Und zwar habe sie ein gefitzter Ustermer ins «Chopfhüüsli» gesperrt – also in den Schrank, in dem er Trinkgefässe aufbewahrte. Danach sei die Pest, die sich manche als schwarzen Rauch vorstellten, zum Stillstand gekommen. Es gab erst wieder neue Krankheitsfälle, als eine Hausbewohnerin die Schranktüre aus Gwunder öffnete. Seltsamerweise beschränkte sich das Seuchengebiet auf die Gemeinden Uster, Gossau und Wildberg, so dass man jene Epidemie auch den Ustertod nannte.

DER PESTVOGEL

Nicht weit von Uster entfernt, in Fischenthal, liegt in einem sonnigen Seitental ein Weiler mit dem düsteren Namen «sPeste». Hier hörten die Bewohner eines Tages deutlich, dass ein Vogel vor dem Fenster traurig und immer trauriger pfiff: «Pest! Pest! Pest!» Und tatsächlich, schon nach einer Stunde hatten sie die erste Leiche im Haus, mit schwärzlicher Haut. Es war das erste Pestopfer der Gemeinde, aber die Seuche breitete sich von hier aus mit unheimlicher Geschwindigkeit aus. Als man das Opfer aus dem einsamen Weiler am nächsten Tag auf den Kirchhof trug, schlossen sich dem schauerlichen Zug bereits zwanzig weitere Leichenzüge an.

Bei jedem Haus, an dem die Fuhrleute vorbeikamen, fragten sie an, ob etwa weitere Tote zum Aufladen bereitlägen, und fast überall mussten sie ein trauriges «Ja!» hören. Bei einem Haus in der Nähe der Kirche fragten sie durchs Fenster hinein. Die Mutter, die eben ihrem Mädchen die Zöpfe flocht, antwortete: «Nein, gottlob ist hier noch alles gesund!» Beim Heimfahren vom Friedhof schauten sie wieder durchs Fenster und sahen Mutter und Kind liegen als schwarze Leichen.

Im einsamen Weiler hatte der Schwarze Tod unterdessen keine weiteren Opfer mehr gefordert, und eines Morgens hörten die Bewohner zu ihrem grossen Erstaunen, wie der Pestvogel heiter zwitscherte:

*Bibernell und Baldrioo,
wer drab trinkt, dä chunnt devoo.*

Der Vogel, so viel war gewiss, gab ihnen das richtige Rezept gegen die Krankheit an. Sofort sammelte man so viel Pimpernelle und Baldrian wie möglich und trank den schweisstreibenden Tee davon, brachte die Kräuter auch den Nachbarn, und innert kürzester Zeit war der Schwarze Tod besiegt.

DIE SCHLÜSSELFRAU

Im zürcherischen Rafzerfeld jenseits des Rheins war es in Pestzeiten Brauch, dass die Einwohner jeden Abend eine Gelte voll Wasser vor das Haus stellten und sie am Morgen wieder hineintrugen. Stand das Gefäss am Mittag immer noch da, so galt dies als Zeichen, hier sei jemand an der Pest gestorben.

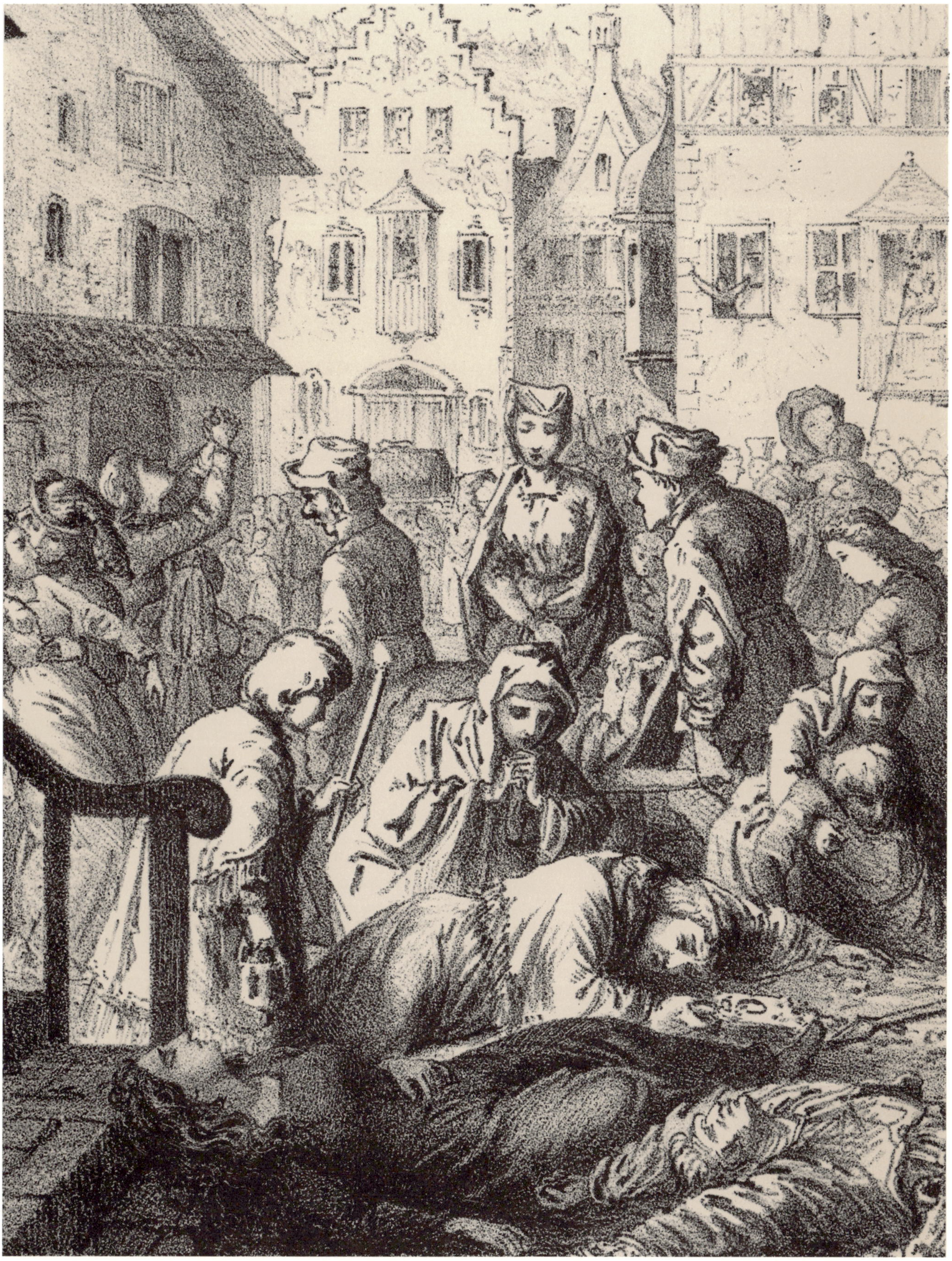

Als die Krankheit einmal besonders schrecklich wütete, starb beinahe die ganze Bevölkerung des Dorfes Rafz. An den vielen Beerdigungen fiel es auf, dass stets eine alte Frau mitging, die einen grossen Schlüssel in der Hand trug. Solange die Alte an den Leichenzügen auftauchte – so erzählte man sich –, lege sich die Seuche nicht. Endlich starb aber auch die Schlüsselfrau, und von diesem Tage an verbreitete sich die Pest nicht mehr weiter.

DIE PEST IM WALLIS

Im Jahre 1349 wütete der Schwarze Tod in der ganzen heutigen Schweiz. Er drang bis in die abgelegensten Bergtäler des Wallis. In Hérémence erzählt man sich von einem Mann, der mit dem Schwarzen Tod selbst gesprochen haben soll und ihn schliesslich zur Einsicht brachte. Das ging so zu: Ein wackerer Bürger von Hérémence, Händler von Beruf, kehrte mit seinem Maultier vom Markt in Sion zurück. Unterwegs traf er auf eine erschöpfte und abgezehrte Frau, die den gleichen Weg ging. Der mitleidige Mann hiess sie auf das Maultier sitzen und begann, das Tier am Zügel führend, über dies und jenes mit der Fremden zu plaudern.

«Heute habe ich wacker eingekauft», erzählte er. «Tücher und Hauben aus Seide für die schönen Mädchen im Dorf. Denen ist nichts schön genug, so eitel sind sie geworden.» Die Frau antwortete nichts. Kurz vor dem Dorfe bemerkte der Händler, dass sein Reittier in Schweiss gebadet war, als trage es eine schwere Last. Er machte die Fremde darauf aufmerksam. «Mach dir keine Sorgen», antwortete sie. «Ein Maultier kann man ersetzen, aber ein Menschenleben nicht. Hör mir zu: Gott hat beschlossen, die Einwohner von Hérémence für ihren Übermut und ihre Eitelkeit zu strafen. Aber weil du mir gütig begegnet bist, will ich dich und deine Familie verschonen.» Damit waren sie beim ersten Haus angekommen. Die Frau stieg vom Maultier, dankte nochmals und verschwand mit den Worten: «Ich bin nicht von dieser Welt, aber wir sehen uns bald wieder.» Mit Mühe und Not brachte der Mann das Maultier bis vor seinen Stall, dort brach es sterbend zusammen.

Am nächsten Tag, einem strahlenden Sonntag, bot sich den Dorfbewohnern, die von der Messe auf den Kirchplatz traten, ein seltsamer Anblick: Ein seltsames, hageres Weib mit einer Gerte in der Hand trat auf die Kirchgänger zu, berührte einen nach dem anderen mit dem unheimlichen Stab – und die Getroffenen brachen auf der Stelle tot zusammen. Bald häuften sich Leichen rund um das schreckliche Weib.

Der Händler stürzte entsetzt auf sie zu: «Genug, genug! Im Namen Gottes, haltet ein!» «Also gut», antwortete das Weib. «Im Namen Gottes halte ich ein.» Und damit verschwand sie. Der strahlende Sonntag hatte sich mit einem Schlag verdüstert; in ganz Hérémence wurde gejammert und getrauert. Achthundert Menschen – so berichtet die Chronik – fielen allein in diesem Dorf der Pest zum Opfer. Der Händler und seine Familie aber blieben verschont.

DIE PROZESSION DER VERSTORBENEN

Als der schreckliche Seuchenzug vorüber war, erzählte man sich überall im Land seltsame Geschichten über unermessliche Prozessionen von Toten: Pestopfer, die im Grab keine Ruhe fanden. Ein Bauer aus dem Val des Dix, der spät abends nach Hause zurückkehrte, traf hinter einer Wegbiegung plötzlich auf einen endlosen Zug von Männern und Frauen, die in weisse Büssergewänder gehüllt waren. Er blieb höflich am Wegrand stehen und fragte schliesslich einen der Vorüberziehenden, mit wem er es hier zu tun habe.

«Alle die Seelen, die Ihr hier vorbeiziehen seht», gab der Verhüllte zur Antwort, «sind während der Grossen Pest gestorben. Hier seht Ihr die Spitze des Zuges, aber sein Ende hat noch kaum die Kapelle der Heiligen Margerita bei Sion erreicht. Wir ziehen zur Kapelle des heiligen Bartholomäus bei Pralong, um die Hilfe des Heiligen Apostels zu erflehen, den wir zu unserem Schutzheiligen gemacht haben.»

Nicht weit von Sion geschah es auch, dass eine weitere Sterbliche auf den unheimlichen Zug traf. Bei Salins wohnte nämlich in einem abgelegenen Haus ein Ehepaar. Der Mann lag krank in seiner Kammer, als die Bauersfrau spät nachts ein Klopfen an ihrer Haustür hörte. Die tapfere Frau öffnete – und sah vor sich die endlose Prozession der Weissgewandeten, die vor ihrem Haus ins Stocken geraten war.

«Was wollt ihr?» fragte sie unerschrocken.

«Ihr sollt uns den Weg freigeben!» antwortete der Büsser, der angeklopft hatte. Sogleich öffnete die Frau Türen und Tore, und der Geisterzug setzte seinen Weg fort, durch das Haus und weiter den Berg hinan. Als die ersten durchzogen, schlug die Glocke von Valère eben Mitternacht, und erst zu Morgengrauen passierten die letzten. Die ganze Zeit über blieb die Bäuerin betend auf den Knien am Wegrand. Als sie am frühen Morgen endlich leise ins Haus trat, fand sie ihren Ehemann mitten im Zimmer stehen – gesund und wohlauf.

WO FINDET MAN SCHUTZ?

Viele blieben verschreckt in ihren Häusern, sobald sich im Dorf der erste Pestfall zeigte. Wie lange aber sollte man in seinen vier Mauern ausharren? Im bündnerischen Versam – so erzählt man sich – wusste man ein einfaches Mittel. Jeden Abend legte man ein Stück Brot oder Brotkrumen auf den Sims vor das Fenster. War das heilige Brot am nächsten Morgen schwarz, so bedeutete das, dass draussen immer noch der Schwarze Tod mit seinem tödlichen Hauch umging – also schloss man die Fenster und hielt sich weiter versteckt.

Selbst ein Gotteshaus oder eine Kapelle bot keinen Schutz. In Kippel im Oberwallis waren in der Pestzeit zwei Mähder in der Nähe der Kühmattkapelle an der Arbeit. Der eine sagte, er wolle vor Beginn des Tagwerks in der Kapelle beten; der andere beteuerte, es sei besser, zur Ehre Gottes zu arbeiten. Da senkte sich eine Pestwolke über den Berg. Der Mann, der draussen mähte, blieb verschont. Aber sein Kamerad, der gebetet hatte, blieb mitten in der Kapelle tot liegen.

Manche wollen in der Pestzeit eine Stimme gehört haben, die dazu riet, Strenza zu sammeln. Wer dieses Heilkraut esse, so rief die Stimme, der bleibe verschont. Tatsächlich – als man dem Rat folgte, verschwand die Pest.

Die Pestgrenze

Fragte man früher bei den Einwohnern des Klosterdorfes Wettingen im Aargau nach, weshalb denn die frommen Brüder über so ausgedehnten Bodenbesitz verfügten, so erhielt man folgenden Aufschluss:

Zur Zeit des Schwarzen Todes wütete die Seuche in Baden und Zürich so furchtbar, dass man oft ganze Wegstunden weit zwischen den beiden Städten auf keinen Menschen mehr traf. So starben auch die Bewohner der Gemeinde Wettingen bis auf zwei Burschen alle weg. Die beiden nahm man im Kloster auf, und dort vermachten sie grosse Teile des Gemeindebanns den frommen Brüdern – vielleicht unter Zwang, vielleicht aber auch freiwillig und aus Dankbarkeit. Wie auch immer – seither hörten die Äbte nicht mehr auf, durch Kauf und durch Schlauheit an sich zu bringen, was ihnen fehlte, um den Grundbesitz abzurunden.

Dazu passt, dass man später zu verschiedenen Malen zwei gespenstische Erscheinungen sah, die für die Räubereien des Stiftes zu büssen schienen. Von der sogenannten Nesselnburg oberhalb der Rebberge tauchte aus der Klosterscheune in manchen Nächten ein Gespenst auf und wandelte dem Lehegrund zu; blies es unterwegs einen unglücklichen Nachtwanderer an, so sank dieser kraftlos zusammen. Auf halbem Weg traf die Erscheinung mit einer blauen Flamme zusammen, die von der Klosterkirche ausging und dem Markenumgeher über den Rebberg bis zum Lehegrund entgegenflackerte.

Schlaue Köpfe fanden bald heraus, was es mit der unheimlichen Route auf sich hatte: Genau auf dieser Linie verliefen einst die Grenzen des Gemeindebodens, den sich die Stiftsbrüder so nach und nach auf unredliche Art einverleibt hatten.

DER RABE

In einem Schloss im Wald lebte einmal ein Graf aus uralter Familie, aber mit gar kleinem Vermögen. Der spazierte eines Tages durch den Wald und dachte dabei voller Sorgen über die Zukunft seines einzigen, wunderhübschen Töchterchens nach. Plötzlich krächzte von einer Eiche eine Stimme zu ihm herunter, er solle doch einen Augenblick stehenbleiben. Als der gute Graf emporschaute, sass da ein Rabe mit glänzendem Gefieder in den Ästen und krächzte: «Wenn du mir dein Töchterchen zur Frau gibst, erhältst du Gold, so viel du willst.»

Der Graf überlegte nicht lange, ging zu seinem Schloss zurück und führte die Tochter zu der gleichen Stelle im Wald. Da krächzte der gefiederte Bräutigam: «Schöne Jungfrau, geht mit mir in die Kapelle meines Schlosses und kniet dort einen ganzen Tag vor dem Altar nieder. Dort steht ein Krug, den füllt ihr mit Euren Tränen, und wenn ich abends heimkomme, leert Ihr die Tränen über meine Federn. Wenn Ihr das tut, ohne einen Tropfen zu vergiessen, so hat die böse Hexe, die mich in einen Raben verwandelte, keine Macht mehr über mich, und ich werde als junger, hübscher Ritter vor Euch stehen.»

Darauf flog der Rabe durch den Wald davon und zeigte dem Mädchen den Weg durch den dichten Wald, der bei einem abgelegenen, prächtigen Schloss endete. Die Jungfrau fand auch die Kapelle, kniete nieder und tat, was ihr der Vogel aufgetragen hatte. Als sie aber am Abend mit dem vollen Tränenkrug im Schlosshof auf den Raben wartete, stolperte sie und verschüttete ein paar Tropfen Tränen. Der Rabe flatterte herbei und sagte traurig, jetzt müsse die Jungfrau aufs neue mit ihrer Arbeit beginnen.

Am nächsten Morgen erhob sich die Rabenbraut schon früh, und als der Abend kam, hatte sie wieder ein Krüglein mit Tränen gefüllt. Aber auch diesmal verschüttete sie ein paar Tropfen, und wieder flatterte der Rabe herbei und bat das weinende Mädchen, doch am nächsten Tag so gut wie nie aufzupassen, denn sonst müsse er weitere hundert Jahre als Rabe verzaubert durch die Wälder fliegen. Das Mädchen nahm sich fest vor, alles richtig zu machen. Sie weinte den ganzen Tag lang, und als der Abend kam, betete sie inbrünstig zum Himmel und trug das Krüglein mit zitterndem Herzen in den Schlosshof. Diesmal stiess sie nirgends an, und als der Vogel sich neben ihr niederliess, goss sie ihm das ganze Krüglein Tränen über das glänzende Gefieder. Und mit einemmal stand ein herrlicher Ritter vor der Grafentochter und dankte ihr mit bewegten Worten für die Erlösung. Dann zeigte er seiner künftigen Frau die riesigen Schätze an Gold und Edelsteinen, die in den Schlossgewölben lagerten und führte sie dann in die halbzerfallene Burg ihres Vaters. Dort feierte man bald eine prachtvolle Hochzeit, und alle kehrten in das grosse Schloss des Rabenritters zurück und lebten dort für viele, viele Jahre in ungetrübter Freude.

Der schlaue Schmied

In uralten Zeiten lebte ein Schmied, der war so tüchtig, dass er immer viel Kundschaft hatte. Einmal hielt ein vornehmer Reiter vor der Schmiede an und liess sein Pferd beschlagen. Das ging so geschwind, dass sich der Schmied zum Lohn etwas wünschen durfte. Die Frau, die hinter ihm stand, flüsterte: «Wünsche dir den Himmel!» «Unsinn», sagte der Schmied, «den müssen wir uns verdienen, den können wir nicht wünschen. Aber wir haben hier einen Kirschbaum, der trägt Jahr für Jahr die schönsten Kirschen. Aber immer wenn ich sie pflücken will, ist schon einer draufgewesen. Ich wünsche mir, dass der Spitzbube, der auf den Baum klettert, nicht mehr herunter kann, bis er mich zu Hilfe ruft.»

Das sagte ihm der Herr zu, und einige Zeit später ritt er wieder vor die Schmiede, um sein Pferd beschlagen zu lassen. Wieder durfte sich der Schmied einen besonderen Lohn wünschen, und wieder flüsterte ihm die Frau vom Himmel ins Ohr. «Du mit deinem Himmel!» antwortete der Mann, «den muss man sich verdienen.» Dann wandte er sich an den Wohltäter: «In meiner Stube steht ein Lehnstuhl. Ich wünsche, dass der, welcher drinsitzt, kleben bleibt, bis ich ihm heraushelfe.»

Auch das sagte ihm der Fremde zu, und einige Monate später ging es wieder genau gleich zu und her. Diesmal zeigte der Schmied auf einen Sack mit Nägeln: «Dauernd stiehlt mir jemand Nägel. Wer in Zukunft die Hand da reinsteckt, der soll sie nicht mehr herausbringen, bis ich ihm helfe!»

Auch diesen Wunsch bekam er zugesagt, und als der Schmied alt geworden war, kam der Teufel, um ihn zu holen: Den Himmel habe er ja selbst ausgeschlagen. Der Schmied sagte, jetzt habe er keine Zeit, erst müsse er noch einen Dreifuss flicken. Der Teufel solle ihm doch aus dem Sack da ein paar Nägel herüberreichen, dann gehe es schneller. Der Teufel griff hinein und blieb hängen. «Lass mich los!» schrie er wütend. «Das kommt drauf an», sagte der Schmied. «Schenk mir noch ein paar Jährchen, dann lass ich dich los.» Der Teufel sagte ihm das zu und galoppierte fluchend weg, die rechte Hand schüttelnd.

Als die geschenkten Jahre um waren, meldete sich der Teufel erneut. «Ich bin gleich bereit», sagte der Schmied. «Ich will bloss mein Sonntagsgewand anziehen. Geh doch so lange in die Stube und setz dich in den Lehnstuhl!» Der Teufel, der solche Freundlichkeit kaum gewohnt war, setzte sich verwundert. Da stand auch schon der Schmied im Sonntagsstaat vor ihm: «Jetzt bin ich bereit, gehen wir!» Der Teufel zerrte und drückte, aber er konnte sich nicht aus dem Stuhl losmachen. «Wenn du mir noch ein paar Jährchen schenkst, lass ich dich frei.» Der Teufel versprach es und hinkte davon.

Als die Zeit um war, erschien der Böse vor dem Häuschen und rief: «Jetzt ist es so weit, jetzt nützen dir alle Ausreden nichts mehr!» «Sofort, sofort», antwortete der Schmied, «aber bis ich bereit bin, könntest du mir doch ein Körbchen Kirschen pflücken.» Der Teufel kletterte auf den Baum und pflückte das Körbchen voll, aber mit dem Heruntersteigen klappte es nicht mehr so ganz. «Lass mich los», jammerte der Böse, «ich schenke dir gerne noch ein paar Jahre!» «So leicht kommst du mir diesmal nicht davon. Erst wenn du mich für immer loslässt, darfst du heruntersteigen.» Der Teufel musste ihm auch das versprechen, kletterte vom Baum und verschwand mit gerolltem Schwanz.

Als der Schmied endlich starb und an die Höllenpforte klopfte, hiess es, ihm werde nicht aufgemacht. Da wanderte er weiter zum Himmelstor, aber dort versperrte ihm Sankt Petrus brummig den Weg: «Für dich ist kein Platz hier, denn du hast dir nie den Himmel gewünscht!» Da warf der Schmied schnell seine lederne Schürze durchs Tor, sprang flink hintennach und blieb auf der Schürze stehen. Als Petrus ihn hinausschicken wollte, sagte er: «Ich stehe hier auf meinem Eigentum!» Da musste selbst Petrus lachen: «Mit so viel Schlauheit ist mir noch keiner hier hereingeschlüpft!»

Das Adlermädchen

Eine Witwe wohnte mit ihrer zweijährigen Tochter in einem Dorf – wo genau, weiss ich nicht mehr. An einem Tag im Juli stieg sie mit dem Mädchen im Tragkorb in die Berge, um zu heuen. Während die Frau streng arbeitete, wanderte das kleine Mädchen bald hierhin, bald dorthin und pflückte Blumen. Plötzlich stiess ein gewaltiger Adler vom Himmel, nahm die Kleine zwischen seine fürchterlichen Krallen und trug sie zu seinem Nest.

Den Schrecken und die Verzweiflung der armen Mutter kann man sich gar nicht vorstellen! Aber seltsamerweise empfand die Kleine keinerlei Furcht vor dem Raubvogel. Sie klammerte sich lachend an seinem Hals fest und spielte mit den Federn. So sehr gingen dem Adler der Liebreiz und die Unschuld des Mädchens zu Herzen, dass er beschloss, die Kleine an Kindes statt anzunehmen. Er fütterte sie mit Nüssen, Früchten und wildem Honig und lehrte sie, auf den steilsten Zacken und Gräten der Gipfel herumzuklettern.

Als die Kleine grösser wurde, begann der Adler, in den Dörfern des Tales und der Ebene die Kleidchen der Bauernmädchen zu rauben und sie seinem Schützling mitzubringen. Und als sie zum schönen jungen Mädchen heranwuchs, waren ihm nur noch Kleider aus Samt und Seide gut genug. Also flog er zu den Palästen der Grafen, Fürsten und Könige, raubte dort die wundervollsten Kleider und trug sie zu seinen unzugänglichen Berggipfeln zurück. Einer Königin, die auf diese Weise schon manche schöne Robe und etlichen Schmuck verloren hatte, trieb er es schliesslich zu bunt; sie bat ihren Sohn, diesen räuberischen Vogel aufzuspüren und zu erlegen.

Dem Prinzen kam dieser Wunsch erst nicht sehr gelegen, aber als er etwas länger darüber nachdachte, warum ein Vogel wohl Kleider und Schmuck raubte, stach ihn die Neugierde. Er beschloss, der Sache auf den Grund zu gehen und kletterte monatelang in den Bergen herum, ohne auf eine Spur zu stossen. An einem Tag im Mai, als der Prinz fast schon beschlossen hatte, die Suche aufzugeben, hörte er plötzlich hoch über sich auf einem Felsen ein Mädchen singen. Er kletterte hoch und fand die junge Sängerin zu seinem Erstaunen ganz vergnüglich in einem grossen Adlernest sitzen. Wie schön das Mädchen war! Sogleich freundeten sich die beiden an, und das Mädchen erzählte dem schönen Prinzen die wundersame Geschichte ihres Lebens. Der Prinz beschwor sie, mit ihm in seinen glänzenden Palast zu kommen und dort seine Frau zu werden. Das Adlermädchen willigte ein. Zusammen stiegen sie herunter, suchten den König auf und erzählten ihm, auf welch wundersame Weise sie sich kennengelernt hatten. Der König küsste seine wunderschöne zukünftige Tochter und gab ihr den Namen Aquila; dann willigte er in die Heirat ein und befahl, sofort ein grosses Festessen vorzubereiten.

Aber die alte Königin wollte nichts davon wissen, dass ihr Sohn mit diesem fremden Mädchen eine Missheirat eingehe. Heimlich befahl sie zwei Dienern, Aquila zu entführen und in den Fluss zu werfen. Die zwei gehorchten, aber der Adler hörte die verzweifelten Schreie seines Schützlings, flog herbei und trug sie in den Palast zurück. Schon am nächsten Tag heiratete sie den schönen Prinzen. Der König aber beschloss, seine grausame Frau zu bestrafen und entsagte dem Thron, so dass aus dem Mädchen Aquila eine Königin wurde.

Im Adlernest, mitten in unzugänglichen Felsen,
wuchs das Mädchen Aquila heran.
Bis ein junger Prinz zu ihr hochkletterte...

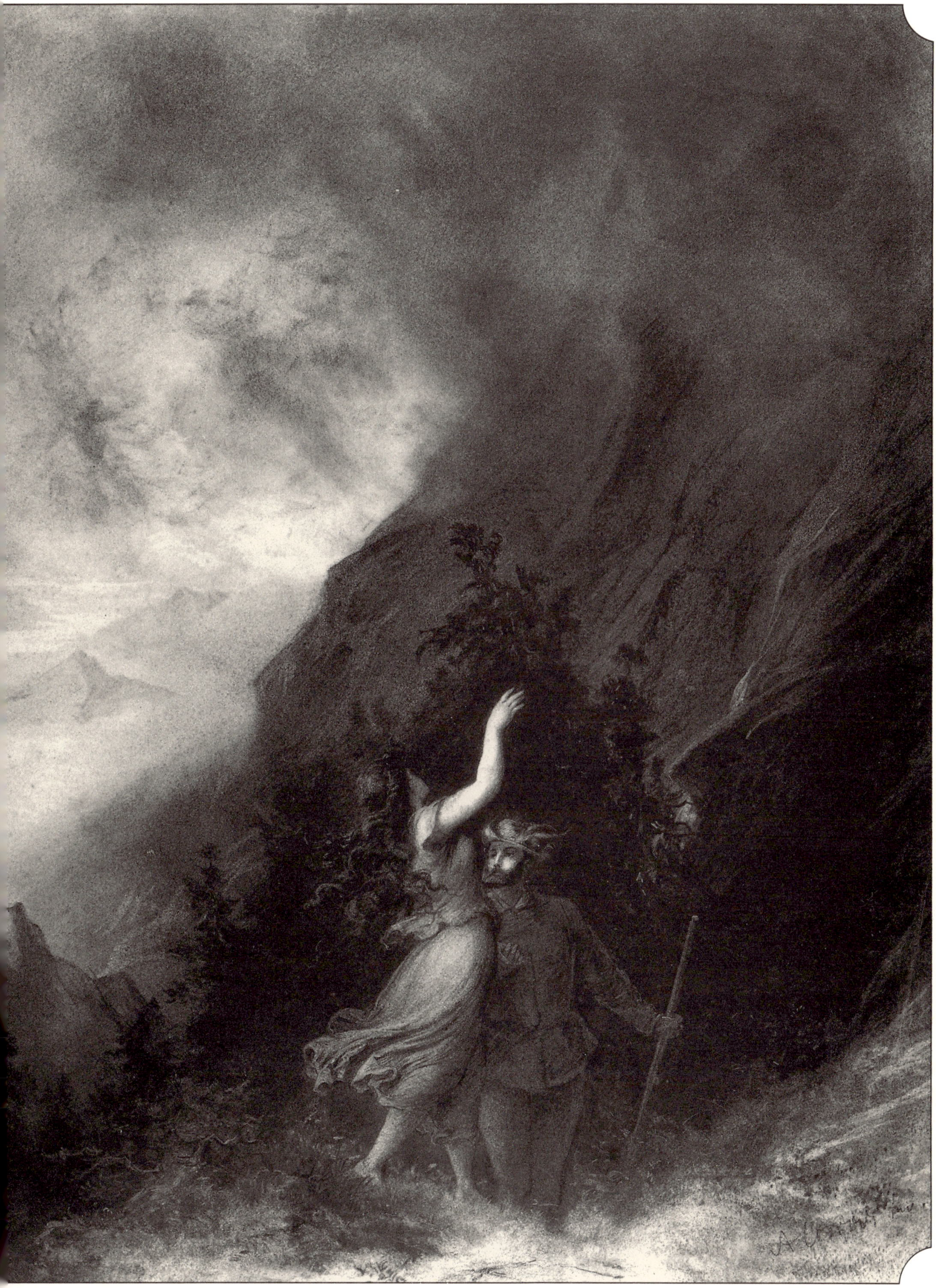

Die vier lustigen Gesellen

Eine Witwe hatte einen halbwüchsigen Sohn, der war ausserordentlich stark. Eines Tages, als er gerade im Wald eine Tanne samt der Wurzel ausdrehte, kam ein Geselle daher, blieb stehen und sagte: «Du bist mir ein starker Bursche, willst du mit mir kommen?» Das war unserem Buben recht. «Ich will nur der Mutter erst noch einen Armvoll Holz zum Feuern bringen», sagte er. Damit nahm er ein paar Tannen unter den Arm, und der Fremde begleitete ihn nachhause. «So, Mutter, da habt Ihr Holz», sagte der Bursche. «Jetzt will ich reisen und die Welt ansehen.» Da jammerte die Mutter: «Und wer sorgt denn für mich?» «Lasst mich nur gehen», sagte der Bub fröhlich, «ich will schon für Euch sorgen!»

Der Mann, den er im Wald getroffen hatte, war ein Stelzfuss. Er hatte den einen Unterschenkel nach oben gebunden, humpelte aber so schnell, dass der Bub ihm kaum folgen konnte. Nach einer Weile spürten sie beiden grossen Hunger. «Woher jetzt Essen nehmen?» klagte der Bub. «Geld haben wir beide keins.» «Das macht nichts», sagte der Stelzfuss, «im Wald drin gibt es genug Wild.» «Aber wir haben ja kein Gewehr.» «Das Wild fange ich mit der Hand», sagte der Stelzfuss. «Siehst du, das eine Bein habe ich bloss aufgebunden, damit ich nicht zu schnell laufe. So jage ich das Kleinwild, und mit beiden Beinen fange ich das Hochwild ein!»

Gerade da sprang ihnen ein Hase über den Weg. Der Stelzfuss erwischte ihn mit wenigen Sätzen, tötete ihn und briet ihn am Feuer. Nach dem Essen zogen sie weiter und begegneten einem Gesellen, der trug den Hut ganz hinten am Kopf. Auch ihn fragte der Stelzfuss, ob er sich anschliessen wolle, und er sagte gerne zu. Dann wollte der Stelzfuss wissen, weshalb der andere den Hut so weit nach hinten trage, was denn das für modischer Krimskrams sei. «Das hat nichts mit Mode zu tun», erklärte der Neue. «Aber wenn ich den Hut mitten auf dem Kopf trage wie ihr, scheint die Sonne nicht mehr auf die Erde, und es wird viel zu kalt.» Da freuten sie sich über den neuen Gefährten. «Das ist bequem», sagte der Stelzfuss, «wenn uns zu heiss wird, brauchst du nur den Hut höher zu rücken, dann sind wir am Schatten!»

Die drei wanderten nun zusammen weiter. Auf einem Hügel lag einer auf dem Bauch, der hatte ein Nasenloch verstopft und blies aus dem anderen. Nicht weit davon standen drei Windmühlen, deren Räder sich drehten, obwohl kein Wind wehte. «Was tust du da?» fragten sie den Burschen, «und warum hast du das eine Nasenloch verstopft?» «Das seht ihr ja selbst», sagte der. «Ich treibe die drei Mühlen an. Würde ich aus beiden Nasenlöchern blasen, so flögen die Mühlen und alles drumherum in die Luft!» Das gefiel den drei Gesellen, und sie fragten den Bläser, ob er mit ihnen ziehen wolle. Er war einverstanden, und sie reisten zu viert weiter; Geld hatte keiner von ihnen.

Nach ein paar Tagen kamen sie in eine Stadt und hörten, wie ein Bote des Königs eben ausrief: «Wem es gelingt, die grosse Sandwüste jenseits des Waldes in guten Boden zu verwandeln, der erhält die Tochter des Königs zur Frau!» Unsere Gesellen schauten alle den Nasenbläser an und sagten: «Das ist was für dich, du bläst ganz einfach den Sand weg!» So stiegen sie zum Schloss hoch, liessen sich vor den König führen, und der Bläser schlug vor, er wolle das Kunststück probieren. Der König liess ihm erst ein gutes Essen auftragen, dann wurde er in die Wüste geführt. Als er die unendliche Sandfläche sah, meinte er, das sei wohl zu schwierig für ihn, aber er wolle es immerhin versuchen. Als die Begleiter fort waren, nahm er die Stöpsel aus beiden Nasenlöchern und blies. Rund um ihn wurde es stockfinstere Nacht, denn der Sand bildete in der Luft riesige Wolken, aber auch die pustete er weg, Gott weiss wohin, und als sich die Sonne wieder zeigte, war der Boden reingefegt. Er bestand aus fetter schwarzer Erde, war sehr fruchtbar und fing von selbst an zu grünen. Schon nach wenigen Tagen war die einstige Wüste ein schönes blühendes Land geworden.

Aber der Nasenbläser war sehr hässlich im Gesicht, und der König wollte ihm seine Tochter nicht zur Frau geben. Dafür bot er ihm ganze Säcke Geld an. Aber der Bläser bestand auf der Heirat, ganz wie die Sache ausgerufen worden sei. Wenn er mit seinen Gesellen durchs Land reise, so sei das bisschen Geld bald aufgebraucht. Da liess der König alles Geld im Lande zusammentragen und füllte es in riesige Säcke ab. Als sieben prallgefüllte Strohsäcke dastanden, meinten die drei Gesellen, nun sei genug da, und auch der Nasenbläser gab sich zufrieden. Die Frage war bloss: Wer sollte die schweren Säcke schleppen? Da trat der starke Bub hervor und meinte: «Die paar Säcklein werde ich wohl aufheben mögen», und warf sich einen nach dem anderen über die Schulter, als seien sie mit Buchenlaub gefüllt. Als die vier Gesellen mit ihren Säcken abgezogen waren, reute den König das viele Geld: «Hätte ich doch nur meine Wüste wieder und das Geld dafür!» Er befahl dem General, mit der ganzen Armee den vier Gesellen nachzujagen und sie in Stücke zu hauen.

Als die vier auf ihrem Weg einmal haltmachten, sahen sie eine Staubwolke, die sich von ferne näherte und hörten das Getrappel der Hufe. Der starke Bub warf die Säcke auf die Erde und jammerte: «Jetzt schlagen sie uns tot, was nützt uns dann das viele Geld!» Aber der Nasenbläser schritt gelassen dem Heer entgegen, und als die Vorhut ganz nahe war, zog er beide Stöpsel heraus und liess die ganze Armee durch die Luft wirbeln, als seien die Reiter dürre Blätter.

Als der König diese Nachricht erhielt, raufte er sich die Haare vor Zorn, aber dann dachte er sich eine List aus, mit der er die vier schon fangen wollte. Er schickte den vieren Unterhändler zu, die ein freundliches Angebot machten: Der Bläser solle die Tochter zur Frau erhalten, nur müssten ihm die vier das Geld zurückerstatten. Damit waren alle einverstanden, und der Bub trug die sieben Säcke zum Schloss zurück. Aber im Schlosshof hatte der König den eisernen Käfig aufgestellt, den er für die wilden Tiere gebrauchte, und da er die Gitterstäbe mit Zweigen tarnte, glaubten die vier, sie befänden sich in einer Sommerlaube. Da schlugen die Soldaten die Käfigtüre zu und schichteten ringsum mächtige Stösse dürres Holz auf, das sie mit Stroh in Brand steckten. Aber je mehr sie draussen einfeuerten, desto lustiger wurden die Gesellen im Käfig, denn der Mann mit dem Hut im Nacken schob seine Kopfbedeckung immer höher und höher hinauf. Je stärker die Flammen prasselten, desto kälter wurde es im Käfig und ringsherum, und zuletzt froren die Soldaten am Feuer, dass ihnen elend wurde. So mussten sie die Burschen unversehrt aus dem Käfig lassen, und der König ergab sich in sein Schicksal. Er gab dem Bläser die Tochter zur Frau, und die anderen drei sollten am Schloss eine Stelle finden. «Wozu taugst du am besten?» fragte der König den Stelzfuss, «und weshalb hast du eigentlich das Bein aufgebunden?» «Das ist wegen der Jagd», antwortete der. «Wenn ich in den Büschen jage, so muss ich das Bein aufbinden, sonst springe ich über das Kleinwild hinaus und erwische nichts. Mit beiden Beinen gehe ich auf die Hochjagd, da fange ich die Gemsen und Rehe mit den Händen!» Der König wollte ein Probestück sehen, und der Stelzfuss brachte aus dem einen Wald einen Armvoll Füchse und Hasen, die er im Schwick gefangen hatte und die noch lebten. Im zweiten Wald gebrauchte er beide Beine und konnte dem König im Handumdrehn ein paar Hirsche und Rehe vorlegen. Und da der König auch den Buben mit der Riesenkraft gut gebrauchen konnte, reute ihn der Handel bald nicht mehr, und unsere Gesellen wurden alle vier treue Diener des Reiches.

Hans der Geisshirt

In den Bergen lebte vor Zeiten ein Ehepaar, das hatte zwei Söhne. Beide zogen in fremde Dienste, aber während Sepp, der ältere, sich brav hielt, war der jüngere, Hans, ein rechter Tunichtgut. Immer wieder schrieb er dem Vater um Geld nach Hause, und so viel die Eltern ihm auch schickten, er brauchte alles vorweg auf, mit Spielen und Trinken. Einst schrieb er dem Vater, er sei nun Tambourmajor geworden und müsse eine neue Uniform anschaffen, aber als der Vater selbst die lange Reise in die Garnisonsstadt antrat, fand er bald, dass sein Hans immer noch als einfacher Trommler diente. Da blies er ihm den Marsch auf seine Art, und beim Regiment wussten bald alle, dass der Bursche sich als Major ausgegeben hatte. Hier konnte er also nicht bleiben.

So weit, so gut; Hans verdingte sich bei einem anderen Regiment, und da nun von zuhause kein Geld mehr zu erwarten war, stellte er sich gut ein, war fleissig und wurde bald einer der ersten Tambouren. In dieser Stadt stand auch das Schloss des Königs, und alle zwei bis drei Wochen mussten alle Soldaten vor dem Palast vorbeimarschieren; zuvorderst natürlich die Musik. Eines schönen Tages war der Tambourmajor erkrankt, und Hans musste an seiner Stelle die Musik anführen. Aber er stellte sich unverzagt vor seine Leute, schwang den Stock und marschierte mit ihnen in den Schlosshof. Auf dem Balkon standen der König und seine Tochter, um die Parade abzunehmen. Die Tochter sah sogleich, dass ein anderer den Stock führte: «Ist das ein neuer Tambourmajor?» wollte sie vom Vater wissen. «Schau doch, was für ein schöner Jüngling!» Der König meinte gleichgültig, der erste Tambourmajor werde krank sein, man habe wohl einen Stellvertreter eingesetzt. «Aber schau doch, wie er den Stock schwingen kann!» schwärmte die Prinzessin. «Ja, er macht's recht», sagte der König nur.

Zwei Wochen später war der Major immer noch krank, und wieder durfte Hans die Musik anführen. Diesmal handhabte er seinen Stock noch schwungvoller, und die Prinzessin erkannte ihn sogleich: «Vater, schau doch den neuen Tambourmajor. Wie der den Stock führen kann! Ist das ein schöner Jüngling!» «Ja, ja», sagte der König, «der ist schon recht. Aber ich muss schliesslich auch auf alles andere achten. Jetzt werd mir bloss nicht verrückt wegen eines Tambourmajors.»

Bei der nächsten Parade marschierte Hans immer noch vorne hinweg, und er hatte unterdessen so fleissig geübt, dass er beim Eintritt in den Schlosshof seinen Stock von aussen über das Tor warf und innen wieder auffing. «Das ist ein Teufelskerl!» jubelte die Prinzessin. «So einen gibt es nicht mehr, den musst du mich heiraten lassen!» «Du bist ja närrisch!» entgegnete der König. «Du kannst doch nicht einfach einen Trommler heiraten. Für dich muss mindestens ein General her, oder ein hoher Offizier.» «Du kannst ihn ja zum General machen, wie du willst», rief die Tochter, «ich will diesen und keinen anderen!» Da nützte alles nichts. Ein paar Tage später wurde Hans ins Schloss gerufen, und die Prinzessin bat ihn um die Heirat. Hans zögerte nicht lange. Eine Königstochter heiraten, das konnte nicht jeder. Sie war die einzige Tochter, und wenn der König starb, dann rückte er auf den Thron nach. Kurze Zeit später machten sie Hochzeit, und Hans war ganz selig im Königsschloss.

Aber nach einiger Zeit verspürte er Lust, seine Eltern zu besuchen, die nichts von seinem Glück wussten. Die Prinzessin bestand darauf, ihm vierzig Soldaten mitzugeben, aber als sie noch eine Tagesreise weit von Hans' Heimat entfernt waren, schickte er alle vierzig nachhause. Immerhin war er Kronprinz, und die Soldaten mussten natürlich gehorchen. Hans ging allein weiter und kam gegen Abend in einen dichten Wald. Schliesslich fand er ein einsames Gasthaus, bloss dass hier zwölf Räuber hausten. Nach dem Essen setzten sich alle an einen Tisch und spielten Karten, aber Hans verlor ein Spiel nach dem anderen und musste schliesslich seine schönen Kleider einsetzen. Die verlor er ebenfalls und musste noch froh sein, als ihn die Räuber am nächsten Morgen mit ein paar elenden Lumpen am Leib weiterziehen liessen.

Am Abend kam er bei den Eltern an. «Du bist schlecht gekleidet», sagte die Mutter. «Hast du wenig Glück gehabt?» «Doch, Mutter, ich habe nur eine schlechte Reise gehabt, aber sonst bin ich Kronprinz!» «Das auch noch», sagte der Vater ärgerlich. «Erst war er Tambourmajor, und jetzt ist er Kronprinz! Wart nur, dir will ich Kronprinz geben! Wir haben hier im Dorf gerade keinen Geisshirten, da kannst du gleich das Geisshüten übernehmen!» Und zog los und meldete im Dorf, sein Hans sei zurück, der werde das Ziegenhüten übernehmen.

Und wahrhaftig, vom nächsten Tag an hütete Hans die Ziegen. Es waren so viele Tiere, dass er mächtig springen musste und sich oft völlig erschöpft hinsetzte. «Kronprinz sein und hier Ziegen hüten müssen!» jammerte er dann jeweils. Um der Prinzessin zu schreiben, hatte er kein Geld, darüber hinaus schämte er sich über seine Lage. Als er eines Tages wieder vor sich hin jammerte, stand plötzlich eine Alte vor ihm und wollte wissen, was ihm fehle. Hans wollte nicht herausrücken mit seinem Kummer, aber schliesslich tat er es doch: «Ich muss mich hier den ganzen Tag zutode laufen, und dabei bin ich Kronprinz!» «Nun», sagte die Alte, «vielleicht kann ich dir helfen. Da nimm, da hast du eine Pfeife. Wenn du darauf pfeifst und dabei wünschst, die Ziegen sollten dies oder das tun, so führen sie deinen Wunsch aus!» Und damit verschwand sie.

Hans sah keine einzige Ziege mehr rund um sich und dachte: «Versuchen kann ich es ja!» Er pfiff ganz kurz und wünschte: «Ich möchte, dass alle meine Geissen hierherkämen!» Und tatsächlich, nach wenigen Augenblicken rannten von allen Seiten Ziegen herbei. «Wenn's so ist, dann ist's ja gut!» dachte Hans. «Geht nur wieder, erst ruhe ich mich aus!» Und als er spät abends wieder erwachte, zog er ganz einfach sein Pfeifchen heraus und pfiff die Herde zusammen. Und von diesem Tag an führte er ein gemütliches Leben, ruhte sich auf dem Berg tüchtig aus, nur dass nach einiger Zeit die Langeweile kam. Tag und Nacht schlafen konnte er nicht, also fiel ihm ein, mit seinen Ziegen zu exerzieren, wie er es vom Militär her gewohnt war. Er fand einen ebenen Platz, stiess in sein Pfeifchen und begann, mit den Ziegen regelrecht zu exerzieren. Er teilte sie in Viererreihen ein, vorne die grossen, hinten die Zicklein, und sie taten genau, was er ihnen befahl. Nach einiger Zeit stellte er sie für den Rückweg in Viererkolonne auf und marschierte so im Dorf ein. Die Leute machten Augen und lachten sich halbtot. Aber Hans hatte immer noch Langeweile.

Eines Tages versuchte er, die Ziegen auf den Hinterbeinen gehen zu lassen. Und wahrhaftig, sie stellten sich in Kolonne auf die Hinterfüsse, und er exerzierte so mit ihnen. Als er abends ins Dorf zurückkam, die Böcke voneweg, und die Ziegen mit ihren Eutern, die hin- und herpendelten, lachte alles zum Bersten, nur Hans' Eltern nicht. Er ist eine Art Zauberer, dachten diese, und so dachte noch mancher im Dorf, aber laut heraus sagte es keiner. Hans war aber immer noch nicht zufrieden. Wie wäre es, dachte er, wenn ich jeder Ziege einen Stock als Gewehr zwischen die Vorderbeine gäbe? Er versuchte es am nächsten Tag auf der Alp mit einigen Ziegen, und es klappte tatsächlich. «Nun muss ich», sagte er, «für alle Ziegen Stöcke zurechtschneiden.»

Wir lassen ihn jetzt in aller Ruhe Stöcke zurechtschneiden, was mindestens drei Wochen dauert, und kehren zur Prinzessin zurück. Die fragte sich schon lange ängstlich, wo bloss ihr Hans steckte. Schliesslich machte sie sich auf die Suche. Die vierzig Soldaten, die Hans begleitet hatten, nahm sie mit, und noch vierzig dazu. Sie kam bis zum Waldrand, wo Hans seine Begleitung zurückgeschickt hatte, marschierte weiter und gelangte zum einsamen Gasthaus im Wald. Ihre Soldaten liess sie im Wald warten und ging mit dem Kutscher und der Zofe ins Haus und bestellte ein Nachtessen. Schon bald kamen auch die zwölf Räuber nach Hause, begannen zu essen, und bald gab ein Wort das andere und man setzte sich zum Kartenspiel nieder. Nur dass der Prinzessin das Glück zur Seite stand: Sie gewann ein Spiel nach dem anderen und leerte den Räubern die Kasse, bis diese nichts mehr einzusetzen hatten als die Kleider, die sie Hans abgenommen hatten. Die Prinzessin erkannte sie auf der Stelle, und als die Räuber ihr alles erzählt hatten, was sie wussten, blies sie in ihre Trompete, und die Soldaten nahmen das Haus im Sturmschritt, und so kam es, dass sie am Abend des nächsten Tages bereits in Hansens Dorf einzog. Sie erkundigte sich hier und dort und erfuhr bald vom seltsamen Ziegenhirten, der sich als Prinzgemahl ausgab und die Ziegen wie Soldaten ins Dorf führte. Die Prinzessin meinte, das möchte sie nun wirklich auch gerne sehen, und man riet ihr, sie solle sich doch gleich im Elternhaus des Hirten ein Zimmer nehmen, nämlich im kleinen Gasthaus am Dorfeingang. Das tat sie denn auch und bestellte für sich, für die Zofe und für ihren Mann, der noch kommen werde, zu essen. Denn sie war sicher, dass es sich bei dem seltsamen Geisshirten um Hans handeln müsse.

Der war genau an diesem Tag mit dem Stöckeschneiden fertiggeworden, und als er mit den Ziegen ins Dorf einmarschierte, kamen sie alle auf den Hinterfüssen daher und trugen zwischen den Vorderbeinen einen Stock gradauf wie ein Gewehr. Die Prinzessin schaute aus dem Fenster und lachte sich halbtot. Kaum blickte Hans hin, so erkannte er auch schon seine Frau, tat einen Pfiff auf seinem Pfeiflein und wünschte: «Ich möchte, dass die Ziegen vor dem Haus aufmarschieren und ihr eine Verbeugung machen!» Und das taten sie denn auch, und im ganzen Dorf lachte man bis zum Zerplatzen. Hans aber schickte seine Ziegen nach Hause und sagte für sich: «Jetzt ist aber Schluss mit dem Geissenhüten!»

Als er nach Hause kam, hatte die Prinzessin mit den Eltern ausgemacht, dass Hans ihr das Essen auftragen sollte. Und wie die sich auch sträubten, sie setzte ihren Willen durch, und Hans musste Suppe und Braten auftischen, auch wenn er immer über die eigenen Beine stolperte, dass die Sauce nur so durchs Zimmer spritzte. Aber die Prinzessin lachte nur und sagte dauernd: «Wenn nur mein Mann käme, der sollte das sehen!» Als die Eltern gerade nicht im Zimmer waren, steckte sie Hans schnell das Paket mit den schönen Kleidern zu, das sie vom Räuberhaus mitgebracht hatte. Hans ging auf den Abort, entkleidete sich, warf alles durchs Loch hinab, den Hut obenauf, und zog das schöne Kronprinzenkleid an.

Als er in die Gaststube zurückkam, trat der Vater herzu und begrüsste den fremden Vornehmen mit vielen Bücklingen. Da gab sich Hans zu erkennen, und die Eltern staunten, als sie die Prinzessin als ihre schöne Schwiegertochter begrüssen durften. Hans aber sagte: «Wenn ihr mit mir kommen und bei mir bleiben wollt, so könnt ihr das, und wenn ihr hier bleiben wollt und Geld braucht, so schicke ich euch das. Aber die Geissen hüte ich von heute ab nicht mehr, die soll von mir aus hüten wer will!»

Und mir gaben sie einen Korb voll Brot und Käse und eine Flasche mit Wein und schickten mich hierher, um euch die Geschichte zu erzählen.

MÜLLERSSOHN UND TEUFEL

Ein Müller führte seinen Karren zur Mühle, der war schwer beladen mit Kornsäcken. Das Maultier, das den Wagen zog, stolperte und stürzte. Der Müller versuchte alles, um ihm wieder aufzuhelfen – vergeblich. Er rief alle Heiligen im Himmel an, aber keiner kam. In seiner Verzweiflung rief er den Teufel. Der erschien auf der Stelle, half ihm das Maultier aufzurichten und sagte dann: «Zum Lohn musst du mir einen Brief unterschreiben. Darin steht, dass dein erster Sohn mir gehört, sobald er vierzehnjährig wird.» Der Müller unterschrieb, ohne sich grosse Sorgen zu machen. «Jetzt bin ich schon so alt», dachte er. «Einen Sohn bekomme ich sicher nicht mehr.» Aber nach einem Jahr brachte seine Frau ein Söhnchen zur Welt. Das war ein hübscher Bursche, der wuchs so schnell, dass man fast zuschauen konnte dabei, dazu war er gut und tapfer. Aber der Müller wurde von Tag zu Tag trauriger. «Wieso weinst du jedesmal», fragte ihn seine Frau, «wenn du unseren Sohn anschaust?» Schliesslich sagte er ihr die Wahrheit: «Ich habe ihn schon vor seiner Geburt verkauft.» Und dann erzählte er alles. Die arme Frau raufte sich die Haare und weinte laut.

Als Tonio – so hiess der Knabe – älter wurde, wollte er von seinen Eltern wissen, weshalb sie immer so traurig seien. Sie nahmen allen Mut zusammen und erzählten ihm warum. Und Tonio ging mit seinem Anliegen zum Pfarrer und erzählte ihm alles. Der gab ihm einen Stab, den der Papst selbst geweiht hatte, führte ihn in die Kirche und ermahnte ihn, den Heiligen Antonio um Hilfe zu bitten.

Am nächsten Tag wurde Tonio vierzehn Jahre alt. Der Pfarrer übergab ihm den Stab und riet ihm: «Trag ihn immer bei dir, und hebe ihn hoch, wenn der Teufel in deine Nähe kommt. Hab keine Angst, und wenn er dir etwas befiehlt, so tust du genau das Gegenteil!» Und tatsächlich, da kam der Teufel angebraust und wollte Tonio mit Handschellen fesseln. Tonio hob den Stab: «Man muss mich nicht fesseln, ich komme von allein mit!»

Tonio folgte dem Teufel in die Hölle. Dort befahl ihm der Gehörnte, er solle Wasser holen. Statt dessen leerte Tonio die Wassereimer aus, die er stehen sah. Als der Teufel ihn hiess, ein Feuer anzumachen, löschte er das nächste Feuer, und statt Teller abzuwaschen, zerschlug er sie am Boden. «Was fange ich bloss mit diesem Burschen an?» fragte sich der Teufel. «Ich darf ihn nicht anfassen, und er gehorcht mir nicht!» Schliesslich wurde er die Sache leid, und er schickte Tonio nach Hause.

Die Eltern empfingen ihn voller Freude, aber Tonio wehrte ab: «Lasst mich noch einmal gehen; ich will diesen Höllenmeister ein für allemal loswerden!» Denn noch besass der Teufel den Brief mit der Unterschrift. Tonio suchte einen Einsiedler auf und erzählte ihm seine Geschichte. Der Eremit sagte schliesslich: «Ich kann dir nicht helfen, aber ich habe einen Bruder, der ist Räuber und wohnt auf der anderen Seite vom Berg; vielleicht kann der etwas für dich tun.» Und mit einem Brief des Eremiten an den räuberischen Bruder in der Hand zog Tonio los, auf die andere Seite des Berges.

Der Räuber überlegte sich die Sache. Dann rief er den Teufel herbei und sagte zu ihm: «Ich habe vierzig Mann unter mir, zusammen mit mir sind das einundvierzig Seelen. Die kannst du alle haben. Dafür musst du diesem Burschen den Brief aushändigen.»

Der Teufel war einverstanden, gab Tonio den Brief zurück und suchte durchs Kamin das Weite. Erleichtert wanderte Tonio in seine Heimat zurück. Was aber geschah mit den Räubern? Kaum war Tonio weg, teilte der Hauptmann das ganze Räubergut mit seinen Männern und sagte zu ihnen: «Von jetzt an will ich mit meinem Bruder zusammenleben und ein frommes Leben führen! Und ihr?» «Wir auch, wir auch!» schrien die Räuber. Und so kam es, dass nach so vielen Jahren des Lasters der Räuber in die Hütte des Eremiten zog. Der Teufel, der sich auf den Handel gefreut hatte, merkte plötzlich, dass er sich nicht mehr auf die Menschen verlassen konnte.

Von Hexen und Hexenkünsten

Es gibt wohl keine Gemeinde in unserem Land, in der nicht schon von einer zauberkundigen Frau berichtet worden ist: Hexen hatten Gewalt über das Wetter und über ihre Mitmenschen, über das Vieh und über die Ernte. Man behauptete von ihnen, sie stünden mit dem Teufel im Bunde. Dieser gab ihnen zauberkräftige Salben; strichen sie damit ihren Körper oder einen Besen ein, konnten sie fliegen. Der Teufel verriet ihnen auch Zaubersprüche, mit denen sie Krankheit oder Unglück über ihre Mitmenschen brachten; regelmässig trafen sie sich mit ihm zu nächtlichen Zusammenkünften, bei denen getanzt und gejohlt wurde und neue Missetaten ausgeheckt wurden. Hinter den vielen Geschichten über zauberkundige Frauen steckt aber eine grauenvolle Realität: Viele hundert Frauen wurden zwischen Mittelalter und dem 18. Jahrhundert als angebliche Hexen verbrannt. Bei diesen unschuldigen Opfern handelte es sich vielfach um kräuterkundige Frauen, die mit ihrem Wissen manche Krankheit lindern halfen.

DIE BODEREHEXE VON ZURZACH

Was man sich von dieser alten Frau und ihren Freundinnen erzählte, wird in dieser oder ähnlicher Form von Hexen landauf, landab berichtet. Die Boderehexe konnte Menschen und Wagen bannen, dass sie sich weder vorwärts noch rückwärts regen konnten. Zu diesem Zweck zeichnete sie drei Kreise in ihrer Stube, stellte in jeden eine Kerze und stand selbst in die Mitte, dann sprach sie mit ausgebreiteten Armen ihre geheimen Verwünschungen aus. Zu ihren Kameradinnen gehörte die alte Wagnerin im Wil. Wenn diese Butter in der Pfanne zerliess, ritt sie noch zwischendurch schnell auf ihrem Besen nach Basel und kam rechtzeitig zurück, um die dort gekauften Zwiebeln zu rösten. Vor Sägenfeilers Lisbeth war kein Haus sicher. Auch wenn die Bewohner einen Besen mit dem Stiel nach unten hinter die Türe stellten, trat sie gleichwohl ein und war nicht wieder wegzubringen. Auch geweihtes Wasser nützte nichts; nur gerade mit Dreifaltigkeitssalz konnte man sie verjagen.

DIE NIDELGRET

Gab eine Kuh keine Milch, so war der Bauer überzeugt, eine zauberkundige Nachbarin stecke dahinter: So eine Hexe hängte ganz einfach zwei alte Lumpen an die Ofenstange, melkte sie aus und bekam auf diese Weise die Milch, die dem Bauern zustand. Auch wenn es an Nidel (Rahm) fehlte, steckte wohl eine Hexerei dahinter.
Eine Alte im urnerischen Andermatt trug den Namen Nidelgret: Obwohl sie bloss eine einzige Kuh hatte, war immer mehr Nidel im Haus, als fünfzig der besten Kühe geben. Eines Abends versteckte sich ein neugieriger Küher bei der Gret im Stall, um die Alte beim Melken zu belauschen. Da sah er sie eine grosse Holzgebse vor sich hinstellen und hörte, wie sie unter wunderlichen Gebärden vor sich hinmurmelte:

Hexengut und Sennenzoll,
von jeder Kuh zwei Löffel voll.

Und sofort füllte sich die Gebse bis an den Rand mit dem schönsten Rahm. Die Alte schlurfte mit ihrer Beute aus dem Stall. Der Küher, der gleich nebenan wohnte, hatte sich den Spruch gut gemerkt und lief voller Freuden nach Hause, um die Zauberformel auszuprobieren. Die «zwei Löffel» waren ihm noch nicht

---

DER HEXENSABBAT

Zum Hexensabbat (chète in der Westschweiz) versammelte der Teufel seine Anhängerinnen und Anhänger – meist nachts, und meist an einem abgelegenen Ort: auf einer sumpfigen Wiese oder einer Lichtung. Hexen und Hexer trafen zu Fuss ein oder kamen auf Besen, Mistkarren oder einer schwarzen Henne durch die Luft geritten. Man vergnügte sich mit Tanzen und Fressen, wobei zum Lichte schwarzer Kerzen Schaf- und Menschenfleisch aufgetischt wurde. Für die Rückreise bestrich der Satan seine Getreuen mit einer Salbe aus Knochenmark von Kindern und Krötenfett, murmelte einen Zauberspruch – und im Hui standen sie wieder vor ihrem Haus. Auf dem Tanzplatz blieb keine Spur: Gras richtete sich auf, Asche und Glut verschwanden.
Den Vorsitz hatte der Teufel inne, der bald als schwarzgekleideter Herr, bald als gehörntes Ungeheuer beschrieben wird. Hexen und Hexer mussten ihm den Hintern küssen und ihren Treueschwur erneuern. Gleichzeitig heckte man neue Missetaten aus, formte Puppen aus Wachs oder Dreck, die man mit Nadeln durchstach. Dabei wünschte man einer namentlich bezeichneten Person schwere Krankheit oder den Tod. Solche Einzelheiten ergeben sich aus den Verhörprotokollen zahlreicher Hexenprozesse, so etwa denjenigen der Jahre 1460–90 in Lausanne. Phantasie und historische Wirklichkeit lassen sich nur schwer trennen; es sind aber mancherorts nächtliche Treffen von Sekten bezeugt, bei denen – so im Falle des Waadtlandes – das Fleisch minderjähriger Kinder gekocht und verzehrt wurde.

Hui... und ab geht es durchs Kamin!
Besen und Zaubersalbe lassen die Hexen zum Sabbat fliegen.

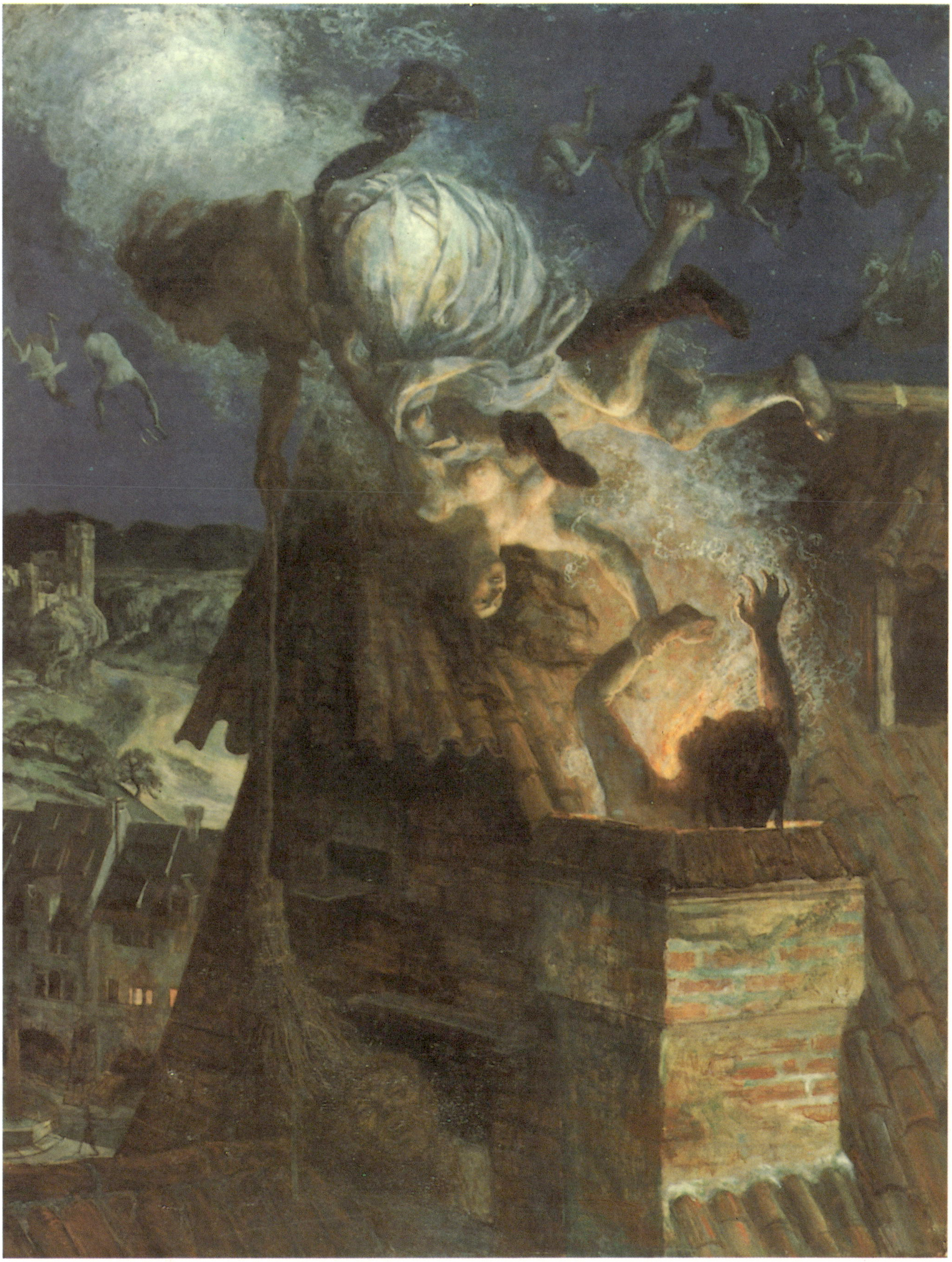

genug; er ahmte die Gebärden der Alten nach und murmelte im gleichen Singsang:

*Hexengut und Sennenzoll,
von jeder Kuh zwei Kübel voll.*

Da floss der Rahm in solchen Strömen herunter, dass er Stall und Wohnung des Kühers füllte. Der Mann musste elendiglich in der köstlichen Flüssigkeit ertrinken. Auf dem Hüttendach aber sass die Gret und rief laut: «Der tut's mir nimmer nach!» Aber kaum hatte sie das gesagt, trieb ein Sturmwind eine fürchterliche Wolke daher. Die Hütte des Kühers wurde weggefegt, ebenso diejenige der Gret, und an ihrer Stelle stand plötzlich ein grosser, weisser Felsen. Darin steckt die Nidelgret samt dem habgierigen Sennen, den sie bis zum jüngsten Tag hüten muss.

VON HEXEN UND KÜHEN

Immer wieder wird berichtet von Frauen, die das Vieh ihrer Nachbarn verhexen – sei es, um diesen zu schaden, sei es, um selbst an die Milch zu kommen. Ein Bauer in Spiez erhielt den guten Rat, rund um seine solcherart gebannte Kuh einen Holzstoss zu errichten und diesen anzuzünden. Wie er bereits Feuer anlegen wollte, kam ein altes Hutzelweib herbeigerannt und beschwor ihn, sofort aufzuhören; es gebe sonst ein Unglück. Der Mann hörte nicht auf das Geschrei und zündete das Holz an. Seltsamerweise berührte kein Funke die Kuh; das Weiblein aber verkohlte langsam und sank in sich zusammen.

Etwas ähnliches war einem Oberwalliser Bauer passiert: Wegen einer verdächtigen Frau in der Nachbarschaft gab seine Kuh erst rote Milch, dann überhaupt keine mehr. Der Pfarrer riet dem Mann, er solle das Tier zum Schmied führen, ihm die Halskette abnehmen, diese über dem Feuer heiss machen und dann der Kuh wieder umlegen. Das geschah auch, und kaum war die Kette aus dem Feuer, kam auch schon die verdächtige Frau angerannt und schrie aus Leibeskräften: «Nicht umlegen, sie verbrennt sich sonst den Hals!» Die Kuh aber zeigte keinerlei Schmerzen, dafür begann jetzt die Hexe jämmerlich zu heulen: «Nehmt die Kette ab, ihr verbrennt mich!» Aber der Bauer beliess die Kette, bis sie erkaltete. Da zeigte sich rund um den Hals der Hexe ein breiter, kohlschwarzer Streifen. Sie verschwand im Nu und wurde nie mehr gesehen; die Kuh aber gab wieder ihre Milch und blieb fortan gesund.

Seltsames trug sich vor vielen Jahren auch auf der Alp Pardenn bei Klosters zu. Immer wieder hörten die Sennen in der Nacht, wie ihre Kühe draussen wild herumrannten. Wenn man sie am Morgen zum Melken zusammentrieb, waren sie von weissem Schaum bedeckt. Auf dem Rücken der Tiere waren zudem Eindrücke zu sehen, als hätten sie einen Sattel getragen. Die Sennen standen vor einem Rätsel; einzig fiel ihnen auf, dass abends jeweils einige Elstern auf der Holderstaude hockten und seltsam mit den Flügeln flatterten.

Das erzählten sie einem alten Wandersmann, der eines Abends auf der Alp übernachtete. Der Alte, der mehr konnte als Brot essen, riet ihnen, sie sollten am nächsten Morgen die Kühe eine nach der anderen durchs Gatter treiben und sich mit guten Stöcken ausrüsten. Das taten sie, und als die erste Kuh vorbeitrottete, rief der Alte: «Und jetzt tüchtig auf den Rücken klopfen!» Die Hirten zögerten, aber der Alte beruhigte sie: «Den Kühen tut das nicht weh, aber denen, die auf ihnen hocken!» Also schlugen die Sennen kräftig zu – und hatten fortan ihre Ruhe. Die Schläge trafen nämlich die unsichtbaren Hexen, die Abend für Abend in Elsterngestalt darauf gewartet hatten, die armen Tiere zu bereiten.

HEXEN IN ALLERLEI GESTALT

Das zeigt, dass die zauberkundigen Frauen vorübergehend in die Gestalt irgend eines Lebewesens schlüpfen konnten. Aber auch hier fanden listige Zeitgenossen immer wieder probate Gegenmittel. So lebte im Walliser Dorf Saint Luc eine Alte, die sich mit einem Zauberspruch jederzeit in einen Wolf verwandeln konnte, und in dieser Gestalt wurde sie zum reissenden, gefrässigen Schrecken der Bauern. Immer wieder mussten die Bauern am Morgen feststellen, dass ein Stück Vieh fehlte, ohne dass man auch nur die kleinste Wolfsspur entdeckte. Nach vielen Jahren, in denen man dem Raubtier vergeblich aufgelauert hatte, erspähten die Jäger den verhexten Wolf. Die Hexe brachte in ihrer Angst nur die Hälfte des Spruches heraus, der sie zurückverwandelt hätte, und schon traf die erste Kugel. Als die Jäger bei ihrer Beute ankamen, erblickten sie eine Frau mit einem Wolfskopf, die vor Schmerzen laut bellte und heulte...

Im Bündnerland wird erzählt von einer Bäuerin in Montbiel, die hatte eine Schar Hennen, die täglich fleissig Eier legten. Von einem Tag auf den anderen aber fand die Frau plötzlich keine Eier mehr, obwohl sie am Gackern hatte erkennen können, dass die Tiere gelegt hatten. Ausser sich vor Wut ergriff die Frau eines Morgens eine Henne, die eben gatzgete, und warf sie ins Feuer. Kaum hatte sie das getan, stand ein Weiblein in einer verbrannten Juppe neben ihr in der Küche. Im Handumdrehn war der Eindringling aus dem Haus. Seither «verlegten» die Hühner der guten Frau nicht mehr...

Am liebsten aber schlüpften Hexen in die Haut eines Füchsleins. Das musste ein Jäger im urnerischen Schächental erfahren, dem immer wieder der gleiche Fuchs vors Gewehr kam. So oft er ihm aber eines auf den Pelz brennen wollte, schoss er daneben. Schliesslich erzählte er einem Kapuziner die Geschichte, die ihm unheimlich vorkam. «Das nächste Mal», riet ihm dieser, «mischt du etwas Geweihtes unter das Pulver, dann aber ziele nicht auf das Tier selbst, sondern auf den Schatten.» Der Jäger mischte Osterkohle ins Schiesspulver, wie ihm der Kapuziner geraten hatte, und schon beim nächsten Mal kam das Füchslein wieder in Schussnähe. Der Bursche legte an, zielte auf den Schatten und schoss. Da ging ein ungeheures Geschrei los, und das Tier verschwand. Der Jäger ging kopfschüttelnd nachhause zum Bauern, bei dem er in Dienst stand. Am nächsten Tag erfuhr er, die Tochter des Bauern liege krank im Bett – es sei ihr eine Hand abgeschossen worden. Da war dem Jäger klar, was die Bauerstochter für eine war.

Striegn nennen sie im romanischen Bünden das Blendwerk der Hexen. Wie ein Mann da an der Nase herumgeführt wird, erlebte ein Jäger aus Vrin, der im Winter auf der Alp Cavel auf die Pirsch ging. Lange Zeit folgte er einem Fuchs, der ihm immer grad so weit voraus war, dass er nicht schiessen konnte. Er kam in ein Gebiet voller Felsblöcke und folgte zwischen ihnen der Spur. Plötzlich hörte die Spur auf, und mitten im Schnee lag ein Tannenstrunk. Der Jäger setzte sich erschöpft auf den Strunk, zog eine Rolle Tabak hervor und begann, mit seinem Messer Tabak zu schnetzeln. Nachdem er seine Pfeife angesteckt hatte, machte er sich entmutigt auf den Heimweg. Erst nach einer Weile kam ihm plötzlich in den Sinn, dass auf dem Strunk kein Schnee gelegen hatte, während doch rundum der Schnee wenigstens ein paar Zentimeter hoch lag...

Viele Monate später kam einer seiner Kameraden in Disentis mit einer Frau ins Gespräch, die allenthalben als Hexe verschrien war und keinen Fuss mehr in die Kirche setzen durfte. Vielleicht hatte sie über den Durst getrunken oder wollte sonst aufschneiden – item, sie erzählte, sie habe einiges durchgemacht in ihrem Leben. Noch nie aber habe sie eine solche Angst ausgestanden wie damals, als dieser hartnäckige Jäger aus Vrin sich auf sie gesetzt und auf ihrem Kopf Tabak geschnetzelt habe...

DIE SELTSAME MISTBENNE

In Vrin erzählt man sich aber noch seltsamere Dinge. Ein Bauer hatte vor seinem Stall eine Mistbenne stehen, die immer wieder mitten in der Nacht verschwand. Eines Abends hatte der Mann genug und legte sich unter die Benne, um der Sache auf die Spur zu kommen. Mitten in der Nacht schlich sich ein Mann mit zwei Mädchen herbei. Alle drei setzten sich in die Benne, und der Bauer hielt sich wacker an den Kufen fest. Der Fremde gab den Befehl: «Fahr mit dreien!», aber das Gefährt rührte sich nicht vom Fleck. Da sei wohl etwas nicht sauber, fuhr der Mann seine Töchter an – ob eine von ihnen schwanger sei? Schliesslich befahl er der Benne: «Fahr mit vieren!», und wirklich erhob sich die Benne in die Luft und fuhr geschwind und weit. Sie landete auf einer grossen Ebene, wo sich eine Menge Leute lustig machten, musizierten und tanzten. Der Bauer erkannte, dass er bei einem Hexentanz gelandet war. Er harrte mäuschenstill unter der Benne aus, bis der Mann und die Töchter zurückkamen. Wieder gab der Fremde den Befehl, mit vieren zu fahren, und das seltsame Gefährt brachte seine seltsame Ladung wieder zum Stall zurück.

DIE TOCHTER DES TEUFELS

Ein junger Hirte aus Vercorin in den Walliser Bergen hatte ein Mädchen, das machte den Sennen von Sigeroule den Haushalt. Er stattete ihr manch einen nächtlichen Besuch ab, aber von Zeit zu Zeit liess sie ihm ausrichten, er solle nicht kommen, sie habe dies oder das zu tun. Der Hirte liess sich nicht gern in die Ohren blasen und vermutete, da stecke ein anderer dahinter. Um reinen Tisch zu haben, zog er eines Abends los, obwohl die Verlobte ihn gewarnt hatte, sie müsse dort- und dorthin zum Heuen.

Unser Bursche schlich sich in der Dunkelheit an ihre Hütte an. Die Vorhänge waren gezogen, und alles schien still. Aber als er durch einen Spalt in der Türe blinzelte, sah er zu seinem Erstaunen sein Mädchen mitten auf dem Herd stehen, neben ihr ihre Schwester. Beide machten tausend seltsame Gebärden, und als der Bursche das Ohr an die Türe drückte, hörte er sie sagen: «Durch den Wald und durch das Laub!» Da blitzte über dem Herd ein teuflisches Licht, und als der Bursche aufblickte, sah er gerade noch, wie die beiden Mädchen, angetan mit ihren schönsten Kleidern, aus dem Kamin fuhren und durch die Luft schossen.

Ausser sich vor Entsetzen rannte der Hirte die Türe ein, stellte sich selbst auf den Herd und sprach die Worte aus, die er gehört hatte. Da ergriff ihn eine fremde Kraft, fuhr mit ihm durch den Kamin und durch die Lüfte, schleppte ihn durch Gebüsch und Wald, so dass er sich bald wund kratzte, bald gegen die Baumstämme stiess. Völlig zerschlagen landete er auf einer Alp, die er noch nie im Leben gesehen hatte. Im Gras standen viele Tische, beladen mit allerlei Gerichten, und über einem riesigen Feuer dampfte ein Kochtopf. Ueberall wimmelte es von seltsamen Gestalten.

Nun hob ein lärmiges Fest an. Der Bursche setzte sich an einen Tisch, und man brachte ihm eine dampfende Rindskeule. Am ersten Tisch thronte ein Herr, ganz in Schwarz, und neben ihm erkannte er seine Verlobte samt ihrer Schwester. Nachdem man tüchtig geschmaust hatte, sammelte ein Diener die Knochen ein und stellte sie vor dem schwarzen Herrn auf den Tisch. Dieser schwang seinen Stock darüber, und schon hatte sich aus den Knochen eine schöne, starke Kuh gebildet, der aber ein Stück vom Schenkel fehlte. Laut sagte der seltsame Vorsitzende: «Ein unwürdiger Gast sitzt an unserer Versammlung. Entweder unterzeichnet er unseren Pakt, oder er stirbt!» Und schon brachte ein Diener mit Augen, die wie Kohlen glühten, ein Pergament an, dazu ein rauchendes Scheit, das ihm als Schreibzeug dienen sollte. Halb gelähmt vor Angst packte unser Bursche das Scheit und zeichnete ein grosses Kreuz auf das Pergament. Kaum hatte er das getan, brach ohrenbetäubender Lärm los, gleich darauf war alles rund um ihn her totenstill. Tische, Tänzer... alles war verschwunden; der Bursche fand sich mutterseelenallein auf einer fremden Alp. Irgendwie fand er den Weg zurück, aber den Gedanken an seine Verlobte verbannte er von da an aus seinem Herzen. Die Tochter des Teufels aber zog bald darauf aus dem Dorf fort und wurde nie mehr gesehen.

DER LIEBESZAUBER

Junge Hexen waren nie um einen Liebsten verlegen; gefiel ihnen ein Bursche, so wussten sie flugs einen Liebeszauber, der ihn an sie bannte, so lange sie wollten. Da musste er dann zu jeder Tanzete anrücken, so weit er auch zu laufen hatte. Ein Urner Bursche ging oft bei einem Mädchen in Bürglen zur Stubete, obwohl er dafür einen Weg von sechs Stunden in Kauf nehmen musste. War Kirchweih, so rief sie ihn flugs her, und je-

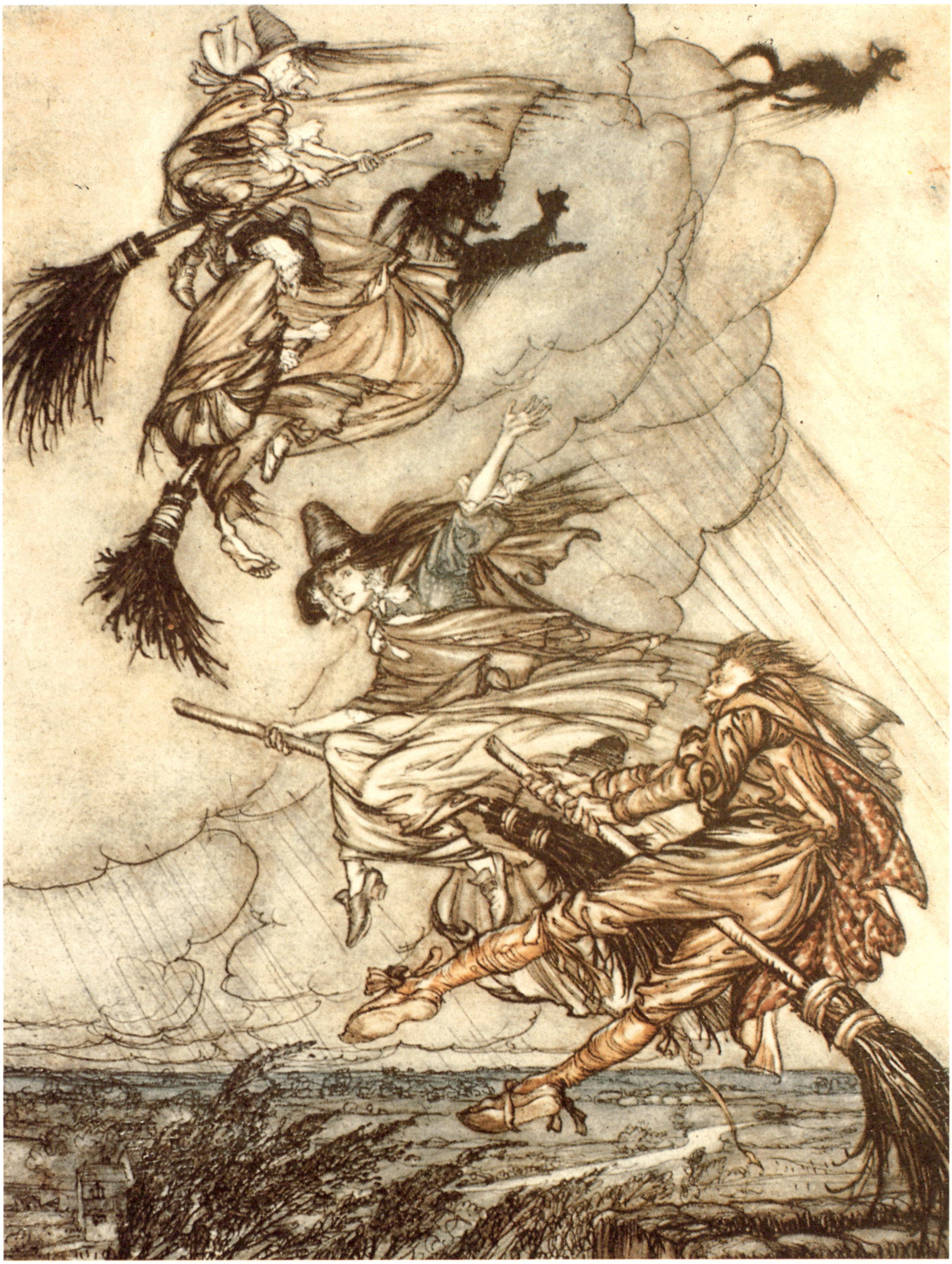

desmal gab sie ihm beim Abschied zwei schöne Äpfel mit und befahl ihm, sie selber aufzuessen und niemandem davon abzugeben. Einmal musste er das Mädchen dank diesem Zauber drei Abende hintereinander besuchen. Er kam nicht mehr zum Schlafen, war todmüde, und endlich verleidete ihm die Sache. Trotz dem Verbot der Hexe vertraute er sich einem Freund an. Der riet ihm, zuerst einmal die Äpfel loszuwerden, so dass der Bursche das unerbetene Geschenk kurzerhand zum Schweinefutter warf. Kaum hatte eines der Schweine die Äpfel gefressen, stürmte es über alle Berge davon nach Bürglen bis zum Haus der jungen Hexe und kletterte an der Hauswand bis in ihre Kammer empor.

DIE BESCHLAGENE SCHMIEDIN

Im Appenzellerland war eine Hexe, die Frau eines Dorfschmieds, die ritt oft auf ihrem Besen auf den Heuberg. Der Schmied hatte zwei Gesellen, einen frischen, fröhlichen Burschen und einen stillen, der von Tag zu Tag schüchterner und blasser wurde. Schliesslich wollte der fröhliche Geselle von seinem Kameraden wissen, was ihn für ein Kummer drücke. Der rückte lange nicht mit der Sprache heraus, aber endlich gestand er ihm, die Meistersfrau komme jede Nacht, um ihm einen Zaum anzulegen, dann sei er im Augenblick in ein Pferd verwandelt und müsse mit ihr zum Heuberg reiten.

Wenn er dann am Morgen zur Arbeit müsse, sei er todmüde. «Lass mich nur machen», sagte sein Kamerad. «Heute Nacht tauschen wir die Kammern.» So geschah es, und der fröhliche Bursche brauchte nicht lange zu warten. Die Meistersfrau schlich sich mit einem Zaum in der Hand an sein Bett, aber als sie ihm das Geschirr umlegen wollte, nahm es ihr der Geselle aus der Hand und streifte es ihr über. Im Augenblick wurde sie zum Ross. Aber der Geselle fuhr nicht zum Heuberg, sondern führte sie in die Schmiede und beschlug sie wie irgend ein Pferd, so sehr sie sich auch sträubte.

Am Morgen erzählte er seinem Kameraden, was geschehen war, und die beiden beschlossen, ihren Abschied zu nehmen. Als sie dies dem Meister mitteilten, wurde der sehr traurig und meinte schliesslich, wenigstens ein Abschiedsmahl sollten sie miteinander halten. Er rief nach seiner Frau, die lange auf sich warten liess. Als sie sich endlich zeigte, trug sie – oh Schreck! – Hufeisen an Händen und Füssen. Die beiden Gesellen verrieten mit keinem Wort, was sie von der Sache wussten, und wenn sie auch der Abschied von ihrem freundlichen Meister dauerte, so ging ihnen das Ade an die Meistersfrau doch sehr leicht über die Lippen.

EINE HEXE ALS EHEFRAU

Manch einer hatte eine Hexe zur Frau und wusste doch nichts davon, so ein Bauer in Bürglen. Dem ging seine Frau jede Nacht zum Tanz, aber weil sie ihm jeweils einen Besen ins Bett legte, glaubte er, sie läge neben ihm. Schliesslich wurde er aber doch misstrauisch, und eines Nachts schlich er ihr nach und schaute durchs Schlüsselloch in die Küche. Er sah, wie die Frau ihre schönsten Kleider anzog, eine Salbe aus einem Hafen nahm und damit einen Stock bestrich. Den hielt sie mit beiden Händen ins Kamin hinauf und murmelte:

*Obä-n-üss und niänä-n-aa,
im Elsäss unnä stillä stah.*

Und im Herrjessäs war sie fort, zum Kamin hinaus. Der Mann wollte es ihr gleichtun, bestrich seinerseits einen Stecken mit der Salbe und sagte: «Obä-n-üss und aa!», weil er nicht alles verstanden hatte. Da fuhr er wie ein Teufel in die Höhe, prallte aber am Kaminrand an und zerschlug sich so jämmerlich den Kopf, dass er bewusstlos auf den Küchenboden fiel. Die Frau merkte am nächsten Morgen wohl, was geschehen war, und sagte hämisch zu ihrem zerschundenen Gatten: «Wer schlau sein will, muss es halt schlau anstellen!»

WIE MACHT MAN HEXENSALBE?

Die oft beschriebene Hexensalbe war nach Ansicht heutiger Volkskundler eine aus pharmakologisch wirksamen und «sympathetischen» Ingredienzien bestehende Mischung, die einen Teil der Phänomene des Hexenwesens hervorrief. In vielen Berichten entkleiden sich die Hexen vor ihrer «Ausfahrt» und reiben sich die Haut mit der Salbe ein. Diese bestand aus Extrakten von Schierling, Bilsenkraut und anderen narkotischen Pflanzen wie Eisenhut, Stechapfel oder Tollkirsche. In gewisser Zusammensetzung können diese Pharmaka zu lebhaften Visionen (Fliegen, Reigentänze, orgiastisches Fest) führen. Die Hexensalbe wäre hiermit ein Rausch- und Genussmittel der Unterschicht, die sich kostspieligere Genüsse nicht leisten konnte.

OPFER EINES BLUTIGEN WAHNS

Zwischen 1400 und 1750 erlebten die europäischen Staaten in regelmässigen Abständen Hexenverfolgungen: eine kollektive Hysterie, die hunderttausende – meist weiblicher – Opfer forderte. Genaue Zahlen existieren für die Schweiz nicht. Einen Begriff vom Umfang des Wahns geben aber folgende Zahlen: Im heutigen Kanton Waadt wurden zu Beginn des 17. Jahrhunderts jährlich bis fünfzig Personen wegen angeblicher Hexerei hingerichtet; in der Stadt Genf zählte man allein im Jahre 1515 fünfhundert Opfer des Hexenwahns.

Zürich sah seinen letzten grossen Hexenprozess im Jahre 1701. Damals bezichtigten die Bauern des Dorfes Wasterkingen elf ihrer Mitbürgerinnen und Mitbürger teuflischer Praktiken. Sieben Frauen und ein Mann wurden verhört, gefoltert und hingerichtet; die Verhörprotokolle zeigen, dass sich einige der Angeklagten auf stümperhafte Weise in «weisser» oder «schwarzer» Magie versuchten.

ZUR RECHTEN ZEIT

Wer zur rechten Zeit das rechte Wort fand oder das Rechte zu tun wusste, konnte auch der mächtigsten Hexe Einhalt gebieten. So lebte im Walliser Dorf Grächen einst eine Familie, die fand auf ihrer Wiese im Eselboden immer eine Menge herrlicher Kräuter vor, mit denen sie Mensch und Vieh verarztete. Immer aber, wenn sie die Pflanzen pflückten, dankten sie Gott laut dafür, dass er ihnen so gute Kräuter wachsen liess. Dieses Gotteslob musste jedesmal eine Hexe mit anhören, die in der Nähe wohnte, und weil sie die frommen Worte nicht mehr aushielt, schleppte sie einst aus dem Wald einen riesigen Felsbrocken heran. Den wollte sie mitten in die Kräuterwiese werfen, dann würde es – so dachte sie – mit dem ewigen Danksagen ein Ende haben. Unterwegs begegnete ihr ausgerechnet der Vater der Familie, und der erschrak so sehr, als er die ungeheure Bürde sah, dass er ausrief: «Jesus und Maria, was willt doch darmit?» Kaum waren die heiligen Namen ertönt, musste die Hexe den Stein fallen lassen und konnte ihn auch keinen Fingerbreit mehr bewegen.

Geistesgegenwärtig zeigten sich auch zwei Burschen im Urnerland, die nachts von einer Stubeten zurückkamen und in einem einsamen

Häuschen Licht erblickten. Als sie neugierig durchs Fenster spähten, sahen sie zwei junge Hexen, die kichernd in einem Hafen rührten. «Wenn wir das vors Fenster stellen», sagte die eine zu der andern, «dann bekommen die Leute heuer beizeiten dürres Obst.» Es war die Jahreszeit, in der die Bäume blühen, und den Burschen war klar, was die beiden vorhatten. Sie versteckten sich hinter der Holzbeige und warteten. Nach kurzer Zeit schon stellte eine Hand den Hafen vor das Fenster auf den Sims. Die Burschen warteten noch eine Weile, bis die beiden schliefen, dann kletterten sie zur Fensterbank hoch und schoben das unheimliche Gefäss wieder ins Zimmer zurück, ohne die Hexen zu wecken. Am nächsten Morgen waren statt der Baumblüten die beiden Mädchen erfroren und wurden erstarrt in ihren Betten gefunden.

HEXENLISI UND HEXENRÖSI

In der Innerschweiz erzählt man sich heute noch von zwei Hexen, die beide in den 1730er Jahren hingerichtet wurden. Lisi Bossard, zu Zug im Herbst 1737 verbrannt, soll während Jahrzehnten mit dem Teufel im Bunde gestanden haben. Sie verhexte Menschen und Vieh und rief Unwetter über ihre Mitbürger herab. Einst plante Lisi gar, den Rigiberg mit Stecknadeln zu sprengen. Dazu steckte sie die Nadeln auf der Arther Seite in die Felsen. Bereits barsten die ersten Felsen. Die Bürger von Arth, durch das Donnern der Steine aufgeschreckt, läuteten die Betglocke, und beim ersten Glockenklang musste die Hexe von ihrem Vorhaben ablassen.

Gleichzeitig trieb in der Einsiedler Gegend Rosa Löchli ihr Unwesen. Die «Ibergerhexe» brachte allein durch Verwünschungen schwere Krankheiten über die Tiere im Stall. Nur wenn der Bauer abends den Stall mit den Worten «Walt Gott, erhalt Gott!» schützte, war sie machtlos; vergass er diese Worte, so konnte er fast sicher sein, am nächsten Morgen sein schönstes Stück Vieh tot am Barren zu finden.

DIE PFARRERSFRAU ALS HEXE

Was aber, wenn selbst in unmittelbarer Nähe des Gottesamtes eine Hexe ihr Unwesen trieb? Ein Pfarrer im Zürichbiet hatte eine Frau, die war ihm in allen Dingen zu gescheit und liess ihn nirgends recht haben. So gingen die beiden einst in einem heissen und trockenen Sommer aufs Feld. Die Schnitter waren eben an der Arbeit, und der Pfarrer sagte zufrieden: «Vor acht Tagen wird es diesmal sicher kein Tröpfchen regnen.» «Aber vielleicht noch heute ein Tröpfchen», sagte die Frau schnippisch und zog ein Fläschchen aus dem Sack, in dem klares Wasser und ein winziger Kieselstein waren. «Da ist Regen für mehr als einen Tag drin. Wenn du mir nicht glaubst – leer doch das Wasser aus! Aber der Stein muss um Himmelswillen drin bleiben.» Der Pfarrer riss ihr das Fläschchen ärgerlich aus der Hand und schmetterte es zu Boden. Da fing es auf der Stelle an zu regnen und dann zu hageln, dass die reifen Felder und das gemähte Korn im Nu wie ein Trümmerhaufen dalagen.

Da begriff der Pfarrer voller Schrecken, dass seine Frau eine Hexe war. Von nun an trug er jedes Scheit Feuerholz, das mit seinem Lohn kam, zu einem grossen Scheiterhaufen zusammen. Immer wieder verstellte ihm seine Frau dabei den Weg und wollte wissen, was er denn mit dem Holz anfangen wolle. Statt zu antworten, ergriff er sie zuletzt, band sie auf den Haufen hinauf und verbrannte sie.

*Infernalischer Chor:
So spielt die
Musik am Hexensabbat auf...*

Vom Stichling und der Schwale

Ein Stichling mit fünfzehn Zacken und eine Schwale wohnten einst gemütlich beieinander. Und da merkten sie eines schönen Morgens, dass der Küchenschrank leer war: kein einziges Würmchen fand sich da! «Das sieht nicht gut aus», sagte die Schwale. «Ich schwimme sofort herüber zur tiefen Stelle bei der Brücke und hole eine Tasche voll Würmer. Und du bleibst mir schön zu Hause, Brüderchen. Vor allem will ich nicht, dass du auf dem Wasser Sprünge machst. Da erwischt dich nämlich noch der Blaue Vogel, pass auf! Lies ein bisschen im Kalender, ich bin sofort zurück!»

«Pass du lieber auf, dass die Hechte dich nicht erwischen», sagte der Stichling. «Ich bleibe schön zu Hause, mach dir bloss keine Sorgen. Ich bin ja schliesslich kein kleines Kind mehr.»

Also gut, die Schwale hängt sich ihre Tasche um und ihre kleine Harpune und macht sich auf die Jagd nach den Würmern. Aber kaum ist sie aus der Wohnung, da schleicht sich der Stichling durch die Hintertür und wedelt fröhlich fort, zur Schleuse bei der Sägerei. Dort strudelt es immer so schön, und dort machte der Stichling einen schönen Sprung nach dem anderen, um nach den Libellen zu schnappen. Und dabei erwischte ihn beinahe der Blaue Vogel.

Nicht allzuviel später kam die Schwale zurück, die Tasche voller schöner fetter Würmer. Als sie merkte, dass der Stichling mit den hübschen fünfzehn Stacheln nicht zu Hause war, machte sie sich noch keine grossen Sorgen. «Wahrscheinlich ist der Kindskopf wieder zur Schleuse bei der Sägerei geschwommen, wie vor ein paar Tagen, als er mir absichtlich Angst einjagen wollte. Macht nichts, ich fange schon mal mit dem Essen an.» Aber die Schwale hatte kaum den ersten Bissen geschluckt, da kam der Schlammbeisser geschwommen und erzählte, der Blaue Vogel habe den Stichling gefressen.

Kinder, Kinder... wenn ihr gehört hättet, wie die Schwale da heulte und schluchzte! Mit dem Essen war es fertig, sie brachte keinen Bissen mehr herunter. Sie schwamm einfach drauflos, liess sich mit dem Wasser treiben, machte Riesensprünge in die Luft, so hoch wie ein Hecht... Aber sie war viel zu gross, als dass sie sich der Blaue Vogel geschnappt hätte.

Da surrte eine grosse Libelle vorbei. «Was platschst du denn herum wie ein Hecht?» wollte sie wissen. «Ach halt doch den Schnabel!» sagte die Schwale. «Der Blaue Vogel hat den Stichling gefressen, und wir werden ihn nie mehr wiedersehen, und da fragst du mich, warum ich platsche!» «Du armes Kind», sagte die Libelle. «Bitte hör auf zu platschen, ich will ja auch aufhören zu surren, ich drehe mich wie ein Kreisel im Kreis herum.» Und das tat sie denn auch.

Da flatterte der Sperber herbei. «Wieso drehst du dich denn wie ein Kreisel?» wollte er wissen. «Halt den Schnabel», sagte die Libelle. «Der Blaue Vogel hat den Stichling gefressen, und wir werden ihn nie mehr wiedersehen, und da fragst du, warum ich mich drehe!» «Du armes Kind!» sagte der Sperber. «Hör auf damit! Ich will ja auch aufhören mit dem Hühnerrauben, ich fliege nur noch im Zickzack.» Und das tat er denn auch.

Das sah ein Angler in der Nähe. «Wieso fliegst du denn nur im Zickzack?» fragte er den Sperber. «Ach, halt den Schnabel! Der Blaue Vogel hat den Stichling gefressen, und wir werden ihn nie mehr wiedersehen, und da fragst du, warum ich im Zickzack fliege!» «Hör auf damit!» sagte der Angler. «Ich will ja mit Angeln aufhören und nur noch Krebse fangen.» Und tatsächlich, der Angler warf die Angelrute weg und begann, am Uferhang nach Krebsen zu grabschen.

«Das kann man ja nicht mit ansehen!» schrie ein Fischotter, der gerade in die Nähe kam. «Was grabschst du denn da zwischen den Steinen herum? Bist du verrückt geworden?» «Halt doch den Schnabel!» sagte der Fischer. «Der Blaue Vogel hat den Stichling geholt, und wir werden ihn nie mehr sehen, und da willst du wissen, warum ich Krebse fange?» «Du armer Kerl!» sagte der Otter. «Das geht natürlich nicht. Hör auf mit dem Herumgrabschen. Ich fress dir ja auch keine Fische mehr weg, ich mach einen Winterschlaf.»

Aber wie er sich gerade zwischen den Baumwurzeln zum Schlafen hinlegen wollte, wurde die Fähre auf ihn aufmerksam. «He, Otter, was legst du dich denn schlafen?» «Halt doch den Schnabel! Der Blaue Vogel hat den Stichling geholt, und wir werden ihn nie mehr wiedersehen, und da fragst du, weshalb ich mich hinlege?» «Das halt ich ja nicht aus», sagte die Fähre. «Lass mich nur machen, du armer Kerl. Ich will ja auch keinen Menschen mehr rüberholen, ich mache die Kette los!» Und das tat die Fähre denn auch, und als sie so den Fluss hinuntertrieb, fragte der Fluss: «Hör mal, was sagt denn da der Fährmann? Du kannst doch nicht einfach die Kette losmachen!» «Ach hör doch auf! Der Blaue Vogel hat den Stichling geholt, und wir werden ihn nie mehr wiedersehen, und da fragst du, warum ich die Kette losgemacht habe?» «Du armer Kerl», sagte der Fluss. «Kette dich nur wieder an, ich werde ganz einfach auslaufen.» Und damit begann er zu versiegen, und der Spiegel sank tiefer und tiefer – so tief, dass praktisch kein Wasser mehr da war, als die dicke Pippine mit ihrem Waschbrett kam, um die Wäsche zu waschen.

«Jetzt beginnst du aber sofort wieder zu fliessen!» befahl Pippine. «Du kannst doch nicht einfach auslaufen, wenn ich waschen will. Was ist denn das?» «Ach halt das Maul!» rief der Fluss. «Der Blaue Vogel hat den Stichling gefressen, und wir werden ihn nie mehr wiedersehen, und da fragst du mich, warum ich auslaufe!» «Das ist ja unerhört!» entsetzte sich die dicke Pippine. «Wenn du nicht sofort wieder zu fliessen beginnst, dann stehe ich auf mein Waschbrett und pisse ins Wasser!»

Das brauchte sie nur einmal zu sagen. Das Wasser begann sofort wieder zu steigen, die Fähre kettete sich am Ufer an, der Otter erwachte und begann wieder mit der Jagd auf die Fische. Der Angler liess die Krebse in Ruhe und nahm die Angelrute auf, der Sperber flog nicht mehr im Zickzack, sondern zum nächsten Hühnerhaus, die Libelle surrte wieder, statt zu kreisen, und die arme Schwale machte keine Hechtsprünge mehr, sondern schwamm nach Hause. Und dort traf sie den Stichling an, wie er gerade den Kühlschrank öffnete. Und diese Lügentasche, der Schlammbeisser, kicherte wie verrückt und plätscherte weiter. Aber weil es doch noch eine Gerechtigkeit gibt auf dieser Welt, wurde er vom Blauen Vogel geschnappt. Und wenn das alles gelogen ist, dann muss man den Lügner nicht lange suchen.

DIE DREI WINDE

In einem kleinen Tal in den Bergen lebte eine arme Familie: Vater, Mutter, ein Haufen Kinder, aber wenig zu beissen. Eines Abends, als die Mutter zornig vor der Tür stand und voller Neid auf das stattliche Haus der Nachbarn blickte, trat ein Mann in einem grünen Frack zu ihr und sagte: «Wenn du mir das gibst, was du unter deiner Schürze trägst, so gebe ich dir so viel Gold, wie du nur willst.» Die Frau, die nicht gerade von den Gescheitesten war, glaubte, er meine die Kohlen, die sie unter der Schürze trug, und sagte zu. Nach einiger Zeit brachte die Frau einen Buben zur Welt, und als Pateneltern baten sie einen alten Einsiedler und die Herrin des Schlosses, das in der Nähe auf einem Felsen stand.

Noch am gleichen Abend stand der Grüne in der Stube, warf einen Beutel voller Goldstücke auf den Tisch und sagte, in sieben Jahren komme er den Buben holen, den ihm die Frau versprochen habe. Da merkten die Eltern plötzlich, was für eine Art Herr das war und was er gemeint hatte mit dem, was die Frau unter der Schürze trage. Sofort liefen sie zum Einsiedler und erzählten ihm weinend, was geschehen war mit seinem Patenkind. Aber der tröstete sie: Sie sollten das Kind einfach erziehen, wie es sich gehöre und es nach fünf Jahren zu ihm bringen. Und genau das taten sie denn auch.

Der Einsiedler lehrte den Buben lesen, aus alten Büchern und in fremden Sprachen, und als sein siebter Geburtstag kam, hiess er ihn an einen Kreuzweg gehen. Dort solle er sich hinsetzen. Er gab ihm ein uraltes Buch aus Pergament mit; aus dem solle er nur immer laut lesen, dabei aber ja nie aufblicken, was auch immer passiere. Dann führte er ihn an einen Ort, wo sich zwei Wege kreuzten. Der Bub las und las geduldig, ganze Stunden lang. Mit der Zeit fing es rund um ihn an zu tosen und zu sausen, als ob das Hexenvolk vorbeiziehe. Da sah der Knabe einen Augenblick lang vom Buch auf – und schon packte ihn ein gewaltiger Adler mit seinen Krallen. Der Bub hatte aber glücklicherweise das Buch festgehalten und las, hoch in der Luft, immer weiter darin. Da musste ihn der Adler fallen lassen, und er fiel sanft zur Erde und fand sich auf der Höhe des Julier.

Und dort fanden ihn drei Feen, die wohnten in einem wunderschönen Palast aus Kristall. Dorthin nahmen sie ihn mit, sorgten für ihn, und die Zeit verging ihm wie im Flug. Als er älter wurde und ihm der Bart zu spriessen begann, verliebte er sich in die schönste der Feen, und auch sie hatte den schönen Jüngling lieb, so dass sie beschlossen, Hochzeit zu halten. Vorher aber wollte der Bursche noch einmal seine Eltern und Pateneltern besuchen. Er nahm unter Tränen Abschied von seiner Braut, und die streifte ihm einen Ring mit einem herrlichen Stein an den Finger und sagte: «Wenn du den Stein in meine Richtung drehst, so muss ich kommen. Aber rufe mich ja nie, wenn es nicht unbedingt nötig ist.» Das versprach der Jüngling, und kaum hatte er das letzte Wort gesprochen, stand er auch schon vor der Türe seines Elternhauses.

Man kann sich denken, wie die sich freuten über den schönen jungen Mann, der ihr Sohn geworden war. Aber auch die Patin auf dem prächtigen Schloss freute sich – ja sie wollte dem so unerwartet Zurückgekehrten sogar die eigene Tochter zur Braut geben. Da lachte ihr der Jüngling stolz ins Gesicht: Er habe eine viel schönere gefunden und könne das auch beweisen. Damit drehte er am Ring, ohne an sein Versprechen zu denken. Die Fee vom Julier erschien auf der Stelle, aber ihr Gesicht war finster, und die Leute im Schloss spürten, dass es mit den beiden etwas Unheimliches auf sich hatte. Schliesslich gingen die beiden miteinander fort und wanderten der Julierhöhe zu. Unterwegs übernachteten sie in einem Gasthaus, und als der Jüngling schlief, zog ihm die Fee den Ring ab und verschwand damit. Am Morgen sass der Bursche niedergeschlagen in seinem Zimmer: ohne Ring und ohne Braut!

Aber bald verspürte er wieder Mut und machte sich auf den Weg nach der Julierhöhe.

Doch überall, wo er nach dem Weg fragte, schüttelte man nur den Kopf; niemand wollte etwas wissen von seinem Reiseziel. Das ging nun Tage und Wochen so, und eines Abends spät setzte er sich in einem finsteren Wald auf einen Baumstumpf und begann zu weinen. Da stand plötzlich ein Mann vor ihm, alt wie der Fels, mit langem weissem Bart und wollte wissen, weshalb der Bursche weine. «Oh, ich suche den Julier, die drei Feen im Kristallpalast!» «Oh weh», sagte der Alte. «Das ist sehr, sehr weit. Aber ich gebe dir hier ein paar Pantoffeln. Wenn du sie anziehst, bringt dich jeder Schritt drei Stunden weit. Ich werde dir dabei helfen, ich bin der Unterwind.» Damit begann der Alte zu blasen, und der Unterwind trug den Burschen drei Stunden weit in den Wald hinein. Da stand neben einer Höhle ein Mann mit grauem Haar und grauem Bart, so alt wie der Stein, und sagte: «Ich bin der Oberwind. Ich weiss, weshalb du hier bist. Hier hast du eine Kappe, die dich unsichtbar macht.» Der Jüngling dankte herzlich für die Kappe, und der Oberwind trug ihn nochmals drei Stunden weiter. Und da stand ein kräftiger Geselle mit zerzaustem Bart. «Was du suchst, ist dort oben über der steilen Felswand», sagte der. «Da hinauf bringen dich weder Ober- noch Unterwind. Aber ich bin der Föhn und herrsche über alles in den Bergen.» Und damit blies er, dass dem Burschen Sehen und Hören verging. Und als er sich umschaute, stand er auf der Julierhöhe.

Bald stand er vor dem Kristallschloss der Feen. Schon von weitem hörte er Gesang und Musik zum Tanzen. Da setzte er die Kappe auf, die ihm der Oberwind gegeben hatte, und trat ein. Und was sah er da? Seine Braut, die neben einem anderen am Hochzeitstisch sass. Unsichtbar wie er war, stellte er sich hinter die Fee und ass ihr vom Teller weg, was immer sie auch darauf schöpfte. Dazu leerte er ihr jedes Glas. Das kam ihr denn doch unheimlich vor. Sie eilte vom Tisch weg und flüchtete sich in ihre Kammer, aber der Bursche blieb ihr auf den Fersen. Als er mit ihr allein war, nahm er die Kappe ab. Sie sah ihren früheren Bräutigam vor sich, und ihre alte Liebe zu ihm erwachte wieder. Zusammen gingen sie in den Festsaal zurück, und die Feenbraut forderte alle Gäste auf, zuzuhören: «Wenn jemand einen Schlüssel verliert, einen neuen machen lässt, und dann den alten wieder findet, welchen soll er in Zukunft brauchen?» «Den alten», antworteten die Gäste einstimmig. Da erzählte sie die Geschichte, die ihr zugestossen war, und schloss damit, dass sie den alten Bräutigam wieder nehme. Da gab es eine schöne Hochzeit, und ich habe dabei die Suppe aufgetragen. Aber dabei bin ich gestolpert und habe ein wenig Suppe verschüttet, da haben sie mir einen Fusstritt gegeben, dass ich bis hierher geflogen bin.

Vom mutigen Soldaten La Ramée

Als der Soldat La Ramée seine Dienstzeit geleistet hatte, kehrte er in seine Heimat zurück. Unterwegs traf er in einem Wald auf einen Wolf, der gerade Holz spaltete. «Um Himmelswillen!» sagte er zum Wolf. «So spaltet man doch kein Holz. Gib her, ich zeig dir, wie man das macht.» Der Wolf übergab ihm die Axt, und La Ramée spaltete den Scheitstock mit einem Hieb bis fast zuunterst. «So macht man das! Und jetzt leg deine Pfote in den Spalt!» Der Wolf tat, wie ihm geheissen wurde, und La Ramée zog die Axt aus dem Spalt. Dann machte er sich pfeifend auf den Weg, und der Wolf blieb mit eingeklemmter Pfote zurück, aber niemand hörte auf sein Jammern.

Ein paar Schritte weiter traf der Soldat auf einen Fuchs, der begehrlich an einem Kirschbaum heraufstarrte. «Was hast du alter Faulpelz zu starren?» «Herrgottnochmal», sagte der Fuchs, «ich überlege, wie ich an diese Kirschen herankomme.» «Also gut, ich will dir helfen.» Und La Ramée nahm einen Ast mit einer kräftigen Astgabel, lud den Fuchs darauf und steckte ihn auf den Kirschbaum. «Was soll denn das!» fluchte der Fuchs. «Vorher habe ich die Kirschen von unten her angestarrt, und jetzt schaue ich sie mir von oben her an!» «Mach's gut da oben», sagte der Soldat im allerfreundlichsten Ton und ging pfeifend weiter.

Als er in die Stadt kam, erfuhr er, dass der König demjenigen seine Tochter zur Frau geben wolle, der keine Angst zeige. Sofort machte er sich zum Schloss auf, um dem König zu sagen, dass er noch nie im Leben Angst gehabt habe. Unterwegs traf er auf einen zweiten, der das gleiche vorhatte wie er. «Geh du nur voraus», sagte er zu dem Anwärter, der Soldat war wie er. Der kam nach kurzer Zeit wieder aus dem Schloss.

«Das war nichts», erzählte er unserem Soldaten. «Er wollte, dass ich ihn am Bart zupfe, und dann hat er das Maul aufgesperrt und Uaah! gebrüllt. Da bin ich zusammengezuckt, und schon bin ich draussen.»

«Gut so», dachte La Ramée. «Ein Mann, der weiss, was auf ihn zukommt, ist zwei andere wert.» Und ging ins Schloss. Der König fragte ihn: «Und du hast wirklich nie Angst gehabt?» «Ach woher! Ich habe sechsunddreissig Feldzüge mitgemacht und bin hundertmal verwundet worden. Wovor sollte ich da noch Angst haben?» «Also gut», sagte der König. «Zupf mich am Bart!» La Ramée zupfte, und der König konnte lange Uaah! schreien, La Ramée zuckte nicht mit der Wimper.

Der König war etwas ratlos. «Bevor du meine Tochter kriegst», sagte er schliesslich, «musst du erst noch im Löwenkäfig schlafen. Nachher halten wir Hochzeit.» Das war La Ramée schon recht, nur verlangte er, er wolle vorher noch etwas in der Stadt besorgen. Das tat er denn auch: Er kaufte Bonbons und Biskuits, so viel nur in seine Taschen ging. Und die verfütterte er nach und nach an den Löwen, nachdem man ihn abends in den Käfig gesperrt hatte. Aber um vier Uhr morgens waren die Süssigkeiten aufgebraucht. «Jetzt fresse ich dich!» sagte der Löwe. «Komm, wir spielen vorher noch ein wenig», sagte La Ramée. «Zum Auffressen hast du immer noch

Zeit.» «Und an was für ein Spiel denkst du?» «Kennst du das Schwanzzieh-Spiel?» Nein, das kannte der Löwe nicht. «Also gut, dann zeige ich es dir.»

Damit kletterte La Ramée an der Käfigwand hoch. Dort oben zog er eine Schnur aus dem Sack. Der Löwe streckte den Schwanz hoch, und der Soldat band ihn am obersten Gitterstab fest. Dann machte er die Käfigtür auf und ging zum König. «Wo ist Eure Tochter?»

Der König musste sie ihm geben. Dazu schenkte er ihm noch einen Sack voller Goldstücke, und damit machten sich die beiden auf die Hochzeitsreise. Die dauerte so lange und führte sie so weit weg, dass man von den beiden keine Spur mehr gefunden hat.

Vom Teufel und vom Wundervogel

Da war einmal ein Bauer, der war so mausearm, er hatte keinen Rappen im Sack, und als er einmal auf dem Acker hinter seinem Pflug schuftete, fluchte er vor sich hin: «Der Teufel soll mich holen, kein Mensch gibt mir Geld!» Aber als er am anderen Ende des Feldes ankam, stand da ein Männchen unter dem Kirschbaum und sagte: «Was hast du soeben gesagt? Geld brauchst du? Also gut, ich gebe dir, was du willst, aber heute in einem Jahr musst du mir einen Vogel zeigen, den ich noch nie gesehen habe.»

Der Bauer staunte nicht schlecht, aber schliesslich schlug er ein. Zuhause setzten sie eine Schrift auf, und das Männchen gab ihm so viel Geld, wie er nur wollte. Unser Bauer zahlte seine Schulden und liess es sich von nun an gutgehen. Aber als das Jahr so langsam um war, begann er sich Sorgen zu machen. Nachts konnte er nicht mehr schlafen und wälzte sich im Bett von einer Seite auf die andere. Schliesslich sagte seine Frau: «Was ist eigentlich mit dir los? Du drehst dich von einer Seite auf die andere und lässt mich nicht schlafen. Und wenn du schläfst, redest du verrücktes Zeug, dass kein Mensch drauskommt!» «Wenn du nur wüsstest!» sagte der Bauer. «Wenn ich was wüsste? So lange du aufs Maul hockst...»

«Also gut», sagte der Mann. «Der Teufel hat mir Geld gegeben, aber dafür muss ich ihm einen Vogel zeigen, wie er noch nie einen gesehen hat.» «Wenn es nur das ist», sagte die Frau gelassen. «Den erwischen wir schon.»

Sie stellte Mehl und Honig und Federn bereit, und als der besagte Tag kam, zog sie sich nackt aus, bestrich sich mit dem Honig, wälzte sich im Mehl und in den Federn und sagte dann zum Mann: «Also komm, es geht los!»

Der Mann setzte sie auf ein Wägelchen und karrte sie zum Acker. Dort machten sie unter dem Kirschbaum halt. Die Frau stieg in die Äste, und da kam auch schon das Männchen angetrippelt. Der Bauer zeigte wortlos in den Baum hinauf, und der Teufel betrachtete den Wundervogel von allen Seiten. «So etwas», sagte er schliesslich. «Diese Art Vogel habe ich noch nie gesehen. Er hat einen Arsch, aber keinen Schwanz, er hat ein Gesicht, aber keinen Schnabel. Was ist das für ein Vieh? Gut, du hast gewonnen.» Und damit war er – eins-zwei – verschwunden. Die Frau kletterte lachend vom Baum und sagte: «Den haben wir aber erwischt!»

Die schöne Faulenzerin

Da war eine Frau, die hatte eine schöne Tochter. Sie selbst war schon alt und konnte nicht mehr spinnen. Das Mädchen aber war eine Faulenzerin und wollte vom Arbeiten nichts wissen. Eines Morgens geriet die Alte dermassen in Wut, dass sie mit dem Stock auf das Mädchen losprügelte. Das Mädchen flüchtete aus dem Haus, die Alte hinterher. Da hielt ein junger Mann die beiden auf:

«He, was prügelt Ihr das arme Mädchen so? Schämt Ihr Euch eigentlich nicht?»

Aber die Alte war geistesgegenwärtig: «Dieser Starrkopf will den ganzen Tag am Spinnrad sitzen, dabei habe ich keinen Hanf mehr im Haus!»

«Und deswegen verprügelt Ihr das arme Kind? Gebt mir das Mädchen zur Frau, bei mir kann sie spinnen, so viel sie will.»

Und tatsächlich: die beiden heirateten. Der junge Ehemann kaufte seiner Frau ganze Ballen Hanf. Das brachte sie arg in Verlegenheit, denn sie wollte und konnte nicht spinnen. Eines Tages sagte der Mann: «Morgen muss ich auf eine lange Reise. Übers Jahr bin ich zurück, dann muss dieser Hanf zu Faden gesponnen sein.» Und sie: «Ist schon recht. Übers Jahr ist alles gesponnen.»

Ein halbes Jahr verging, sieben Monate, zehn Monate, und noch immer hatte die junge Frau keinen Finger gerührt. Dann kam ein Brief an: In ein paar Tagen werde ihr Mann zurückkehren. Da bekam es die Faulenzerin mit der Angst zu tun. Aber sie setzte sich immer noch nicht ans Spinnrad. Eines Morgens hörte sie, wie jemand auf der Gasse schrie:

*Schnurr, schnurr, schra,
Der Spinnermann ist da.*

Sie steckte den Kopf aus dem Fenster und rief den Mann zu sich herauf. «Kann man Euch Flachs mitgeben? Ich habe diese Säcke hier und brauche den Faden schnellstmöglich!»

Der Spinner antwortete: «Bis Samstag habe ich ihn fertig.» «Und was kostet die Arbeit?» «Ich will nichts. Ausser dass Ihr mir drei Namen sagt, wenn ich den Faden zurückbringe. Und wenn mein Name nicht darunter ist, dann nehme ich Euch mit.» Damit lud sich der Mann die fünf Säcke Flachs auf und ging.

Am nächsten Abend ging das Öl im Haus aus, und die Frau machte sich mit einem Sack Nüsse zur Ölmühle auf, um sie auspressen zu lassen. Die Mühle lag zuhinterst in einem engen Tal, und als sie näherkam, sah sie ein grosses Feuer lodern, das eine gewaltige Hitze ausstrahlte. Rund ums Feuer sassen lauter Frauen mit ihren Spinnrädern, und zwischen ihnen tanzte ein Mann. Dazu sang er:

*Schnurr, schnurr, schra,
der Spinnermann ist da.
Beelzebub, so heiss ich ja.
Die faule Frau hat keinen Schimmer,
Morgen hol ich sie für immer.*

Die Faulenzerin atmete auf: «Jetzt brauche ich keine Angst mehr zu haben.»

Wie vereinbart klopfte der Spinnermann am Samstagmorgen an die Tür. «Nun», sagte er zur Frau, «wisst Ihr meinen Namen?»

«Heisst Ihr vielleicht Pietro?» «Nein. Einer ist schon weg.» «Oder Paolo?» «Auch nicht. Das sind zwei.» «Dann heisst Ihr Beelzebub?»

Wie der Spinnermann das hörte, knurrte er vor Wut mit den Zähnen und stürzte fort – zurück zu seinem Feuer im hintersten Felsental, nehme ich an. In zwei Tagen sollte der Ehemann der Faulenzerin zurückkommen. Sie ging aufs Feld, sammelte Schnecken und band sich die leeren Häuschen in einem flachen Bündel auf den Rücken. Der Mann kam nach Hause, umarmte die Frau voller Freude, da hörte er, wie es – krack, krack, krack – unter seinen Fingern krachte. «Um Himmelswillen, liebe Frau, was kracht denn so auf deinem Rücken?» Und sie: «Das viele Spinnen, das ist es, mein lieber Mann. Vor lauter Spinnen sind mir die Knochen ganz bröcklig geworden!» «Um Himmelswillen!» sagte da der Mann. «Hör auf mit dem Spinnen! Lieber habe ich zerrissene Bettlaken und dafür eine Frau mit ganzen Knochen, als ganze Bettlaken und eine Frau mit kaputten Knochen!»

DIE BEIDEN BRÜDER

In einem kleinen Dorf wohnten ein Mann und eine Frau, die hatten zwei Söhne mit Namen Jakob und Hans. Jakob war ein treuer Sohn, nur nicht sehr gescheit. Hans dagegen war ein pfiffiges Bürschchen, aber grundfalsch. Als die Eltern starben, mussten sich die beiden in das schöne Gut und die zwölf prächtigen Kühe teilen. Das gab bald Streit, denn Hans war habgierig und wollte dem Jakob nichts gönnen. Er verlangte sogar von ihm, er solle die schwere Arbeit verrichten; er selbst spielte sich gerne als vornehmer Herr auf.

Dann machte sich Hans daran, einen neuen Stall zu bauen, und als er fertig war, sollten die Kühe geteilt werden. Hans hatte schon lange überlegt, wie er statt der Hälfte alle Kühe für sich bekommen könnte. Schliesslich schlug er Jakob vor: «Hör gut zu, wir lassen heute die Kühe allein zum Brunnen gehen, dann öffnen wir die Türen zu den beiden Ställen. Die Kühe, die in den neuen Stall gehen, gehören mir, die anderen dir. Wie wär's damit?» Denn der neunmalkluge Hans dachte, wenn die Kühe den schönen neuen Stall sähen, würden ihn alle vorziehen.

Aber Jakob war einverstanden, und so liessen sie die Kühe allein zum Brunnen gehen. Hans schaute vom Fenster aus mit höhnischem Lächeln zu, aber bald verging ihm das Lachen. Denn eine Kuh nach der anderen kehrte in den alten Stall zurück. Nur gerade die älteste und neugierigste schnupperte am neuen Stalltor und ging dann auch wirklich hinein. Hans zerplatzte fast vor Ärger, aber jetzt liess sich nichts mehr rückgängig machen: Jakob besass elf Kühe, er selbst nur noch eine Kuh.

Eines Tages schlachtete Jakob eine von seinen Kühen, um ihr Fleisch zu trocknen und Würste zu machen. Die Kuhhaut aber spannte er zum Trocknen auf dem Estrich aus. Als sie bereit war, nahm er sie herunter und machte sich damit auf den Weg in die Stadt, wo man für Kuhhäute gute Preise bezahlte. Aber unterwegs wurde er mitten im Wald vom Einnachten überrascht und beschloss, die Nacht auf einem Baum zuzubringen. Kaum sass er in den Ästen, sah er eine Bande bewaffneter Männer durchs Holz schleichen, und wahrhaftig liessen sich die Räuber ausgerechnet unter seinem Baum nieder und begannen ihre Goldstücke zu zählen. Jakob begann vor Angst dermassen zu zittern, dass ihm die Kuhhaut aus den Fingern glitt. Das harte, steifgetrocknete Ding fiel mit Prasseln und Knacken mitten unter die Männer. Die glaubten, ein Ungeheuer stürze sich auf sie und sprangen entsetzt auf: «Rettet euch, flieht!» Und schon waren sie nach allen Seiten zerstoben. Als Jakob nicht das geringste Geräusch mehr hörte, stieg er herunter. Die Räuber hatten alles liegenlassen, und Jakob füllte sich die Taschen mit den Goldstücken. Dann aber nahm er die Beine unter die Arme, liess die Kuhhaut Kuhhaut sein und flüchtete nachhause.

Am nächsten Tag lieh er sich von Hans eine Waage aus, um die Goldstücke zu wägen. Als er sie dem Bruder zurückgab, fand der in einer der Waagschalen ein vergessengegangenes Goldstück. «Woher hat dieser Esel wohl das Gold?» dachte er für sich und fing an, seinen Bruder auszuhorchen. Jakob erzählte ohne viel Umstände, was ihm passiert war, und Hans dachte für sich: «Wenn das einem solchen Trottel gelungen ist – wieviel besser wird es da erst mir ergehen?» Und damit schlachtete er seine einzige Kuh und zog ihr die Haut ab. Aus lauter Goldgier wartete er aber nicht, bis die Haut trocken und steif war, sondern machte sich schon am nächsten Tag damit auf den Weg, den ihm Jakob beschrieben hatte. Er fand den Baum, auf dem sein Bruder übernachtet hatte, und kletterte mitsamt der Haut hinauf. Und tatsächlich machten die Räuber auch diesmal an der gleichen Stelle halt. Sie hatten wieder reiche Beute gemacht, und das Gold funkelte im Schein ihrer Laternen. Als Hans den Goldglanz sah, mochte er vor Habgier nicht länger warten, nahm die Haut und warf sie auf die Räuber. Aber die Kuhhaut war noch weich und fiel diesmal ganz sanft zu Boden, ohne Lärm zu machen. Die Räuber erschraken keineswegs, sie sprangen vielmehr auf, schauten in die Äste und riefen: «Da haben wir ja den Kerl, der uns das Gold gestohlen hat! Komm sofort herunter, du Schurke, sonst schiessen wir dich vom Baum!» Als Hans sah, dass man auf ihn zielte, stieg er freiwillig vom Baum, und die Räuber verprügelten ihn so entsetzlich, dass er weder stehen noch sitzen konnte.

Halb tot schleppte sich der allzu schlaue Bruder nachhause, und von diesem Erlebnis an war er geheilt. Er sah, dass er trotz seiner Schlauheit dem Bruder gegenüber immer den kürzeren ziehen würde, und so liess er ihn denn von nun an in Ruhe.

Die Prinzessin, die nicht lachen konnte

Ein König hatte eine Tochter, die war nur immer traurig und wollte nie lachen. Da liess er bekannt machen, wer sie zum Lachen bringe, solle sie zur Braut haben. Das hörte ein aufgeweckter Bursche, der Sohn armer Eltern. Er lag seinem Vater so lange in den Ohren, er solle ihm das Geld für die Reise geben, bis der schliesslich einwilligte. Der Sohn machte sich auf den Weg, und bald traf er auf eine alte Frau, die wollte wissen, wohin er gehe. Er erzählte fröhlich, was er im Sinne habe, und die Alte machte ihm Mut: «Weil du so offen zu mir warst, gebe ich dir einen Rat. Wenn du ein Stück Weg weiter kommst, wird dir ein schöner Vogel auf die linke Schulter fliegen. Pass auf ihn auf und gib ihn nicht weg! Er wird dir helfen.» Der Jüngling dankte und ging weiter, aber für sich dachte er: «Ach, diese alten Weiber. Man braucht ihnen nur etwas zu erzählen, schon geben sie ihren Senf dazu.» Aber bald merkte er, dass die alte Frau mehr konnte als Wäschewaschen. Denn bald setzte sich ein schöner Vogel auf seine linke Schulter und blieb dort sitzen. Als er zum Übernachten in ein Wirtshaus einkehrte, sass der Vogel immer noch dort, und die Gäste, die an den Tischen sassen, wollten ihm das Wundertier sofort abkaufen: Der eine bot hundert Gulden, der zweite zweihundert, ein dritter gar dreihundert. Aber der Jüngling winkte allen ab. Da gab der schlaue Wirt den Gästen einen Wink und flüsterte: «Seid doch still, ihr Dummköpfe! Heute nacht stehle ich ihm den Vogel, und morgen bringe ich ihn euch, so wahr ich hier sitze!»

Der Jüngling ging zu Bett, und der Vogel hockte sich auf den Bettpfosten. Um Mitternacht schlich sich der Wirt ins Zimmer, rutschte auf den Knien zum Bett und griff nach dem Vogel. Aber kaum hatte er ihn berührt, so konnte er nicht mehr weg: Er blieb fest am Vogel hängen. Nach einer Stunde begann sich die Wirtsfrau zu wundern, wo ihr Mann geblieben sei, und auch sie schlich sich in die Kammer, nur mit einem Nachthemd angetan, ganz wie ihr Mann. Aber als sie ihn wegzerren wollte, blieb auch sie hängen, als klebe sie an der Leimrute. Ein Stündchen später kam die Magd, ebenfalls im Hemd, aber auch sie blieb hängen. Bei all dem schlief der Jüngling. Aber als er am Morgen erwachte, nahm er seinen Vogel, stieg mit ihm und allem, was dranhing, die Treppe hinunter, hinaus auf die Strasse und durchs ganze Dorf. Im Pfarrhaus stand gerade der Pfarrer am Fenster, der ärgerte sich über den skandalösen Umzug, raste auf die Strasse und wischte der halbbekleideten Magd eins aus; da blieb auch der Herr Pfarrer hängen. Als der seltsame Zug beim Bäcker vorbeikam, versuchte die Frau Bäckerin, den Pfarrer zu befreien, da musste auch sie sich anschliessen.

So kam der ganze Zug schliesslich vor das Schloss des Königs. Als der das Spektakel sah, nahm er den Jüngling an der Hand und führte ihn in die Kammer seiner Tochter, und die musste lachen und nochmals lachen, bis ihr der Bauch schmerzte. So hat der Jüngling die Prinzessin geheiratet, aber die seltsamen Mitläufer hat er wieder ins Dorf zurückgeschickt.

Trotz aller Pracht, die sie umgab,
wollte die Prinzessin nie auch nur lächeln.
Bis zum Tag des Wundervogels...

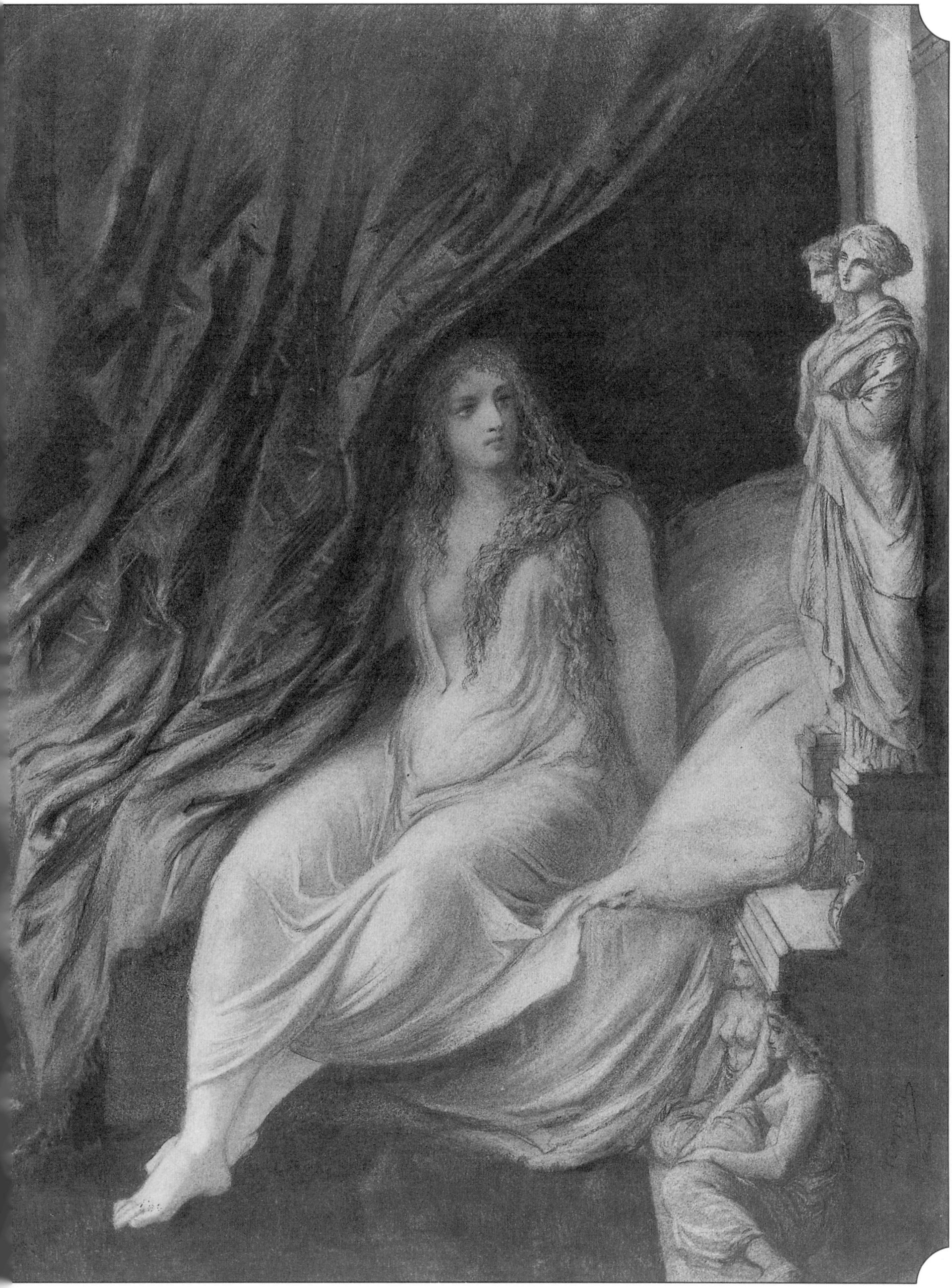

Die drei Soldaten

Drei Soldaten hatten lange Jahre bei ihrem König gedient und schliesslich gemeinsam ihren Abschied genommen. Aber auf dem Weg zurück in die Heimat blieben sie da und dort in einer Stadt hängen, zogen von Wirtshaus zu Wirtshaus und machten sich lustige Stunden. Als sie eines Tages einen Spaziergang vor dem Stadttor machten, begannen sie doch zu überlegen, wie es eigentlich weitergehen solle. «Um so weiterzuleben, reicht das Geld nicht», sagte der eine. «Aber im Dorf als Bauern leben geht auch nicht», der andere. Da stand plötzlich ein Herr vor ihnen, der trug einen grünen Frack und wollte wissen, wo der Schuh drücke, und die Soldaten erzählten ihm von ihrer Lage. Da meinte der Herr: «Wenn ihr einen Vertrag mit mir abschliesst, gebe ich euch einen Beutel voll Gold. Aus dem könnt ihr euch bedienen so viel ihr wollt, er wird nie leer. Aber nach einem Jahr komme ich wieder und gebe euch drei Rätsel auf. Wenn ihr die Antwort nicht wisst, gehört einer von euch mir.» Die drei überlegten nicht lange. Sie unterschrieben, und der Grüne gab ihnen den Beutel.

Man kann sich etwa denken, wie die drei nun das Leben genossen, im Wirtshaus und anderswo. Nichts war ihnen zu teuer; sie kauften Schmuck und schöne Kleider, und wann immer sie in den Beutel griffen, war er voller Goldstücke. So ging das Jahr herum, schneller als sie gedacht hatten, und wenigstens einer der drei wurde von Tag zu Tag nachdenklicher. Dauernd musste er denken: «Was gibt uns der im grünen Frack wohl für Rätsel auf?» Die beiden anderen machten sich keine grossen Sorgen und wunderten sich, warum ihr Kamerad immer nur zu Hause sass und studierte. «Es wäre besser», sagte der, «ihr würdet euch auch ein bisschen anstrengen.» Aber davon wollten die beiden nichts wissen.

Eines Tages ging der nachdenkliche Soldat vors Stadttor hinaus – dorthin, wo sie damals den Vertrag unterschrieben hatten. Genau auf dieser Stelle stand ein altes Weib, die wollte wissen, was den Soldaten denn drücke; ein schmucker Bursche wie er solle doch nicht so miesepetrig dreinschauen. Der Soldat antwortete zornig, das gehe sie einen Dreck an, helfen könne sie ihm ja doch nicht. «Wer weiss», sagte die Alte, «so ein Hutzelweibchen wie ich weiss manchmal mehr als man denkt.» Schliesslich erzählte der Soldat doch, wie alles gekommen war, und das Weib sagte: «Wenn du genau tust, was ich dir rate, kann dir geholfen werden. Morgen abend um zehn Uhr versteckst du dich in dieser hohlen Eiche. Von elf bis zwölf Uhr werden sich dort nämlich alle Hexenmeister und Teufel versammeln – auch der Grüne, mit dem ihr euren Vertrag geschlossen habt. Pass gut auf, denn ich bin sicher, der Grüne erzählt den anderen, was für Rätsel er für euch bereit hält.»

Der Soldat dankte der Alten und tat genau, was sie ihm geraten hatte. Und tatsächlich, kaum hatte er sich im hohlen Baum versteckt, fing rund um ihn ein Dröhnen und Sausen an, und von allen Seiten kamen grausliche Gestalten angeschwirrt – darunter auch der mit dem grünen Frack. Als die Reihe an ihn kam, erzählte der Grüne: «Morgen abend kann ich mir einen von drei Soldaten holen. Denn meine Rätsel raten die bestimmt nicht. Ich nehme ein Stück von einem Pferdehuf mit, das lasse ich aussehen wie eine schöne goldene Uhr. Dann nehme ich den Dornbusch dort, der wird ein Spazierstock, und dann noch eine Kamelshaut, und von der behaupte ich, sie sei ein schöner blauer Mantel.»

Der Soldat hatte gut zugehört und ging erleichtert ins Wirtshaus zurück. Nun liessen aber seine Kameraden die Köpfe hängen; sie hatten endlich eingesehen, dass es am nächsten Tag um die Wurst ging. Und tatsächlich: Der Grüne stellte sich pünktlich auf die Minute ein, den Vertrag in der Hand. «So, meine Lieben», sagte er, «jetzt kommen die Rätsel. Wisst ihr die Antworten nicht, so gehört einer von euch mir.» Damit zog er aus seinem Frack eine schöne goldene Uhr und wollte wissen: «Woraus ist die gemacht?» Die beiden Drückeberger schlotterten, aber der dritte sagte zornig: «Du hast keine Uhr in der Hand, sondern einen alten Pferdehuf.» «Richtig», sagte der Grüne. «Aber jetzt rät einer der anderen.» «Ach ja?» sagte unser Soldat. «Davon steht nichts im Vertrag. Raten darf jeder.» Darauf wusste der Grüne nichts zu erwidern. Er zeigte seinen Spazierstock: «Woraus ist der gemacht?» «Tu doch nicht so», sagte unser Soldat. «Das ist kein Stock, sondern bloss ein Dornbusch.» «Richtig», sagte der Grüne widerwillig. «Aber jetzt kommt das schwerste Rätsel. Woraus ist dieser blaue Mantel gemacht?» «Unsinn», sagte der Soldat, «das ist kein Mantel, sondern eine alte Kamelshaut.»

Der Teufel platzte fast vor Zorn und wollte wissen, wer dem Soldaten die Antworten eingeflüstert habe. Aber der sagte bloss: «Das geht dich einen Dreck an!», und der Teufel musste abfahren und den Zauberbeutel zurücklassen.

NACHWORT

Schweizer Märchen – gibt es das überhaupt? Sind Märchen nicht vielmehr luftige Gebilde, die vor keiner Grenze haltmachen? Und wie kann sich in vier landessprachlichen Kulturen ein eigener, einheitlicher Stil entwickeln, der dann eben «Schweizer Märchen» bedeutet?

Das sind berechtigte Fragen zum Titel dieses Buches. Und natürlich gibt es kein Schweizer Märchen im engeren Sinne. Es gibt Schweizer Versionen von Märchenmotiven, die man in dieser oder ähnlicher Verbindung auch in unseren Nachbarländern trifft. Wollte man das typisch Schweizerische an ihnen namhaft machen, so vielleicht eine gewisse Unverfrorenheit: den naiv-demokratischen Ton gegenüber aristokratischen Herrschaften. Da bequemt sich der König höchstpersönlich in die Küche, um einem unliebsamen Hasen den Garaus zu machen, da macht sich der Graf selbst auf die Socken, um seinem mausearmen Nachbarn Jean Ochsenkopf das Fell über die Ohren zu ziehen. Sogar ein König von Basel hat seinen Auftritt – allerdings auch nur, um sich so bald wie möglich kopfüber in den Rhein zu stürzen.

Wohl aber gibt es eigentliche Schweizer Märchenzentren – Landstriche, in denen die mündliche Erzählkultur einen besonders fetten, nahrhaften Boden fand. Romanisch-Bünden gehört dazu: Im Engadin und im weitgespannten Tälernetz des Rheins fanden bis vor kurzem Erzählerinnen und Erzähler ihren festen Platz in der Dorfgemeinschaft. Sie entwickelten ihren eigenen Märchenton – ein lakonisch-poetisches Timbre, das den aus allen Himmelsrichtungen herangetragenen Motiven einen ganz eigenen Klang verlieh. Ebenso fruchtbar ist die zweite grosse Märchenecke unseres Landes: die Ajoie, dieser einstige «Berner» Jura, wo das Erzählen von «fôles», von Schwänken, Legenden, Fabeln und Märchen offenbar seit Jahrhunderten zur Tradition gehört. Was dieser kristallförmige Landeszipfel um Doubs und Allaine, einst Untertanengebiet des Bischofs von Basel, später Tummelplatz für die aufs Regieren versessenen Berner Patrizier, an volkstümlichem Erzählgut barg (und vielleicht noch birgt), würde allein einen stattlichen Band füllen. «En Ajoie on a de la joie» heisst ein alter Merkspruch: Das hat zumindest für den Märchenfreund seine Richtigkeit.

Für die Sammler von Märchen und Sagen entpuppten sich also Ajoie und Romanisch-Bünden als Kernregionen, als eigentliche Epizentren des Phantastischen. Wer waren sie eigentlich, diese unermüdlichen Forscher, die mit Stift und Papier – später auch mit Bandgerät – in entlegenen Weilern und geschäftigen Dörfern nach überliefertem Erzählgut fahndeten, dauernd geplagt von der Angst, zu spät zu kommen? In erster Linie waren es Lehrer und Pfarrer, die seit der Mitte des letzten Jahrhunderts, vor allem aber nach der Gründung der Schweizerischen Gesellschaft für Volkskunde (um 1900) ihren Stolz darein setzten, die von der Entwicklung bedrohten Volkserzählungen zu «retten». So entstand bis etwa 1950 eine fast unübersehbare Zahl von lokalen Sagensammlungen. Die Ausbeute an Märchen war naturgemäss kleiner; dass aber auch hier noch verborgene Schätze zu heben sind, beweist ein erst vor kurzem erschienener Band mit Tessiner Märchen.

Was unterscheidet denn nun eigentlich diese beiden Gattungen der Volkserzählung? Die Volkskundler füllen Hunderte von Seiten mit ihren Definitionen und Einteilungskriterien. Kurz zusammengefasst: Die Sage legt die beschriebenen, meist übernatürlichen Ereignisse zeitlich und örtlich fest, während sich die Märchenfiguren in einem zeitlosen Raum bewegen, wo sich die uralten menschlichen Triebkräfte gleichsam vor neutralem Hintergrund auswirken. Märchen wie Sage leben vom Zusammenprall übernatürlicher Kräfte mit der alltäglichen Wirklichkeit. Während die Sage vom einzelnen Ereignis (oder einer einzelnen Figur) ausgeht, entwickelt das Märchen ein Beziehungsgeflecht zwischen den handelnden Figuren, ordnet ihre Triebkräfte dem Reich des Bösen oder dem Reich des Guten zu.

Man hat für die Märchen schon seit einiger Zeit eigentliche Motivkataloge angelegt und dabei festgestellt, dass sich ähnliche Konstellationen im Erzählschatz weit voneinander abliegender Völker finden. Dass das gleiche auch für die anscheinend lokal verwurzelten, individuelleren Sagen gilt, hat man erst um einiges später entdeckt: Auch hier gibt es Stereotypen des Unheimlichen, Klischees des Unerklärlichen.

Wie steht es überhaupt mit dem Wirklichkeitsgehalt dieser lakonischen Volkserzählungen? Berichten sie beispielsweise, wie manche Forscher behaupten, von der Existenz einer alpinen Urbevölkerung? Die gleichbleibenden Züge, mit denen die Sage ihre Erdmännli, Gotzwärgi oder Dialen ausstattet, dienen diesen Theorien geradezu als Indizienmaterial: Die Kleingewachsenen überleben in unwirtlichen Regionen, kennen sich mit Wind und Wetter, mit Tieren und Kräutern aus und lehren die nachdrängenden Einwanderer so nützliche Künste wie das Käsen – alles angebliche Beweise dafür, dass sich hier eine zurückgedrängte Bevölkerungsschicht noch in historischer Zeit in einer Art Réduit-Situation behauptete. Die vielfach beschriebene bräunliche Haut und das schwarze Haar der Feen und Fänggen soll von der asiatischen Herkunft dieses Urvolks zeugen, in einigen überlieferten Sprachbrocken will man selbst direkte Entsprechungen zum Indogermanischen festgestellt haben.

Freilich lässt sich gerade das Stereotype dieser Fänggen-Steckbriefe gegen die Urvolk-Theorie vorbringen. Dass Feen und Zwerge überall als bräunlich und kräuterkundig bezeichnet werden, zeugt vom «Wandern» eines Erzählmotivs, das sich im ganzen alpinen Gebiet ausbreitete. Denn schliesslich hätte ja die These vom Urvolk längst durch entsprechende Funde der Archäologen in so mancher «Heidenhöhle» von einst gestützt werden müssen.

Auch Psychologen und Parapsychologen haben an die Volkserzählungen ihre Kriterien angelegt. Jungianer etwa orten im eng verknüpften Themenknäuel Fee-Höhle-Schatz die menschliche Suche nach der Anima, dieser Hüterin (aber auch Verkörperung) des Unbewussten. Die Sagen versinnbildlichen mithin die einzelnen Stufen im Prozess der Selbstfindung und Selbstwerdung. Parapsychologen wiederum behandeln die unzähligen Geschichten über Geistererscheinungen, Vorahnungen oder Spuk als eine Art Basismaterial: nicht nachprüfbare Augenzeugenberichte, die aber allein durch die Häufigkeit ihres Auftretens wissenschaftliche Relevanz erhalten.

Handfester wird die Problemstellung bei den sogenannten historischen Sagen, die zeitlich und örtlich an chronistisch belegte Ereignisse anknüpfen:

Burgenbrüche, militärische Auseinandersetzungen, aber auch Naturkatastrophen und Epidemien. Wer hier mündliche und schriftliche Überlieferung vergleicht, endet vielfach beim Begriff des «Wahrheitskerns» – zwar wurde diese bestimmte Burg nicht zum behaupteten Zeitpunkt erstürmt; die Sage fasst aber eine politische Grundströmung der Zeit zusammen, etwa die in der Bevölkerung wachsende Missstimmung gegenüber der Willkürherrschaft von Vögten. Wer etwa in Graubünden die unzähligen «letzten Ritter» zum historischen Nennwert nehmen wollte, käme zum Schluss, hier seien während Jahrzehnten nichts als Burgen gebrochen und Burgherren verjagt worden...

Jede Generation macht sich ihre eigenen Bilder zu Sagen, Fabeln und Märchen, und dies im eigentlichen Sinn des Wortes. Von den kurz- und bündigen Holzschnitten auf den Flugblättern des 16. Jahrhunderts über die Visionen eines Johann Heinrich Füssli oder die feingestichelten Idyllen eines Ludwig Richter reicht die Palette bis zu den farbigen Tagträumen im Fantasy-Stil heutiger Märchenbücher. Um eine gewisse stilistische Einheit zu bewahren, habe ich mich (von einigen Ausnahmen abgesehen) für eine bestimmte Zeitspanne entschieden – grob definiert die Jahre 1860 bis 1910. Hier dominieren spätromantische Schwelgerei und vergangenheitsseliger, aber detailtreuer Historismus.

Genau in der Mitte dieser Zeitspanne, im Jahre 1885, erschienen die grossartigen Illustrationen des Waadtländers *Eugène Burnand* zu einer Sagensammlung Alfred Ceresoles. Der 1850 in Moudon geborene Burnand ist auf diesen Seiten wohl am gewichtigsten vertreten. Burnands Sinn für den Bildkern einer Handlung, dazu sein eminentes zeichnerisches Können machen ihn zum geborenen Illustrator. Bezeichnenderweise sind denn auch die Gemälde, mit denen er sich zum Liebling unserer Urgrosseltern machte, Illustrationen im weitesten Sinne – so die 1879 entstandene «Feuerspritze» oder der vielbestaunte «Herzog Karl der Kühne auf der Flucht» aus dem Jahre 1895. Die Genre- und Historienmalerei, die in diesem Band vielfach vertreten ist, eignet sich zum Bebildern gerade deshalb so gut, weil sie eine erzählerische Grundhaltung einnimmt. Viele dieser Gemälde haben einen anekdotischen Kern, spinnen Bekanntes aus oder halten schnappschussartig einen Augenblick fest, hinter dem der Betrachter wiederum eine Geschichte sucht. Nicht umsonst tragen viele Historiengemälde Titel, die geradezu an Bildlegenden erinnern. So heisst etwa ein Werk August Weckessers «Gertrud von Wart vor Königin Agnes von Ungarn für ihren Gatten um Gnade flehend»...

Ebenso häufig wie Eugène Burnand erscheint auf diesen Seiten *Arthur Rackham*, der 1867 in London geborene Maler und Graphiker – vielleicht der genialste Märcheninterpret unserer Zeit. Rackham begann als kommerzieller Zeitschriftenillustrator, der im Auftrag aktuelle Ereignisse mit dem Stift festhielt, stieg zum Illustrator von Serienromanen auf und entdeckte um die Jahrhundertwende seine Neigung zur Welt des Märchens, des Mythos überhaupt. Bereits im Jahre 1900 erschienen seine ersten Illustrationen zu den Märchen der Gebrüder Grimm; aus dem Jahre 1909 stammt eine eigentliche Prachtausgabe, die für viele Briten die erste Begegnung mit deutschem Märchengut prägte.

Der Brite Rackham als Bildlieferant für Märchen aus Alpen und Jura? Dass Märchenmotive eine übernationale Angelegenheit sind, dass auch die zeitlich und örtlich angeblich fest gewurzelte Sage ihre Formeln durchaus von weit her beziehen, mag diese Wahl bereits rechtfertigen. Seine ersten Anhänger in der Schweiz hat Rackham zudem bereits um 1920 gefunden; damals brachte der Zürcher Verlag Rascher in schneller Folge ein Sagen- und ein Märchenbuch mit Rackhams Illustrationen heraus. Später wurde es um den Briten stiller. In den letzten Jahren aber erleben England und Amerika eine eigentliche Rackham-Renaissance; Originalzeichnungen und von ihm illustrierte Bücher werden zu stolzen Preisen gehandelt.

Einen eigentlichen Fund bedeuteten für mich die spätromantischen Märchenzeichnungen *August Corrodis*, etwa um 1860 entstanden. Der Schneewittchen-Zyklus des Winterthurer Zeichnungslehrers (1826–1885) nimmt im Werk Corrodis eine Sonderstellung ein und hebt sich in seinem dämonischen, alles andere als kindertümelnden Grundton auch ganz entschieden von zeitgenössischen Märchenserien ab.

Als Fundgrube erwies sich auch ein schweizerischer Prachtband aus der Jahrhundertwende: die «Gute Alte Zeit» des damaligen Landesmuseumsdirektors Hans Lehmann. Zu diesen «Bildern aus dem Leben unserer Vorfahren» trugen namhafte Historienmaler der Zeit bei – so Hans Meyer-Cassel, Albert Anker, Ernst Leuenberger sowie Hans Bachmann und Ernst Stückelberg (beide übrigens Schöpfer einer Freskenserie in den Tellskapellen Küssnacht resp. Urnersee). Nicht zu vergessen schliesslich die prachtvollen Farbtafeln, die der deutsche Illustrator Wilhelm Roegge zu den ersten Ausgaben von Meinrad Lienerts «Schweizer Sagen und Heldengeschichten» beisteuerte – Bilder, die meine eigenen ersten Leseerlebnisse begleiteten und die – so glaube ich – die Jahrzehnte spielend überstanden haben.

QUELLEN

Bibliographie in: Eduard Hoffmann-Krayer, Feste und Bräuche des Schweizervolkes, Zürich 1940. S. 172 ff (nur bis 1940).

Abkürzung: SAVk = Schweizerisches Archiv für Volkskunde. Vierteljahresschrift der Schweizerischen Gesellschaft für Volkskunde. Basel 1897 ff.

Bächtold, Hanns: Sagen vom Untersee und aus dem Hegau. SAVk 14.
Beuret-Frantz, I. Faune fantastique jurassienne. SAVk 25.
Biedermann, Hans: Handlexikon der magischen Künste. Graz 1973.
Bolte, Johannes: Heinrich Runges schweizerische Sagensammlung. SAVk 13.
Büchli, Arnold: Mythologische Landeskunde von Graubünden, Bd. II, Aarau 1970.
Bundi, Gian: Engadiner Märchen. 2 Hefte, Zürich 1902/03.
ders.: Aus dem Engadin. Bern 1913.
ders.: Märchen aus dem Bündnerland. Basel 1935.
Ceresole, Alfred: Légendes des Alpes Vaudoises. Lausanne 1885.
Chabloz, F.: Sorcières Neuchâteloises, o. O. 1868.
Chastonnay, Otto de: Les légendes de Vercorin. SAVk 14.
Cuvelier, André: Contes et Légendes de Suisse. Paris 1955.
Dübi, Heinrich: Von Drachen und Stollenwürmern. SAVk 37.
Favre, Christian: Contes de Savièse. In: Zeitschrift für romanische Philologie 46, 1926.
Glaettli, K. W.: Zürcher Sagen. Zürich 1970.
Golowin, Sergius: Hausbuch der Schweizer Sagen. Wabern 1981.
ders. Menschen und Mächte. Zürich 1970.
Grimm Gebrüder: Kinder- und Hausmärchen. 3 Bde., Stuttgart 1984.
Guntern, Josef: Volkserzählungen aus dem Oberwallis. Basel 1978.
Heierli, J.: Sagen aus dem Kanton Appenzell. SAVk 10.
Hoffmann-Krayer, Eduard: Cysatiana. SAVk 14.
Ithen, Anna: Innerschweizerische Legenden und Sagen. SAVk 2.
dies.: Über Hexen und Hexereien. SAVk 2.
Jecklin, D.: Volksthümliches aus Graubünden. 3 Bde., Chur 1874–78.
Jegerlehner, J.: Sagen und Märchen aus dem Unterwallis. Basel 1909.
ders.: Sagen und Märchen aus dem Oberwallis. Basel 1913.
ders.: Sagen aus dem Val d'Anniviers. SAVk 5.
Keller, Walter: Tessiner Märchen. Frauenfeld 1927.
ders.: Contes de l'Ajoie. SAVk 29.
ders.: Am Kaminfeuer der Tessiner. Zürich 1940.
ders.: Fiabe popolari ticinesi. SAVk 32–35.
Keckeis, Peter (Hrsg.): Sagen der Schweiz. 14 Bde., Zürich 1983 ff. (Ex Libris).
Kessler, Gottlieb: Sagen aus der Umgegend von Wil (SG). SAVk 12.
Kolly, German: Sagen und Märchen aus dem Senseland. Fribourg 1965.
Küeffer, G.: Sagen aus dem Obersimmental. SAVk 17.
Kyd, F. D.: Sagen aus der Innerschweiz. SAVk 21.

Liechti, Samuel: Zwölf Schweizer Märchen. Frauenfeld 1865.
Lienert, Meinrad: Schweizer Sagen und Heldengeschichten. Stuttgart o. J. (1911).
Lütolf, Alois: Sagen, Bräuche und Legenden aus den fünf Orten Luzern, Uri, Schwyz, Unterwalden und Zug. Luzern 1862.
Luyet, Basile: Légendes de Savièse. SAVk 25.
Meili, David: Hexen aus Wasterkingen. Basel 1980.
Müller, Josef: Sagen aus Uri. 3 Bde., Basel 1978.
Niderberger, Franz: Sagen und Gebräuche aus Unterwalden. Sarnen 1924.
Pelladini, Vittore: Tradizioni popolari ticinesi. Lugano 1911.
ders.: Credenze popolari nel Canton Ticino. SAVk 2.
Reymond, Maxime: La sorcellerie au pays de Vaud au XVe siècle. SAVk 12.
Rochholz, Ernst Ludwig: Schweizer Sagen aus dem Aargau. 2 Bde., Aarau 1886 ff.
Rossat, Arthur: Les fôles. SAVk 15–22.
Singer, Samuel: Schweizer Märchen. Anfang eines Kommentars zu der veröffentlichten Schweizer Märchenliteratur. 2 Bde., Bern 1903/06.
Solandieu (pseud. Albert Duruz): Légendes Valaisannes. Lausanne o. J. (1919).
Sooder, Melchior: Sagen aus Rohrbach. SAVk 25.
Sprenger, A.: Einige Sagen aus dem St. Galler Oberlande. SAVk 6.
Stückelberg, E. A.: Glockensagen aus der Schweiz. SAVk 3.
Surdez, Jules: Contes fantastiques du Jura Bernois. SAVk 39/40.
Sutermeister, Otto: Kinder- und Hausmärchen aus der Schweiz. Aarau 1869.
Todorovic-Strähl, P.: Märchen aus dem Tessin. Köln 1984.
Tscheinen, M.: Eine ungedruckte Walliser Sage. SAVk 1.
Uffer, Leza: Rätoromanische Märchen und ihre Erzähler. Basel 1945.
ders.: Las Tarablas da Guarda/Märchen aus Guarda. Basel 1970.
ders.: Rätoromanische Märchen. Düsseldorf/Köln 1973.
Waldmann, Richard: Die Schweiz in ihren Märchen und Sennengeschichten. Köln 1983.
Walzer, Pierre-Olivier: Vie des Saints du Jura. Réclère 1979.
Wildhaber, Robert, und *Uffer,* Leza: Schweizer Volksmärchen. Köln 1978.
Wyss, Bernhard: Schwyzerdütsch. Solothurn 1863.
Zehnder, Leo: Volkskundliches in der älteren schweizerischen Chronistik. Basel 1976.
Züricher, Gertrud: Allerhand Aberglauben aus dem Kanton Bern. SAVk 8.

TEXTNACHWEISE

8 *Der Meisterdieb* Jegerlehner 1913, 53
10 *Die drei Raben* Sutermeister 19
12 *Der starke Hans* Sutermeister 57
14 *Der Sack voller Feigen* Sutermeister 137
17 *Die Zauberbohne* Jecklin 600
18 *Der Drächengrudel* Jegerlehner 1913, 108
21 *Die drei Wünsche* Guntern 280
22 *Der Schneider und der Riese,* Lütolf 500
25 *Der Glasbrunnen* Sutermeister 4

26 Feen und verzauberte Jungfrauen
Michel und Nérine Ceresole 91
Der weinende Fels Ceresole 74
Die spinnende Fee Ceresole 85
Das Inselfräulein Fenetta Ceresole 78
Die Feen von Les Combasses Jegerlehner 1909, 6
Die gute Frau Zälti Lütolf 77
Die Goldfee von Alp Russein Jecklin 69
Die drei Gaben der weissen Frau Jecklin 11
Die Wunschhöhle bei Arosa Jecklin 125
Jungfrau von Giswil Niderberger 78
Das goldene Tor bei Kloten Glaettli 181
Jungfrau von Tegerfelden Rochholz I, 239
Das goldene Boddemeitschi Rochholz I, 149
Die Höhlenfee von Ulrichen Guntern 725
Der siebenköpfige Drache Müller III, 271
Der ausgelüftete Schatz Büchli 292

36 Doktor Faust und andere Zauberer
Doktor Faust in Basel Golowin 1970, 200
Der Wunderdoktor im Urnerland Müller I, 195
Vom Doktor Bärtschu Jegerlehner 1913, 96
Muttermilch gegen den Bösen Büchli 609
Der Schwarzschüler Büchli 491

40 Von Drachen und Lintwürmern
Winkelried Lütolf 311
Lintwurm im Betelbergsee Küeffer 163
Drachen nagen am Berg Küeffer 163
Küfer im Drachenloch Lütolf 317; Hoffmann 226
Drachen bringen Gold Guntern 672; Bolte 166
Jagd auf arme Seelen Solandieu 18
Der Kwakua im Val des Dix Solandieu 25
Das Dorf mit dem Drachennamen Ceresole 155

Ein galanter Drache Ceresole 158
Drachengift löst Felsen auf Dübi 162
Mit Kanonen gegen Drachen Guntern 670
Vom heiligen Ritter Georg Bächtold 177
Der mädchenraubende Drache Jecklin 251/382
Der Drache von Carrera Büchli 673

52 *Stieftochter* Bundi 1935, 131; Keller SAVk 33, 66
58 *Das Wasser des Lebens* Uffer 1970, 27

62 Von Bergmännchen und Gotzwärgi
Die waghalsigen Kuhhirten Ceresole 43
Die Rache des Bergmännchens Ceresole 50
Das strickende Holzmüetterli Guntern 746
Der freundliche Gruss Guntern 749
Das Gotzwärgi hält dicht Guntern 750
Der eitle Müllerbursche Guntern 761
Der sparfreudige Zwerg Guntern 765

Der einäugige Zwerg Guntern 768
Das Patengeschenk Jegerlehner 1913, 3
Der Auszug des Zwergenvolks Guntern 776
Der Zwerg Türliwirli Jegerlehner 1913, 4
Die entführte Ziege Solandieu 79
Die musikliebenden Erdmännlein Büchli 740
Die Hebamme beim Heidenvolk Müller III, 200
Das ergiebige Käslein Müller III, 206
Der undankbare Müller Glaettli 175
Die kämpferischen Zwerge Glaettli 160

72 *Tredeschin* Wildhaber 156
76 *Daumesdick* Rossat SAVk 16, 114

78 Warnende und schützende Glocken
Versunkene Glocken Guntern 246; Stückelberg 183
«Da ist nichts zu machen!» Müller I, 141
Der Küster von Lens Solandieu 55
Weiser als der Richter Jegerlehner 1909, 183; Müller I, 129
Wie weit reicht der Glockenklang? Guntern 97
Wie Klingnau zu... Stückelberg 185
Die goldene Glocke Stückelberg 187
«Dona, dona! Läute!» Guntern 813.

84 Vom Greiss und anderen Mächten
Greiss in Surenen Müller II, 260; Lütolf 326
Beschützer Ceresole 275; Müller III, 205
Der Schimmelreiter Müller II, 230; Rochholz II, 112
Das wilde Heer Niderberger 264; Rochholz I, 91

90 Von Geistern und Plaggeistern
Vom Toggeli Büchli 580/627
Von Geistersennen Büchli 477
Der Gespensterhirte Jegerlehner SAVk 5, 299
Vom Füürigmanndli Heierli 126
Gemeinderat tagt nachts Jegerlehner SAVk 5, 293

94 Von büssenden Frauen
Edle Mailänderin Guntern 468; Jegerlehner 1909, 49
Brennende Frau Glaettli 38
Die büssende Tänzerin Müller III, 67
Bestrafte Eitelkeit Guntern 477

96 *Die drei Sprachen* Grimm I, 186
98 *Goldig Bethli und Harzebabi* Lütolf 82
100 *Hühnchen und Hähnchen* Rossat SAVk 17, 50
101 *Die drei Spinnerinnen* Keller SAVk 33, 65
102 *Riesenbirnen und Riesenkühe* Sutermeister 105
103 *Vogel Greif* Sutermeister 69
106 *Ungeheuer im Jura* Beuret-Frantz 180
110 *Jean der Dummkopf* Keller SAVk 29, 256
112 *Vom Dummkopf und der Ziege* Surdez SAVk 39, 219
114 *Jean der Dumme und Jean...* Rossat SAVk 15, 168
117 *Giovanni der Furchtlose* Keller SAVk 33, 63

118 Schatzsucher und Schatzhüter
Zwei Worte zuviel Ithen 3
Die Schlangenprobe Sprenger 137
Das schwarze Hündchen Kessler 47
Der mutige Hüterbub Bächtold 178
Zu lange gewartet Ceresole 248; Jegerlehner 1909, 178

120 Menschliche und göttliche Richter
Der enthauptete Hausvater Rochholz II, 128
Der unehrliche Richter Guntern 163
Die Abschaffung der Folter Guntern 310
Das kleinere Übel Müller I, 61
Das Gottesurteil Rochholz 124
Gott löst das Rätsel Jegerlehner 1913, 164

124 *Das verlorene Tal* Guntern 58
125 *Der Hirte ohne Hemd* Uffer 1945, 195
126 *Das Eselsei* Bundi 1913, 95
129 *Vom Mann, der ein Kalb...* Luyet 39

130 Aus der Geschichte unseres Landes
Der Königsmord Rochholz II, 347
Apfelschuss und Tyrannenmord Lütolf 416
Die Schlacht am Stoss Lienert 129
Die Frau von Roseneck Lienert 204
Die mutige Bündnerin mündlich aus Tschlin
Die Heiligen unter dem Galgen Lütolf 427
Ein Königsmörder kehrt zurück Rochholz II, 349

138 Ein Land wird gegründet
Vom Herkommen der Schwyzer Zehnder 615
Habsburg: Ein Weltreich... Rochholz II, 342
Der Hirsch mit den Kerzen Glaettli 14
Tapfere Mönche aus Irland Walzer 152

142 Die letzten Ritter Rätiens
Der letzte Vogt auf Guardaval Jecklin 80/179
Der gewürzte Brei Jecklin 102

Der geheime Gang Jecklin 280
Der Sprung in den Abgrund Jecklin 317/478
Der letzte Herr von Neuenburg Jecklin 325

146 *Der Eulenmann* Pelladini, SAVk 2, 31
147 *Der Soldat mit dem Raben* Keller SAVk 34, 153
148 *Vom Vogel, der die Wahrheit...* Bundi 1935, 115
150 *Die Zwillingsfeen* Rossat SAVk 15, 155
151 *Jean Ochsenkopf* Rossat SAVk 17, 34
152 *Der Soldat in der Hölle* Jegerlehner 1909, 133
155 *Teufel und hundert Raben* Jegerlehner 1913, 84
156 *Die drei Hunde* Uffer 1945, 157
158 *Bärenhans* Jegerlehner 1909, 143

160 Die schwarze Spur der Pest
Die Pestleutchen Jecklin 1
Von der Pest verschont Jecklin 491
Das geheime Heilmittel Jecklin 156
Die gefangene Pest Jecklin 292
Die Pest im Geschirrschrank Glaettli 121
Der Pestvogel Glaettli 102
Die Schlüsselfrau Glaettli 167
Die Pest im Wallis Solandieu 33
Die Prozession der Verstorbenen Solandieu 36
Wo findet man Schutz? Büchli 696; Jeg. 1913, 165
Die Pestgrenze Rochholz II, 390

166 *Der Rabe* Jecklin 586
167 *Der schlaue Schmied* Jegerlehner 1913, 88
168 *Das Adlermädchen* Keller SAVk 35, 268
170 *Die vier lustigen Gesellen* Jegerlehner 1913, 129
172 *Hans der Geissshirt* Uffer 1945, 277
175 *Müllerssohn und Teufel* Keller SAVk 33, 80

176 Von Hexen und Hexenkünsten
Die Bodderehexe von Zurzach Rochholz II, 167
Die Nidelgret Müller I, 102
Von Hexen und Kühen Züricher 275; Guntern 700; Jecklin 433
Hexen in allerlei Gestalt Jegerlehner 1909, 186; Jecklin 154; Müller I, 156; Büchli 471
Die seltsame Mistbenne Büchli 465
Die Tochter des Teufels Chastonnay 8
Der Liebeszauber Müller I, 109
Die beschlagene Schmiedin Heierli 128
Die Hexe als Ehefrau Müller I, 90
Zur rechten Zeit Tscheinen 161; Müller I, 123
Die Pfarrersfrau als Hexe Glaettli 43

188 *Stichling und Schwale* Surdez SAVk 40, 29
190 *Die drei Winde* Bundi 1935, 61
192 *Vom mutigen Soldaten...* Rossat SAVk 16, 123
194 *Teufel und Wundervogel* Rossat SAVk 18, 91
195 *Die schöne Faulenzerin* Keller SAVk 32, 115
196 *Die beiden Brüder* Bundi 1913, 22
198 *Die Prinzessin, die nicht...* Bundi 1935, 18
200 *Die drei Soldaten* Bundi 1935, 36

BILDNACHWEISE

Abkürzungen
Burnand, Légendes Illustrationen von Eugène Burnand in: Ceresole (s. Quellen)
Burnand, «Die Schweiz» Artikel «Eugène Burnand» in: «Die Schweiz», Jg. 5, Zürich 1901 (S. 25 ff)
Corrodi August Corrodi, Schneewittchen-Zyklus, um 1860, ZbZ
Lehmann, GAZ Hans Lehmann: Die Gute Alte Zeit (Neuenburg 1904)
Rackham, Grimm Illustrationen von Arthur Rackham in: Fairy Tales of the Brothers Grimm (London 1909)
Reichlin Illustrationen von Eugène Reichlin in: Solandieu (s. Quellen)
Roegge Illustrationen von Wilhelm Roegge in: Lienert (s. Quellen)
Savi-Lopez Maria Savi-Lopez: Alpensagen (Stuttgart 1893)
Scherr, Germania Johannes Scherr: Germania (Stuttgart o. J.)
SIK Schweizerisches Institut für Kunstwissenschaft, Zürich
SLM Schweizerisches Landesmuseum, Zürich
ZbZ Zentralbibliothek Zürich, Graphische Sammlung

3 Reichlin
5 Rackham, Grimm
9 Benjamin Vautier: Die Nähstube. Foto SIK
10 Sutermeister (s. Quellen)
11 Reichlin
15 Sutermeister (s. Quellen)
17 Grimms Märchen (Leipzig 1870)
18–20 Gustave Doré: Les contes de Perrault (Paris 1867)
21 Savi-Lopez
23 Rackham, Grimm
24 Arthur Rackham: Sagenbuch (Zürich 1920)
25 Arthur Rackham: Undine (London 1909)
26 Arthur Rackham: Sagenbuch (ZH 1920)
27/28 Burnand, Légendes
29 Arthur Rackham: Siegfried and the Twilight of Gods (London 1911)
30/31 Burnand, Légendes
32 Savi-Lopez
33 Roegge
35 Corrodi
37 J. C. Bosshardt: Beim Alchimisten (1877). Museum zu Allerheiligen, Schaffhausen
38 ZbZ
39 «Die Schweiz» Jg. 5 (1901)
41 Roegge
43 Arthur Rackham: Sagenbuch (ZH 1920)
44–46 Reichlin
47 Burnand, Légendes
48 Altarflügel aus Altdorf UR (um 1470), SLM
49 Gustav Schwab: Sagenbuch (Leipzig o. J.)
51 Rackham, Grimm
52–57 Corrodi
58–61 Lehmann, GAZ
62 Burnand, Légendes
63 Savi-Lopez
64/65 Burnand, Légendes
66–69 Reichlin
70 Burnand, Légendes
71 Arthur Rackham: Rip van Winkle (London 1916)
73 Gustave Doré: Les contes de Perrault (Paris 1867)
76/77 Rackham, Grimm
78/79 Burnand, Légendes
80/82 Reichlin
83 Glasgemälde aus Sion VS (um 1500), SLM
84 Konrad Gessner: Tierbuch (Zürich 1563)
85 Burnand, Légendes
87 Roegge
88/89 Lehmann, GAZ
90/91 Johann Heinrich Füssli: Der Alb verlässt das Lager zweier schlafenden Mädchen (1793). Muraltengut, Stadt Zürich
92 Ambroise Paré: Des monstres et des prodigues (Genf 1971)
93 ZbZ
95 Raphael Ritz: Die edle Mailänderin (1879). Foto SIK
97–99 Rackham, Grimm
100 Reichlin/Rackham, Grimm
101 «Die Schweiz» Jg. 6 (1902)
102 Sutermeister (s. Quellen)
103–105 ZbZ
106–109 Ambroise Paré: Des monstres et des prodigues (Genf 1971)
111 Edouard Castres: Hausbrand in Savoyen. Foto SIK
113 Savi-Lopez
114–116 Scherr, Germania
119 Burnand, Légendes
121–123 Lehmann, GAZ
124 Dr. Gsell-Fels: Die Schweiz (o. O. 1877)
125 Scherr, Germania
126/127 Lehmann, GAZ
129 Rackham, Grimm
131 Hieronymus Hess: Die Ermordung König Albrechts (1829). Öffentliche Kunstsammlung Basel. Foto Hinz, Allschwil
132–133 Ernst Stückelberg: Fresken Tellskapelle (1881/82)
134–135 Roegge
136/137 J. C. Bosshardt: Die mutige Bündnerin im Schwabenkrieg (1869). Kunstmuseum St. Gallen; Depositum Gottfried-Keller-Stiftung, Bern
139 Roegge
140 Albert Welti: Die Königstöchter (1900). Kunsthaus Zürich; Depositum Gottfried-Keller-Stiftung, Bern
141 August Weckesser: Die Ausbreitung des Christentums in Helvetien (1851). Kunstmuseum Winterthur
143 Antonio Barzaghi: Adam von Camogask tötet den Vogt von Guardaval (1880). Kunstmuseum Winterthur
144/145 Ernst Stückelberg: Der letzte Ritter von Hohen-Realta stürzt sich in den Abgrund (1883). Standort unbekannt
149 Scherr, Germania
153 «Die Schweiz», Jg. 5 (1901)
155 ZbZ
157 Scherr, Germania
161 Lehmann, GAZ
163 August Corrodi, Neujahrsblatt Stadtbibliothek Winterthur 1860
164/165 Reichlin
169 Corrodi
170 Grimms Märchen (Berlin 1908)
173 «Die Schweiz», Jg. 5 (1901)
177 Albert Welti: Walpurgisnacht (1896/97). Kunsthaus Zürich
178 Burnand, «Die Schweiz»
181 Arthur Rackham: The Ingoldsby Legends (London 1907)
182 Historischer Kalender, Bern 1863
183 Johann Viktor Tobler: Tanzeten. Kunstmuseum Glarus
184/185 Lehmann, GAZ
186 Gustave Doré: Entwürfe zu Macbeth. Journal pour tous (Paris 1862)
187 Burnand, Légendes
189 Arthur Rackham: Rip van Winkle (London 1916)
191 Gustave Doré: Ill. zu A. Saintine: La mythologie du Rhin (Paris 1862)
192/193 «Die Schweiz», Jg. 5 (1901)
194 Karl Gehri: Der Gültbrief. ZbZ
196–197 Burnand, «Die Schweiz»
199 Corrodi
201 Rackham, Grimm
203 Karl Jauslin: Der Nonnenraub zu Engental (um 1880). Karl-Jauslin-Museum Muttenz, Foto Federer, Basel

Bilder Schutzumschlag: s. Nachweise zu Seiten 33 und 203